天台與諸宗之對論

陳英善——著

漢傳佛教論叢序

中華佛學研究所是經教育部立案之研究機構，依本所創辦人聖嚴法師所頒之所訓「立足中華、放眼世界」為指導方針，以促進中外學術研究之交流與合作為目標，戮力漢傳佛教學術發展，特成立此論叢。

聖嚴法師除重視印度佛教的溯源研究，更重視漢傳佛教在現代的適應性、消融性、開創性及自主性的探索。中國佛教的源頭來自印度大小乘的經、律、論三藏，這些原典的數量相當龐大；弘傳到中國後，漢文系統的佛教，在隋、唐時代有了小乘二宗、大乘八宗的開展與成熟，其著作之多，多過由梵文譯成漢文的三藏教典，而且各自有其脈絡系統。到了宋、明時代，漢傳佛教發展已到強弩之末，經過宋明理學的撻伐以及元朝蒙古人的異族統治，漢傳佛教諸宗到了明初，已是奄奄一息，命如懸絲。直至明末清初，中國佛教界出現了許多位大師級的僧俗學者，才乍見曙光，對現代中國佛教的成長與延續產生深遠影響，不論是義理之學或應用之學，包括禪、律、淨土、天台、華嚴等思潮，從傳統的立場來看現代的中國佛教，皆可在明末的佛教思想中，覓得蹤跡。因此，漢傳佛教雖然有重視實修的淨土宗、禪宗，也有重視思考的唯識學派，以及華嚴學派等各種不同的學派，但是全部都屬於漢傳佛教。

聖嚴法師常常提及近百年來有些佛教學者，抨擊漢傳佛教非印度佛教的本來面目，含融了許多中國習俗、民間信仰的成分，所以被指爲是不純的傳說和迷信；由此認爲，漢傳佛教之中的各大學派，皆是中國人自創的，是漢化了的佛教。因而讓部分信眾，不再重視漢傳佛教，幾乎一窩蜂地轉向崇拜藏傳佛教或南傳佛教。佛教雖然有南傳、漢傳、藏傳不同的系統，但全部都是釋迦牟尼佛的佛法，彼此之間可以互通合作，也可以獨立存在，因此應更互相包容尊重。而中華佛學研究所的立足點是漢傳佛教，以漢傳佛教爲基礎，來研究、接受、消化其他系統的佛教，這是本所自創辦以來始終不變的方針與原則。更希望漢傳佛教能夠立足於世界，也就是讓國際的佛教界了解，在漢傳的寶庫中，有採擷不盡的寶礦，尤其部分漢文原典，更是藏文、巴利文所無，這些漢文經典及各宗祖師的研究，尚待佛教界的專家學者給予逐一地闡明與發掘！

衷心地祈願今後的漢傳佛教，能夠在教界各方的努力下，開創出一條千秋萬世、常住不滅之路。

中華佛學研究所
2011 年 5 月 1 日

〔自序〕

學無止盡

相對於前書《華嚴與諸宗之對話》（法鼓文化，2020 年 12 月），天台之教義張力強於華嚴，故本書命名《天台與諸宗之對論》。

本人在《天台緣起中道實相論》（東初出版社，1995 年 3 月）中，只析判到以現代哲學「主體性」詮釋天台之謬，至於後現代之「互爲主體性」雖仍然違背「緣起實相」，但本人眼力已無法勝任、析判後現代跳脫繁瑣的詮釋，此只能有待後學，故本書之自序〈學無止盡〉，乃是相對於前書《華嚴與諸宗之對話》自序〈教學相長〉而來。以下簡介各篇撰寫之緣由：

第一篇〈天台智者思想形成之時代背景 —— 南北朝佛學思潮對智者之激發〉，此篇之撰寫，其根源於本人完成《天台緣起中道實相論》之後，渴求對開創天台教觀的這一號人物 —— 智者大師（538－597）有進一步之了解，究竟是甚麼樣的因緣誕生了這一位人物？是時勢造英雄呢？或是英雄創造時勢？

第二篇〈論「五味半滿相成」所建構的天台判教體系〉，此篇之撰寫，其因緣來自於本人對天台之了解，乃因深受《法華玄義》之影響，深覺天台教理與判教有極密切之關係；而其判教又與《法華經》有極密切之關係。依據天台智者之看法，若欲彰顯《法華經》之特色，是離不開教相（判教）的。因此，往往藉由與諸經之對比，來烘托出《法華經》與諸經典不同之所在，以彰顯

《法華經》之特色。此即是所謂的「五味半滿相成」之判教模式，藉由頓漸「五味教」與「半滿教」而構成的判教。換言之，天台判教體系乃兼具了五味方便（權）半滿教理（實）的特質。

第三篇〈從「開權顯實」論法華之妙〉，此篇之撰寫，其因緣來自於本人深受《法華玄義》之影響，認爲法華之妙，在於「開權顯實」，以此彰顯法華之特色。天台宗乃是依《法華經》立宗，所以又稱爲法華宗。天台藉由「五時八教」之模式，來呈現《法華經》與諸經典之不同所在，凸顯法華之特色。

第四篇〈慧思與智者心、意、識說之探討〉，此篇之撰寫，其因緣來自於本人完成《天台緣起中道實相論》之後，除了探討〈天台智者思想形成之時代背景〉之外，更進一步將觸角往上延伸，探討天台智者的師父 —— 南嶽慧思，因而撰寫了《南嶽慧思禪觀之研究》專題論文（1997 年完稿），此篇乃是其中之一章。

第五篇〈永明禪師對天台「六即」之運用〉，此篇之撰寫，其因緣來自於本人參加寧波七塔禪寺舉辦第一屆天台佛教學術研討會（2017 年）。永明延壽乃屬於禪宗之法眼宗，但於法脈上亦與天台有關，且其相當重視天台教觀。

第六篇〈慈雲遵式於天台止觀之運用 —— 以食觀法爲主〉，此篇之撰寫，其因緣來自於本人參加寧波七塔禪寺舉辦第三屆天台佛教學術研討會（2019 年）。慈雲遵式乃天台、淨土宗大德，畢生著眼於實踐上，被稱爲慈雲懺主。本篇藉由「食觀法」之探討，以呈現其對天台止觀之運用。

第七篇〈大慧禪師對智者大師悟境之看法〉，此篇之撰寫，其因緣來自於本人受杭州徑山寺之邀請參加首屆「中國禪宗祖庭文化論壇」（2018 年），撰寫了〈大慧宗杲悟境之探討 —— 以「前後際斷」爲切入點〉。由於撰寫大慧宗杲悟境的過程中，延伸了另一議題 ——〈大慧禪師對智者大師悟境之看法〉。因此，於同一年，以此篇參加寧波七塔禪寺所舉辦的第二屆天台佛教學術研討會（2018 年）。

第八篇〈蕅益智旭思想的特質及其定位問題〉，此篇之撰寫，其因緣來自於本人曾撰寫了《理體論與心性說——蕅益智旭思想之研究》專題論文（1992 年完稿）之關係，而此專題之研究，實與中華佛研所有位學生欲研究蕅益智旭而請教於我有關。基於此因緣，促使著本人研究蕅益智旭思想，此篇乃是專題研究其中之一章。另外，也藉由此一篇章對聖嚴法師的博士論文——《明末中國佛教之研究》，做一些回應。

第九篇〈從「明心見性」論聖嚴禪法與天台止觀〉，此篇之撰寫，其因緣來自於本人參加聖嚴思想研討會（2010 年）。

第十篇〈天台中道觀與根機之關係〉，此篇之撰寫，乃因同學們常詢問本人——有關林志欽教授對天台圓教一心三觀質疑而來。

第十一篇〈評〈從「法性即無明」到「性惡」〉〉，此篇論文之撰寫因緣，乃因楊惠南教授來電邀請對其所著〈從「法性即無明」到「性惡」〉一文（發表於《佛學研究中心學報》第一期，1996 年）做一些回應。

第十二篇〈對中村元《東洋人の思惟方法》中有關思惟模式和中國佛教之析判〉，此篇撰寫之因緣，來自於本人多年來研究所致，而對於中村元《東洋人の思惟方法》一書中，其所論述的種種觀點充斥著種種謬誤，因而加以釐清。

中華佛學研究所專任研究員

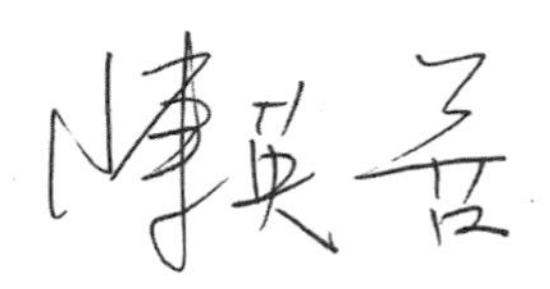

目錄

導　讀

此書《天台與諸宗之對論》，大多是於研討會所發表的論文，而蒐集成書。於所選擇篇章中，其範圍跨越古今，從中國南北朝至現代。因爲有些議題，於《天台緣起中道實相論》（1995）、《天台性具思想》（1997）二書中，已論述之，且已出書，爲避免重覆，並未納入之（如：天台與中觀之關係，或天台宗內部之爭議等）。

本書《天台與諸宗之對論》，總共有十二篇，列舉如下：

第一篇〈天台智者思想形成之時代背景——南北朝佛學思潮對智者之激發〉。

第二篇〈論「五味半滿相成」所建構的天台判教體系〉。

第三篇〈從「開權顯實」論法華之妙〉。

第四篇〈慧思與智者心、意、識說之探討〉。

第五篇〈永明禪師對天台「六即」之運用〉。

第六篇〈慈雲遵式於天台止觀之運用——以食觀法爲主〉。

第七篇〈大慧禪師對智者悟境之看法〉。

第八篇〈蕅益智旭思想的特質及其定位問題〉。

第九篇〈從「明心見性」論聖嚴禪法與天台止觀〉。

第十篇〈天台中道觀與根機之關係〉。

第十一篇〈評〈從「法性即無明」到「性惡」〉〉。

第十二篇〈對中村元《東洋人の思惟方法》中有關思惟模式

和中國佛教之析判〉。

於此十二篇中，從時間上來劃分，約可分爲三部分，於每一部分中，各收錄四篇。

第一部分（第一篇至第四篇）：以南北朝至隋、唐爲主，主要論述天台教觀的建構，其與南北朝佛教諸論師的對論有著密切關係。

第二部分（第五篇至第八篇）：以宋、明、清爲主，以呈現天台教觀與諸宗的對論，其中主要是論述天台與禪宗、淨土的關係。

第三部分（第九篇至第十二篇）：以現代爲主，藉由與現代學者們之對論，以彰顯天台教觀於當今學術界之意義，此也顯示了天台之教觀，頗富辯證之特色。

以下簡介各篇內容大要：

第一篇〈天台智者思想形成之時代背景——南北朝佛學思潮對智者之激發〉，以此篇做爲首篇，用意在於先交代天台思想形成的時代背景，藉由其與南北朝佛學思潮之關係，來反襯出天台思想，並由此而啓開了《天台與諸宗之對論》之序幕。

第二篇〈論「五味半滿相成」所建構的天台判教體系〉，藉由此篇勾勒出天台教觀之建構，實與其判教體系有極密切之關係。而天台判教體系的建構，基本上，乃是建立在與南北朝諸論師的對論上。不論於教於觀上，天台智者皆先將南北朝諸論師的觀點一一加以評破，而後才提出天台的看法，且其判教體系兼具了五味方便（權）、半滿教理（實）的特色。

第三篇〈從「開權顯實」論法華之妙〉，用以論述法華之妙，在於「開權顯實」，以此彰顯法華之特色。天台宗乃是依《法華經》立宗，所以又稱爲法華宗。天台藉由「五時八教」之模式，來呈現《法華經》與諸經典之不同所在，以顯法華之特色，此中又頗具論辯之方式。

第四篇〈慧思與智者心、意、識說之探討〉，主要藉由對「心、意、識」之探討，以回應南北朝佛教地論師、攝論師對「心、意、識」之看法。於此議題中，可看出天台與唯心、唯識之對論。天台以其頗具辯證之方式，展開對地論師、攝論師之批判。

第五篇〈永明禪師對天台「六即」之運用〉，永明延壽乃屬於禪宗之法眼宗，其本身相當重視天台教觀，於《宗鏡錄》常引用《摩訶止觀》等天台論著，且於觀行上又非常重視天台「六即」，如《萬善同歸集》云：「六即揀濫，十地辨功。」以此防止禪宗所標舉的見性成佛而混淆了凡、聖，所謂：「雖明見佛性，與佛同等；若論其功，未齊諸聖。」（《大正藏》冊 48，第 2017 經，頁 976 中）。因此，藉由此篇彰顯天台與禪宗之對論。

第六篇〈慈雲遵式於天台止觀之運用〉，此篇乃從慈雲遵式如何運用天台止觀，主要以「食觀法」做爲探討。

第七篇〈大慧禪師對智者悟境之看法〉，此是從禪宗來看天台，以大慧禪師對智者悟境的看法做爲切入點，不僅顯示大師們所證悟相通，其對天台核心思想之「空、假、中」三觀，認爲是智者大師於證悟法華三昧之後，「以空、假、中三觀該攝一大藏教，無少無剩」，且認爲智者大師所親證之法華三昧境界，乃實有其事，而非只是一種表法而已。

第八篇〈蕅益智旭思想的特質及其定位問題〉，此篇藉由蕅益智旭思想及其定位之錯綜複雜問題，以襯托出蕅益智旭本身具備了諸宗之特色，由此也呈現諸宗之對論。

第九篇〈從「明心見性」論聖嚴禪法與天台止觀〉，此篇藉由聖嚴法師的禪法與天台止觀之關係，以呈現天台與禪宗之對論。禪宗之特色，在於「明心見性」，一般常以「言語道斷，心行處滅」來形容之。然若欲表達，往往又離不開言語文字，因此構成天台與禪宗之對論。

第十篇〈天台中道觀與根機之關係〉，有關本論文之撰寫，原先用意，來自於林志欽教授對天台圓教一心三觀能否落實之質疑而來。依據林教授之看法，認爲天台一心三觀是無法落實的。藉由本篇之論述，可得知天台圓教於理於觀上，皆能成立。而林教授會有此一質疑，來自於未能掌握圓教之意，往往以別教來理解圓教所致。

第十一篇〈評〈從「法性即無明」到「性惡」〉〉，此篇論文之撰寫因緣，乃因楊惠南教授來電邀請對其所著〈從「法性即無明」到「性惡」〉一文（發表於《佛學研究中心學報》第 1 期，1996）做一些回應。因爲此文乃是對拙著《天台緣起中道實相論》所做的評述，其試圖從「法性即無明」、十法界互具等來說明天台思想在於「性惡」，而非如拙著所言的「緣起中道實相」。藉由此篇論文，可得知天台思想頗具辯證，因此在詮釋上呈現了多元性，由此也開啓了天台與現代學者之對論。

第十二篇〈對中村元《東洋人の思惟方法》中有關思惟模式和中國佛教之析判〉，本文主旨在於析判中村元《東洋人の思惟方法》的思惟模式及其對中國佛教之理解的謬誤。

第一篇

天台智者思想形成之時代背景
——南北朝佛學思潮對智者之激發

摘要

筆者撰寫本文的動機，希望籍由對南北朝佛學諸問題的探討，進而對天台智者緣起中道實相思想的了解；同時，也希望藉由對此問題的探索，了解天台智者緣起中道實相論所要釐清的問題；再者，更希望能顯示天台智者緣起中道實相論之架構是與南北朝諸佛學問題息息相關的。換言之，也因爲南北朝的這些佛學問題的激發而醞育了天台智者緣起中道實相思想。

本文主要就二諦、佛性、一心染淨等三方面來論述南北朝佛學所存在的諸問題。所以，本文以此三問題爲論述主軸，目的是想扣緊天台智者於其諸論著中對這些問題所做的反思，以凸顯天台智者如何於這些問題的激發和反思中提出回應。

空有（或眞俗）二諦問題，是自印度佛教以來就一直被討論著的，至中國南北朝時更可說是達於高峰，所謂二十三家二諦說，即是一明顯例子。因應此問題，天台智者提出了「即空即假即中」的緣起中道實相論，以做爲對此問題之反思及回應。至於佛性與一心染淨問題，也可說是二諦問題之延續，各家立說紛紜，往往形成水火不容之局面，這也激發了天台智者對問題之反思，而以「即空即假即中」的觀念釐清此等問題。

一、前言

研究天台智者的思想，總爲其博深精湛、論見銳利的緣起中道實相思想所震撼、所深深吸引著。此使我不禁地問：是什麼樣的時代醞釀了這樣的思想？是什麼樣的思潮激發了這樣的思想？天台智者的緣起中道實相思想究竟想釐清什麼樣的問題？想解決佛教什麼問題？

這一連串的疑問，可說是相應著時代背景而來。因此，在研究智者的緣起中道實相論、戒學、禪觀之後，❶個人覺得有必要將培育智者思想的時代背景做進一步探索。如此做，不但對天台智者思想的背景做一交待，且有助於對智者緣起中道實相思想的了解；也讓吾人能深深地體認到是什麼樣的時代醞釀什麼樣的思想之緣起因果關係；亦讓吾人了解到諺語所謂「時勢造英雄」之道理。歷史上大思想家本就少之又少，佛教界像智者這樣的大思想家（智者亦可堪稱爲禪修者、宗教家）更是鳳毛麟角。依筆者對思想史的研究，除了原創者本身的能力之外，時代思潮的激發有其密切關係，此二者若缺一，則無法誕生大思想家。

本文擬就智者所處時代所面對的種種佛學問題，約略分爲三方面而加以探討：

1. 二諦問題。

---

❶ 筆者目前有關天台智者方面的論著：《天台緣起中道實相論》、《天台智者的禪觀》、《天台智者的戒學》（後二者，尚未出版）、〈天台智者的修學心路歷程〉（《獅子吼》月刊，1994 年 3 月）、〈論發菩提心——以天台智者爲主〉（《獅子吼》月刊，1993 年 6 月）等。

2. 佛性問題。

3. 染淨問題。

此三方面的問題本是彼此相關的，今為便於了解及敘述而予以分別介紹。

二、二諦問題

印度佛教截至中世前期，慣以「俗、眞（或有、空）二諦」來分世間法與出世間法，使得世間與出世間出現難以彌補的鴻溝。❷逮至龍樹菩薩，似乎有意消弭這道鴻溝，遂依《般若經》「色即是空，空即是色」所顯示「色、空不二」道理，力求開顯法空理論，主張「不能離俗諦而求第一義諦，不能捨生死而求涅槃」。❸但由於龍樹著重於破斥人我、法我等諸執著上，對於此番道理似乎只提到、點到而已，❹並沒有進一步之發揮。所

---

❷ 因緣（十二因緣）為生滅、流轉，是世間法；斷除因緣之相續為不生不滅、解脫，是出世間法。尤其著重在人我執的破斥上，而以苦、空、無我破之。人我執雖破，但法我問題仍存在，此成了部派佛教的重要課題，如：「五蘊是否有我？」「過、現、未是否有實？」「輪迴主體為何？」等問題。

❸ 如《中論》去：「若不依俗諦，不得第一義；不得第一義，則不得涅槃。」（《大正藏》冊 30，頁 33 上）又云：「涅槃與世間，無有少分別；世間與涅槃，亦無少分別。」（《大正藏》冊 30，頁 36 上）由此而顯示世間法（生死）與出世間法（涅槃）不二之道理。

❹ 世間法與出世間法、俗諦與第一義諦雖不二，但龍樹在《中論》中並沒有發揮此番道理，而著重以「八不」來破斥外道及部派的人我、法我執。若不局限於此，也許對問題的處理會較多元，不至於形成以空為主的傾向，而倒向於「受諸因緣故，輪轉生死中；不受諸因緣，是名為涅槃」（《大正藏》冊 30，頁 35 中）的結果。世間法與出世間法既不二，生死與涅槃既不二，何以存在「不受諸因緣，是名為涅槃」這種二分之情形？若要深究此問題，這牽涉到印度傳統文化是屬於二分的，將生死與解脫二分，加以解脫乃宗教之

以，對問題的處理，仍可說停滯在俗、眞二諦，甚至偏向空諦來論述問題。這對眾生之人我、法我等執著雖可以起破斥遏止作用，然對於差別相問題並未做進一步探討，此似乎無法解決吾人對差別相的困惑。至於稍後的世親菩薩，雖提出阿賴耶識做爲一切差別相之解釋，同樣地，卻也引發了其它諸多問題而有待解決。

這些問題，到了中國依然存在。早期有所謂的「六家七宗」，❺對空有二諦提出不同之解說，如圖表所示：

終極所在，龍樹本人亦不例外，最後則牽涉到龍樹的論證方法，在此無法申述。所以龍樹雖然已自覺「生死、涅槃不二」之道理，但仍無法脫離傳統文化之局限。也許爲了對治當時問題，而特重於「八不」爲主所致。

❺ 有關「六家七宗」之說，主要是依據劉宋·曇濟的〈六家七宗論〉而來，此又是輾轉自唐·元康《肇論疏》所引述梁·寶唱《續法論》而得知，如其云：「梁朝·寶唱作《續法論》一百六十卷云：宋·莊嚴寺釋曇濟作〈六家七宗論〉。論有六家，分成七宗：第一本無宗、第二本無異宗、第三即色宗、第四識含宗、第五幻化宗、第六心無宗、第七緣會宗。本有六家，第一家分爲二宗，故成七宗也。」（《大正藏》冊 45，頁 163 上）另於《名僧傳抄·曇濟傳》亦提及曇濟的六家七宗論，且對六家七宗的內容加以論述。此外，於吉藏《中論疏》及日本安澄《中論疏記》亦皆有所提及，且有詳細記載。雖如此，這些資料畢竟都只是二手資料且是輾轉而來的資料。至於對當時有關般若不同之看法，在《肇論》中所破斥的有三家（心無、即色、本無宗）（《大正藏》冊 45，頁 152 上），僧鏡《實相六家論》所言的六家，與六家七宗之六家不盡相同（參《大正藏》冊 45，頁 163）。至於六家七宗之實際內容如何，由於文獻之限，本文無法進一步討論，此處是依曇濟的看法來稍做介紹，由對般若空義的把握來顯示「空、有二諦」之關係。有關六家七宗之研究，在湯用彤《漢魏晉南北朝佛教史》第九章（頁 229-277）有詳盡之處理，值得參考。本文只略述之。

曇濟	吉藏《中論疏》
1. 本無	道安
2. 本無異	琛法師
3. 即色	支道林
4. 識含	于法開
5. 幻化	壹法師
6. 心無	溫法師
7. 緣會	于道邃

以上六家七宗之圖表，乃依曇濟六家七宗之說與吉藏《中論疏》而繪製。❻

有關六家七宗之論點，仍存在著諸多爭議，由於當事者本身所留存下來的資料十分有限，吾人無法進一步確切得知其詳情，只能輾轉藉由二手資料得其大概。如本無宗，究竟其代表人物為道安或是竺法汰或是他人，仍有所爭議，在《肇論》中，本無思想乃是僧肇所批評的對象之一，❼若依元康《肇論疏》之解釋，認為《肇論》所破的本無，是指晉朝‧竺法汰的本無思想，❽但若據吉藏《中論疏》對六家七宗之記載，認為本無是指道安，如其云：

❻ 參見《大正藏》冊 45，頁 163 上，及《大正藏》冊 42，頁 29 上 - 中。

❼ 如《肇論》云：「本無者，情尚於無，多觸言以賓無，故非有，有即無，非無，無亦無，尋夫立文之本旨者，直以非有非眞有，非無非眞無耳，何必非有無此有，非無無彼無，此直好無之談，豈謂順通事實，即物之情哉。」（《大正藏》冊 45，頁 152 上）

❽ 如《肇論疏》云：「第三、破晉朝‧竺法汰本無義也。」（《大正藏》第 45 冊，頁 171 下）

> 一者，釋道安明本無義，謂無在萬化之前，空為眾形之始。夫人之所滯，滯在未有；若詫心本無，則異想便息。[9]

且吉藏認爲僧肇所破的本無，是指竺法琛的本無（或本無異），如其云：「次琛法師云：本無者，未有色法，先有於無，故從無出有，即無在有先，有在無後，故稱本無，此釋爲肇公〈不眞空論〉之所破。」[10]

此外，吉藏又引僧肇同門師兄弟僧睿之看法，來說明道安思想是合乎性空的，如其云：

> 睿師云：「格義迂而乖本，六家偏而未即。」師云：「安（案：指道安）和上鑿荒途以開轍，標玄旨於性空，以爐冶之功驗之，唯性空之宗，最得其實。」[11]

吉藏接著又說：

> 詳此意，安公明本無者，一切諸法本性空寂，故云本無，此與方等經論、什、肇、山門義無異也。[12]

此明道安的本無即是指一切諸法本性空寂之意，且與鳩摩羅什、僧肇他們對空的了解無異。

再者，自漢魏以來，「本無」一概念，即被用以翻譯眞如、

---

[9] 《大正藏》冊 42，頁 29 上。
[10] 同上。
[11] 同上。
[12] 同上。

空等諸名相，形成當時所謂的格義佛學，道安自覺到格義佛學所存在的問題，故率先反對之。由道安本身的自覺上來看，其對本無性空之了解，應是與般若空義相近的，無怪乎僧睿讚美其學說爲性空；且於諸家（如六家）對般若空的解釋中「最得其實」。加以道安一生致力於般若研究，⓭ 更能顯示其對般若的掌握。

由上所述，可知吉藏和元康皆認爲僧肇所批評的本無思想，不是指道安的本無。不過道安本身的思想爲何，吾人則難以確切得知。至於其餘六家之思想又是如何，則更是另一有待解決的問題，而目前又僅能就片斷及二手資料窺其梗概。

雖然有關六家七宗之思想難以得知，但由六家七宗及僧肇所批評諸家對空義的了解，反映出當時對空義的把握及對空有之間關係的處理，的確出現了諸種不同的看法。至僧肇時，從《肇論》——〈物不遷論〉、〈不眞空論〉、〈般若無知論〉、〈涅槃無名論〉諸論內容所顯示「即動而求靜」、「觸事而眞」等道理，實更貼切表達了般若空義，此亦其能得到羅什等人稱歎之所在。⓮

對般若空義的闡揚，經羅什、僧肇等人的努力，迨乎臻於至極，影響所及，時人無不以空義來解釋諸經論，⓯乃至後來的三論師亦皆著重於空義。然而，天台智者對羅什及僧肇之立論，似乎有所不滿，認爲偏於通教，如《法華玄義》云：

⓭ 道安有關般若方面的研究，可參見湯用彤《漢魏兩晉南北朝佛教史》（頁242-243）所列舉的。

⓮ 如元康《肇論疏》所載：「後羅什至姑臧，肇自遠從之，什嗟賞無極。……肇以去聖人久遠，文義舛雜，先舊所解，時有乖謬，乃見什諮稟，所悟更多，因著宗本義，《物不遷論》、《不眞空論》、《般若無知論》，竟以呈什，什讀之稱善。……時，廬山劉道民見肇此論，歎曰：『不意方袍復有平仲。』因以呈遠公，遠乃撫机歎曰：『未嘗有也。』」（《大正藏》冊 45，頁 162 上）

⓯ 如對《維摩詰經》、《法華經》等之解釋。

> 今古諸釋，世以光宅為長。觀南方大乘，多承肇、什，肇、什多付通意。[16]

此明對《法華經》「妙」字之解釋，南方大乘師們多以僧肇、羅什之教義來解釋，而此種解釋偏於通教之不生不滅教義。[17]

至南北朝時，有所謂的「二十三家二諦說」，此在天台智者的諸論中提及，如《法華玄義》云：

> 夫二諦者，名出眾經，而其理難曉，世間紛紜由來碩諍。……然執者不同，莊嚴旻據佛果出二諦外，為中論師所覈，如此佛智，照何理、破何惑？若無別理可照，不應出外；若出外而無別照者，藉何得出？進不成三、退不成二。梁世，成論執世諦不同，或言世諦名、用、體皆有；或但名、用而無於體；或但有名而無體、用。陳世，中論破立不同，或破古來二十三家明二諦義，自立二諦義；或破他竟，約四假明二諦。古今異執，各引證據，自保一文，不信餘說。[18]

此中列舉了中論師對莊嚴寺僧旻二諦說之破斥，亦列舉了梁代成實論師們對二諦之世諦的不同看法，最後列舉了陳代中論師對古來二十三家二諦義之破斥，另外中論師亦自立二諦義。由此看來，於二諦義之爭論是相當激烈的。

又如《摩訶止觀》云：

---

[16] 《大正藏》冊 33，頁 691 下。

[17] 詳參見拙著《天台緣起中道實相論》第五章有關通教教義部分。

[18] 《大正藏》冊 33，頁 702 上 - 中。

> 雖未得見，各執空有，互相是非。所以，常途解二諦者，二十三家，家家不同，各各異見。⑲

有關二十三家對二諦的爭論，在天台智者的論著中並未詳明其內容，依湛然《止觀輔行傳弘決》之說明，是指梁・昭明太子時所集的二十三家二諦義，此收錄在道宣《廣弘明集》中，如《傳弘決》云：

> 初明凡師迷教，執教之類，其流非一，如梁・昭明所序諸師明二諦義，有二十九（案：九為三之誤）人，各不同，在《廣弘明集》。⑳

在道宣的《廣弘明集》卷 21 中，收錄了二十三家對二諦義的不同看法，㉑觀其內容，則是採取問答方式來辯析「眞、俗二諦」（或云第一義諦與世諦）之名稱、體（生法、不生法）、一異關係、凡聖所見等諸種問題。

對二十三家二諦義的看法，中論師藉由立論者彼此之間的矛盾來加以破斥（如前文所述），㉒天台智者亦提出了其個人之見解，認爲二十三家的二諦義，彼此都引經據論且有其根據，若無文證者，即是邪說，雖有文證，就理而言，只是「隨情說」而已，如《法華玄義》云：

---

⑲ 《大正藏》冊 46，頁 26 下。

⑳ 《大正藏》冊 46，頁 230 下 -231 上。另在湛然《法華玄義釋籤》亦提及此，如其云：「第三文者，破古來二十三家明二諦義，如《止觀》第三記文，在梁《昭明集》。」（《大正藏》冊 33，頁 853 下）

㉑ 參見《大正藏》冊 52，頁 246 下 - 250 中。

㉒ 參見《法華玄義》（《大正藏》冊 33，頁 702 中）。

> 古今異執，各引證據，自保一文，不信餘說。今謂不爾，夫經論異說，悉是如來善權方便，知根知欲種種不同，略有三異，謂隨情、情智、智等。隨情說者，情性不同，說隨情異，如《毘婆沙》明世第一法有無量種，際真尚爾，況復餘耶？如順盲情，種種示乳，盲聞異說而諍白色，豈即乳耶？眾師不達此意，各執一文，自起見諍，互相是非，信一不信一，浩浩亂哉，莫知孰是。若二十三（家）說及能破者（案：指中論師），有經文證，皆判是隨情二諦意耳；無文證者，悉是邪謂，同彼外道，非二諦攝也。㉓

在此智者將二諦的教義分為三種：隨情說、隨情智說、隨智說，而二十三家的二諦說，乃至在梁、陳之際破二諦說的三論師及其對二諦的主張，依智者的評判是屬「隨情說」，即是諸經論依眾生種種不同根性、種種不同欲樂而說二諦，諸論師不達此意，各自引證合乎自己主張的經論來支持自己的看法，反駁他人的看法，如引文云「各執一文，自起見諍，互相是非」，此猶如盲人聞異說而互爭白色，反而忽略了順盲情種種示乳之用意。

諸經論除了依「隨情」而說二諦義外，亦依「隨情智」及「隨智」明二諦義，所謂隨情智說，依《法華玄義》所釋：

> 隨情智者，情謂二諦，二皆是俗；若悟諦理，乃可為真，真則唯一。㉔

是指順眾生根性等所闡明的眞俗二諦義，皆可說是俗諦；若能

㉓ 《大正藏》冊 33，頁 702 中。

㉔ 同上。

依此而悟理，才是眞諦，故言隨情智而說二諦。至於隨智說，是指悟理而言，如《法華玄義》云：

> 隨智者，聖人悟理，非但見真，亦能了俗，如眼除膜，見色見空。[25]

此顯示悟理的聖人，非但能見眞諦，亦能明瞭俗諦，得知眞俗不二無礙之道理，此即是隨智說。依智者的看法，若能明瞭隨情、隨情智、隨智說等三意，那麼就能了解到諸經論所明二諦事實上皆具備了此三意，如《法華玄義》云：

> 若解此三意，將尋經論，雖説種種，於一一諦皆備三意也。[26]

除了就三意（隨情、隨情智、隨智說）論二諦外，智者爲了助吾人對二諦有所了解，又以七種二諦來論述二諦，如《法華玄義》云：

> 二、正明二諦者，取意存略，但點法性為真諦，無明十二因緣為俗諦，於義即足。但人心麁淺，不覺其深妙，更須開拓則論七種二諦，一一二諦更開三種，合二十一（種）二諦也。[27]

---

[25] 同上。

[26] 《大正藏》冊 33，頁 702 下。

[27] 同上。

若以簡單的方式界說二諦，則法性爲眞諦，無明等十二因緣爲俗諦，但吾人對於此番深妙道理往往難以了解，故將之分爲七種二諦來論說，㉘若配以前面所述三意，則成爲二十一種二諦。

由前面對二諦之論述，吾人可得知「眞、俗不二」之道理，亦由此顯示以「隨智」說二諦，乃眞正表現「聖人悟理，非但見眞，亦能了俗」之方法。所以，說「空」說「有」，本是無礙，皆是隨順因緣而說，不可偏執。若偏執二諦，可就一實諦而對破之，因爲就眞俗不二而言，可說是一實諦；若偏執有一實諦，可就無諦而對破之，因爲法無定性，豈可有一實諦可執？㉙

對於「諦」問題的處理，天台智者除了對二諦、一實諦、無諦等加以論述外，爲了因應當時南北朝二諦及其它佛學問題（如佛性與二諦之關係等）而提出三諦（空、假、中諦），透過「即空即假即中」來論述三諦彼此之關係，顯示非於二諦外而另有中道第一義諦，且中道第一義諦的提出，也是針對著二諦問題之爭論而來，藉由中道第一義諦而說明眞俗二諦不相捨離之道理，並非如一般學者將天台智者的中道第一義諦視爲二諦之外

㉘ 有關七種二諦內容，請參見《法華玄義》（《大正藏》冊 33，頁 702 下 -703 中）。因有關此部分內容，筆者已於拙著《天台緣起中道實相論》第五章論及之，不再贅述。

㉙ 此可參見天台智者對諸諦之探討，如《法華玄義》云：「六、明一諦者，《大經》（案：指《涅槃經》）云：所言二諦，其實是一，方便說二。如醉未吐，見日月轉，謂有轉日及不轉日，醒人但見不轉不見於轉。……諸諦不可說者，諸法從本來，常自寂滅相，那得諸諦紛紜相礙？一諦尚無，諸諦安有？」（《大正藏》冊 33，頁 705 上）此所破乃在破因執而生結使者，若無執則無所可破，又如《法華玄義》云：「問：何故大、小（案：指大、小乘）通論無諦？答：《釋論》（案：指《大智度論》）云：『不破聖人心中所得涅槃，爲未得者執涅槃生戲論，如緣無，生使故破，言無諦也。』」（《大正藏》冊 33，頁 705 中）

而另存的中道諦。㉚

三、佛性問題

約於東晉、劉宋之際，由於道生提倡闡提成佛、眾生皆有佛性，有關佛性問題逐漸受重視，迨至曇無讖翻譯大本《涅槃經》後，㉛促成南北朝時對《涅槃經》研究之熱潮，諸論師亦多埋頭於研究《涅槃經》中，且對佛性之見解，亦各有所不同。如在道生時代，有關闡提成佛及頓悟成佛就引起了不少爭論。㉜另外，對於正因佛性之看法，依吉藏《大乘玄論》之記載有十一家，元曉《涅槃宗要》有六家，均正《大乘四論玄義》有十三家（指本三家及末十家）。㉝至於，有關佛性本有、始有之爭論，依吉藏《涅槃遊意》之記載，則有三家。㉞

㉚ 此可參見拙著《天台緣起中道實相論》第一章第三節、第四節，及第五章第四節和第九章。

㉛ 曇無讖所譯四十卷《大般涅槃經》於宋武帝永初二年（421 年）譯出，在此之前，有法顯譯的六卷《大般涅槃經》（東晉・義熙十四年，即 418 年）。據說於《涅槃經》未譯出之前，道生已提出闡提成佛的看法。

㉜ 依常盤大定《佛性の研究》中篇第一章〈竺道生と闡提成佛說之に關する論諍〉，當時有智勝、法顯、慧觀、羅什等人，與道生論諍闡提佛性及頓悟成佛之問題。（參見此書，頁 177-182，東京國書刊行會出版）

㉝ 此部分於湯用彤《漢魏兩晉南北朝佛教史》第十七章中，有詳細之論述（頁 678-682），可參考之。

㉞ 此三家是指：靈味高高（寶亮，依湯用彤之看法，「高高」爲寶亮之誤，《漢魏兩音南北朝佛教史》，頁 680）、章安瑤師、開善智藏。寶亮主張生死中已有眞神之法，但未顯現，即本來已有常住佛體，但爲煩惱所覆，若斷煩惱，佛體則現。瑤師主張眾生有成佛之理，此理是常，此理附於眾生，故說爲本有。以上二家是主張本有說。第三家智藏則統合本有與始有（參見《大正藏》冊 38，頁 237 下）。地論師之看法，亦同智藏之看法，以理性與

由上所述，對佛性之不同看法，可說是南北朝佛教的重要課題，諸多論師們都投注心血於《涅槃經》之研究，即如梁朝三大論師（《成實論》三大論師：光宅法雲、開善智藏、莊嚴僧旻），乃至三論師興皇法朗也不免俗地大弘斯典。[35]由成實論師及三論師亦投入研究《涅槃經》的現象，可得知《涅槃經》於南北朝之風行盛況，至於其他諸論師則更不用說了，此可由《大般涅槃經集解》所收錄的各家註疏見其一斑。[36]

佛性問題所受廣泛重視，至南北朝時達到高潮。本文所要處理的，主要在於探討佛性問題何以受到重視及其所隱藏的問題。

對中國佛教史略有了解的人，都知道印度佛教傳入中國初期，主要經論多屬禪定和般若方面，且以翻譯爲主，還談不上深入研究，[37]至東晉時，由於鳩摩羅什之弘宣，引起對般若學之關

行性來說明佛性（參見常盤大定《佛性の研究》，頁 188-189）。

[35] 依吉藏於《涅槃經遊意》的記載，在興皇之前的三論師們是不講《涅槃經》的，至興皇時才大弘斯典，如其云：「就攝山大師唯講《三論》及《摩訶般若》，不開《涅槃》、《法華》，諸學士請講《涅槃經》，大師云：諸人今解《般若》，那復令農（案：再）講。後重請，乃爲道本有今無偈，而遂不講文。至興皇以來，始大弘斯典。」（《大正藏》冊 38，頁 230 上 - 中）

[36] 參見《大正藏》冊 37，頁 377 上 -610 下。如梁武帝爲靈味寺實亮《涅槃經義疏》所作的序，就提及了十法師之經題序，此十法師是指：道生、僧亮、法瑤、曇濟、僧宗、寶亮、智秀、法智、法安、曇准（《大正藏》冊 37，頁 377 上）。

[37] 如早期所翻譯的佛教經典，大多爲禪修與般若方面的經典，如後漢．安世高譯《佛說大安般守意經》、《陰持入經》、《佛說禪行三十七品經》、《禪行法想經》等，吳．支謙、西晉．竺法護等人亦譯有不少有關禪修方面經典（參見《大正藏》冊 15）。般若方面：支婁迦讖《道行般若經》、支謙《大明度經》、竺法護《光讚經》，另雖亦有其它經典之翻譯，但在羅什之前，中國佛教大多屬於翻譯和格義佛學階段，而六家七宗之般若學可說正在起步階段，道安的般若學堪得稱爲研究。

注，而發展成關中學派，[38]以般若的角度來解釋諸經論，使得般若學儼然成爲佛學之代表。

在一片般若學的聲浪中，談論佛學總被局限在「空」的領域中，不論就析法來論「人我空」，或就體法來論「色即空」、「法我空」之道理，以破除或遮除眾生對人我、法我之執著。雖如此，但空本身亦是不可執著的，所以說「空不空」，乃至顯示空並不是沒有，然而又恐於說它，甚至當吾人以「空」來做表達時，其本身又存在著諸多問題待解決。[39]這幾乎是般若空學中最棘手的問題，尤其面對大乘菩薩道之開顯，空似乎也顯得無著力點。

佛性觀念的提出，似乎在彌補這一空缺，凸顯大乘菩薩的修學歷程──由因至果的歷程，也顯示了一切眾生成佛之可能。但也因爲這樣，使佛性問題往往陷於本有、始有，或眞修、緣修問題中，以四句來表達，即是：本有、修生、本有修生、修生本有。有關這類問題的爭論，迨至《攝大乘論》、《十地經論》、《大乘起信論》被翻譯出後，終於形成了白熱化。

以上諸經論及諸論師對佛性的看法，往往陷於一己偏執中，執以爲實，這也是天台所一再批評的，如《維摩經玄疏》云：

> 今初修空三昧，觀此無明不自生，不從法性生也；不他

---

[38] 此是指羅什的翻譯及講習都在關中地區，而後來傳承此學說者，被稱之爲關中學或關河學。如呂澂《中國佛學思想概論》第五章〈關河所傳大乘龍樹學〉，即是探討此學派的論著。

[39] 如以『空』作表達時，『空』變成了某種概念，甚至成了自性的另一化身，否則陷入於說也不是、不說也不是的窘境中。（參見劉紹楨〈西中印空無觀之研究〉，《諦觀》第 77 期，頁 133-134）

> 生，非離法性外別有依他之無明生；不共生，亦非法性共無明生；非無因緣生，非離法性離無明而有生也。若四句檢，無明本自不生，生源不可得，即是無始空，是名空三昧，空無住之本一切法也。若爾，豈全同地論師計真如法性生一切法？豈全同攝大乘師計黎耶識生一切法也？[40]

此中即以四句（非自、他、共、離）檢無明生源之不可得，破除一切生源之執著，由此而入空三昧。同時也批判地論師以法性為一切法根源之執著，亦破斥攝論師以阿黎耶識生一切法之執著。接著，對論師所主張佛性本有或無所有之批評，如其云：

> 次觀無相三昧者，即觀無生實相非有相，不如闇室瓶盆之有相；非無相，非如乳內無酪性也；非亦有亦無相，不如智者見空及不空也；非非有非非無相，取著即是愚癡論。若不取四邊之定相，即是無相三昧入實相也。若爾，豈全同地論師用本有佛性，如闇室瓶盆；亦不全同三論師破乳中酪性，畢竟盡淨無所有性也。[41]

此亦即以四句（非有相、無相、亦有亦無相、非有非無相）來破除對定相之執著，顯示無生實相之道理。同時也批判地論師主張佛性本有及三論師主張「佛性無所有」之看法。最後，對有關論師們成佛之主張，亦提出批判，如其云：

> 次明修無作三昧，觀真如實相，不見緣修作佛；亦不見真

[40] 《大正藏》冊 38，頁 528 中。

[41] 同上。

修作佛；亦不見真緣二修合故作佛；亦不離真緣二修而作佛也。四句明修即是四種作義，若無四修即無四依，是無作三昧也。若爾，豈同相列（案：州）北道明緣修作佛，南土大、小乘師多用緣修作佛也；亦不同相州南道明義用真修作佛。[42]

此即以非眞修、非緣修、非亦眞亦緣修、非離眞離緣修等四句來批判論師們主張成佛是眞修、緣修等之看法。依此段引文的記載，當時地論師北道派及南方大、小乘論師們主張成佛是由緣修而成；地論師南道派則主張成佛是由眞修而成，而天台智者對此諸種主張之偏頗，皆一一提出批評，認爲各偏執一端執爲定說是有違實相道理，故而就四句加以破斥，顯示諸法無定性不可說及就隨順因緣可說之實相道理，如《維摩經玄疏》云：

問曰：偏用何過？

答曰：正道無諍，何得諍同水火。今明用三三昧修一實諦，開無明顯法性，忘真緣離諍論，言語法滅，無量罪除，清淨心一，水若澄清，佛性寶殊（案：珠）自然現也。見佛性故，即得住大涅槃。[43]

又云：

問曰：若爾者，今云何說？

答曰：《大涅槃經》云：「不生不生，名大涅槃。」以修道

---

[42] 《大正藏》冊 38，頁 528 中 - 下。

[43] 《大正藏》冊 38，頁 528 下。

> 得故，故不可說，豈如諸大乘論師偏執定說也。今以因緣，故亦可得說者，若解四悉檀意，如前異說，皆大利益眾生與顯佛法也。[44]

由此吾人可以了解到天台智者是以中道實相來處理佛性、成佛等問題，首先以法無定性不可說來破斥諸論師偏執定說，也以四悉檀因緣隨順而說，亦不離諸論師四句說之主張，以大利益眾生與顯佛法，息諸偏執。

由上所述，南北朝時對佛性的看法，不外乎四句（有、無、亦有亦無、非有非無）之主張，尤其以有佛性或無佛性之看法較普遍，如地論師主張佛性本有，三論師則主張佛性無所有。另對成佛之看法，亦不外乎四句主張（眞修、緣修、亦眞亦緣修、非眞非緣修），其中又以眞修或緣修的主張較盛行，如南道派主張眞修，北道派及諸論師主張緣修，形成各執一端定說之局面。對於此諸多之爭論，天台智者乃以法無定性不可定說及隨緣可說之中道實相論予以嚴厲批判，並試圖平息之。

此外，智者亦以三因佛性（正因、了因、緣因）之「即空即假即中」的關係來處理佛性問題。[45]

四、染淨問題

有關染淨問題，主要是就一心或阿賴耶識而論，亦即一切法所依持的一心爲淨？抑是爲染？若屬淨，則一心是法性，由法性生一切法；若爲染，則一心是無明，是阿賴耶識生一切法。對

---

[44] 同上。

[45] 參見拙著《天台緣起中道實相論》第七章〈智者大師的成佛觀〉。

於此問題的爭論，在當時，主要人物是地論師和攝論師。此在天台智者論著中，有多處提及之，如《摩訶止觀》云：

> 地人云：一切解惑真妄依持法性，法性持真妄，真妄依法性也。攝大乘人云：法性不為惑所染，不為真所淨，故法性非依持，言依持者，阿黎耶是也，無沒無明盛持一切種子。[46]

此說明了地論師與攝論師對法性之不同見解，亦即是對阿黎耶識之不同看法。依地論師的看法：法性爲一切解惑眞妄所依持，即以阿黎耶識爲法性，爲一切法之依持，視阿黎耶識爲淨。依攝論師的看法：認爲法性不爲惑所染，不爲眞所淨，所以法性非一切法之依持；而爲一切法之依持者，是無沒無明的阿黎耶識，此即視阿黎耶識是染，爲一切法之依持。又如《法華玄義》云：

> 諸論師明心出一切法不同，或言阿黎耶是真識，出一切法；或言阿黎耶是無沒識、無記無明，出一切法。若定執性實，墮冥初生覺，從覺生我心過，尚不成界內思議因緣，豈得成界外不思議因緣？[47]

此點出了對阿黎耶識之不同看法，同時也批判了地論師、攝論師對阿黎耶識的偏執，定執阿黎耶識性實。若定執有性實，依天台智者的看法，此乃是外道墮冥初生覺及執有實性之看法，所以評爲「從覺生我心過」。本來阿黎耶識觀念的提出，乃在處理界

---

[46] 《大正藏》冊 46，頁 54 上。

[47] 《大正藏》冊 33，頁 699 下。

外不思議因緣，然而地論師、攝論師不明此理，反執以為實而互爭是非，所以智者評之為「若定執性實，墮冥初生覺，從覺生我心過，尚不成界內思議因緣，豈得成界外不思議因緣？」

又如《法華玄義》云：

> 若地人明阿黎耶是真識，攝大乘人云：（阿黎耶）是無明隨眠之識，亦名無沒識，九識乃名淨識，互諍。[48]

另如《維摩詰經玄疏》云：

> 問：攝大論說阿黎耶識是無記生死根本，何關真性解脫耶？
>
> 答：若爾，與地人用《楞伽經》豈不碩相逆。今研兩家所執，互有得失，若言阿黎耶識非本性清淨者，《攝大乘論》何故云：如地即是金土，黎耶識亦爾，染同於土，淨同於金。故知義通二邊，何兩家偏執？今說黎耶識即是真性解脫者如金，即是生死根本如土。[49]

由上述天台智者諸論著所引文中，得知地論師與攝論師對阿黎耶識不同之看法，即地論師視阿黎耶識為淨為法性，而攝論師視阿黎耶識為染非法性，另立第九識為淨識。對此種種偏執，天台智者皆一一加以批判。

有關地論師及攝論師的理論在缺乏完整的資料下，吾人大多只能輾轉經由二手資料得知梗概，除了見於天台宗所引述的資

---

[48] 《大正藏》冊 33，頁 744 中。

[49] 《大正藏》冊 38，頁 553 上 - 中。

料外，約與智者同時的吉藏亦於其論著中提到地論師及攝論師的觀點，如《中觀論疏》云：

> 又舊地論師以七識為虛妄，八識為真實；攝大乘師以八識為妄，九識為真實。[50]

而屬地論師系統的隋·慧遠《大乘義章》亦論及地論師的看法，如其云：

> 前六及七（識），同名妄識，第八名真識。妄中，前六迷於因緣虛假之法，妄取定性，故名為妄；第七妄識，心外無法，妄取有相，故名為妄。第八真識，體如一味，妙出情妄，故說為真；又復隨緣種種故變異，體無失壞，故名為真，如一味藥，流出異味，而體無變；又以恆沙真法集成，內照自體恆法，故名為真。[51]

對阿黎耶識持不同看法所引發的諍論，乃當時佛教界之現象，至於所爭論的確切如何，則僅能就有限資料予以推知。且依據資料之記載，地論師本身由於對心之不同看法，而又分成南道派與北道派，如《法華玄義》云：

> 若不得四悉檀意，諸論諍競，誰能融通？如地論有南、北二道，加復攝大乘興，各自謂真，互相排斥，令墮負處。[52]

---

[50] 《大正藏》冊 42，頁 104 下。
[51] 《大正藏》冊 44，頁 525 中 - 下。
[52] 《大正藏》冊 33，頁 792 上。

湛然於《法華玄義釋籤》對此段有詳盡的說明，其解釋云：

> 如地論有南、北兩道者，陳、梁以前弘地論師二處不同，相州北道計阿黎耶以為依持，相州南道計於真如以為依持，此二論師俱稟天親而所計各異，同於水火，加復攝大乘興，亦計黎耶以助北道。又《攝大乘》前後二譯，亦如地論二計不同，舊譯即立菴摩羅識（第九識）。唐三藏譯，但立第八（識）。[53]

此中不僅說明了地論分爲南、北兩道派，也說明《攝論》由於新、舊譯之不同，亦有立第八識與第九識之差別，即指眞諦所譯《攝大乘論》與玄奘譯有別。同時也顯示了攝論師與北道派對阿黎耶識之看法是相同的，視阿黎耶識爲染、爲一切法之依持；所不同者，攝論師另立第九識爲清淨識。至於南道派則主張阿黎耶識爲淨、爲一切法之依持。此引發彼此之執，如同水火。

《十地經論》（簡稱爲《地論》）與《攝大乘論》（簡稱爲《攝論》，研究此論者，稱爲攝論師）此二部論著皆是唯識宗無著、世親菩薩之著作，爲何南北朝諸論師對阿黎耶識如此紛歧之看法呢？淨耶？染耶？若執爲性實，恐難免墮於自性生、他性生的漩渦中，淪爲外道有我之看法，反而喪失了無著、世親著論之本質。

依世親《十地經論》對一心、阿黎耶識之看法，似乎並沒有明確的界說阿黎耶識爲淨或染，也許認爲此二意皆俱，這一點可能是引發南、北道派爭論之所在。以下引述《地論》中對阿黎耶識之看法：

---

[53] 《大正藏》冊 33，頁 942 下。

（1）報相，名色共阿黎耶識生。[54]

（2）云何餘處求解脫？是凡夫如是患痴顛倒，常應於阿黎耶識及阿陀那識中求解脫，乃於餘處我、我所中求解脫。此對治，如經云：「是菩薩作是念：三界虛妄，但是一心作，乃至老壞，名死故。」[55]

（3）依彼阿黎耶識觀，如經「大空三昧」故。[56]

（4）復住報行成者，善住阿黎耶識真如法中故。[57]

（5）身生隨逐故，眼等諸入門，六種生集識，同生隨逐故，及阿黎耶熏，故隨逐。[58]

上述五項中，（2）說明了一心即阿黎耶識，又是阿陀那識。（1）與（5）說明阿黎耶識爲妄識。（4）則明阿黎耶識爲眞識。（3）明阿黎耶識爲眞識，阿陀那識爲妄識。[59] 總而言之，世親的一心似乎有多義，而阿黎耶識也指涉多種意思，染、淨二義皆有之。而染與淨以及阿黎耶識與阿陀那識是否能予以二分，則尙値得探討。不僅《地論》存在如此諸多問題，《攝論》方面亦非整然，此可由眞諦與玄奘之異譯本得知。

爲了詮釋阿黎耶識的存在所引起的諸多問題，也許就是引發地論南北道派、攝論師間爭論之原由。也因爲這樣的爭論，而激發了天台智者對此問題加以思考反省，開創了頗具前瞻性、批判性、融合性的天台思想。同時，此一歷程即反映在《摩訶止

---

[54] 《大正藏》冊 26，頁 142 中。

[55] 同上，頁 170 下。

[56] 同上，頁 172 中。

[57] 同上，頁 180 上。

[58] 同上，頁 188 中。

[59] 參見高峰了州《華嚴思想史》對此之解釋，釋慧嶽譯，頁 68。

觀》對一念三千問題的處理上。[60]

五、結論

在天台智者（538－597，約歷經梁、陳、隋）所處的時代裡，計有成實論、三論、涅槃、地論、攝論諸論師蔚起，此輩論師皆因精研某經某論而得盛名。由此諸師匯聚一時的盛況，吾人亦可以得知南北朝佛學之盛況。

稍前於此，約兩晉時，格義佛學造成了六家七宗對般若空各持不同的見解。這雖是由論空而起，事實上則泛及空有二諦問題。而此問題透過羅什、僧肇對般若之詮釋，似乎已有了底案，不過，也因爲對「空、有不二」之鑽研，而激發了道生的佛性觀念，進而悟及「涅槃、生死不二」、「我、無我不二」等道理，終於提出「闡提有佛性」、「頓悟成佛」之主張。如此演變遂引發了南北朝論師們佛性問題之熱烈探討，以及對《涅槃經》的廣泛研究，使得當時教界的風潮由原本對般若學之研究轉向於對《涅槃經》之關注。直截地說，即是由般若空學轉向涅槃有學。佛性問題的提出，本是著重於對「有」的處理，尤其值得吾人注意的是，對於「有」（佛性），依道生的看法，乃是建立在「空、

---

[60] 《摩訶止觀》所論述的一念三千，首先，說明了一念與三千（即一切法）之不可分割性。接著，以心具、緣具、共具、離具等四句提出反問，反問一念三千爲心具？緣具？共具？離具？再對地論師主張一心爲法性爲淨具一切法加以批評，認爲墮於心具三千（即墮於自性生三千），同時亦對攝論師主張阿黎耶識爲染生一切法提出批評，認爲墮於緣具三千（即是他性生三千）。另以龍樹的四句（自、他、共、離）及眠夢之喻，說明諸法無定性，不可執以爲實性。再說明有因緣故可說之道理。最後，可說與不可說彼此無礙，即破即立、即立即破之道理。（參見《大正藏》冊 46，頁 54 上 -55 上）。另可參見拙著《天台緣起中道實相論》第六章〈一念三千〉。

有不二」的基礎上來論佛性的。此中所顯示的意義，即告訴吾人「有」（佛性）非於空外而求之者，至於後來的論師們卻視佛性於二諦之外，並因此而起爭執，則是值得反省的問題。

沿著佛性之問題，進而涉及到一心染淨問題，而轉向於主體上來探討問題。

爲便於問題之處理，本文雖分爲二諦問題、佛性問題、染淨問題來進行，而此未必有什麼時間順序。如二諦問題與佛性問題在南北朝時往往是一併相生的。再說，染淨問題事實上亦與二諦問題相關，染淨問題同樣與佛性問題有連帶關係，至於孰先孰後並沒有必然關係。

從二諦、佛性、染淨等所凸顯的諸問題來看，似乎由於較缺乏對問題做整體性之了解所致。天台智者基於身處百家爭鳴時代、面臨佛教教義詮解紛紜的因緣下，一方面使他有機會理解這些不同觀點，另方面也激發了他對這些問題之思考反省，這可從他在諸論著中廣泛介紹諸家不同論點及同時對諸家論點提出批判的作法得到了解，如《摩訶止觀》就引用了一百多種典籍，其中對諸多論點提出批判，此外，如《法華玄義》、《維摩詰經玄疏》等作品中亦可見到同樣情形。

智者所批判的對象，主要有：三論師（攝山、興皇，甚而可追溯至羅什、僧肇、慧觀諸人）、成實論師（光宅法雲、開善智藏、莊嚴僧旻）、地論師、攝論師、涅槃師等等。《三論》（指《中論》、《百論》、《十二門論》）的作者是龍樹菩薩，《地論》、《攝論釋》的作者是世親菩薩，這兩位菩薩的論著，給南北朝佛教注入了新血輪，而其影響所及，從諸論師諸論諍中亦可得見。不過，智者是如何看待這二位菩薩？依《摩訶止觀》所述：

天親、龍樹，內鑒冷然，外適時宜，各權所據；而人師偏解，學者苟執，遂興矢石，各保一邊，大乖聖道也。[61]

從這段話可看出，智者認爲世親（即天親）及龍樹之所以用「有」用「空」，主要在於「外適時宜」，同時，他們對用空用有之區別，內心是明明白白的。然而，諸論師們卻不明白此番道理，所以形成「偏解」、「苟執」之情形，「遂興矢石，各保一邊」，以維護自己的立說。智者對此現象，評之爲「大乖聖道」，這也是爲什麼智者於其諸論著中對諸論師展開嚴厲的批判之原由。

智者思想除了批判各論師觀點外，同時也吸取了各論師的學說，而開創了天台學說。此種批判性的繼承及開創，在其判教的系統中，皆發揮得淋漓盡致，頗具獨到之處。如在《法華玄義》「教相」中對判教之處理，即採取從介紹「南三北七」各家的判教，進而明難、詳覈去取，終而提出他獨特的判教。[62] 如此博通且愼重處理問題，以及提出具有原創性見解之作風，在佛教史上畢竟是少見的。

由於時代環境之使然，也由於時代思潮之激發，醞育了這既有包容性又具批判性的天台緣起中道實相論思想，透過可說與不可說的辯證關係，顯示法法無不是中道實相之道理。至於在諸經論中，智者之所以特別推崇《法華經》，實與《法華經》扮演「開三顯一」、「會三歸一」、開啓中道實相教說之角色有其緊密關係。

* 本篇登載於《諦觀》雜誌第 81 期，頁 131-159（1995 年 4 月）。

---

[61] 《大正藏》冊 46，頁 54 上。

[62] 參見《法華玄義》，《大正藏》冊 33，頁 800 上 -811 中。

第二篇

論「五味半滿相成」所建構的天台判教體系

摘要

有關天台「五時八教」之判教，在近代日本學界引起極熱烈的討論（參見關口真大編著《天台教學の研究》，頁1-698，大東出版社，1978年）。對於五時八教是否廢除之議題，本文不予置評。

本文試從「五味半滿相成」之角度來切入，以此建構天台之判教體系，且以此來彰顯《法華經》教相之特色，亦以此來論破南北朝論師判教之偏失。對天台智者而言，分判諸經教相，須權實兼具，若偏權或偏實，皆難以呈現諸經教相之風貌，尤其有關《法華經》之教相，更是如此。所以，天台以五味之方便及半滿之實慧相輔相成，呈現《法華經》之特色。

關鍵字：五味教、半滿教、五時八教、南三北七

一、前言

《法華經》對天台來說，可說是一部極為特別的經典。其特別何在？在於其與諸經之不同。此不同表現在迹門二方面：(一)《法華經》但論如來布教之元始；❶(二)《法華經》唯論如來設教之大綱。❷此二方面又皆攝歸於本門，❸而此本門又是餘經所沒有的。❹

基於以上所言《法華經》之特殊性，因此，天台展開了對《法華經》教相之論述，甚至認為不明教相，於闡述《法華經》文義上有所欠闕。❺由此可知，教相對論述《法華經》之重要性。

---

❶ 如《法華玄義》云：「今經(案：指《法華經》)……但論如來布教之元始。」(《大正藏》冊33，頁800中)所謂「布教之元始」是指「如來出世之本懷」。

❷ 如《法華玄義》云：「當知此經(案：指《法華經》)唯論如來設教大綱，不委微細綱目。」(《大正藏》冊33，頁800中)此顯示了《法華經》具備了如來設教大綱。

❸ 有關權實、本迹之關係，如《法華玄義》云：「拂之以權迹，顯之以實本。」(《大正藏》冊33，頁800中)另可參見拙文〈從「開權顯實」論法華之妙〉，《中華佛學學報》第14期，頁293-308，2009年9月。此篇論文，已收入本書第三篇。

❹ 以上二點(布教之元始、設教之大綱)是從迹門上來論述，顯示《法華經》與諸經所表現不同。除此之外，《法華經》更論及本門，顯示「從本垂迹、迹不離本」之道理，此為餘經所無，如《法華玄義》云：「又眾經尚不論道樹之前，師之與弟近近權實，況復遠遠。今經明道樹之前，權實長遠……。」(《大正藏》冊33，頁684上)另外，依天台之看法，《法華經》之前十四品(〈序品〉至〈安樂行品〉)為迹門；後十四門(〈從地湧出品〉至〈普賢菩薩勸發品〉)為本門，詳參拙著《天台緣起中道實相論》，頁129-133。

❺ 在《法華玄義》論述「教相」，就特別強調這一點，如其云：「第五、釋教

天台爲了論述《法華經》之教相，順帶著涉及了其他經典（如：華嚴、阿含、方等、般若等）之教相。如此一來，形成了所謂的天台之判教──五味八教（或言五時八教），歷來慣以「五時八教」稱之。❻本文以五味八教名之，用以凸顯天台之判教是建立在頓漸五味、半滿相成上，不僅對《法華經》如此，對其他諸經亦復如此。且有關諸經教相之分判，若不從漸次鈍

相者，若弘餘經不明教相，於義無傷；若弘《法華》不明教者，文義有闕。」（《大正藏》冊 33，頁 800 上）

❻ 五味八教，是指頓漸五味（乳、酪、生蘇、熟蘇、醍醐）、化儀四教（頓、漸、不定、祕密）、化法四教（藏、通、別、圓）。在頓漸五味中，其實已涉及了化儀四教，或可言五味教是不離化儀四教，由化儀四教之頓漸所展開而成（於漸開出酪、生蘇、熟蘇、醍醐四味，加上頓之乳味，則成五味）。因此，若就說法形式而言，五味教、化儀四教皆屬化儀，此如藥方；而化法四教是屬教化之內涵，此如藥味，如灌頂《天台八教大意》云：「前佛、後佛，自行、化他，究其旨歸，咸宗一妙，佛之知見。但機緣差品，應物現形，爲實施權，故分乎八：頓、漸、祕密、不定，化之儀式，譬如藥方；藏、通、別、圓，所化之法，譬如藥味。」（《大正藏》冊 46，頁 769 上）此論著雖標爲灌頂撰，而實爲明曠所錄（同上，頁 773 下）。在此論著中，是以八教來涵蓋天台判教，於論述頓、漸教時，加以五時五味教明之。此對諦觀《天台四教儀》、智旭《教觀綱宗》皆有顯著影響，而此二著作皆以五時八教爲架構來論述。有關「五時八教」一詞，內容散布於《法華玄義》中，明文提出此一詞應爲湛然，如《法華玄義釋籤》云：「五時八教，故云種種。」（《大正藏》冊 33，頁 816 下）其所謂之五時八教，即頓、漸五味、不定、祕密教，加起來爲八教（同上，頁 822 中）近代日本學界爲五時八教是否爲天台判教，展開熱烈的討論，主要戰將有關口眞大、佐藤哲英等人──關口眞大認爲五時八教不是天台教判，而是宋代諦觀所提出的，主張廢除五時八教；佐藤哲英則持反對之看法，認爲天台智者的諸論著中，雖未有五時八教之明文，但卻有五時八教之內涵，且對五時八教之相關內容加以引證明之。不論正反雙方之看法如何，皆各有其文獻依據之所在（詳見關口眞大編著《天台教學の研究》，頁 1-689，大東出版社，1978 年初版）。至於孰是孰非，於本論文並不予置評。本論文試從「五味半滿相成」之角度切入，提供有關天台判教之另一思考空間，藉以釐清五時八教所存在的問題。

根性之修學上來看，是難以分判諸經之教相的。因爲諸法本寂滅，不可以言宣；縱使欲說之，諸經法門亦無量，何從說起。所以「於無名相中，假名相說」。❼這也是天台重視五味之方便及半滿之實慧的緣故，形成以「五味半滿相成」判教之結構，此並不同於南方論師偏五味；亦不同於北地論師偏半滿；亦非二者之綜合。❽對天台而言，若無五味之方便，則無從判教；若無半滿之實慧，亦難以判教。必須權（五味）、實（半滿）兼備，判教才能臻於周詳。

這也是本文何以以「五味半滿相成」爲題之所在：（一）用以說明《法華經》教相之殊勝是表現在五味半滿上；（二）天台之判教是基於五味半滿而來的。藉以釐清一般不明就裡地以年代、時序之五時八教來了解天台判教，❾然天台之五味教是以

---

❼ 如《法華玄義》云：「（教相）大意者，佛於無名相中，假名相說。」（《大正藏》冊 33，頁 800 上）

❽ 如《法華玄義》云：「若直論五味，猶同南師，但得方便；若直半滿，猶同北師，但得其實。」（《大正藏》冊 33，頁 809 上）天台之判教，不僅不同於南、北師之偏，且其所用之五味、半滿的義涵，亦與南、北師不同（詳如下文所述），故本文特別強調「五味半滿相成」並非南、北師判教之綜合。

❾ 如元粹《天台四教儀備釋》云：「如來四十九年總成〈五時頌〉，曰：阿含十二，方等八，二十二年般若，談法華、涅槃共八年，華嚴最初三七日，是別五時，更有通五時收經，如《妙玄》第十。」（《卍續藏》冊 102，頁 134 上）此即以年代來化分諸經之五時教，雖然言引自《法華玄義》，但在《法華玄義》中是以此來批判南北論師判教之不當，不宜以年代來分判諸經。以年代來解釋《法華玄義》五時教之不當，在蕅益智旭《教觀綱宗》中，即已提出嚴厲的批判，如其云：「《法華玄義》云：夫五味半滿論別，別有齊限；論通，通於初後。章安尊者云：人言第二時，十二年中說三乘別教，若爾，過十二年，有宜聞四諦、十二因緣、六度，豈可不說？若說，則三乘不止在十二年中；若不說，則一段在後宜聞者，佛豈可不化也？定無此理。經言爲聲聞說四諦，乃至說六度，不只十二年。蓋一代中，隨宜聞者即

漸次鈍根性之修學次第（五味）方便加上諸經之性質鋪排而成的，❿並非就佛陀說法年代或經典出現之時序來分判諸經，此從天台評破南北朝諸師判教可知；⓫再者，亦可從天台以通五時、別五時來釐清五時教可知。⓬別五時之採用，是為了說明之方便，建立在五味半滿上來明別五時，所謂「五味半滿論別，別有齊限」。⓭而實際上，諸經是隨順不同根機而存在，其本身並不受時間之限制，換言之，於五味五時之時時中，諸經隨其因緣時時上演著。⓮

為釐清上述諸問題，本論文分三方面來進行：一、從五味半滿相成所建構的天台判教體系；二、從五味半滿相成顯《法華經》教相之特色；三、從五味半滿相成破南北論師判教之偏失。

說耳，如《阿含》、五部律，是為聲聞說，乃迄於聖滅，即是其事，何得言『小乘悉十二年中』也？人言：第三時，三十年中說空宗，……論曰：智者、章安明文若此，今人絕不寓目，尚自訛傳阿含十二、方等八之妄說，為害甚大！」（《大正藏》冊 46，頁 937 中）而此〈五時頌〉之由來，依據性權《四教儀註彙補輔宏記》之說明，是來自於孤山智圓《五時說法頌》（《卍續藏》冊 102，頁 277 下）。

❿ 此為本論文所強調之處，如蕅益智旭《教觀綱宗》即以漸次鈍根性之修學來解釋別五時（參《大正藏》冊 46，頁 937 下）。

⓫ 參見《法華玄義》對南地五時之論破（《大正藏》冊 33，頁 801 中 -803 下）及本文於下之分析。

⓬ 天台雖藉用五味五時之方便來說明諸經，但對所採用之五時則極為慎重，故特就通五時、別五時來釐清五時教所存在問題，尤其強調別五時本身之限制。（參《大正藏》冊 33，頁 809 下 -810 上）

⓭ 《大正藏》冊 33，頁 809 下。

⓮ 如《法華玄義》云：「若《華嚴》頓乳，別但在初，通則至後……。」（《大正藏》冊 33，頁 809 下）《華嚴經》如此，其餘諸經亦如此，不受時間之限制。

二、從五味半滿相成所建構的天台判教體系

有關天台之判教，有所謂的五味教（五時教）、化儀四教、化法四教，一般慣以「五時八教」來統稱天台判教，本文則以「五味八教」稱之。

天台所謂的「五味八教」之判教體系，實是由「五味」、「半滿」相成所建構的。所謂「五味」，是指「頓漸五味」，即由頓、漸所形成之五味教。所謂「半滿」，是指藏、通、別、圓教，即以藏教爲半字教，以通、別、圓爲滿字教，通、別、圓雖同爲滿字教，但通教偏於三乘共學之權巧、別教偏於獨顯菩薩之權巧，此等偏權之滿字教，實不足以做爲眞正之滿字教，唯圓教之實才足以顯示眞正之滿。⓯ 而此「五味」、「半滿」彼此不相捨離，即是所謂的「相成」。換言之，天台所說之五味教，即具備了半滿教；反之，半滿教本身亦不離五味教。如此形成天台所謂的「五味半滿相成」之判教體系。⓰

而此五味半滿相成所建構的五味八教之判教體系，就實而言，不外乎頓漸五味，即由頓漸五味所開展成五味八教之架構。如前所言，五味不離半滿，舉五味教即已攝藏、通、別、圓等半滿教；再者，頓、漸、不定、祕密等化儀四教，亦不離頓漸五味

⓯ 如《法華玄義》於分判大乘經典是否爲滿理，即以帶不帶通、別教之方便來分判之，如其云：「能通滿理，復有二種，一、帶方便通滿理；二、直顯滿理。方等、般若帶方便通滿理，今經（案：指《法華經》）直顯滿理。」（《大正藏》冊 33，頁 696 下）

⓰ 如《法華玄義》云：「三、約五味半滿相成者，……今明五味不離半滿，半滿不離五味。五味有半滿，則有慧方便；半滿有五味，有方便慧解。權、實俱遊，如鳥雙翼，雖復俱遊，行藏得所。」（《大正藏》冊 33，頁 809 上）

（或言是由頓漸五味之推演而成），如不定教並不離頓漸而存在，又如祕密教乃是顯露（「頓、漸、不定教」）之反面，亦可言不離頓漸五味。

由此可知，整個天台之判教體系，是建構在五味半滿相成上；而五味半滿相成之焦點，在於頓漸五味上，此從《法華玄義》所論述五重玄義之「教相」結構可得知，於下論述之。

（一）法華教相之結構——頓漸五味

就整部《法華玄義》之結構而言，天台對於教相之論述，主要集中於二處論之：（一）於七番共解五重之標章的「教相」；⓱（二）於五重各說（或言別解五重）之第五「釋教相」，⓲如下圖所示：

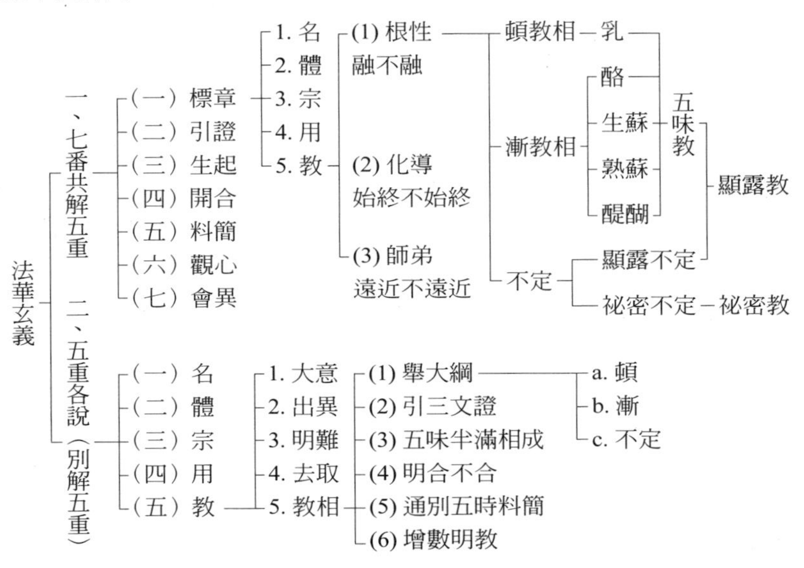

⓱ 參見《大正藏》冊 33，頁 683 中 -684 上。

⓲ 參見《大正藏》冊 33，頁 800 上 -814 上。

從圖表中，有關《法華玄義》所論教相部分來看，約略可得知，其主要教相有三種：（一）頓、（二）漸、（三）不定教相。此不論是在共解五重之教相或在別解五重之教相，皆標示著此三種教相。也許吾人可能會疑惑，天台不是講化儀四教嗎？怎麼遺漏了祕密教相？此祕密教相並非另外作獨立，而是相對於「頓、漸、不定」之顯露教來說，顯露教之反面，即是祕密教。

由此可知，教化之儀式雖言有頓、漸、不定、祕密四種，而實際上可說是三種（頓、漸、不定），[19] 或甚至可說只是頓、漸二種教相而已，因爲不定教並非外於頓、漸五味而另獨立的。[20]

因此，若欲論述教相，實可集中在「頓漸五味」來論之。由此再進而延伸論及不定、祕密教相。再者，就頓漸五味而言，不僅本身涵蓋了頓、漸、不定、祕密四教，且含攝了五味教（或言五時教）之內涵。如此一來，天台所謂的五味教、化儀四教，實皆不離頓漸五味。而此頓漸五味之分判，實亦不離藏、通、別、圓等化法四教，此形成了天台所謂的「五味半滿相成」之判教體系。換言之，天台之判教體系，不能單就五味教來論，亦不能單就半滿教來談，須二者（五味、半滿）相成而論之。

若將《法華玄義》共解五重與別解五重之教相加以對比，會發現雖然皆以頓、漸、不定教做爲教相，但彼此在論述上亦略有所不同，如共解五重之教相，爲了彰顯《法華經》於攝受根性上是融，不同於餘經之不融，故偏重以諸經典來論述頓漸五味，或言將諸經組織在頓漸五味中，以呈現諸經在攝受眾生

---

[19] 如《法華玄義》判教之大綱所示（《大正藏》冊 33，頁 806 上 - 中），並未特別將祕密教另外標出。縱使於共解五重中，將祕密教標出，其亦可攝屬於不定教中，形成所謂的「祕密不定教」。

[20] 所謂不定教，是就「即頓而漸、即漸而頓」而言。

上之不同，如論述頓教相時，舉《華嚴經》明之；論述漸教相時，以三藏、方等、般若等諸經明之；然後，顯示《法華經》是非漸非頓，即不同於《華嚴經》之頓，亦不同於三藏、方等、般若等之漸，而是會漸歸頓、會漸入圓，所以，稱《法華經》爲漸圓教。㉑

至於別解五重之教相，其對於頓、漸、不定教之論述，並非針對某部經來明頓教相或漸教相，如以頓教相而言，則是諸大乘經典皆有之，特別強調是頓教相，而不是頓教部；其它如漸教相、不定教相，亦復如此，是指漸教相、不定教相，而非漸教部、不定教部。此等之用意，應是用以區別與南北朝論師判教之不同，南北朝論師將頓、漸、不定教分別配屬某某經，㉒天台並不同意此看法，而採取教相而非教部來論述頓、漸、不定教，且認爲諸經本身皆具有頓、漸、不定教相。若從漸次鈍根性次第修學之方便，配合諸經本身之特質加以組合起來，如此則形成諸經「頓漸五味」教相。此頓漸五味即《法華玄義》「共解五重」所呈現的教相，將諸經組織在頓漸五味教中，用以說明諸經於漸五味上之特質，且用以凸顯《法華經》與餘經於漸教相上之不同。所以，《法華玄義》藉由《華嚴經》之三照（高山、幽谷、平地）及《涅槃經》之五味（乳、酪、生蘇、熟蘇、醍醐），來顯示諸經（華嚴、阿含、方等、般若、法華涅槃）於漸教相上之不同風貌。

換言之，諸經對漸次鈍根性之教化所採取不同之態度，形

㉑ 如《法華玄義》云：「皆以如來滅度而滅度之，具如今經（案：指《法華經》），若約法被緣，名漸圓教。」（《大正藏》冊 33，頁 683 下）。又云：「今《法華》是顯露非祕密，是漸頓非漸漸。」（同上，頁 684 上）

㉒ 詳參見本論文第四節之分析。

成了所謂頓漸五味教相，或言五味教、五時教。如以華嚴而言，純說大乘，於漸成乳；以阿含而言，轉凡成聖，於漸成酪；以方等而言，彈小讚大，於漸成生蘇；以般若而言，帶小明大，於漸成熟蘇；以法華而言，小大均等，於漸成醍醐。[23]此是以漸次鈍根性之修學次第歷經五味，將諸經做一系統分類而組織起來成為頓漸五味教相。[24]若對漸次利根性而言，未必歷經五味，或一味或二味或三味或四味，此為不定教相，而此不定教仍不離頓漸五味教來說。由此可知，頓漸五味實乃《法華玄義》教相之基本結構。

（二）頓漸五味之內涵——五味八教

由前述從《法華玄義》教相對天台判教所做整體性概觀中，可得知頓漸五味所扮演角色之重要性。當舉頓漸五味時，實已涵蓋了五味八教（即五味教、化儀四教、化法四教）。所以，本論文集中於頓漸五味來論述天台判教之內容。因為就天台判教而言，其首當其衝者，在於「五時教」上，故本論文針對五味

---

[23] 參見《法華玄義》（《大正藏》冊 33，頁 809 上），另可參本論文第四節之分析。

[24] 為何本論文特別強調五味教是依漸次鈍根性來分判的，此實乃因整部《法華玄義》所論述的五味教是建立在五味方便上，如《法華玄義》云：「此五味教調熟一段漸機眾生。」（《大正藏》冊 33，頁 808 下）另如蕅益智旭《教觀綱宗》云：「次明別五時者，乃約一類最鈍聲聞，具經五番陶鑄，方得入實。」（《大正藏》冊 46，頁 937 下）日本天台學權威安藤俊雄雖也以漸次鈍根性來明別五時教，也認為以年代解五時教並不妥當，但其對五時八教之解釋，基本上，是將五時教、化儀四教、化法四教分開來說明（參見《天台學——根本思想とその展開》，頁 54-81，1982 年，第 6 刷）。此以本論文所強調五味半滿相成之天台判教體系是不一樣的，本論文是將五味教（五時教）、化儀四教、化法四教合併一起處理，而非分開處理。

教來處理。至於化法四教已有專文處理，故不再贅述。[25]

所謂頓漸五味，實是一體的，而非兩個個體，或說二者亦不相離，因爲頓教對漸次鈍根性而言，即是五味之乳味（乳教）。況且圓頓教亦不可宣說，往往藉由漸次根性而顯示之。因此，雖說是頓、漸二教，而實是一體之兩面而已。[26]

所謂頓教相，是指純說大乘佛法而言，在諸大乘經典中皆具備有此教相，如《法華玄義》論述頓教相時，就引用了諸大乘經典來說明，如其云：

> 若《華嚴》七處八會之說，譬如日出先照高山；《淨名》（案：指《維摩詰經》）中，唯嗅薝蔔；《大品》中，說不共般若；《法華》云：「但說無上道。」又「始見我身，聞我所說，即皆信受，入如來慧。若遇眾生，盡教佛道」。《涅槃》二十七云：「雪山有草，若食者即得醍醐。」又云：「我初成佛，恆沙菩薩來問是義，如汝無異。」諸大乘經如此意義類例，皆名頓教相也，非頓教部也。[27]

此中列舉了《華嚴經》、《維摩詰經》、《般若經》、《法華經》及《涅槃經》等來說明頓教相，以顯示此頓教相是遍布於諸大乘經

---

[25] 參見《天台緣起中道實相論》第五章〈實相之教相——天台四教判〉，頁163-282。

[26] 此指漸五味不離頓而說，如頓教對漸次根性而言，即是乳味，如《法華玄義》云：「若《華嚴》頓滿大乘家業，但明一實，不須方便，唯滿不半，於漸成乳。」（《大正藏》冊33，頁809上）又云：「初說《華嚴》，於初心未深益，於漸機亦未轉，於二緣（案：指初心、漸機）如乳。」（同上，頁810上）

[27] 《大正藏》冊33，頁806上。

典中，並非局限於某部經而已。所以，特別強調是頓教相而非頓教部。也以此說明天台對頓教之看法，並不同於南北朝論師之看法。

再者，在上述引文所列舉諸大乘經典之頓教相中，可說依著五味教模式將大乘諸經做了系統分類的列舉，如下所示：

經典	頓教相	五味教	備註
華嚴	七處八會	乳	
			《阿含經》非屬大乘經，故未列之
維摩	唯嗅薝蔔	生蘇	
般若	不共般若	熟蘇	
法華涅槃	但說無上道、雪山有草	醍醐	

此之列舉，實已涵蓋了所有諸大乘經典。在諸大乘經典中，天台主要共分爲四大類：華嚴、方等、般若、法華涅槃。而此之分類是就諸經所涉及教義（藏、通、別、圓），配合漸次根性之修學所做的區分。

所謂漸教相，是指由聲聞乘到菩薩乘（即由小乘→大乘）的修學過程，針對鈍根漸次之修行者而設，對此天台主要就五味來加以明之，如《法華玄義》云：

> 漸教相者，如《涅槃》十三云：從佛出十二部經，從十二部經出修多羅，從修多羅出方等經，從方等經出般若，從般若出涅槃。如此等意，即是漸教相也。又始自人天、二乘、菩薩、佛道，亦是漸也。又中間次第入，亦是漸。[28]

[28] 《大正藏》冊 33，頁 806 上 - 中。

此即是引《涅槃經．聖行品》之五味明漸教相，[29] 約略以漸教相來說明諸經之關係。另外，亦以人天→二乘→菩薩→佛道之修學歷程說明漸教相，亦可由中間次第而入。[30]

由此可知，天台所謂的漸教相主要就二方面來說：（一）就漸教相來說明諸經相生之關係；（二）就漸次鈍根性之修學歷程明漸教相。二者皆不離五味，如下所示：[31]

	《涅槃經》	諸經	五味	五時
1	從佛出十二部經	華嚴	乳	第一時教
2	從十二部經出修多羅	阿含	酪	第二時教
3	從修多羅出方等	方等	生蘇	第三時教
4	從方等出般若	般若	熟蘇	第四時教
5	從般若出大涅槃	法華涅槃	醍醐	第五時教

有關頓漸五味教相，在《法華玄義》共解五重之教相中，以三照、五味配合諸經之特色而呈現之，如其云：

> 如日初出前照高山，厚殖善根感斯頓說，頓說本不為小，小雖在座如聾如啞，良由小不堪大，亦是大隔於小，此如

[29] 如《涅槃經．聖行品》云：「譬如從牛出乳，從乳出酪，從酪出生蘇，從生蘇出熟蘇，從熟蘇出醍醐。醍醐最上，若有服者，眾病皆除，所有諸藥悉入其中。善男子！佛亦如是，從佛出生十二部經，從十二部經出修多羅，從修多羅出方等經，從方等經出般若波羅蜜，從般若波羅蜜出大涅槃，猶如醍醐。」（《大正藏》冊 12，頁 449 上）

[30] 從中間入，是指從方等或般若漸次而入，如《法華玄義釋籤》云：「言中間者，或復初從方等、般若，後漸深入。」（《大正藏》冊 33，頁 957 中）另外，亦可指從二乘道或菩薩道漸入實相。

[31] 此部分參見《大正藏》冊 33，頁 806 中 -808 下。

> 《華嚴》，約法被緣，緣得大益，名頓教相；約說次第，名從牛出乳味相。[32]

此明日出先照高山，厚殖善根者感斯頓說，此名頓教相，象徵說法之初，如從牛出乳味相，其代表經典如《華嚴經》。又云：

> 次照幽谷，淺行偏明，當分漸解，此如三藏，大雖在座，多跢婆和小所不識，此乃小隔於大，大隱於小。約法被緣，名漸教相；約說次第，名酪味相。[33]

此明日出次照幽谷，象徵著淺行偏解之漸次根性須藉由漸次方式來修學，故示以小法，稱此為漸教相，此代表經典為三藏教。若約說法之次第而言，如乳出酪味相。最後，明日出照平地，而此照平地顯示凡聖所學各順其所須，不同前二照（初唯照大，次唯照小），但此照平地，又可細分為三，如《法華玄義》云：

> 次照平地，影臨萬水，逐器方圓，隨波動靜，示一佛土，令淨、穢不同；示現一身，巨細各異；一音說法，隨類各解。恐畏歡喜，厭離斷疑，神力不共故。見有淨、穢，聞有褒、貶，嗅有薝蔔、不薝蔔，華有著身、不著身，慧有若干、不若干，此如《淨名》、《方等》。約法被緣，猶是漸教；約說次第，生蘇味相。[34]
>
> 復有義，大人蒙其光用，嬰兒喪其睛明，夜遊者伏匿，作

---

[32] 《大正藏》冊 33，頁 683 中。

[33] 《大正藏》冊 33，頁 683 中。

[34] 《大正藏》冊 33，頁 683 中。

> 務者興成，故文云：「但為菩薩說其實事，而不為我說斯真要。」雖三人俱學，二乘取證，具如《大品》。若約法被緣，猶是漸教；約說次第，名熟蘇味相。[35]
>
> 復有義，日光普照，高下悉均平，土圭測影，不縮不盈。若低頭，若小音，若散亂，若微善，皆成佛道，不令有人獨得滅度，皆以如來滅度而滅度之，具如今經（案：指《法華經》）。若約法被緣，名漸圓教；若說次第，醍醐味相。[36]

此三段引文，皆是就日照平地而言。雖同屬日照平地，但彼此仍有所差別，而分爲三義，[37]即上述三段引文所明，（一）如《淨名經》、《方等經》隨著眾生根器之不同，而有不同之領受，此爲生蘇味相；（二）如《般若經》雖三乘共學，但二乘取證，此爲熟蘇味相；（三）如《法華經》，則令一切皆成佛道，猶如日光普照，高下均平，故名之爲漸圓教、醍醐味教相。

以上所明，即是以三照、五味來說明漸教相，此三照、五味顯示了諸教相生之關係。其與根性、諸經等之關係，整理如下：[38]

---

[35] 《大正藏》冊 33，頁 683 中。

[36] 《大正藏》冊 33，頁 683 下。

[37] 如《法華玄義釋籤》云：「今離彼平地，以譬方等、般若、法華。方等如食時，般若如禺中，法華如正中。」（《大正藏》冊 33，頁 823 上 - 中）

[38] 參見《大正藏》冊 33，頁 683 中 - 下。

三照	五味（約說次第）	教相（約法被緣）	根性	對象	頓漸	經典
高山	乳	頓	厚殖善根	菩薩	唯頓	華嚴
幽谷	酪	漸	淺行偏解	二乘	唯漸	阿含
平地（食時）	生蘇	漸	影臨萬水逐器方圓	三乘	頓漸並陳	方等
平地（禺中）	熟蘇	漸	大人蒙其光用嬰兒喪其睛明	三乘	頓漸相資	般若
平地（正中）	醍醐	漸圓	日光普照高下均平	凡聖	頓漸泯合	法華

所謂不定教相，此可分爲顯露不定、祕密不定二種。此處先就顯露不定教來論，至於祕密不定則屬祕密教部分，於後述之。

前所明頓漸五味教相，顯示其說法對象是固定的根性，而事實上並不全然如此，有時即頓而漸，有時即漸而頓，顯示其不定性，此即不定教相，《法華玄義》云：

> 若論不定，義則不然。雖高山頓説，不動寂場而遊化鹿苑。雖説四諦生滅，而不妨不生不滅。雖為菩薩説佛境界，而有二乘智、斷。雖五人證果，不妨八萬諸天獲無生忍。當知！即頓而漸，即漸而頓。《大經》云：「或時説深，或時説淺。」應問即遮，應遮即問。一時、一説、一念之中，備有不定，不同舊義專判一部。味味中悉如此，

> 此乃顯露不定。[39]

由此段引文可得知，不定教相和頓、漸教相是不一樣的，頓、漸教相所呈現的，頓即是頓、漸即是漸之固定面，而不定教相顯示一時一說一念之中，乃至味味中，皆有不定，如高山頓說而不礙鹿苑漸說；雖說生滅四諦而不妨說不生不滅；雖爲菩薩說佛境界而有二乘智斷；雖鹿苑五人證果而不妨八萬諸天獲無生忍。此在在顯示說法者於頓於漸之無礙；同時也顯示了根性於修證之不定。另外，天台所謂的不定教相，並不同南此朝論師將其專判屬於某部經，但對天台而言，味味時時中（即諸經）皆具備有不定教相，甚至於一時之一說中，即備有不定教，乃至於一時一說一念中，亦備有不定教。

有關諸經味味中皆有其不定教相，《法華玄義》對此則有更進一步之說明：

> 不定教者，此無別法，但約頓漸，其義自明。今依《大經》二十七云：置毒乳中，乳即殺人；酪、蘇、醍醐，亦能殺人。[40]

此喻置毒於乳中能殺人，乃至置毒醍醐中能殺人，即指五味之味味皆能開發實相智慧得見佛性入大涅槃，猶如置毒於五味中，以毒喻實相，顯示諸經味味中皆能開發實相智慧，斷破無明生死，如《法華玄義》云：

---

[39] 《大正藏》冊 33，頁 683 下。
[40] 《大正藏》冊 33，頁 806 中。

此謂過去佛所，嘗聞大乘實相之教，譬之以毒；今值釋迦聲教，其毒即發，結惑人死。若如提謂波利住於戒中，見諸佛母即是乳中殺人也。酪中殺人者，……無量菩薩得無生法忍，此是毒至於酪而能殺人。生蘇中殺人者，有諸菩薩於方等大乘教得見佛性住大涅槃，即其義也。熟蘇殺人者，有諸菩薩於摩訶般若教得見佛性，即其義也。醍醐殺人者，如涅槃教中，鈍根聲聞開發慧眼得見佛性，乃至鈍根緣覺、菩薩七種方便，皆入究竟涅槃，即其義也。是名不定教相，非不定部。[41]

此以五味明諸經，顯示諸經皆能見佛性入大涅槃，如下圖表所示：

五味	經典	譬喻：置毒	見佛性
乳	提謂波利	置毒乳中	住於戒中，見諸佛母
酪	阿含	置毒酪中	無量菩薩得無生忍
生蘇	方等	置毒生蘇中	得見佛性住大涅槃
熟蘇	般若	置毒熟蘇中	菩薩得見佛性
醍醐	涅槃	置毒醍醐中	二乘、菩薩皆入究竟涅槃

[41] 《大正藏》冊 33，頁 806 中。另外，《法華玄義》亦從頓漸教及行二方面明不定教，如其云：「譬如有人置毒乳中，則能殺人，乃至醍醐亦能殺人，此譬兩用：一、通約漸頓明不定教，處處皆得見佛性也。二、約行不定，譬之如乳；實相智，譬之以毒，毒有損命之能，此智有破無明之力，久遠劫來說實相毒置於凡夫心乳，毒慧開發，不可為定，或於初味發，或於後味發，不得次第往判。故言置毒乳中，乃至醍醐，遍五味中，悉有殺意。」（《大正藏》冊 33，頁 740 上）以此毒譬喻悟入實相，於五味之味味中，皆有可能悟入實相，故稱此為不定教相。

若以五味配對諸經，則諸經皆能見佛性住大涅槃。若細論之，諸經本身亦各備有五味，此味味亦能開發實相智慧見佛性，乃至諸教（藏、通、別、圓）亦有五味，味味皆能悟入中道實相。[42]

此從天台所論述的不定教中，不僅顯示了不定教與頓漸五味之關係，且也呈現了不定教與諸經之關係，以顯示諸經於味味時時中，皆備有不定教相。

所謂祕密教相，是相對於顯露教來說，彼此互爲顯密。如前所述頓、漸、不定教相，即是顯露教；而顯露教之反面，即是祕密教，《法華玄義》更以祕密不定來明之，如其云：

> 祕密不定，其義不然，如來於法得最自在，若智若機，若時若處，三密四門，無妨無礙。此座說頓，十方說漸說不定，頓座不聞十方，十方不聞頓座；或十方說頓說不定，此座說漸，各各不相知聞，於此是顯，於彼是密。或為人說頓，或為多人說漸說不定；或為一人說漸，為多人說頓，各各不相知，互為顯密。或一座默，十方說；十方默，一座說；或俱默俱說，各各不相知，互為顯密。[43]

此明祕密教相實與顯露教互爲顯密，如於此方說頓教，於十方說漸、不定教，而彼此不相知，那麼若彼對此而言，或此對彼而言，皆是祕密；若彼對彼自己或此對此自己來說，則皆是顯露。由此可知，所謂的顯教或祕密教，其實是互爲顯密的。而不論顯

---

[42] 《大正藏》冊 33，頁 739 中 -740 中。

[43] 《大正藏》冊 33，頁 683 下 -684 上。

或祕，其教相皆不外乎頓、漸、不定。

<table>
<tr><th colspan="2">時處 / 教相</th><th colspan="2">頓、漸、不定</th><th>備註</th></tr>
<tr><td rowspan="2">處</td><td>此座</td><td>頓</td><td>漸</td><td rowspan="2">若此爲顯，則十方爲祕；若十方爲顯，則此爲祕。</td></tr>
<tr><td>十方</td><td>漸、不定</td><td>頓、不定</td></tr>
<tr><td rowspan="2">人</td><td>一人</td><td>頓</td><td>漸</td><td rowspan="2"></td></tr>
<tr><td>多人</td><td>漸、不定</td><td>頓</td></tr>
</table>

由此可知，天台以頓、漸、不定、秘密所組成的化儀四教，實不外於頓漸五味，即於頓漸五味中開出不定教；而於「頓、漸、不定」之顯露教中，顯示秘密教。且不僅如此，還依頓漸五味將諸經分類組織起來，進而依頓漸五味來論述諸經，且顯示諸經於味味、時時、念念中皆備有不定教。

（三）頓漸五味之經證

有關頓漸五味之引經作證，除了上述所提及《華嚴經》之三照、《涅槃經》之五味外，天台於《法華玄義》中，更直接就法華系列經典來加以引證，如引《無量義經》爲頓漸五味作佐證，此經乃是爲《法華經》作弄引之經典，[44]具備有此頓漸五味之模式；[45]再者，直就《法華經》本身作證，主要以〈方便品〉

[44] 如《法華玄義》云：「又《無量義經》云：說華嚴海空，歷劫修行，未曾宣說如是甚深《無量義經》。甚深《無量義經》已自甚深，甚深之經爲《法華》弄引，豈不明常」（《大正藏》冊 33，頁 802 下）。以此甚深之經——《無量義經》，置於《法華經》之前，而宣說甚深之道理，故稱此經爲《法華經》弄引。

[45] 參見《法華玄義》（《大正藏》冊 33，頁 807 中 -808 上），以及下述圖表之所整理。

及〈信解品〉為主。[46]以下針對以《無量義經》及《法華經》〈信解品〉之窮子喻來做說明，由於文長，直接將資料彙整如下：[47]

《無量義經》		《法華經》〈信解品〉窮子喻	
內容	天台之釋	內容	天台之釋
1. 我以佛眼觀一切法不可宣說……。	1. 即是頓法在前。	文云：其父先來，求子不得，中止一城，……父語使言：不須此人，勿強將來。	領初成佛寂滅道場，法身大士四十一地眷屬圍繞，說圓頓教門。于時，以大擬子，機生悶絕。當知佛日初出，頓教先開，譬如從牛必先出乳。
2. 初說四諦，為求聲聞人，而八億諸天來下聽法發菩提心。中於處處說甚深十二因緣，為求辟支佛人。	2. 即是漸次。若依此文說三藏竟。	爾時，長者將欲誘引其子，而以方便密遣二人，形色憔悴無威德者，汝可詣彼徐語窮子，雇汝除糞，即脫瓔珞著垢膩衣，以方便故，得近其子。	此領次頓之後，隱舍那威德相好，作老比丘像說三藏之教，二十年中，常令除糞得一日之價，即是從十二部後出修多羅。于時見思已斷，無漏心淨，譬如從乳出酪也。

[46] 以此二品說明頓先漸後之教相，以及詳明頓漸五味之內涵（參《大正藏》冊33，頁806下-807中，及頁808中-下）。

[47] 參見《大正藏》冊33，頁807中-808下。另可參見《大正藏》冊33，頁800中。

3. 次說方等十二部經。	3. 次說方等、維摩、思益、殃掘摩羅，彈訶小乘保果之僻，譏刺三藏斷滅之非，故身子、善吉齊教專小，初不曾聞大乘威德，或茫然棄鉢，或怖畏卻華，不知是何言，不知以何答，……喻如烹酪作生蘇，即此義也，……爲第三時教也。	又過是已後，心相體信出入無難，然其所止，故在本處。	此領何義？明三藏之後，次說方等，已得道果，心相體信出入無難。出：住小──止宿草庵。入：聞大──進宅內。無難：苦言彈訶。心相體信：得阿羅漢已，聞罵不瞋，內心慚愧，不敢以聲聞支佛法化人，心漸淳熟，如從酪出生蘇，是名從修多羅出方等經，即第三時教也。
4.、5. 摩訶般若、華嚴海空，宣說菩薩歷劫修行，而百千比丘無量眾生發菩提心，或住聲聞，萬億人天得須陀洹至阿羅漢，住辟支佛。	4. 此是方等之後，而明《大品》。《大品》或說無常無我，或說於空，或說不生不滅，皆歷色心至一切種智，句句迴轉明修行法，即是歷劫修行之意也。又云：百千比丘萬億人得須陀洹及阿羅漢，住辟支佛者──共般若。華嚴海空，寂滅道場華嚴：	是時長者有疾，自知將死不久，語窮子言：我今多有金銀珍寶，倉庫盈溢，其中多少所應取與，窮子受教敕領知眾物，而無悕取一餐之意，然其所止，故在本處。	此領何義？從方等後，次說般若，般若觀慧，即是家業，歷於名色乃至種智，即是眾物，善吉等轉教，即是領知，但爲菩薩說，自不行證，故無悕取，即是從方等經出摩訶般若，因是得識大士法門，滅破無知，譬從生蘇出熟蘇，是爲第四時教也。

	非次第般若。時節長華嚴：無二乘共般若。		
	5. 華嚴海空——圓頓法華教	復經少時，父知子意，漸已通泰，臨欲終時，而命其子并會親族，即自宣言：此實我子，我實其父，今吾所有，皆是子有，付以家業，窮子歡喜，得未曾有。	此領何義？即是般若之後，次說法華，先以領知庫藏諸物，後不須說，但付業而已。譬前轉教，皆知法門，不須重演觀門，直破草庵，賜一大車授作佛記，豈非明見佛性住大涅槃，故言從摩訶般若生大涅槃，是時無明破，中道理顯，其心皎潔，如清醍醐，即是從熟蘇轉生醍醐，為第五時教。

由圖表中，可知天台依《無量義經》、《法華經》將諸經組織在頓漸五味中，即藉由頓漸五味來顯示佛陀說法先頓後漸，再藉由窮子喻漸次鈍根性之修學次第，將諸經組織在頓漸五味中。而整部《法華玄義》即架構於頓漸五味之諸經來論述的，此從下述「頓漸五味與諸經」之論述可知。

（四）頓漸五味與諸經

天台將佛教諸經典分成五大類：華嚴、阿含、方等、般若、法華涅槃。除方等外，餘四類皆如其經；而方等一類是指大乘經典中除諸《般若經》之外的經典，包括《大集經》、《方等經》、《思益經》、《維摩詰經》、《首楞嚴三昧經》、《寶積經》、《金光明經》、《勝鬘經》、《楞伽經》、《殃掘摩羅經》等。㊽

此等諸類經典中，各自有其教義（藏、通、別、圓）及特色，如華嚴教義為圓兼別教，純以教化菩薩為主；方等具藏、通、別、圓四教等。天台依其諸經典之教義及特色，配合著漸次鈍根性之修學次第，將此等諸經以五味方便來呈現之。也許為了論述上之方便，以及為了凸顯《法華經》之教相，天台往往以五味教之形式來表達諸經，如以四悉檀起諸教而言，四悉檀起藏、通、別、圓等各教之十二部經，若配以諸經來看，諸經與四教四悉檀之關係，如《法華玄義》云：

> 用別、圓兩種四悉檀說十二部經者，是起華嚴教也；但用一翻（案：指三藏教）四悉檀說十二部經者，是起三藏教也；若用四翻四悉檀說十二部經者，是起方等教也；若用三翻四悉檀說十二部經者，是起般若教也；若但用一番四悉檀說十二部經者，是起法華教也。㊾

此明以別圓二教之四悉檀說十二部經，是起華嚴教，乃至以圓

㊽ 「方等」一詞，乃是泛指大乘經典，其所涵蓋經典相當多，上述所列舉方等諸經典，是依據天台諸論著所提而列舉出（參見《大正藏》冊 33，頁 774 下、803 中、807 下及《大正藏》冊 46，頁 769 中）。

㊾ 《大正藏》冊 33，頁 688 下 -689 上。

教之四悉檀說十二部經，是起法華教。整理如下：

	起	
1. 別圓二教四悉檀	——	華嚴教
2. 三藏教四悉檀	——	三藏教
3. 四教四悉檀	——	方等教
4. 通別圓教四悉檀	——	般若教
5. 圓教四悉檀	——	法華教

由此可知依四教之四悉檀內涵，開啓諸經教，而此諸經教之排列方式，是以五味教之方便形式呈現之。有關以五味教之方便呈現諸經，此遍布於整部《法華玄義》中，列舉如下：

> 若用此權實約五味教者：
> 乳教則有四權四實；
> 酪教則有四權；
> 生蘇則有十二權四實；
> 熟蘇則有八權四實；
> 涅槃十二權四實；
> 法華四種俱實。[50]

又云：

> 若用此法歷五味教者：
> 乳教說菩薩界、佛界兩性相，或入即假等，或入即中等……
> 酪教但明二乘相性，得入析空等……

[50] 《大正藏》冊 33，頁 690 上。

> 生蘇明四種相性……
> 熟蘇明三種相性……
> 此《法華經》明九種性相，皆入「即空即假即中」。「汝實我子，我實汝父」，一色、一味純是佛法，更無餘法，故知佛界最為無上。復次，餘經所明九性相不得入佛性相「即空即假即中」者，此經（案：指《法華經》）皆開方便，普令得入。51

諸如此類，不勝枚舉，天台往往藉由五味教之形式，來說明諸經之內涵，如以四悉檀之權實爲例，乳教（指《華嚴經》）則有四權四實之四悉檀，因爲《華嚴經》教義是圓兼別，圓教之四悉檀皆爲實，別教之四悉檀皆爲權，故有四權四實之四悉檀。其餘如酪教（三藏教）、生蘇教（方等教）、熟蘇教（般若教）、法華、涅槃等，其四悉檀之權實，亦與其教義有關。又如十法界性相而言，乳教說菩薩界（別）、佛界（圓）性相，酪教但明二乘（三藏教）性相，乃至醍醐教《法華經》明九法界性相即佛法界性相，所以九法界皆入即空即假即中，甚至餘經所不入者，一一開決之，普令得入。（以五味教明諸經，依《法華玄義》略舉如下圖）

諸經項目	五味教					出處
四悉檀說十二部經	華嚴教	三藏教	方等教	般若教	法華教	《大正藏》冊33，頁688下-689上
聖默然	華嚴	三藏	淨名	大品	法華	頁689上-中

51 《大正藏》冊33，頁695中-下。

權實	乳教	酪教	生蘇	熟蘇	法華	頁 690 上
因果廣高長 因果狹下短	乳經	酪經	生蘇經	熟蘇經	醍醐經	頁 692 下
十法界性相	乳教	酪教	生蘇	熟蘇	法華	頁 695 中 - 下
絕	乳教	酪教	生蘇	熟蘇	法華	頁 697 中
十二因緣	乳教	酪教	生蘇	熟蘇	法華	頁 700 中
四諦	乳教	酪教	生蘇教	熟蘇教	醍醐教	頁 701 下
七種二諦	乳教	酪教	生蘇	熟蘇	法華	頁 704 上
三諦	乳教	酪教	生蘇	熟蘇	法華	頁 705 上
一諦	乳教	酪教	生蘇	熟蘇	法華	頁 705 中
智	乳教	酪教	生蘇	熟蘇	法華	頁 713 上
神通	乳教	三藏	方等	般若	法華	頁 751 上
神通	乳教	酪教	生蘇	熟蘇	法華	頁 751 下
說法	華嚴	三藏	方等	般若	法華	頁 754 下
約行人心	華嚴時 如乳	三藏時 如酪	方等時 如生蘇	般若時 如熟蘇	法華時 如醍醐	頁 810 中

另外，有關諸經與五味教的關係，往往被誤解以說法時間順序來了解。如前所述，天台將諸經與五味教做一搭配，主要是依據諸經之教義（藏、通、別、圓）及其特性（所教化之對象），再配以漸次鈍根性之次第修學所形成，而非就時間順序來做分配。

從漸次鈍根性之修學次第來說，而有所謂之五味教（乳味～醍醐味）；從聖者教化眾生而言，而有所謂的先頓後漸之說法。將此二者結合，形成了頓漸五味之情形。再配合諸經之基本教義及其所要教化對象來看，形成了以五味教之形式來闡述諸經，如下所示：

諸經	教義	對象	方式	漸次鈍根	五味
1. 華嚴	別圓教	菩薩、佛乘	純說大乘	如聾如啞	乳
2. 阿含	三藏教	二乘	唯說小乘	轉凡成聖	酪
3. 方等	藏通別圓	三乘	對小明大	彈小讚大	生蘇
4. 般若	通別圓	三乘	帶小明大	以大淘小	熟蘇
5. 法華	圓教	一佛乘	廢小明大（攝三歸一）	小大均等	醍醐

此外，在《法華玄義》以通五時、別五時對五時教加以釐清，可知別五時只是局限在五味半滿來說而已，而實際上，諸經典本身並不受限於時間上。由此更可以證明，以南北朝當時所流行之五時說來理解天台五味教是不當的；且此五時說，天台在《法華玄義》已嚴厲地批判之。[52]

在《法華玄義》中，慣以五味教之形式來表達諸經之教相，若追溯其原因，有以下三點：

（一）南北朝時已有以頓、漸、不定教來分配諸經。

（二）諸經相生次第亦有經證，如《涅槃經》、《無量義經》等，尤其是《涅槃經》之五味說，廣被引用說明頓漸五味教。

（三）爲了彰顯《法華經》教相之特色，配合諸經本身之教義及漸次修學之歷程，以五味教方式來表達諸經。以顯示《法華經》與餘經之不同，不論對根性之融攝或對教義之開決上，皆顯示《法華經》有別餘經。

爲了釐清歷來乃至近代天台五味教所存在的問題，本文於論述從五味半滿相成所建構的天台判教體系中，特別偏重在頓漸五味上來處理。至於半滿教（藏、通、別、圓）部分，因爲在

[52] 詳參見本論文第四節〈從五味半滿相成破南北論師判教之偏失〉之分析。

拙著《天台緣起中道實相論》一書已有專章處理，故本文對此部分僅略提而已。且以此頓漸五味來彰顯《法華經》所具備之教相及其特質，於下申論之。

三、從五味半滿相成顯《法華經》教相之特色

在天台智者的諸論著中，吾人很容易看到五味教（五時教）、化儀四教（頓、漸、不定、祕密）、化法四教（藏、通、別、圓）等之模式來論述經典涵義。且於《法華玄義》中，更是具體完整的呈現此五味八教之內涵，而爲何如此呢？可知此判教似乎特別爲彰顯《法華經》而施設的，如《法華玄義》於論述五重玄義之「教相」時，開宗明義做如是說：

> 大章第五「釋教相」者，若弘餘經不明教相，於義無傷；若弘《法華》不明教者，文義有闕。[53]

由此段引文中，顯示了教相對弘揚《法華經》之重要性。爲何闡述《法華經》不透過教相來顯示於文義上有闕？此須藉由《法華經》本身特質來說明，在《法華玄義》對《法華經》之特質做如下之提示，所謂：

> 凡此諸經（案：指《華嚴經》、《阿含經》、《方等經》、《般若經》）皆是逗會他意，令他得益，不譚佛意，意趣何之。今經（案：指《法華經》）不爾，絓是法門網目、大小觀法、十力無畏、種種規矩，皆所不論，前經已說故，

[53] 《大正藏》冊 33，頁 800 上。

> 但論如來布教之元始。……當知此經唯論如來設教大綱，不委微細綱目。[54]

此說明了《法華經》之特質，在於唯論「如來布教之元始」，亦即明佛陀種種施設教法意趣之所在，此為他經所無。也因為如此，《法華經》只提示如來設教之大綱，對於微細內容（如法門網目、大小觀法、十力無畏等）並不加以細說。基於上述之理由，所以，於弘闡《法華經》時，須配以教相明釋之。

依《法華玄義》之看法，《法華經》具備了如來設教之大綱。此設教之大綱，即是頓漸五味之教相，而此頓漸五味之教相，如前所引述《法華經》〈信解品〉窮子喻之所明。[55] 換言之，諸經之教相，在《法華經》大體上皆具備之，如以諸經之頓漸五味教相而言，《法華經》〈信解品〉之窮子喻即備有此頓漸五味教相。

藉由諸經頓漸五味之鋪陳，不僅與《法華經》之教相做一呼應，且可以豐富《法華經》教相之內涵（因為《法華經》主要以簡要方式來明教相，對於細目內容並未詳說）。再者，藉由頓漸五味教諸經之鋪排，同時也可以對比出《法華經》與餘經之不同，由此更凸顯出《法華經》本身之特色。主要從兩方面來說明之，一、《法華經》於頓漸根性是相融的；二、於半滿諸教上是相合的。分述如下：

---

[54] 《大正藏》冊 33，頁 800 中。

[55] 「窮子喻」本身即具備頓漸五味教相，參見《法華玄義》對此之說明（《大正藏》冊 33，頁 808 中 - 下）及本文有關「頓漸五味之引證」部分。

（一）頓漸根性相融

若吾人進一步發問：爲何藉由教相可以彰顯《法華經》之特質？此是藉由《法華經》與諸經之對比而顯示之，如《法華玄義》云：

> 初教建立融不融，小根併不聞；次教建立不融，大根都不用；次教俱建立，以融斥不融，令小根恥不融慕於融；次教俱建立，令小根寄融向不融，令大根從不融向於融。……今經（案：指《法華經》）正直捨不融，但說於融，令一座席，同一道味，乃暢如來出世本懷。[56]

又云：

> （教相）雖復甚多，亦不出漸、頓、不定、祕密。今《法華》是顯露，非祕密；是漸頓，非漸漸；是合，非不合；是醍醐，非四味；是定，非不定。如此分別此經，與眾經相異也。[57]

此顯示《法華經》於融攝根性上是圓融的，所謂「正直捨不融，但說於融」，也因爲如此，所以，「令一座席，同一道味」，眞正暢演如來出世本懷，不同於餘經著重於逗會他意上。

《法華經》不僅於根性攝受上是圓融的，且善以頓漸五味來化導眾生，如《法華玄義》云：

---

[56] 《大正藏》冊 33，頁 682 上 - 中。

[57] 《大正藏》冊 33，頁 684 上。

> 餘教當機益物，不說如來施化之意；此經（案：《法華經》）明佛設教元始，巧為眾生作「頓、漸、不定」顯密種子，中間以頓漸五味調伏長養而成熟之；又以頓漸五味而度脫之，並脫、並熟、並種，番番不息，大勢威猛，三世益物，具如〈信解品〉中說，與餘經異也。[58]

此不僅顯示《法華經》明佛設教之元始（即佛出世本懷），且進而說明《法華經》以頓漸五味來調伏眾生、長養眾生、度脫眾生。換言之，於種、熟、脫上，皆不離頓漸五味。如云「巧爲眾生作頓、漸、不定顯密種子」，此顯示《法華經》之教相包含了頓、漸、不定、祕密教相，而此四種教相實不外乎頓漸五味，因不定教不離頓漸五味明之；再者，「頓、漸、不定教」之顯露的反面，即是祕密教。故可知《法華經》之種、熟、脫，基本上，是建立在頓漸五味上，而《法華經》〈信解品〉更是最好之佐證，如前所明之窮子喻，即備此頓漸五味教相。

（二）半滿諸教相合

此外，從五味半滿相成上來看，更可以顯示《法華經》不僅於攝受根性上是圓融的，且於半滿諸教上亦是相成相合的，如《法華玄義》云：

> 三、約五味半滿相成者，……若華嚴頓滿大乘家業，但明一實，不須方便，唯滿不半，於漸成乳；三藏客作，但是方便，唯半不滿，於漸成酪；若方等彈訶，則半滿相對，以滿斥半，於漸成生蘇；若大品領教，帶半論滿，半則通

---

[58] 《大正藏》冊 33，頁 684 上。

> 為三乘，滿則獨為菩薩，於漸成熟蘇；若法華付財，廢半明滿，若無半字方便調熟鈍根，則亦無滿字開佛知見，於漸成醍醐。[59]

又云：

> 四、明合不合者，半滿五味既通約諸經，諸經不同，今當辨其開合。若華嚴正隔小明大，於彼初分，永無聲聞；後分則有，雖復在坐，如聾如瘂，非其境界，爾時尚未有半，何所論合。次開三乘，引接小機，令斷見思，則以小隔大，既不論滿，何所可合。……若方等教，或半滿雙明，或半滿相對，或以滿彈半、稟半聞滿，雖知恥小，猶未入大，故云：止宿草庵，下劣之心猶未能改，則半滿不合。般若以滿洮練於半，命領家業，明半方便通入無生、半字法門皆是摩訶衍，是合其法；而不悕取一餐之物，即是未合其人，是故半、滿不合。若至法華，「覺悟化城」云非真實，「汝等所行是菩薩」即是合法；「汝實我子」即是合人，人、法俱合，自鹿苑開權，歷諸經教，來至法華，始得合實。……若於法華未合，於涅槃得合。[60]

由第一段引文可知，諸經之五味教相，是建立在漸次鈍根性之修學次第上而安置的，故於論述華嚴教時，言「於漸成乳」，乃至論述法華教時，言「於漸成醍醐」，此等皆顯示了基於頓漸五味而明諸經。另也由五味教之諸經中，顯示了諸經教義於半

---

[59] 《大正藏》冊 33，頁 809 上。

[60] 《大正藏》冊 33，頁 809 上 - 中。

教於滿教上之不同，如華嚴教唯滿、三藏教唯半、方等教半滿相對、般若教帶半論滿、法華教廢半明滿，此從諸經對半滿教之不同看法上，顯示了諸經教義本身之特性，尤其是從《法華經》之「廢半明滿」，更顯示半教、滿教之相輔相成。故於第二段引文中，進一步論述諸經對半滿融合、不融合之問題，如華嚴教「隔小明大」，並未涉及合之問題；三藏教「以小隔大」，亦未有合；方等、般若教雖多涉及半、滿，但卻不合。因爲方等以滿斥半，般若教雖合其法（半字教皆是摩訶衍），但未合其人，故半、滿仍不合。至法華教，半滿教之人和法，皆是俱融合。若於法華教上未合者，則於涅槃教上令得合。如下圖表所示：

諸經 項目	華嚴	三藏	方等	大品	法華	涅槃
窮子喻	頓滿大乘家業	客作	彈訶	領教	付財	
半滿	唯滿	唯半	半滿相對 以滿斥半	半：通爲三乘 滿：獨爲菩薩	廢半明滿	
漸五味	乳	酪	生蘇	熟蘇	醍醐	
小大關係	隔小明大	以小隔大	半滿雙明 半滿相對 以滿彈半 稟半聞滿	以滿練半	半滿相成	
合、不合（四句）	非合非不合	非合非不合	半滿不合	合法不合人	合	亦合亦不合

備註	但明一實，唯是滿教。	但明方便，唯是半教。	雖知恥小，猶未入大。	以半字遍入無生，半字是摩訶衍，是法合，但不悕取一物，是不合人。	以半字調熟鈍根，以滿字開佛知見。	於末代更開諸權，故言不合。

四、從五味半滿相成破南北論師判教之偏失

有關南北朝諸論師之判教究竟存在著什麼問題？一言以蔽之，在於不周延。此從《法華玄義》對諸師所做之明難中，可窺知一、二。

依《法華玄義》之記載，南方諸師偏重於五味教之方便來判教；北方諸師則偏向於半滿教之義理判教，此造成於分判諸經教相時，存在諸多問題無法自圓其說之情形。詳分析如下：

（一）破南師五時教之偏失

如以南方之漸五時教而言，其五時教，是指：有相教、無相教、褒貶抑揚教、同歸教、常住教。[61] 其認為佛陀於十二年前說有相教，於十二年後說無相教，於無相教之後及同歸教之前說褒貶抑揚教，於第四時說法華同歸教，於雙林最後說涅槃常住教。而此五時教存在何種問題？以及天台如何破之？分析如下：

[61] 參《法華玄義》，《大正藏》冊 33，頁 801 中。

1. 破第一時有相教

若就有相教來看，其認爲十二年前爲有相教，然此存在著二種過失：（一）佛陀於十二年前所說法不僅是有相教而已，還包括無相教等；（二）若主張十二年前爲有相教，那麼此有相教是否能得道？

對於主張十二年前爲有相教，天台做了如下之論難，如《法華玄義》云：（爲便於分析，以下引文加入數字）

> （1）若言十二年前名有相教者，成實論師自誣己論，《論》（案：指《成實論》）云：我今正欲明三藏中實義。實義者，所謂空。是空非無相耶？三藏非十二年前耶？
>
> （2）又《阿含》中說：是老死、誰老死，二皆邪見。無是老死，即法空；無誰老死，即生空。三藏教中，自說二空，二空豈非無相？
>
> （3）又《釋論》云：三藏中，明法空為大空；摩訶衍中，明十方空為大空。既以法空為大空，即大無相。
>
> （4）又成道六年，即說《殃掘摩羅經》，明空最切，此非無相，誰是無相耶？
>
> （5）又《大論》云：從得道夜至泥洹夜，常說般若。般若，即空慧也。[62]

此段引文中，可分爲五小點，一一皆用來評破主張十二年前有相教不能成立。其論破方式，是舉證十二年前亦說無相教，而非僅是說有相教而已。此爲主張十二年前爲有相教所犯過失之一。

---

[62] 《大正藏》冊 33，頁 801 下。

再者，縱使以十二年前爲有相教，仍然面對著另一問題——有相教能否成道？《法華玄義》做如下之論破，其云：

> 復次，十二年前名有相教，為得道？為不得道？
> (1) 若得道，則乖《成論》。論師云：有相四諦，是調心方便，實不得道；須見空平，乃能得道。既言有相，那忽得道？若不得道，用此教為？
> (2) 又拘鄰如五人，最初於佛法寂然無聲字獲真實知見。最初之言，豈非十二年前得道耶？
> (3) 又若得道，教同無相；若不得道，教同邪說。
> (4) 又若得道，得何等道？若見空得道，還同無相；若不見空得道，亦同九十五種，非得佛道。[63]

此段引文中，以四點來論破有相教之主張。第一，認爲若有相教之主張可以成立，必須建立在能得道上。如此一來，則與成實論師之主張相違背，因爲成實論師認爲「有相」只是調心方便而已，並不能得道；必須見空，才能得道。若有相教不能得道，那麼立此有相教又有何用？第二，拘鄰如等五人，確實於佛陀說法之最初時得道，亦即證明十二年前佛所說法可以得道。第三，如此一來，若十二年前得道，那麼此教說應同是無相教；若不能得道，此教同邪說。第四，若可得道，此得道爲見空，仍同屬無相教；若非見空得道，此屬九十五種外道邪說。

由以上之種種論破，若主張十二年前爲有相教，實難以成立。

---

[63] 《大正藏》冊 33，頁 801 下。

2. 破第二時無相教

就無相教來看，若認爲十二年後爲無相教，此看法存在著諸多過失：(1) 如若十二年後只是明空蕩相而未明佛性常住，那麼此仍是無常之說；既是無常的話，應連此無常亦應一起遣蕩，怎會留此無常呢？如此則非無相教也。(2) 如若十二年後不明佛性，此亦難以成立。(3) 如若十二年後不談會三歸一，此亦不能成立。(4) 如若十二年後不談彈訶，亦不能成立。(5) 如將《般若經》無相置於第二時，其它經典也有無相教，何不亦將諸經典置於第二時。(6) 如若言十二年後爲無相教，但佛陀於成道初夜乃至入滅後夜皆說無相教。由此可知，若主張十二年後爲無相教，有此六點過失。(詳如下述)

在《法華玄義》中，對主張十二年後爲無相教，共舉出六點來加以論破，如其云：

> 二、難十二年後名無相教，明空蕩相，未明佛性常住，猶是無常。八十年，佛亦不會三歸一，亦無彈訶褒貶者，此不可解。[64]

此可視爲對無相教之總論難，接著，加以細破之，如《法華玄義》云：

> (1) 若言無相，何意不蕩無常？猶有無常，何謂無相？
> (2) 若言不明佛性法身常住者，共般若可非佛性法身常等，不共般若云何非佛性耶？《大經》云：佛性有五種名，亦名首楞嚴，亦名般若。般若乃是佛性之異

[64] 《大正藏》冊 33，頁 801 下。

名，何得言非？……又《涅槃》佛性，祇是法性常住不可變易；《般若》明實相實際，不來不去，即是佛無生法，無生法即是佛。二義何異？……但名異義同。……若言無常，八十年佛說非佛性常住者，《涅槃》亦云：八十年佛背痛有疾，於沙羅入滅，那乎譚常辨性？《釋論》云：佛有生身、法身，生身同人法有寒熱病患馬麥乞乳，法性身佛光明無邊、色像無邊，……豈可以無常八十年加於法身耶？……。

(3) 若言般若無會三者，何故〈問住品〉云：諸天子今未發菩提心者，應當發。……是人若發菩提心者，我亦隨喜。所以者何？上人應求上法，我終不斷其功德。若聲聞不求上法，何所隨喜。既隨喜上法，即是會三。

(4) 若言般若無彈訶者，《大品》云：二乘智慧，猶如螢火；菩薩一日學智慧，如日照四天下。又十三卷云：譬如狗不從大家求食，反從作務者索；當來世善男女人棄深般若，而攀枝葉取辟支佛所應行經。又云：見像、觀迹，皆名不黠。豈有彈訶更劇於此？謂無褒貶耶？

(5) 若言《般若》是第二時教，引諸天子白佛云：見第二法輪轉者。何經不見第二而獨言《般若》？《淨名》云：始座道樹力降魔，得甘露滅覺道成；乃至說法不有亦不無，兩說相對，亦應是第二法輪轉。《法華》亦云：昔於波羅奈轉四諦法輪，今復更轉最上之法輪。《涅槃》又云：昔於波羅奈初轉法輪，八萬天人得須陀洹果；今於此間拘尸那城轉法輪時，八十萬億人得不退轉。經經皆有此旨，亦應併是第二，何獨

《般若》耶？

(6) 若言十二年後明無相者，何得二夜（初夜、後夜）常說《般若》。故知，無相之過，亦甚眾多。[65]

此段引文中，針對六方面來加以一一論破，認爲主張第二時爲無相教之過失甚多。此六方面之過失，分析如下：

(1) 無相教爲無常否？

(2)《般若》不明佛性？

(3)《般若》無會三歸一？

(4)《般若》無彈訶褒貶？

(5)《般若》爲第二時妥否？

(6)《般若》爲十二年後說妥否？

此六點中，第一至第四點是針對《般若經》內容所提出的質疑。如第一點，若視《般若經》只是遣蕩之無相教，那麼此教義仍是無常，既是無常之教，亦應加以遣蕩之，否則何以堪稱爲無相教？

第二點，則針對《般若經》不明佛性提出質疑，若此是針對共般若來說，還勉強可以成立，但《般若經》除共般若外，還有不共般若，此不共般若即是佛性之異名。再者，般若、佛性皆顯示了諸法不可變易、不來不去之道理，此二者是名異義同。若視《般若經》爲明無常，而《涅槃經》亦有之，何以視《涅槃經》爲常。諸如此類，皆在顯示《般若經》亦論及佛性常住之道理，不僅只是談無常而已，亦不應將佛陀八十歲無常之身硬加在法身上。

第三點，則針對《般若經》無「會三歸一」來加以論破，

[65] 《大正藏》冊 33，頁 801 下 -802 中。

因爲《般若經》本身亦論及聲聞發菩提心上求佛道，如〈問住品〉所載。

第四點，則論破《般若經》無彈訶褒貶之說。首先，以二乘智和菩薩智做一對比，此實已呈現其彈訶褒貶之意。再者，就狗求食做比喻，說明末世眾生棄根本之深般若，反取枝葉之辟支佛法爲所奉行，此亦是另種之彈訶。又評破見像、觀迹，皆不是智慧。諸如此類之彈訶，豈有比此更甚者？故言《般若經》無彈訶褒貶是不能成立的。

第五點，則舉諸經（如《淨名經》、《法華經》、《涅槃經》等）亦有論及第二時教之情形，來論破單視《般若經》爲第二時教亦難以成立。

第六點，則以得道初夜乃至後夜皆有宣說般若，論破將《般若經》置於十二年後說亦不能成立。

3. 破第三時褒貶教

主要就三方面來論破第三時彈訶褒貶抑揚教：(1) 不應將彈訶褒貶教置於《般若經》之後；(2) 所明金剛體不應視之爲無常；(3) 本身亦具有三因佛性不應視爲無常。分述如下：

第一，將褒貶教置於《般若經》後並不宜，如《法華玄義》云：

> 今問：說《般若》時，諸大弟子皆轉教說法，雖不悕取，咸以具知菩薩法門，何得被訶茫然不識是何言，不知以何答。故知褒貶不應在《般若》之後，非第三時也。[66]

[66] 《大正藏》冊 33，頁 802 中。

此明若於般若時（第二時），諸大弟子皆已能轉教說法，且具知菩薩法門，怎麼於第三時被訶而茫然不識所說、不知回答。由此可知，將褒貶教置於般若時後並不妥當。

第二，不宜將金剛之體視爲無常，如《法華玄義》云：

> 若言七百阿僧祇者，此亦不然。其文自說佛身無為，不墮諸數，金剛之體何疾何惱?!為度眾生現斯事耳。文辨金剛，而人判七百；《涅槃》亦辨金剛，那忽常住？[67]

此首先明其佛身是無爲，其金剛體亦無疾無惱，爲化度眾生而有疾惱等諸種種示現罷了，不應以此示現定其佛身爲無常。再者，亦不應將此金剛之體判爲七百阿僧祇，視之爲無常；若然，《涅槃經》之金剛體不應視爲常。此乃將其金剛體與《涅槃經》做一對比，顯示《涅槃經》之金剛體爲常，那麼褒貶教之金剛體亦是常。

第三，此教亦具三因佛性，此是順著上述佛身常住所做的進一步之論述，如《法華玄義》云：

> 又云：觀身實相，觀佛亦然。又不思議解脫有三種：真性、實慧、方便，即是三佛性義。且復塵勞之儔是如來種，豈非正因佛性；不斷癡愛起諸明脫，「明」，即了因性；「脫」，即緣因性。三義宛然，判是無常；涅槃三種佛性，何得是常耶？[68]

---

[67] 《大正藏》冊 33，頁 802 中 - 下。

[68] 《大正藏》冊 33，頁 802 下。

此明《維摩詰經》等諸方等教亦具備佛性常住的，列舉三點以做說明，如「觀身實相，觀佛亦然」；又如不思議解脫有三種（眞性、實慧、方便），此三種即是三佛性義；又如「塵勞之儔是如來種」（正因佛性）、「不斷癡愛起諸明脫」（了因佛性、緣因佛性），此亦具備三因佛性。

4. 破第四時同歸教

此乃論破將《法華經》視爲第四時同歸教並不妥，主要針對《法華經》亦明佛性亦明常住來加以論述，如《法華玄義》云：

> (1)《法華》明一種性相、一地所生，其所說法皆悉到於一切智地。命章即云：開示悟入佛之知見。
> (2)《華嚴》明佛智慧，猶帶菩薩智慧。菩薩智慧，如爪上土；如來智慧，如十方土。《法華》純說佛之智慧，如十方土，而非常者；《華嚴》爪上土云何明常住？
> (3) 又《華嚴》始坐道場，初成正覺，成佛太近；《法華》明成佛久遠，中間、今日皆是迹耳。迹中所說，而言是常；本地之教，豈不明常？
> (4) 又《無量義經》云：說華嚴海空，歷劫修行，未曾宣說如是甚深《無量義經》。甚深《無量義經》，已自甚深；甚深之經為《法華》弄引，豈不明常？
> (5) 若言常住語少者，如天子一語可非敕耶？文云：「世間相常住」。又云：「無量阿僧祇壽命無量，常住不滅」。伽耶城壽命及數數示現等，是應佛壽命；阿僧祇壽命無量者，是報佛壽命；常住不滅者，是法佛

壽命也。三佛宛然，常住義足。《法華論》云：示現三種菩提，……文云：「如來如實知見三界之相，不如三界見於三界。」謂眾生界即涅槃界，不離眾生即如來藏。又云：「我不敢輕於汝等，汝等皆當作佛。」即正因佛性。又云：「為令眾生開佛知見。」即了因佛性。又云：「佛種從緣起。」即緣因佛性。《法華論》亦明三種佛性，……《經》、《論》明據，云何言無？

(6) 又《涅槃》云：是經出世，如彼果實，多所利益，安樂一切，能令眾生見如來性，如《法華》中八千聲聞得受記別成大果實，如秋收冬藏，更無所作。若八千聲聞於《法華》中不見佛性，《涅槃》不應懸指。明文信驗，何勞苟執？

(7)《涅槃》二十五云：究竟畢竟者，一切眾生所得一乘。一乘者，名為佛性。以是義故，我說一切眾生悉有佛性，一切眾生悉有一乘。故今經（案：指《法華經》）是一乘之教，與《涅槃》玄會；猶帶三乘得道，此經純一無雜；《涅槃》更不發迹，此經顯本義彰。處處唱生，處處現滅，未來常住，三世益物，人眾見燒，我土不毀，豈是神通延壽有滅盡耶？破神通延壽義。[69]

此段引文中，約可分七點來說明，(1) 首先標示《法華經》所明，在於佛之知見。(2) 至 (4) 將《法華經》與《華嚴經》做一對比，顯示《華嚴經》佛智中猶帶菩薩智，且是迹門而已；而

[69] 《大正藏》冊 33，頁 802 下 -803 上。

《法華經》純說佛智慧，且是本地之教，《華嚴經》既爲是常，何以《法華經》不是常？（5）至（7）仍然順著佛性常住問題來論述，如（5）特舉《法華經》有關「常住」一詞之經文來說明，證明《法華經》、《法華經論》皆論及三佛、三種菩提、三因佛性。如（6）則引《涅槃經》爲佐證，證明《法華經》爲八千聲聞授記，此亦《法華經》明佛性之證明。如（7）明一乘即佛性，顯示《法華經》之一乘教與《涅槃經》之佛性說是互通的。且進一步說明《法華經》在此是純一無雜，不似《涅槃經》猶帶三乘得道；《法華經》開迹顯本，而《涅槃經》則無開迹。最後，則說明《法華經》之神通延壽皆無盡。

5. 破第五時常住教

此針對第五時爲常住教提出論難，主要以二諦來論破，如《法華玄義》云：

> 問：成論師依二諦解義，第五時教為二諦攝不？
> （1）若二諦攝，與諸教同，前教二諦猶是無常，雙林二諦何得是常？
> （2）若雙林不出二諦，能照別理、破別惑，得是常者；前教所明二諦，亦照別理、破別惑，那忽無常？[70]

此反問難中，就二諦提出了兩個問題：（一）第五時教爲二諦攝否？若是，則此與諸教相同，若前諸教所明二諦被判爲無常，而第五時教之二諦何得是常？（二）若第五時教之二諦能照別理、破別惑而爲常；同樣地，何以前諸經之二諦亦能照別理、破別惑

[70] 《大正藏》冊 33，頁 803 上 - 中。

而不是常？

另外，依《涅槃經》五味來判五時教，亦爲天台所論破。其五味與五時教之配對如下：

	五味	南師五時教
1	從牛出乳	十二年前三藏有相教
2	從乳出酪	十二年後般若無相教
3	從酪出生蘇	方等褒貶教
4	從生蘇出熟蘇	法華萬善同歸教
5	從熟蘇出醍醐	涅槃常住教

對此五味五時教，天台一一加以論破，認爲此配對不合《涅槃經》之文，且義理顛倒，毫無相生次第可言，如《法華玄義》云：

> 次難其依《涅槃》五味判五時教，用從牛出乳，譬三藏十二年前有相教；從乳出酪，譬十二年後般若無相教；從酪出生蘇，譬方等褒貶教；從生蘇出熟蘇，譬萬善同歸法華教；從熟蘇出醍醐，譬涅槃常住教。此現見乖文，義理顛倒，相生殊不次第。[71]

爲何依《涅槃經》五味所判的五時教會違背經文，且義理顛倒呢？對此，《法華玄義》進一步加以說明，如其云：

> (1)《經》云：從牛出乳，譬初從佛出十二部經，云何以

[71] 《大正藏》冊 33，頁 803 中。

十二部對於九部有相教耶？一者有相教無十二部；二者有相教非佛初說，故不應以此為對……。

(2) 若言從十二部出修多羅，修多羅對無相般若者。修多羅則一切有相、無相，五時皆名修多羅，何以獨對無相般若？……。

(3) 從修多羅出方等經，用對褒貶《淨名》等教者，《淨名》不應在《大品》之後，已如前破。

(4) 從方等出般若，用對法華者，經文自云：「般若」，而曲辨為法華，迴經文就義，最為無意。《涅槃》云：八千聲聞於法華受記，不道般若受記，哪得喚法華為般若？乖文失旨，不成次第也。

(5) 從般若出大涅槃，彼即解云：從法華出大涅槃。此亦不會經文。[72]

此就五點論破之，如下圖表所示：

《涅槃經》五味	南方五時教	天台	
五味相生	配五時教	天台之論破	天台之建立
1. 從牛出乳：從佛出十二部經	十二年前三藏有相教	不應以十二部配對於有相教，有相教非佛初說	華嚴時
2. 從乳出酪：從十二部經出修多羅	十二年後般若無相教	不應以修多羅配對於般若	阿含時
3. 從酪出生蘇：從修多羅出方等	方等褒貶教	將方等置於般若後不當	方等時

[72] 《大正藏》冊 33，頁 803 中 - 下。

4. 從生蘇出熟蘇：從方等出般若	法華同歸教	將般若解為法華有違經文	般若時
5. 從熟蘇出醍醐：從般若出大涅槃	涅槃常住教	將般若解為法華有違經文	法華時

（二）破北師半滿教之偏失

北地論師之判教，有七家：五時教、半滿教、四宗、五宗、六宗、二種大乘教、一音教。[73] 若相對於南方判教偏五味方便而言；此北地判教偏半滿實慧，此從所列舉七家略可得知。

北地之五時教，大體如南方之五時教，所不同者，於第一時立「人天教」，將《淨名》、《般若》合併為無相教。而此五時教所存在之問題，就第一時人天教而言，亦難以成立，天台以五點論破之：（1）如以《提謂波利經》說五戒十善為人天教，那麼諸經皆明戒善，應是人天教否？（2）五戒為諸佛母，豈可判為人天教？（3）提謂長者等得諸忍，豈是人天教？（4）就結集法藏而言，不宜將人天教納入做為初教。（5）若《提謂波利經》是祕密教，一音異解，亦不應置其於顯露之初。[74] 破其餘四時教，如破南方五時教之所述。

若就半滿教言，其判教過於粗糙，如將《般若》至《涅槃》皆判為滿教，然諸大乘經典雖為滿教，亦有諸多不同，不能混而論之；再者，鹿苑時亦不只是半教而已。[75]

若就四宗、五宗、六宗而言，其所立之因緣宗、假名宗、不真宗、常宗、法界宗、圓宗，彼此間之分界，往往不甚清楚，如因緣宗與假名宗似雷同，且因緣宗一語過於通泛；又如以《般

[73] 參《法華玄義》，《大正藏》冊 33，頁 801 中。
[74] 參《法華玄義》，《大正藏》冊 33，頁 804 上。
[75] 參《法華玄義》，《大正藏》冊 33，頁 804 上 - 中。

若》為不眞宗，將其與常宗對立亦不妥；又如常宗、法界宗、圓宗之界線亦不清楚。[76]

若就有相、無相二種大乘教而言，此種分法亦過於簡單，況且將有相、無相對立，亦難自圓其說，有違諸經即俗（有）而眞、即眞（無）而俗之道理。[77]

若就一音教而言，認為純一大乘，無三乘之差別，此亦不合乎諸經典之內涵。[78]

由上述對北方論師判教之論破，可得知其判教往往太偏重半滿實慧（如半滿教、四宗、五宗、六宗、有相無相二種大乘、一音教）之緣故，而失於方便，致使其在判教有諸多過失，或犯過於簡化之毛病，無法呈現諸經之教相。

（三）評析南北論師判教之得失

天台除了於上述對南三北七諸師判教論破之外，於《法華玄義》「研詳去取」中，更進一步評判諸師判教之得失，如其云：

> 若五時明教，得五味方便之文，而失一道真實之意。雖得其文，配對失旨。其文通用，其對宜休。[79]

又云：

---

[76] 以上之論破，參見《法華玄義》，《大正藏》冊 33，頁 804 中 -805 上。

[77] 參《法華玄義》，《大正藏》冊 33，頁 805 上。

[78] 參《法華玄義》，《大正藏》冊 33，頁 805 上 - 中。

[79] 《大正藏》冊 33，頁 805 中。

> 北地五時，亦無文據，又失實意。[80]

又云：

> 半滿教，得實意，失方便意。
> 四宗教，失五味方便意，又失實意。
> 五宗、六宗，例如此。
> 二種大乘教，權實乖離。……
> 一音教，得實失權，鰥夫寡婦不成生活，永無子孫。[81]

此第一段引文，是對南方五時教得失之評判，其「得」，在於五時教有經文之依據；其「失」，未能掌握一道眞實之意。此五時教雖有經文之依據，然於五時教之配對卻是不當的（如前述之論破）。第二段引文，則是對北地五時教得失之評斷，認爲北地五時教，無經典之依據，且又失眞實之意。換言之，北地五時教，具二失。第三段引文，則是對餘諸師判教之評判，如半滿教，得實意，失方便意；如四宗、五宗、六宗，失五味方便意，又失實意；如二種大乘教（有相教、無相教），權實乖離，即失權，又失實；如一音教，得實失權。如下圖表所示：

[80] 《大正藏》冊 33，頁 805 下。
[81] 《大正藏》冊 33，頁 805 下。

<table>
<tr><th colspan="2" rowspan="3">諸家</th><th colspan="5">得失</th></tr>
<tr><th colspan="2">得</th><th colspan="2">失</th><th rowspan="2">備註</th></tr>
<tr><th>權</th><th>實</th><th>權</th><th>實</th></tr>
<tr><td rowspan="3">南三</td><td>五時教</td><td>✓</td><td></td><td></td><td>✓</td><td>雖得五味方便之文，卻於文配對失旨。</td></tr>
<tr><td>四時教</td><td></td><td></td><td>✓</td><td>✓</td><td rowspan="2">無文可依，無實可據，進退無所可取。</td></tr>
<tr><td>三時教</td><td></td><td></td><td>✓</td><td>✓</td></tr>
<tr><td rowspan="7">北七</td><td>五時教</td><td></td><td></td><td>✓</td><td>✓</td><td>無文據，又失實。</td></tr>
<tr><td>半滿教</td><td></td><td>✓</td><td>✓</td><td></td><td>得實意，失方便。</td></tr>
<tr><td>四宗</td><td></td><td></td><td>✓</td><td>✓</td><td>失方便，失實意。</td></tr>
<tr><td>五宗</td><td></td><td></td><td>✓</td><td>✓</td><td rowspan="2">（如四宗所示）</td></tr>
<tr><td>六宗</td><td></td><td></td><td>✓</td><td>✓</td></tr>
<tr><td>二種大乘教</td><td></td><td></td><td>✓</td><td>✓</td><td>權實乖離</td></tr>
<tr><td>一音教</td><td></td><td>✓</td><td>✓</td><td></td><td>得實失權</td></tr>
</table>

由上圖表可知，得五味方便者，唯南方五時教，雖如此，但五味方便之經文的配對上卻不當。半滿教、一音教唯有實，卻皆失方便之權。餘者，權實俱失。

南方之五時教，雖有經文做爲五味方便之依據，然於五味經文之配對上是失當的。爲何如此？主要在於未能掌握實意。因此，於第一時「有相教」有偏失，乃至於餘四時教亦如此，如《法華玄義》云：

> 若言十二年前明有相教，此得小乘一門而失三門。何者？三藏有四門得道：或見有得道，如《阿毗曇》；或見空得道，如《成實》；或見亦有亦空得道，如《昆勒》；或見非有非空得道，如車匿。故知泥洹真法寶，衆生各以種種門入。

> 若欲舉一標四，應總言三藏；若欲廣明，備立四種。何意偏存有相失沒三耶？疑誤後生，空有成諍。若三藏中，菩薩須廣學四門，通諸方便；後得佛時，名正遍知。若但標有相之教，唯得見有得道。……若但有相，只知一門，不解三門，非正遍知，於菩薩義闕。其缺則眾，故須棄；其得則寡，唯存一。[82]

此明有相教得一門（有門）而失三門（空門、亦有亦空門、非有非空門），徒生爭執。若欲略舉，應以三藏教標之；若欲廣明，應標四門，而非只是有相教一門，否則容易產生無謂之爭執。成了「一門聲聞，全失三門，入泥洹路，則於小乘義闕」。[83]不僅於三藏教聲聞法有如此缺失，且於菩薩法亦有缺失，因爲菩薩須廣學四門通諸方便，於成佛時才能稱之爲正遍知，若只是有相教一門，如何稱得上是「正遍知」，所以，於菩薩義亦有闕。故天台對「有相教」之評語：「其闕則眾，故須棄；其得則寡，唯存一」。

對於第二時「無相教」之得失，只得共般若四門之空門，而失七門（指共般若餘三門及不共般若四門），如《法華玄義》云：

> 若十二年後明無相，無相者，此得共般若，失不共般若。共般若有四門：如幻如化，即有門；幻化即無，是空門；幻化有而不有，是亦有亦空門；雙非幻化，即非空非有門。若言般若無相者，祇得共般若一空門，全失三門，亦

---

[82] 《大正藏》冊 33，頁 805 中。

[83] 《大正藏》冊 33，頁 805 中。

> 失七門。尚不是因中正遍知，況果上正遍知。其失則去，其得則取。[84]

此明若將般若只視為無相教，那麼只得一空門而已，而實際上，般若包括了共般若和不共般若，且共、不共般若皆各有四門來表達之，非僅是空無相一門而已。

對於第三時「褒貶教」之得失，其抑挫、褒揚之「得」少，而所「失」極多，如《法華玄義》云：

> 若言第三時抑挫聲聞、褒揚菩薩，此得斥「小」一種聲聞，全失七種聲聞；得顯「大」一意，全不得折挫諸偏菩薩、褒揚極圓菩薩，亦不得折挫諸權菩薩、褒揚於實菩薩，又不識偏、圓權實四門。所得處少，不得處多。[85]

此明就所折挫之聲聞而言，只得其一，全失七種，因為藏、通教各有四門。再者，就所褒揚之菩薩而言，亦只得其一，而所失極多，如對偏淺菩薩、諸權菩薩全無折挫；對於極圓菩薩、實法菩薩亦全無褒揚。如此一來，於該折挫菩薩則無，於該褒揚菩薩亦不明。喪失其眞正所要折挫褒揚之意旨，故於所得處少，於所失之處極多。此之關鍵，在於不識偏圓權實教（即藏、通、別、圓）各有四門，不僅於藏、通聲聞法八門須折挫，於藏、通、別之偏權菩薩十二門亦應加以折挫，若就此而言，所應折挫有二十門，而非僅一種聲聞而已。再者，對於所要褒揚之圓教實法菩薩亦有四門，亦須將其與藏、通、別教偏淺權法加以區分開來，

---

[84] 《大正藏》冊 33，頁 805 中 - 下。

[85] 《大正藏》冊 33，頁 805 下。

如此才能顯示所要褒揚之意。

對於第四時「同歸教」之得失，所「得」萬善同歸一乘之名及會三歸一而已；不得萬善同歸之實（佛性），亦不得五乘歸一、七乘歸一，如《法華玄義》云：

> 若言第四時同歸之教，唯得萬善同歸一乘之名，不得萬善同歸之所。「所」者，即佛性，同歸常住等也。祇得會三歸一，不得會五歸一，不得會七歸一。唯得歸於一，不得歸佛性常住，有如此等失。[86]

此明雖判《法華經》爲第四時同歸教，但仍視法華爲無常，而非視法華爲佛性常住。所以，其所同歸只是一乘之名而已，並非一乘之所（佛性常住）。且此萬善同歸是只就會三歸一來說，並不包括五乘、七乘等。故所得少，所失極多，如下圖所示：

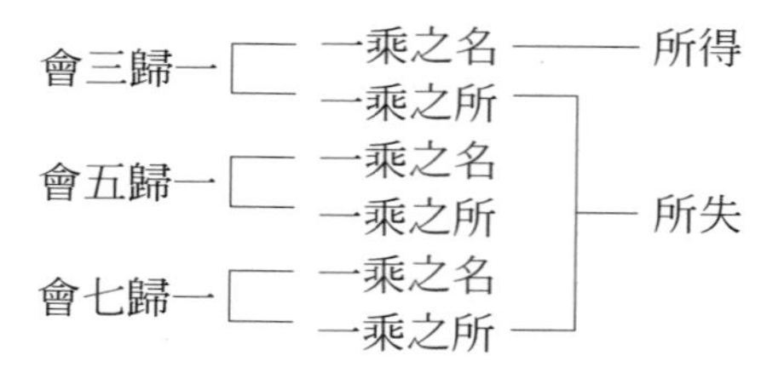

對第五時「常住教」得失之分判，僅就常住而論此教，但不明非常非無常而雙用常無常，故所得少，所失極多，如《法華玄義》云：

[86] 《大正藏》冊 33，頁 805 下。

> 第五時，若依二諦論常住，則非常住；若不依二諦，無所間然。彼雖明常，全失非常非無常雙用常無常。唯得四術之一，永失七術，復不得其正体。[87]

此所明之常住教，是就「常、樂、我、淨」四術之「常」明之，故言所得爲四術之一。對於非常非無常而雙用常無常之中道並未觸及之，乃至對非樂非無樂而雙用樂無樂、非我非無我而雙用我無我、非淨非不淨而雙用淨不淨等亦未觸及之，故所失有七術，不得中道正體。

至於南方之三時教、四時教，因爲「無文可依，無實可據，進退無所可取」，[88] 無須再加以申述。

天台如此覈實覈權研難南三北七判教之得失，無非在於去其病取其法，如《法華玄義》云：

> 次論去取，……若除其病，如上所說；若不除法，用之則異。[89]

此顯示天台對南三北七判教得失所採取之態度，即除病不除法，亦即「去」其失「取」其得。但對於適用之部分，天台極謹慎地加以採用之，所謂「用之則異」，此也顯示了天台雖部分採用南三北七之判教，但內涵上卻是有別的。如何用異？《法華玄義》進一步加以說明，其云：

---

[87] 《大正藏》冊 33，頁 805 下。

[88] 《大正藏》冊 33，頁 805 下。

[89] 《大正藏》冊 33，頁 805 下。

云何用異？
有相，則具用四門；
無相，則用共不共八門；
褒貶，則用貶小褒大、貶偏褒圓、貶權褒實；
同歸，則用同歸一乘常住佛性究竟圓趣；
常住，則用非常非無常雙用常無常，二鳥俱遊，八術具足。[90]

又云：

用提謂波利，亦不止是人天之乘。
用半滿，則有五句：滿、開滿立半、破半明滿、帶半明滿、廢半明滿。
用因緣、假名，則為三藏教兩門耳；
用誑相，是通教一門耳；
用真祇是常，常祇是真；
法界，不獨在華嚴；
圓宗，不偏指大集。
用有相、無相者，約有相明無相，約無相明有相。
用一音者，有慧方便解，有方便慧解。
設取其名，用義永異。[91]

此二段說明了天台對南三北七判教之採用，是取其名而用義永異。如第一段引文明對南方五時教之引用，於有相教則用四門，

---

[90] 《大正藏》冊 33，頁 805 下 -806 上。
[91] 《大正藏》冊 33，頁 806 上。

於無相教則用八門，於褒貶教則用貶小褒大、貶偏褒圓、貶權褒實，於同歸教則用同歸一乘常住佛性，於常住教則用八術。此之採用，即已注入了五味方便之實慧在內。第二段引文則對北地判教之引用，如採用半滿教，則注入五味之方便，以五句（滿、開滿立半、破半明滿、帶半明滿、廢半明滿）之五味方便來運用之。（其餘諸判教之運用，依此類推）

由此可知，天台判教之模式，是建構在五味半滿相成上，即五味有半滿，半滿有五味，亦以此評判南北判教之得失，且加以研詳去取，建構了天台判教體系。（參見書末拉頁〈附錄：天台五味（五時）簡表〉）

五、結語

諸經之教相眾多，約略而說，不外乎頓、漸、不定三種教相。此三種教相，為南北朝諸論師判教所共同採用，天台雖亦沿用此三種教相之名，但所賦予三種教相之義涵卻不同於南北論師，所謂「設取其名，用義永異」，[92]此形成了天台判教之特殊風格。對於前人之判教，採「研詳去取」之嚴厲的批判而繼承之，且進而開創天台判教體系。

於三種教相之漸教中，依漸次鈍根歷五味之修學次第，將諸經依其特性做一有系統分類組織起來，形成所謂的五味教之形式，以便於對諸經教義之論述，且用以凸顯《法華經》教相之特色。

除此之外，若細論諸經之教相，其實經經本身具有頓、漸、不定教相，甚至諸經亦各具有漸五味教相，於此漸五味教

---

[92] 《大正藏》冊 33，頁 806 上。

中，又形成諸經之頓、漸、不定等教相。乃至藏、通、別、圓四教亦如此，各具五味教，各具三種教相。如此顯示了諸經教相眾多且複雜之面貌，並非可以定於一端。所以，天台從「五味半滿相成」角度切入，以此來呈現諸經教相風貌，且以此來彰顯《法華經》於根性、教理上之融合而不同餘經。

* 此篇登載於《中華佛學學報》第 17 期，頁 173-213（2004 年 7 月）。

第三篇

從「開權顯實」論法華之妙

摘要

為何以「開權顯實」來論述《法華經》之特色？此乃筆者基於多年研究天台智者所詮釋《法華經》之心得，依《法華玄義》及《法華文句》之看法，整部《法華經》所處理的，不外乎權、實法之關係，且權、實本身並非對立的，而是「即權即實」之關係，故以「開權顯實」來發揮《法華經》之妙義。

關鍵字： 權法、實法、《法華經》、《法華玄義》、《法華文句》、開權顯實

一、前言

一般對於《妙法蓮華經》(Saddharma-puṇḍarīka Sūtra)之理解，只知其是圓教，而不知其所以圓。尤其是天台智者所詮釋的《法華》，一般往往將天台等同於《法華》(或將《法華》等同天台)，而不明就裡地說天台是圓教、《法華》是圓教。彷彿圓教是唯獨天台、《法華》所有，其它不存在圓教似的。

其實抱持這種觀念來理解天台、《法華》，是有所偏失的。要理解《法華》之妙之圓，依天台之詮釋，不離「開權顯實」。就權、實而言，是指佛陀迹門所示現的所有教法，乃至本門之教法亦不離權、實。

對天台智者而言，整部《法華經》所要傳達的訊息，不外乎開權顯實之觀念，而天台的《法華玄義》、《法華文句》可說是沿襲著此觀念來開展，至於《摩訶止觀》即是落實於此觀念的實踐法門。因此，可看出天台三大部不論在理論上或實踐上，與開權顯實皆有著密切之關係。

基於筆者對天台之研究，《法華》之妙，可以「開權顯實」四字來含括之，或更簡單地說，其實只是權、實二法而已。因爲從整部《法華經》的組織架構來看，所論述的內容不外乎迹、本二門，而迹門所述即是權、實法，乃至本門所述本之關係，亦不外權、實法。況且迹、本彼此相依，離迹則本無從顯示，此也反映在《法華玄義》和《法華文句》上，對《法華經》迹、本二門內容之論述，皆偏重於迹門，掌握了迹門，由迹顯本則易也。這是本文何以就開權顯實論法華妙之所在，希望藉由開權顯實之探討，以顯示《法華》之特色。

在《法華經》迹門、本門之權實法中，天台是以「開權顯實」、「開迹顯本」之方式來凸顯《法華》之妙。故本文著重在開權顯實來論述法華之妙。以下分四方面來進行：一、權法的被提出，二、權實法之關係，三、權實法之內容，四、法華妙之所在。

二、權法的被提出

權法，指的是善巧方便之法。實法，指的是諸法實相。爲何《法華經》重視方便之法，其理由有二：一者須經無數劫之修行乃能知諸法實相；二者諸法實相言辭相寂滅不可示，如《法華經》〈方便品〉云：

> 本從無數佛，具足行諸道，甚深微妙法，難見難可了。
> 於無量億劫，行此諸道已，道場得成果，我已悉知見。
> 如是大果報，種種性相義，我及十方佛，乃能知是事。
> 是法不可示，言辭相寂滅，諸餘眾生類，無有能得解；
> 除諸菩薩眾，信力堅固者。❶

此說明了佛經由無數劫之修道，於菩提道場得成佛果，乃能知甚深微妙法。然此甚深微妙法唯有佛與佛乃能究竟知之，因爲「是法不可示，言辭相寂滅」，所以「諸餘眾生類，無有能得解」。這也是爲什麼《法華經》廣示方便之所在，目的無非藉由方便令眾生悟入諸法實相。

基於「是法不可示，言辭相寂滅」之道理，故廣以方便法來接引眾生，隨順著眾生種種性、欲、根等因緣來說法，自然地

---

❶　《大正藏》冊 9，頁 5 下。

呈現諸法種種差別之現象。如此一來，諸經典中不免有所爭，如大、小乘之爭等。至於佛所說之法，究竟爲聲聞乘？緣覺乘？一佛乘？……諸如此類問題不斷地出現在諸經典中，《法華經》所扮演角色似乎因應此問題而來，廣明一佛乘道理，著眼於如來設教大綱之元始，以釐清隨宜說法所帶來的問題。這也是《法華經》不同於他經之所在，其餘諸經著重在「逗會他意，令他得益」上，至於佛爲什麼施此教法及其意趣何在，並未進一步明示之，如《法華玄義》云：

> （教相）大意者，佛於無名相中，假名相說，說餘經典，各赴緣取益，至如《華嚴》初逗圓、別之機，高山先照，直明次第、不次第修行住上地之功德，不辨如來說頓之意。若說四《阿含》，……而通說無常，知苦、斷集、證滅、修道，不明如來曲巧施小之意。若諸《方等》折小彈偏、歎大褒圓，慈悲行願，事、理殊絕，不明並對訶、讚之意。若《般若》論通，則三人同入；論別，則菩薩獨進，廣歷陰、入，盡淨虛融，亦不明共、別之意。若《涅槃》在後，略斥三修，粗點五味，亦不委說如來置教原始結要之終。凡此諸經皆是逗會他意，令他得益，不譚佛意，意趣何之？❷

此中舉出了《華嚴》、《阿含》、《方等》、《般若》、《涅槃》等諸經，說明其隨宜說法，偏重在「逗會他意，令他得益」上，而不處理施設權法意趣之所在，如《華嚴》以接引別、圓二機爲

❷ 《大正藏》冊 33，頁 800 上 - 中，有關方等類之經典有眾多部，爲表達之方便，仍以書名號括起來。

主，但不辨如來說頓之意；如《阿含》不明如來曲巧施小之意；如《方等》不明並對訶讚之意；《般若》不明共、別之意；《涅槃》不委說如來置教原始結要之終。總之，以上諸經偏於隨宜說法以利益眾生，但並未說明何以如此施教及其意趣之所在。而《法華》則不如此，以開顯如來設教大綱之意趣爲主，如《法華玄義》云：

> 今經（案：指《法華經》）不爾，……但論如來布教之元始，中間取與漸、頓適時，大事因緣究竟終訖。說教之綱格，大化之筌罤，其宿殖淳厚者，初即頓與，直明菩薩位行功德，言不涉小。……其不堪者，隱其無量神德，以貧所樂法，方便附近，語令勤作，文云：「我若讚佛乘，眾生沒在苦。」如此之人，應以此法漸入佛慧。既得道已，宜須彈斥，即如《方等》以大破小。……若宜兼通，半滿洮汰，如《大品》遣蕩相著，會其宗途。文云：「將導眾人，欲過嶮道。」過此難已，定之以子父，付之以家業，拂之以權迹，顯之以實本。當知此經，唯論如來設教大綱。❸

此強調《法華經》是以「但論如來布教之元始」、「唯論如來設教大綱」爲宗旨。因此，不論以頓或漸來教化眾生，一一皆令入佛慧，如《法華經》〈信解品〉之窮子喻，❹若其根性淳厚者，初即頓與，直明佛慧；若根性不堪頓與，則以漸次方式入佛慧，其漸引方式有如《阿含》之方便；有如《方等》之以大破小；有如《般若》之遣蕩相著。而其最終目的，在於「定之以子父，付之

---

❸ 《大正藏》冊 33，頁 800 中。

❹ 《大正藏》冊 9，頁 16 中 -17 下。

以家業，拂之以權迹，顯之以實本」，此乃《法華經》唯論如來設教大綱之所在。

換言之，開顯一佛乘道理，引領眾生入佛慧，乃《法華經》之宗旨。其開顯之方式，即是藉由假名相說之隨宜權法入手，然後再一一開顯入實。若完整地說，是以「爲實施權」、「開權顯實」、「廢權立實」之三部曲，來開顯權法即實法之道理，顯示法法無不是中道實相，法法皆爲成就佛慧而設置，此乃是如來以種種方便，甚至以種種異方便用意之所在，亦是如來施教之元始。

由此可知，如來廣明善巧方便之權法，皆爲成就一佛乘之實法，且實法不離權法而有。若無權法則無實法，實由權顯。

三、權實法之關係

有關權、實法之施設問題，首先應做一釐清，以避免無謂之爭執。在《法華文句》中，以四句模式來探討權、實，如其云：

> 今明權、實者，先作四句：謂一切法皆權、一切法皆實、一切法亦權亦實、一切法非權非實。❺

接著，則對四句內容加以界說，如其云：

> 一切法權者，如文（案：指《法華經》，以下亦是）云：諸法如是性、相、體、力、本末等，介爾有言，皆是權也。
> 一切法實者，如文：如來巧說諸法悅可眾心，眾心以入實為悅。又諸法從本來，常自寂滅相⋯⋯。

---

❺ 《大正藏》冊 34，頁 37 上。

> 一切法亦權亦實者，如文：所謂諸法如實相⋯⋯。
> 一切法非權非實者，文云：非如非異。又云：亦復不行上中下法、有為無為、實不實法，非虛非實如實相也。❻

由引文中，可知權法、實法皆是相對待而說，權法代表所有一切之言說；實法則是指諸法寂滅之不可言說。然而，一切法亦是權也是實，同時也是非權非實。換言之，一切法皆具備了四句，吾人若要對諸法做一完整之表達，即應以四句來表達，以避免爭執，同時也可以四句來遍破所有一切之偏執，如《法華文句》云：

> 若一切法皆權，何所不破。縱令百千種師，一一師作百千種說，無不是權。如來有所說尚復是權，況復人師寧得非權？❼

此即是以「一切法皆權」破一切所有偏執。若一切法皆權，何所偏執？連如來所說法皆是權，何況人師之所說而不是權呢？故「一切法皆權」能破人師之種種執著。其餘三句，亦能遍破一切執，如其云：

> 若一切法皆實者，何所不破。唯此一事實，餘二則非真。但一究竟道，寧得眾多究竟道耶？如前所出諸師，皆破入實，寧復保其樔窟耶？❽

---

❻ 《大正藏》冊 34，頁 37 上 - 中。
❼ 《大正藏》冊 34，頁 37 中。
❽ 《大正藏》冊 34，頁 37 中。

又云：

> 若一切法亦權亦實，復何所不破。一切悉有權有實，那得自是一途，非他異解。一一法中，皆有權、實，不得一向權、一向實也。❾

又云：

> 若一切法非權非實，復何所不破？何復紛紛強生建立，直列名尚自如此，遙觀玄覽，曠蕩高明為若此，況論旨趣耶？❿

以上三段引文，是就「一切法皆實」、「一切法亦權亦實」、「一切法非權非實」等三句各遍破一切偏執。若「一切法皆實」，則唯一究竟道，豈有諸多究竟道相互爭執？若「一切法亦權亦實」，豈可偏執一途而非他異解？若「一切法非權非實」，則一切皆泯，豈紛紛強生建立而起諸多偏執？此不單泯除一切名，且泯除一切觀，乃至泯除一切旨趣。

從上面四句之論述，可得知對一切法之看法，其實不外乎四句，且應以四句方式來了解一切法。換言之，一切法是權、實、亦權亦實、非權非實。能如是了解，才能避免一切之偏執，同時也能破除一切之偏執。同樣地，對權、實法之了解，也要秉持四句方式來了解，如此才能避免陷入無謂的權實法之爭。也唯有如此，才能進一步探討權實法之課題。這也可說是《法華

❾ 《大正藏》冊 34，頁 37 中。
❿ 《大正藏》冊 34，頁 37 中。

文句》闡述《法華經》〈方便品〉之用意所在，於掌握一切法是「權、實、亦權亦實、非權非實」之道理後，才進一步舉權實來做探討。⓫

對於權實法，《法華文句》舉了「事理、理教、教行、縛脫、因果、體用、漸頓、開合、通別、悉檀」等十種來做說明。⓬如下圖所示：

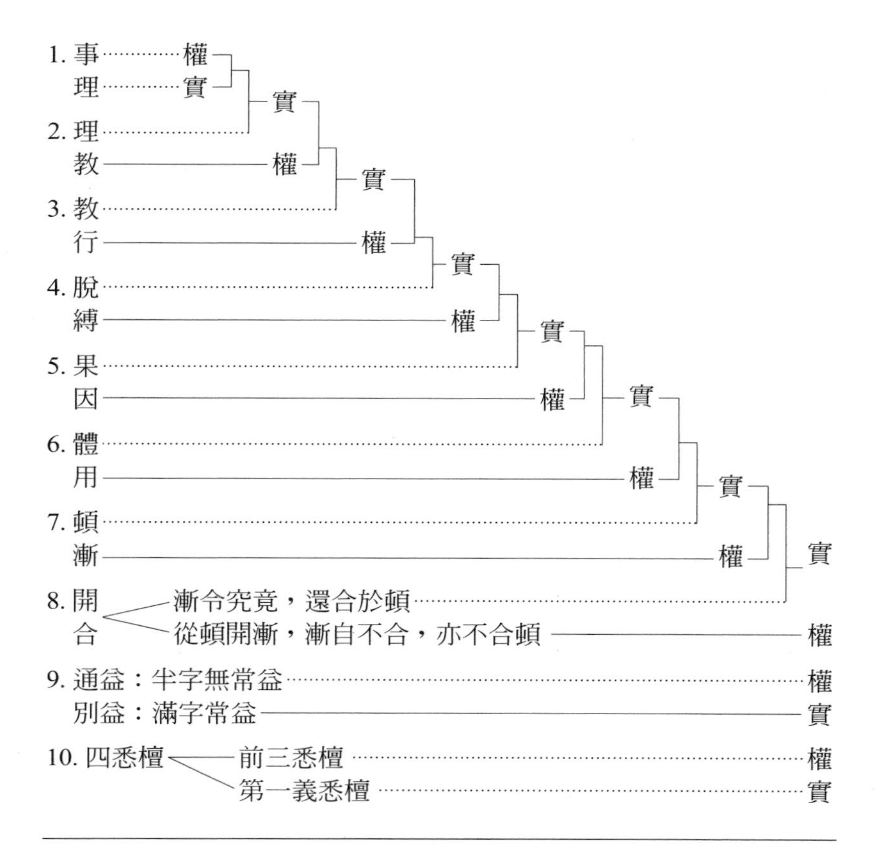

⓫ 詳參見《大正藏》冊 34，頁 36 上 -40 上。

⓬ 詳參見《大正藏》冊 34，頁 37 中 - 下。

從圖表中，可看出權法、實法之無定性，如就「事、理」而言，事爲權法，理爲實法。然事、理相對於教來說，事、理則皆成了實法，教則爲權法。若事、理之教相對於行來看，則事、理之教則爲實法，行則爲權法，其它依此類推。由此可知，無有定權法，亦無有定實法。若從權法而論，則一切法皆權；若從實法而論，則一切法莫不是實。可知一切法亦權亦實、非權非實。如此一來，又回到前面所論述的四句中，在在顯示說權說實、立權立實，皆只是種方便，假名施設之法。以此權實法來代表佛陀所宣說的教法。

同樣地，此道理不僅運用在迹門之權、實法上，亦可運用在本門中之本迹的關係上，如《法華玄義》云：

> 本者，理本，即是實相、一究竟道；迹者，除諸法實相，其餘種種皆名為迹。又理之與事，皆名為本；說理、說事，皆名教迹也。又理、事之教，皆名為本，稟教修行名為迹，如人依處，則有行跡，尋跡得處也。又行能證體，體為本；依體起用，用為迹。又實得體、用名為本，權施體、用名為迹。又今日所顯者為本，先來已說者為迹。⓭

此說明了本迹之觀念非定性，皆相待於某個角度而施設的，若角度變了，迹可能是本，本可能是迹。再者，若從「今說」與「已說」的立場來看，所有「今說」之理事、理教、教行、體用等皆是本；反之，所有「已說」的，皆可說是迹。因此，可知不論是迹門之權實法，或本門之權實法，皆象徵著佛陀所宣說的教法。而佛陀所宣說之教法是無量無邊的，隨著眾生種種根性、欲樂

⓭ 《大正藏》冊 33，頁 764 中。

等之不同，有種種示現。此所示現之種種法，以權、實二法而統攝之。若細分之，則可說是無量無邊的。

由上之論述，可知迹門之權、實法無有定性，同樣地，本門之權、實法亦無定性。迹門之實，若相對於本門而言，則成爲權；本門之權，相對於迹門而言，則亦成爲實。若就迹本而論權、實，迹爲權，本爲實。若以藏、通、別、圓四教來看，前三教爲權，圓教爲實。若就自行、化他而言，自行爲實，化他爲權。諸如此類，在在顯示了權、實法之無定性。

四、權實法之內容

有關權實法之內容，依《法華經》的說法，權法是指諸佛隨宜所說的法；實法是指諸佛隨宜說法之意趣，如《法華經》云：

> 如是妙法，諸佛如來時乃説之，如優曇鉢華，時一現耳。舍利弗！汝等當信佛之所説，言不虛妄。舍利弗！諸佛隨宜説法，意趣難解。所以者何？我以無數方便種種因緣譬喻言辭演説諸法，是法非思量分別之所能解，唯有諸佛乃能知之。所以者何？諸佛世尊唯以一大事因緣故出現於世。舍利弗！云何名諸佛世尊唯以一大事因緣故出現於世？諸佛世尊欲令眾生開佛知見使得清淨故出現於世；欲示眾生佛之知見故出現於世；欲令眾生悟佛知見故出現於世；欲令眾生入佛知見道故出現於世。舍利弗！是為諸佛以一大事因緣故出現於世。⓮

⓮　《大正藏》冊 9，頁 7 上。

此說明了諸佛出現於世間的一大事因緣，在於令眾生「開、示、悟、入」佛之知見。然而，「諸佛隨宜說法，意趣難解」，此乃因為諸佛以無數方便種種因緣譬喻言辭演說諸法之故，而此所演說諸法不是眾生之思量分別所能了解的，唯有諸佛乃能知之。故言「諸佛隨宜說法，意趣難解」。

至於諸佛隨宜說法之內容如何？依《法華玄義》來看，包括：境、智、行、位、三軌、感應、神通、說法、眷屬、功德利益等。⑮若就境而言，又可分為：十如是境、十二因緣境、四諦境、二諦境、三諦境、一實諦境等。⑯若再細分之，十如是境又可分為十法界之十如是；十二因緣可分為四種十二因緣；四諦分為四種四諦；二諦分為七種二諦，乃至二十一種二諦；三諦分為五種三諦。⑰諸境如此有無量諸法，其它如智、行、位等，亦復如此無量無邊。此在在顯示諸佛隨宜說法，是無量無邊的，隨著十法界眾生種種因緣以無數方便譬喻言辭演說諸法。

如此諸佛隨宜所演說的無量無邊諸法，依天台之看法，不外乎藏、通、別、圓等四教之教理，如四種十二因緣：思議生滅十二因緣、思議不生不滅十二因緣、不思議生滅十二因緣、不思議不生不滅十二因緣，基本上，是藏、通、別、圓所詮之教理，其它如四種四諦（生滅、不生不滅、無量、無作四諦），亦復如此。其餘如智、行、位等，可依此類推，都不外乎四教內容。

有關藏、通、別、圓諸教義遍布於諸經典中，有的經典著重於別、圓二教來論述，如《華嚴經》；有的著重於三藏教，如

---

⑮ 此就迹門而論，參見《大正藏》冊 33，頁 697 下。

⑯ 參見《法華玄義》，《大正藏》冊 33，頁 698 中。

⑰ 以上有關諸諦之分類，參見《法華玄義》，《大正藏》冊 33，頁 694 上、698 下、700 下、702 下、704 下 -705 上。

《阿含經》；有的則涉及四教，如《方等經》；有的以通、別、圓來論述，如《般若經》等。由於諸經典所偏重各有不同，難免形成彼此有所隔閡，甚至於同一部經典中因所論述教義之不同，而有諸多之爭議，如就《方等經》來看，其教義涉及了藏、通、別、圓四教，前三者則爲權法，圓教爲實法，如此一來，難免形成權、實之對立，其餘經典亦存在著權實相對之情形。因此，也就難以掌握諸佛隨宜說法之眞正意趣所在。

依天台之看法，《法華經》可說因應著權實之問題而展開的，換言之，即藉由蓮華之譬喻，來探討權實之關係，進而解決權實所存在之問題。

五、法華妙之所在

天台之所以判《法華》爲圓教，是基於「開權顯實」和「開迹顯本」而來。

在佛陀迹門示現的教法中，《法華經》殊勝之所在，是基於下列三個判準：[18]

一、根性融不融相。

二、化導始終不始終相。

三、師弟遠近不遠近相。

就第一判準「根性融不融相」而言，《法華》其所攝化之根性是相融的，是屬漸頓泯合之教法。不似《華嚴》唯頓；不似《阿含》唯漸；不似《方等》以大破小之漸頓並陳；不似《般若》帶小明大之漸頓相資，如《法華玄義》云：

---

[18] 參見《法華玄義》，《大正藏》冊 33，頁 683 中。

> 若小不聞大，大一向是頓；若大不用小，小一向是漸；若以大破小，是漸、頓並陳；若帶小明大，是漸、頓相資；若會小歸大，是漸、頓泯合。[19]

又云：

> 今《法華》是顯露非祕密，是漸頓非漸漸，是合非不合，是醐醍非四味，是定非不定，如此分別此經，與衆經相異也。[20]

此是以「會小歸大」之漸頓泯合，顯示《法華》所攝化之根性是相融的。也因爲如此，進而說明《法華》是顯露、漸頓、合、醐醍、必定成佛，以顯示《法華》與衆經不同之所在。

若再配合第二個判準「化導始終不始終相」來看，不僅可看出《法華》以頓漸五味來調伏、長養、成熟衆生之自始至終，亦可進而得知其攝化根性相融，如《法華玄義》云：

> 此經明佛設教元始，巧為衆生作「頓、漸、不定」顯露種子，中間以頓漸五味調伏長養而成熟之；又以頓漸五味而度脱之，並脱並熟並種，番番不息，大勢威猛，三世益物，具如〈信解品〉中說，與餘經異也。[21]

此明《法華》以善巧方便爲衆生播下頓、漸、不定之種子，中間

---

[19] 《大正藏》冊 33，頁 683 下。

[20] 《大正藏》冊 33，頁 683 下 -684 上。

[21] 《大正藏》冊 33，頁 684 上。

又以頓漸五味調伏眾生、長養眾生、成熟眾生等，此皆在在顯示《法華》於攝化眾生上，是自始至終的。此是《法華》不同諸經之所在。

至於第三判準「師弟遠近不遠近」，此亦是《法華》別於他經之處。諸經視佛陀菩提樹下所證為實智，起道樹始施權智，此為諸經對權實智之看法，《法華》則不如此。《法華》認為佛陀的權實智於菩提樹下之前，久久已滿，如《法華玄義》云：

> 又眾經咸云：道樹師實智始滿，起道樹始施權智。今經（案：指《法華經》，以下同）明師之權、實智，在道樹前，久久已滿。[22]

另外，有關佛弟子權、實智問題，諸經認為二乘弟子不得入實智，亦不能施權智。然就《法華》而言，弟子入實智已久，亦能施權智，如《法華玄義》云：

> 諸經明二乘弟子不得入實智，亦不能施權智。今經明弟子入實甚久，亦先解行權。[23]

由上所述，在在顯示了《法華經》與諸經之不同。有關道樹前之師弟權、實智問題，是諸經所不涉及的。不僅如此，乃至道樹前之長遠權、實智問題，亦是諸經所無，如《法華玄義》云：

---

[22] 《大正藏》冊 33，頁 684 上。
[23] 《大正藏》冊 33，頁 684 上。

> 又眾經尚不論道樹之前師之與弟近近權實，況復遠遠。今經明道樹之前，權實長遠，補處數世界不知，況其塵數。經云：「昔所未曾說，今皆當得聞。」殷勤稱讚，良有以也。當知！此經異諸教也。[24]

此說明《法華》不僅處理了道樹前之師弟近近權、實智問題，亦處理了道樹前之師弟遠遠權、實智問題。換言之，此二部分皆是他經所無的，由此而凸顯《法華》不同他經之處。

從「根性融不融相」、「化導始終不始終相」、「師弟遠近不遠近相」等三方面，可知在在顯示了《法華經》不同諸經之所在。而此三方面，基本上是由「開權顯實」和「開迹顯本」而來，亦即由「開權顯實」和「開迹顯本」彰顯《法華經》之特色。

對於「開權顯實」和「開迹顯本」之論述，可說表現在整部《法華玄義》上。此可從《法華玄義》的整個結構來看，如七番通釋五重之四悉檀，[25]乃至別釋五重「釋名」之迹門十妙，[26]甚至本門十妙，[27]皆扣緊著開權顯實、開迹顯本來論述，以彰顯法華之特色。其它如體、宗、用、教等四重，[28]莫不如此，以顯《法華》之妙。

《法華玄義》於所論述權實麁妙中，往往就四教（藏、通、別、圓）配合五味教（乳、酪、生蘇、熟蘇、醍醐）來闡述之，

---

[24] 《大正藏》冊 33，頁 684 上。
[25] 參見《大正藏》冊 33，頁 686 下 -691 上。
[26] 參見《大正藏》冊 33，頁 696 中 -764 中。
[27] 參見《大正藏》冊 33，頁 764 中 -770 下。
[28] 參見《大正藏》冊 33，頁 790 下 -792 下、794 上、794 中 -811 中。

以開顯《法華》妙之所在。如就四悉檀而言，《華嚴》乳教爲四權（別教四悉檀）四實（圓教四悉檀）、《阿含》酪教四權（三藏教四悉檀）、《方等》生蘇教十二權（藏、通、別四悉檀）四實、《般若》熟蘇八權（通、別四悉檀）四實、《涅槃》十二權四實、《法華》俱實，如其云：

> 八、明四悉檀權實者，四諦各辨四悉檀者，……三藏多說因緣生生事相，滅色取空，少說第一義，就三藏菩薩但約三悉檀明四（諦），若就佛即具四，雖爾，終是拙度，權逗小機。若通教四諦明四悉檀者，體法即真，其門則巧，……就佛、菩薩皆得有四，而約方便真諦以明悉檀，猶屬權也。若別教四諦明四悉檀，約於中道，此意則深，而猶是歷別，別相未融，教道是權，此則非妙。今圓教四諦四悉檀，其相圓融最實之說，故四悉檀是實是妙。[29]

又云：

> 若用此權、實約五味教者，乳教則有四權四實；酪教但有四權；生蘇則有十二權四實；熟蘇則有八權四實；《涅槃》十二權四實；《法華》四種俱實。[30]

由上述之二段引文，首先說明藏、通、別等三教所詮之四悉檀何以是權，而圓教所詮四悉檀何以是實是妙之所在。進而配合五味教所論之四悉檀來探討其權實問題，也由此顯示《法華》不

---

[29] 《大正藏》冊 33，頁 690 上。
[30] 《大正藏》冊 33，頁 690 上。

同諸經之所在，因爲《法華》所論述之四悉檀，皆就圓教而論，故其四悉檀皆是實是妙。《法華》所擔綱之角色不僅如此，且進一步藉由「開權顯實」之方式，來顯示法法皆妙，如其云：

> 九、開權顯實者，一切諸法莫不皆妙，一色、一香無非中道，眾生情隔於妙耳。大悲順物，不與世諍，是故明諸權、實不同，故《無量義》云：「四十餘年，三法、四果、二道不合。」[31]

此不僅說明了法法皆妙，且進一步說明立權立實之所在，乃是爲了大悲順物之故，而有諸權、實之不同。雖有權、實之不同，無非令眾生入究竟實相，《法華》即是擔綱此角色，以「開權顯實」之方式，決了一切權法即是實，如《法華玄義》接著說：

> 今（案：指《法華經》）開方便門，示真實相，唯以一大事因緣，但說無上道，開佛知見，悉使得入究竟實相。除滅化城，即是決麁；皆至寶所，即是入妙。若乳教四妙，與今妙不殊，唯決其四權，入今之妙。……決酪教四權、生蘇十二權、熟蘇八權，皆得入妙。……開權顯實，其意在此。[32]

此即將五味教所論述之權法，一一加以決了入於實法妙法中。而此對五味教四悉檀之權法所做的決了，實際上已包含了五重玄

[31] 《大正藏》冊 33，頁 690 中。
[32] 《大正藏》冊 33，頁 690 上。

義之內容。[33]

此外，《法華玄義》對其它諸法所做的決了權即實，可說不勝枚舉，以十二因緣而言，《法華玄義》做如下之決了，如其云：

> 三、開麁顯妙者，如經（案：指《法華經》）：我法妙難思。前三（案：指思議生滅、思議不生不滅、不思議生滅十二因緣）皆是佛法，豈有思議之異不思議之妙？無離文字說解脫義，祇體思議即不思議，譬如……如來於不思議，方便說麁，何得保麁異妙?! 今決了聲聞法是諸經之王，即是開兩因緣（案：指思議生滅、思議不生不滅十二因緣）即論於妙。又《大經》云「為諸聲聞開發慧眼」者，昔慧眼但見於空，不見不空，今開慧眼即見不空，不空即見佛性，故云：「慧眼見故而不了了，佛以佛眼見則了了。」此即決菩薩慧眼開第三因緣（案：指不思議生滅十二因緣），即絕待論於妙。[34]

此將四種十二因緣（思議生滅、思議不生不滅、不思議生滅、不思議不生不滅）之前三種十二因緣，一一開決，說明皆是佛法，

---

[33] 如《法華玄義》云：「若決諸權世界悉檀爲妙世界悉檀者，即是對於釋名妙也。亦是九法界十如是性相之名，同成佛法界性相，攝一切名也。……若決諸權第一義悉爲妙第一義悉檀者，即對經體妙也。……若決諸權爲人悉檀爲妙爲人悉檀者，即是對宗妙也。……若決諸權對治悉檀入妙對治悉檀者，即是對用妙也。……若是分別諸權四悉檀同異決入此經妙悉檀中，不復見同異，昔所未曾說，今皆當得聞，即是妙不同異，即對教相妙也。」（《大正藏》冊 33，頁 690 中 - 下）

[34] 《大正藏》冊 33，頁 700 上 - 中。

皆是不可思議法，顯示法法皆是妙法。是如來於不思議法中，方便說權，眾生不應執權異實。故決了聲聞法是諸經之王，即是將四種十二因緣之前二種開決爲妙法，而「決菩薩慧眼」即是將不思議生滅十二因緣開顯爲妙法。其於所決了諸法，依此推之，不再贅述。

從前面所做的種種論述，不難看出《法華玄義》是藉由「開權顯實」之方式，來顯示《法華經》之特色，而其基本所論述的架構不外乎四教及五味教，以藏、通、別、圓之教義做爲權實法的分判，再配以五味教所涉及的權實法來凸顯法華之特色，以圖表之如下：

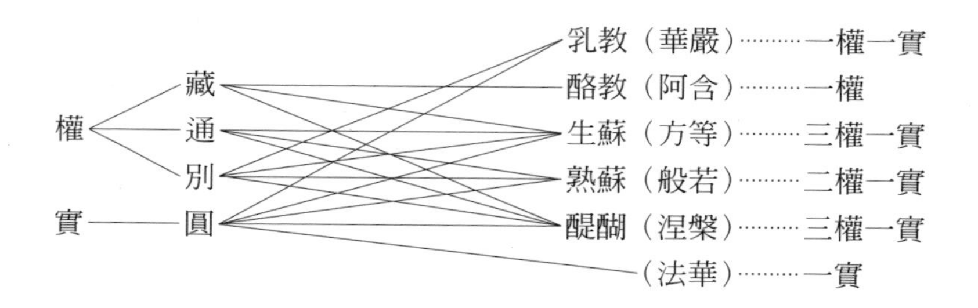

雖然諸經隨順機宜，以權以實來化導眾生，但站在《法華》的立場，此是種方便，於如來不思議法中方便示教。其實，法法皆是不可思議，皆是妙法，皆是實相，不應執權而異於實，故《法華經》擔綱著「開權顯實」的角色，來開顯此一一權法無不是實，故往往藉蓮華之譬喻，將權與實之關係表露無遺，如《法華玄義》〈序王〉云：

> 所言「妙」者，妙名「不可思議」也。所言「法」者，「十界」、「十如權、實之法」也。「蓮華」者，譬「權、實法」也，良以妙法難解，假喻易彰，況意乃多，略擬前

> 後，合成六也：一、為蓮故華，譬為實施權。……二、華敷譬開權，蓮現顯實。……三、華落譬廢權，蓮成譬立實。……又蓮譬於本，華譬於迹，從本垂迹，迹依於本。……二、華敷譬開迹，蓮現譬顯本。……三、華落譬廢迹，蓮成譬立本。[35]

在引文中，首先解釋「妙」，是指不可思議之意思。解釋「法」，爲十法界十如是等權實之法。合而論之，是指十法界十如權實諸法皆是不可思議的，故稱之爲「妙法」。也正因爲如此權實法不可思議難解難知，故藉「蓮華」之譬喻以明之。而蓮華所要表達涵意眾多，在此只是簡略地配合《法華經》前後文，以二門、六義來明之，如下圖表所示：

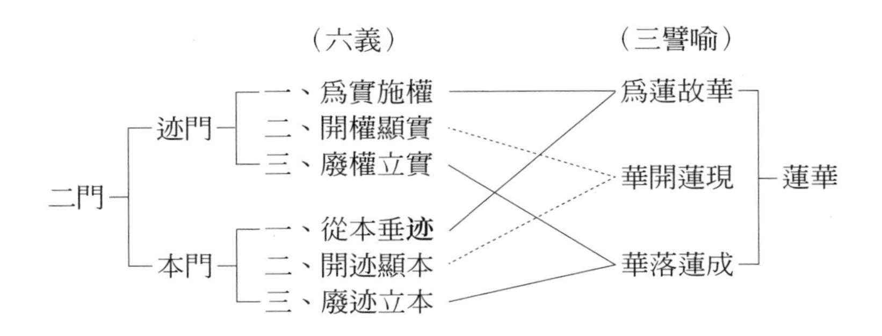

由圖表可知，迹本二門所表達之六義，是由蓮與華之關係來呈現之，亦即由「爲蓮故華」、「華開蓮現」、「華落蓮成」之三譬喻，來顯示權實、迹本之關係。

因此，也可以看出藉由《法華玄義》〈序王〉之一簡短序文，

---

[35] 《大正藏》冊 33，頁 683 上 - 中。

對《妙法蓮華經》之經題所做的解釋中，實已將《法華》之妙表露無遺。尤其以蓮華所做的譬喻，來顯示整部《法華經》迹門所顯示的權實法之關係，乃至《法華經》本門所宣示的迹本之關係，一一皆展露無遺。所以，由此顯示了《法華經》之特色，亦由此表達了《法華經》與諸經不同之所在，在於開權顯實。

六、結語

由於佛法一向存在著多樣性，有所謂的小乘佛教、大乘佛教。而大乘佛教中又有多種，如中觀、唯識、如來藏等。依天台之判教體系，將此諸種教義，分為藏、通、別、圓等四教，且在佛教每部經典中又擔綱著不同之角色，有以詮釋別、圓二教為主，如乳教《華嚴》；有以詮釋三藏教為主，如酪教《阿含》；有以詮釋四教為主，如生蘇教《方等》；有以詮釋通、別、圓三教為主，如熟蘇教《般若》；有以詮釋藏、通、別、圓教為主，如醍醐教《涅槃》。然前述經典皆帶權說實或唯說界內生滅之權法，致使形成權實對峙之局面，而忘失了諸佛隨宜說法之意趣所在。《法華經》可說因應著此問題而來，以「開權顯實」之方式，解決諸經所存在的權實問題，這也是天台智者何以判《法華經》為圓教之所在。

《法華經》所論述之妙，不單只是相待於藏、通、別之圓來談妙，且將藏、通、別教之一一權法開為實為妙，即藏、通、別教所詮皆是妙法，乃至凡夫小善等亦是妙法。以下僅引《法華玄義》開權顯實之文，做為本文之結語，如其云：

> 開一切愛見煩惱即是菩提……
>
> 開一切生死即是涅槃，故云「世間相常往」。

開一切凡人即是妙人，故云「一切眾生皆是吾子」。
開一切愛見言教即是佛法，故云……
開一切眾生即是妙理……
開一切小乘法即是妙法，故云「決了聲聞法，是諸經之王」。
開一切聲聞教……
開一切聲聞行即是妙行，故云「汝等所行是菩薩道」。
開一切聲聞理即是妙理，故云「開方便門，示真實相」。
開諸菩薩未被妙者，今皆得圓，故云「菩薩聞是法，疑網悉已除」。別教有一種菩薩，三藏亦一種菩薩，通教一種菩薩，未決了者，今皆開顯。若門若理，無不入妙，是名「開權顯實」，決麁令妙也。㊱

* 本篇登載於《中華佛學學報》第 14 期，頁 293-308（2001 年 9 月）。

㊱ 《大正藏》冊 33，頁 792 中 - 下。有關《法華玄義》之開權顯實內容精采部分極多，如以絕待之實相爲《法華經》的經體，如其云：「實相者，即經之正體也。如是實相，即空、假、中。即空故，破一切凡夫愛論，破一切外道見論。即假故，破三藏四門小實，破三人共見小實（案：指通教四門之實）。即中故，破次第偏實，無復諸顚倒小偏等因果四諦之法，亦無小偏等三寶之名，唯有實相因果、四諦、三寶，宛然具足，亦具諸方便因果、四諦、三寶。何以故？實相是法界海故，唯此三諦即是眞實相也。又開次第之實，即是圓實，證道是同故。又開三人共得實，深求即到底故。又開三藏之實，決了聲聞法。又開諸見論實，於見不動而修道品故。又開諸愛論實，魔界即佛界故，行於非道通達佛道，一切諸法中，悉有安樂性。即絕待明實，是經體也。」（《大正藏》冊 33，頁 781 中 - 下）

第四篇

慧思與智者心、意、識說之探討

摘要

心、意、識說，乃是中國南北朝佛教一相當複雜的課題，其中又以「阿黎耶識」之見解頗具爭議，歸納約有三種看法：染、淨、染淨和合識。天台宗之慧思、智者正逢於此時代，其又如何來看待此問題？彼此間之見解有否差異？

據本文之研究，慧思由於著重禪觀之修證，視阿黎耶識爲淨識；智者著重於問題之釐清，對三種阿黎耶識看法採批判態度，認爲三者乃「一三，三一」之關係；乃至備受爭議的《大乘止觀法門》則視阿黎耶識爲染淨識。

至於心、意、識問題，就慧思而言，並未有明確之區分，尤其對第七識更顯得模糊（直以金剛智視之），此種情形亦同樣出現在《大乘止觀法門》中，對第七識未有明確之交待。就智者而言，仍秉著釐清問題的態度批判將心、意、識做對立性之思考，認爲三者之關係乃是「一三，三一」。

基於本文之研究，雖然認爲《大乘止觀法門》之立論與慧思觀點有別，然其對金剛智之重視，可說延續著慧思禪觀核心思想，由此更顯示其與慧思間之密切關係。雖其受《大乘起信論》之影響採染淨和合識，但於禪觀本質並未有所改變，由此反而更可證明其與慧思之關係，採染淨和合識只是思想之發展性運用而已。此顯示了像《大乘止觀法門》一部頗具爭議的論著，從不同面向切入時，會得出不同結論。

本文之論述主要有三部分：首先，探討慧思心、意、識之看法；接著，論述智者心、意、識之看法；最後，順帶處理《大乘止觀法門》之看法。

關鍵字：阿黎耶識、金剛智、無塵智、覺意三昧

一、前言

有關心、意、識問題，是中國南北朝佛教中地論師、攝論師所爭論的重要議題，南嶽慧思、天台智者正處於此時代中，其如何來面對此問題呢？

從慧思的論著中，吾人可得知慧思對心、意、識的處理似乎並不明確，其主要原因：著重於如何以金剛智轉識，其認爲意識、金剛智皆只是假名，皆是空，若能覺了，意識即是藏識。若就此而論，意識（第六識）、金剛智（第七識）、藏識（阿賴耶識）等三法可說只是一法而已。

若上述論點可以成立，吾人進而探討天台智者對心、意、識的看法，實與慧思之論點有密切之關係。依天台智者的看法，心、意、識乃是「一法論三，三中論一」耳，不可偏執，且對地論師、攝論師之偏執提出嚴厲的批判。而慧思與智者之最大不同，在於慧思視阿黎耶識爲淨識；智者則採取批判的態度，認爲阿黎耶識爲淨或染或染淨和合，皆由於所依因緣不同所致。就此而言，智者並未對慧思觀點提出批評，可能因爲慧思只基於禪觀修證上視阿黎耶識爲淨識，而未捲入地論師、攝論師等之爭執中。

此外，本文亦探討了《大乘止觀法門》對心、意、識之看法。《大乘止觀法門》雖然受《大乘起信論》之影響，視阿黎耶識爲染淨和合識，但對第七識的交待並不清楚，尤其對無塵智、金剛智之重視，此等與慧思一向極重視金剛智及對第七識未有明確之交待是不謀而合的。由此反而可證明：《大乘止觀法門》雖受《起信論》之影響，採染淨和合識，但其對金剛智之重視，將之運用於轉識上，此可說延續著慧思一貫的禪觀思想，由此更可以證明其與慧思間之密切性。假設《大乘止觀法門》爲慧思晚期之作品，但吾人可以看出慧思晚期思想雖有其發展性，而其骨子本質的禪觀思想是不變的，此從《大乘止觀法門》重視金剛智可得知。

藉由慧思、智者、《大乘止觀法門》，對心、意、識之探討，可得知其面對問題、處理問題之方式是不一樣的，其中論點亦有所不同，但彼此之間又維繫著某種之關連性，尤其慧思與《大乘止觀法門》彼此間的關係更是微妙。這也是本論文何以以心、意、識做爲探討主題之所在，一方面呈現出南北朝佛教心、意、識之複雜性；一方面論述天台宗心、意、識的看法；另方面也顯示《大乘止觀法門》與慧思間之微妙關係。

二、慧思對心、意、識之看法

（一）《隨自意三昧》之論點

一般將心、意、識❶視之爲：

---

❶ 如《起信論》云：「生滅因緣者，所謂眾生依心、意、意識轉故。此義云何？以依阿黎耶識，說有無明。不覺而起，能見能現，能取境界，起念相續，故說爲意。……復次，言意識者，即此相續識依諸凡夫取著轉深，計我、我所，種種妄執隨事攀緣，分別六塵，名爲意識。」（《大正藏》冊32，頁577中）此即將心、意、識三者分別論述，於唯識學方面，更是如此，如《瑜伽師地論》云：「此中諸識，皆名心、意、識。若就最勝，阿賴耶名心。……末那名意，於一切時執我、我所及我慢等思想爲性。餘識名識，謂於境界了別爲相。」（《大正藏》冊30，頁651中）又如《成唯識論》云：「薄伽梵處處經中，說心、意、識三種別義。集起名心，思量名意，了別名識，是三別義。如是三義，雖通八識，而隨勝顯，第八名心，集諸法種起諸法故；第七名意，緣藏識等恆審思量爲我等故；餘六名識，於六

心——第八識（阿黎耶識、藏識）
意——第七識（末那識）
識——前六識（或指意識）

慧思雖也運用了以上之名相，然其所指涉之意義是有所不同的，其不同在於視第七識為轉識之覺慧（金剛智）及第八識（阿黎耶識）為藏識。會有此之轉變，可能是慧思極重視禪觀，以金剛智轉凡夫分別識及覺了分別識即藏識所致，如《隨自意三昧》云：

> 凡俗愚人是六種識隨緣繫縛，……是名凡夫分張識相，生死根栽，非是聖慧。新學菩薩用第七識剛利智觀察五陰、十八界等無有集散，虛妄不實，無名無字，無生無滅，是時意根名為聖慧根者。❷

此乃藉由凡夫之意根與新學菩薩之聖慧根來做對比，凡俗愚人六種識是隨緣繫縛流轉生死中；而所謂新學菩薩乃是能運用第七識金剛智來觀察五陰、十八界等一切諸法虛妄不實、無生無滅，由此將意根轉為聖慧根。簡言之，所謂凡夫乃是不能覺了諸法因緣空之道理而流轉生死；所謂初學菩薩即能覺了之，此時意根名為聖慧根，以此進而修行之，如其接著云：

> 從得信根乃至慧根，如是五根（案：指信、念、定、精

別境麁動間斷，了別轉故。」（《大正藏》冊 31，頁 24 下）另從《摩訶止觀》對當時心、意、識之批評亦可得知，如其云：「對境覺知異乎木石，名為心；次心籌量，名為意；了了別知，名為識。如是分別，墮心想見倒中，豈名為覺？」（《大正藏》冊 46，頁 14 下）

❷ 《卍續藏》冊 98，頁 348 左下。

> 進、慧）中說。因此信、慧二根力無所畏，總說有二種用：內能覺了破煩惱結，入無間三昧得解脫智，能覺一切眾生根性；外能摧伏天魔外道，宿命神通皆得具足，發言可信，實不虛謬，名為信慧善轉眾生住七覺慧，故名聖慧根。❸

由於所得信、慧二根力無所畏，因而能以此慧破煩惱結，入無間三昧得解脫智；以及摧伏天魔外道、具足種種神通，亦以此令眾生覺了住聖慧中。此即是聖慧根之涵義，不僅自覺了，亦令眾生覺了，才可以稱之爲聖慧根，否則只是慧而已，不足以稱爲「聖」。對此，《隨自意三昧》有進一步之解釋，如其云：

> 聖，名無著，亦名清淨。能度眾生，立照為聖。無著者，以聖慧根覺知六根空無有主，覺知六塵無色，覺知六識無名無相，如是三六（案：指六根、六塵、六識）無滅無取無捨，斷一切受，故名無著。雖知己身及外眾生諸法實相，亦能生知眾生根性，是故名聖。得陰界實相，捨一切著，故名無著。若無愛著，即無染累，了知諸法自性清淨畢竟寂然。……妄念心凡夫不了，能作生死，……菩薩以此聖慧根力善教道之，令諸眾生同證聖慧，故言清淨。❹

此說明了以「聖」慧根立名之原由，聖乃偏重於度化眾生來說。當吾人能覺了諸法實相時，即能無取無捨而斷一切受，離一切染愛，此即是無著，偏重於自度上。若能以此覺慧覺了眾生，除

---

❸ 《卍續藏》冊 98，頁 348 左下。

❹ 《卍續藏》冊 98，頁 348 左下 -349 右上。

了了知諸法實相外，亦能了知眾生根性種種差別，而施以化度，此名為聖。因為菩薩能以此聖慧根自度亦能度他，令諸眾生同證聖慧，就此而言清淨，以顯示凡、聖平等無二，如《隨自意三昧》云：

> 是故佛言：眾生性即菩提性，菩提性即眾生性。菩提、眾生無二，知如此作天人師。凡夫六根、聖人六根，是凡、聖根，無一無二，不覺是凡夫，覺了是聖人。生死煩惱根，即是聖慧根；凡夫醜陋不淨身，即是相好妙法身。[5]

若能徹底覺了凡、聖根性無二，眾生性即菩提性，菩提性即眾生性，所不同者，在覺與不覺而已。若能如此徹底覺了，則能了知「生死煩惱根，即是聖慧根；凡夫醜陋不淨身，即是相好妙法身」。換言之，透過覺了，意根轉為聖慧根，不淨身成為相好妙法身；不捨煩惱根求菩提，不捨生死身求法身。如此則能徹底顯示諸法清淨平等無二，了知諸法自性清淨畢竟寂然，臻於解脫境。

由上之論述，可得知第七識金剛智並未離意識，只是轉意根為聖慧根、轉意識為第七識金剛智，甚至覺了意識即是清淨藏識。有關六識、第七識、第八識等之種種關係，《隨自意三昧》有段精采之論述，有助吾人對此之了解，抄錄如下：

> 問曰：眾生六識是生死識，不是智慧，《涅槃經》云：「依智不依識。」今此意識是何等識，而能如是種種巧用智慧無差？

---

[5] 《卍續藏》冊 98，頁 349 右上。

> 答曰：一切眾生用智有異，不得一等。愚癡凡夫用六情識；初心菩薩用二種識：一者、轉識，名為覺慧，……二者、名為藏識，湛然不變，西國云阿黎耶識，此土名為佛性，亦名自性清淨藏，亦名如來藏。若就隨事，名智慧性；覺了諸法時，名為自性清淨心。❻

又云：

> 凡夫六識，名為分張識，隨業受報天、人諸趣；菩薩轉，名第七識；能轉一切生死業即是涅槃，能覺凡夫六分張識令無變易，即是藏識。此第七識名金剛智，能破一切無明煩惱，生死結使即是佛法，譬如健將降伏四方，夷狄、怨賊諸國弭伏皆作民子，第七識勇猛金剛決斷諸法，亦復如是。藏識者，名第八識，從生死際乃至佛道，凡聖、愚智未曾變易，湛若虛空，亦無垢淨，生死、涅槃無一無二，假名亦不可得，五根不能見，無言能空，何以故？無空無無想，亦無有無作。❼

此透過意識來區分凡聖之差別，凡夫以情執用六識，因而隨業受種種諸趣果報。菩薩則將意識轉爲覺慧；覺了六識湛然不變，此六識即爲藏識（阿黎耶識、佛性、自性清淨心、如來藏）。由此可知，菩薩所用的識，從隨事而言，名智慧性；從覺了諸法而言，名自性清淨心，此二種識乃是一體之兩面。此亦可由第二段引文得知，從轉識而言，名爲第七識（金剛智）；從所覺六識無

---

❻ 《卍續藏》冊 98，頁 351 右上。

❼ 《卍續藏》冊 98，頁 351 右上 - 下。

變易湛若虛空而言，名爲第八識（藏識）。以此顯示菩薩所用之識不同凡夫；同時也顯示了六識、第七識、第八識乃一法而說三，從迷而言，即是六分張識；就悟而論，即是轉識（第七識覺慧）與藏識（第八識）。

即透過金剛智之覺悟，了知諸法自性清淨畢竟寂滅，甚至連所用之假名亦不可得，因爲無空無無想，亦無有無作，稱此爲自性清淨心、如來藏。

（二）《諸法無諍三昧法門》之論點

在《諸法無諍三昧法門》中，未見對心、意、識做明確之分別，但認爲六識是枝條及心識才是根本之說法，如其云：

> 六識為枝條，心識為根本，無明波浪起，隨緣生六識。六識假名字，名為分張識，隨緣不自在，故名假名識。心識名為動轉識，遊戲六情作煩惱，六識緣行善、惡業，隨業受報遍六道。❽

此中所謂的「心識」究竟何指？是第七識抑或第八識？由文中並不易確知，只知其是根本、是動轉識而已。若對照下文其對一心所做的分法，仍存在著第七識與第八識之兩種可能性，如其云：

> 更總說心作，二分名心相，二分名心性。（心）相常共六識行，心性畢竟常空寂，無有生滅，無三受則無一切諸煩惱。❾

---

❽　《大正藏》冊 46，頁 640 上。

❾　《大正藏》冊 46，頁 640 上。

此將心分爲心相與心性，心相常共六識行，心性畢竟常空寂。於此中吾人仍無法做進一步之推斷，彼此存在著：六識——心相——心性三者之關係。若依《隨自意三昧》而論，心性指的即是第八識，而心相是指第七識，此第七識常共六識行。若將此與前段引文結合來看，可得知心識指的即是第七識，故稱此第七識爲根本識、動轉識，因第七識無明波浪起隨緣生六識。然若就《大乘止觀法門》而言，心相則是指第八識（容後論述）。

以上之解釋，亦只是一種推知，在《諸法無諍三昧法門》中並未使用「第七識」及「第八識」此等名詞，只以「心相」和「心性」來分之，於觀法上，亦名「觀心相」、「觀心性」，如其云：

> 復次，欲破業障諸煩惱，作如是思惟：由我有身故，諸業聚集生，我今此身從何處來？本無從何生？誰之所作？如是觀時，即知此身因過去世無明行業和合聚集而來生此。……業若屬我，遍身內、外、中間觀察都不見業；業若在身外，在何方所？遍觀察之，都無處所。既不見業，觀造業心；……心行若無常，我亦無業報，何以故？念念滅盡故。心行若是常，我亦無業報，何以故？常法如空不變易故。但虛妄念，如夢所見，無作夢者，何況見夢法。心相如夢者，諸行如夢法，無夢無夢法，亦無觀夢者，夢非是生滅，亦非無生滅，觀夢者亦然。觀察心相及行業不斷不常觀亦爾，是名觀心相破一切業障，名之為解脱。即觀心性時，心性無生滅，無名無字，無斷常，無始無原，不可得。❿

---

❿ 《大正藏》冊 46，頁 640 上 - 中。

此明心相如夢者，諸行如夢法，夢及夢法皆不可得，心性亦如是。此二觀法，即《諸法無諍三昧法門》之身身與身本觀法。⓫

其觀法基本上是藉由金剛智之覺了，了知諸法畢竟空，如其云：

> 能觀六根空無主，即悟諸法畢竟空；觀妄念心無生滅，即斷無始無明空。解六識空得解脫，無六識空無縛解，何以故？六識非有亦非空，無名無字無相貌，亦無繫縛無解脫，為欲教化眾生故，假名方便說解脫。解脫心空，名金剛智，何以故？心不在內，不在外，不在中間，無生滅，無名字，無相貌，並繫無縛無解脫，一切結無障礙，假名說為金剛智。⓬

此即由觀六根、六識，乃至妄念心空，而得解脫。由此知六識是假名而說，乃至金剛智亦是假名而立說。爲教化眾生，說有六識，觀六識空得解脫，若本無六識，何來有繫縛？既無繫無縛，

⓫ 身身（心身）觀，指心相觀，所謂：「身身者，從妄念心生，隨業受報天、人諸趣，實無去來，妄見生滅。」（《大正藏》冊 46，頁 628 上）身本觀，是指心性觀，如《諸法無諍三昧法門》云：「次欲坐禪時，應先觀身本。身本者，如來藏也，亦名自性清淨心，是名眞實心，不在內，不在外，不在中間，不斷不常，亦非中道，無名無字無相貌，無自無他，無生無滅，無來無去無住處，無愚無智，無縛無解。生死涅槃無一二，無前無後無中間，從昔已來無名字，如是觀察眞身竟。」（《大正藏》冊 46，頁 628 上）由此可得知，眞身觀、身本觀、眞心觀，即是心性觀；而身身、心身之觀，即是心相觀。藉由此二種觀法，仍不易確知心相（心識）究竟何指。若依《隨自意三昧》心性（如來藏）是指第八識，而「心相常共六識行」，可推知是指第七識。然若就《大乘止觀法門》而論，心相乃指第八識，心性爲第九淨識。

⓬ 《大正藏》冊 46，頁 640 上。

何有解脫？因此可知，六識、縛脫等皆是假名立說。至於金剛智，乃是從解脫心亦空而立，因爲心「不在內，不在外，不在中間，無生滅，無名字，無相貌，無繫無縛無解脫」，而於「一切結無障礙」，假名說爲金剛智。換言之，求心不可得而於一切結使無障礙，稱此心爲金剛智。至此，吾人亦可得知金剛智名稱之由來，實乃指解脫心空無障礙而言。即以金剛智代表解脫心空、無障礙，爲化眾生，假名立說稱之爲金剛智。

（三）《法華經安樂行義》之論點

同樣地，在《法華經安樂行義》亦強調以金剛智覺了諸法空，但對於心、意、識未有明確之看法，如其云：

> 用金剛慧覺了愛心即是無無明、無老死，是金剛慧其力最大，名為首楞嚴定。譬如健將能伏怨敵，能令四方世界清淨。是金剛智慧亦復如是，能觀貪愛、無明諸行即是菩提涅槃聖行，無明、貪愛即是菩提金剛智慧。[13]

藉由金剛智的覺了，了知無無明、無老死，如此能破一切無明煩惱；藉由金剛智之覺了，能觀貪愛、無明諸行即是菩提涅槃聖行，乃至能觀無明、貪愛即是菩提金剛智慧。此論點基本上是與《隨自意三昧》、《諸法無諍三昧法門》共通的，是以金剛智覺了諸法空，進而覺了生死涅槃無一無二。若就此對比來看，《法華經安樂行義》雖未明述心、意、識問題，但涉及了六識、轉識、藏識等內容，如《隨自意三昧》所述。

而對於藏識的論述方面，《法華經安樂行義》顯然比《隨自

[13] 《大正藏》冊 46，頁 699 上。

意三昧》、《諸法無諍三昧法門》濃厚，此從其所論述「妙」是指眾生妙可得知，如其云：

> 眾生妙者，一切人身六種相妙，六自在王性清淨故。六種相者，即是六根。有人求道受持《法華》，讀誦、修行，觀法性空，知十八界無所有，得深禪定具足四種妙安樂行，得六神通父母所生清淨常眼。得此眼時，善知一切諸佛境界，亦知一切眾生業緣、色、心、果報、生死、出沒、上下、好醜，一念悉知。於眼通中，具足十力、十八不共、三明、八解脫、一切神通，悉在眼通一時具足。此豈非眾生眼妙，眾生眼妙即佛眼也。……凡種、聖種，無一無二；明與無明，亦復如是，故名為眼種相妙。耳、鼻、舌、身、意，亦復如是。⓮

此明眾生六根，即是妙相。六根如此，六識亦復如此，皆藉由金剛智之覺了，了知諸法自性清淨，此即是六根自在性清淨。若就眾生眼而言，眾生眼清淨具足十力、十八不共法、三明八解脫等，若就此而論，眾生眼妙即是佛眼，顯示凡種與聖種無一無二；明與無明，亦復如此。慧思於《法華經安樂行義》可說廣申述此妙法，而此妙法則須藉由金剛智之覺了才能得知。因此，慧思於其諸論著中皆非常重視金剛智，此亦成爲其禪觀思想之特質，其重要性凌駕於對心、意、識之探討。

（四）小結

綜合慧思上述諸論著對心、意、識的探討，可知《隨自意

⓮　《大正藏》冊 46，頁 698 下 -699 上。

三味》對此之著墨較多，但對「意」（第七識）並未有任何解釋，只言：

> 新學菩薩用第七識剛利智觀察五陰、十八界等，無有集散。⓯
> 初心菩薩用二種識：一者轉識，名為覺慧，……二者……⓰
> 凡夫六識，名為分張識，隨業受報天、人諸趣；菩薩轉，名第七識，能轉一切生死惡業即是涅槃，能覺凡夫六分張識令無變易即是藏識。⓱
> 此第七識，名金剛智，能破一切無明煩惱，……譬如健將降伏四方，夷狄怨賊諸國弭伏皆作民子，第七識勇猛金剛決斷諸法亦復如是。⓲

此等在在顯示了慧思視第七識爲金剛智（轉識、覺慧），能轉生死惡業、能覺了六識不生不滅，亦能勇猛決斷一切無明煩惱，故假名稱之爲金剛智。因此，可知慧思所謂的「第七識」，是指轉生死業的覺慧，故以金剛智稱之，而非一般所說的我執識（末那識）。⓳

⓯ 《卍續藏》冊 98，頁 348 左下。
⓰ 《卍續藏》冊 98，頁 351 右上。
⓱ 《卍續藏》冊 98，頁 351 右下。
⓲ 《卍續藏》冊 98，頁 351 右下。
⓳ 一般對第七識之解釋，將之視爲執我、我所等之俱生我執，如《瑜伽師地論》云：「末那名意，於一切時執我、我所及我慢等思想爲性。」（《大正藏》冊 30，頁 651 中）又如《成唯識論》云：「第七名意，緣藏識等恆審思量爲我等故。」（《大正藏》冊 31，頁 24 下）因此，可看出慧思所說的第七識金剛智，是類似唯識學中轉識後的智（第七識轉爲平等性智），而慧思特以金剛智稱之，可能與其重視覺慧有關，覺了生死即涅槃，覺了六識即清

至於《諸法無諍三昧法門》及《法華經安樂行義》對心、意、識之論述則更少，甚至連第七識、第八識之名稱皆未提及。雖如此，然而此三部論著中皆提到了「金剛智」，顯示了慧思對此問題的重視，勝過於對心、意、識之關注，乃至備受爭議的《大乘止觀法門》亦延續此論述轉識。

三、智者對心、意、識之看法

智者於早期作有《覺意三昧》，[20] 於臨命終口授《觀心論》，[21]於其它論著中往往以「觀心釋」、「隨文入觀」明之，[22]此等皆顯示了其對「心」、「意」、「識」之重視。

就智者而言，心、意、識並非對立的，因此對心、意、識之看法並未有嚴格之區分，或言其基本上是反對嚴格區分對立

淨識，而非在於轉識。縱使其亦用了「轉識」之名詞為第七識，而此轉識是指金剛智而言，而與一般所言之轉識亦有別。

[20] 《覺意三昧》之全名，是《釋摩訶般若波羅蜜覺意三昧》（收錄於《大正藏》冊 46，頁 621 上 -627 中）。依佐藤哲英《天台大師の的研究》，將之歸屬於前期時代著作（參見頁 99-100，《百華苑刊》，1961 年）。

[21] 《觀心論》又名《煎乳論》（收錄於《大正藏》冊 46，頁 584-587 中）。如章安灌頂《隋天台智者大師別傳》云：「（智者）又經少時，語弟子云：商行寄金，醫去留藥，吾雖不敏，狂子可悲，仍口授《觀心論》，隨語疏成，不加點潤。」（《大正藏》冊 50，頁 195 下）

[22] 如《法華玄義》於七番共解五重玄義中，標「觀心」明五重玄義（參《大正藏》冊 33，頁 685 下 -686 中）。於釋諸境諦妙中，一一境中皆標「觀心」明之（參頁 698 中、頁 698 下、頁 700 下……），迹妙如此，本妙亦如此（參頁 765 上、頁 771 中），乃至對《妙法蓮華經》之「經」字解釋亦如此（參頁 775 上、頁 778 上 -779 上）。諸如此類，可說不勝枚舉。其它論著，如《法華文句》、《維摩經文疏》等，莫不皆如此，尤其《摩訶止觀》之十乘觀法更是如此。

的，此從其對當時諸論師之批判可得知（容於後述）。

智者的諸論著中，所謂的「心」，往往是指眾生當下之一念心而言。此一念心，也可稱之為「意」或「識」，如《摩訶止觀》於觀陰入界境時，以識陰為心，[23]又如《覺意三昧》論述「意之實際」，又稱之為「心源」，[24]以意代表諸心、心數，如其云：

> 意，名諸心、心數，……行者諸心、心數起時，反照觀察，不見動轉，以是義故，名為覺意三昧。[25]

可知心、意等彼此是共通的。亦因為如此，智者將心、意、識之關係視之為「一三，三一」，即一法論三及三即是一法（詳見後述）。

由於智者在論述心、意、識的關係中，較從批判的角度來切入。因此，以下先探討智者對論師偏執之批判，後再論述智者之心、意、識看法。

（一）對論師偏執心染淨之反思

在《摩訶止觀》論述一念三千時，對地論師、攝論師之偏執心具或緣具三千法（指一切法）展開了批判。

有關一念三千是不可思議境，依《摩訶止觀》的看法，可

---

[23] 如《摩訶止觀》云：「心是惑本，其義如是，若欲觀察，須伐其根，如炙病得穴，今當去丈就此，去尺就寸，置色等四陰，但觀識陰。識陰者，心是也。」（《大正藏》冊 46，頁 52 上 - 中）

[24] 如其云：「夫行人欲度生死大海登涅槃彼岸者，必須了達妄惑之本，善知至道出要。妄惑之本，是即意之實際；至道出要，所謂反照心源。識之實際，即是……。」（《大正藏》冊 46，頁 621 上）此中心、意、識是共同的。

[25] 《大正藏》冊 46，頁 621 下。

從三個角度來切入，即就所證第一義諦、慈悲憐憫假名說、眞俗不二中道觀。就第一義諦言，如《摩訶止觀》論一念三千時一開始所說的：

> 夫一心具十法界，一法界又具十法界百法界，一界具三十種世間，百法界即具三千種世間。此三千在一念心，若無心而已，介爾有心即具三千。亦不言一心在前、一切在後，亦不言一切法在前、一心在後。例如八相遷物，物在相前，物不被遷；相在物前，亦不被遷，前亦不可，後亦不可，秖物論相遷，秖相遷論物。今心亦如是，若從一心生一切法者，此則是縱；若心一時含一切法者，此即是橫，縱亦不可，橫亦不可，秖心是一切法，一切法是心，故非縱非橫，非一非異，玄妙深絕，非識所識，非言所言，所以稱為不可思議境。㉖

很顯然地，立一念三千爲所觀境之不可思議境，是從一念與三千的不可分割性而言，亦即一念與三千的關係是非縱非橫、非前非後之關係，甚至連「非縱非橫」求三千法亦不可得，此即是不可思議境。換言之，以縱、橫、亦縱亦橫、非縱非橫等求一念求三千皆不可得。智者對地論師、攝論師之批判，顯然是從此來評破之（於後論之），認爲他們忘掉了第一義諦中無有一法可得。除了以第一義諦評破之外，智者亦基於俗諦隨因緣可說來開顯之，由開顯中是一種施設，實亦蘊藏著鞭破，此即是以四悉檀因緣四句展開之，如此一來，於世界悉檀立心具、緣具、共

㉖　《大正藏》冊 46，頁 54 上。

具、離具一切法，一一皆可成立，其餘三悉檀亦如是。[27] 如此一來，可立說之法門是無量多的，此反映了地論師和攝論師固執一端之偏執（不論是言心具一切法或緣具一切法），只不過皆就一邊之立說而已。此即是第二個角度，就俗諦假名立說。第三個角度即是從眞（第一義諦）俗之關係入手，從前面論述中，已得知就第一義諦而言，無有一法可得（一念不可得，更何況三千法）；若就俗諦而言，可立無量法乃至無量法門。然此不可說（不可得、不可思議、第一義諦）與可說（俗諦）並不是絕然對立的，如《摩訶止觀》云：

> 佛旨盡淨，不在因、緣、共、離，即世諦是第一義諦也，又四句俱皆可說，說因亦是，說緣亦是，共亦是，離亦是。若為盲人說乳，若貝、若粖、若雪、若鶴，盲聞諸說，即得解乳，即世諦是第一義諦。當知！終日說，終日不說；終日不說，終日說；終日雙遮，終日雙照，即破即立，即立即破，經論皆爾。[28]

就「佛旨盡淨」而言，無有法可說，故言「不在因、緣、共、離」，若能如是解，即世諦是第一義諦；若從可說而言，說心

---

[27] 如《摩訶止觀》云：「有因緣故，亦可得說，謂四悉檀因緣也。雖四句冥寂，慈悲憐愍，於無名相中假名相說。或作世界（悉檀），說心具一切法，……或說緣生一切法，……或言因緣共生一切法，……或言離生一切法，……此四句即世界悉檀說心生三千一切法也。云何爲人？……云何對治？……云何第一義悉檀？。」（《大正藏》冊 46，頁 54 下 -55 上）此皆就四悉檀各四句來論述可就心或緣或共或離生一切法。另可參見拙文〈評從「法性即無明」到「性惡」〉（《佛學研究中心學報》第 2 期，頁 86-89）。此篇論文，已收入本書第十一篇中。

[28] 《大正藏》冊 46，頁 55 上。

具，說緣具，說共具，說離具一切法，實一一皆可成立，此無非令眾生悟入第一義諦，如盲人聞種種譬喻而解乳。因此，諸經論之說或不說，實乃一體之兩面，應做如是解：終日說即是終日不說；終日不說亦即是終日說，說與不說實並非對立，能如是解，則能同時雙遮、雙照，明了「即破即立，即立即破」之道理。吾人往往將「破」與「立」做對立式的理解，在此顯示了「破」實際上亦是「立」；「立」實際上亦是「破」，並非只是孤立單一之意思而已，而是「即破即立，即立即破」的。

因此，對一念三千不可思議境之了解，可就「不可說」明之；可就「可說」論之；亦可就雙遮雙照顯之。如是了解，才是相應「空、假、中」實相道理。

智者如何評破地論師、攝論師之偏執？此可從對一念三千所產生的疑惑來了解，如《摩訶止觀》云：

> 問：心起必託緣，為心具三千法？為緣具？為共具？為離具？
> 若心具者，心起不用緣；若緣具者，緣具不關心；若共具者，未共各無，共時安有；若離具者，既離心離緣，那忽心具。四句尚不可得，云何具三千法耶？
> 答：地人云：一切解惑真妄依持法性，法性持真妄，真妄依法性也。攝大乘（案：指攝論師）云：法性不為惑所染，不為真所淨，故法性非依持，言依持者，阿黎耶是也，無沒無明盛持一切種子。
> 若從地師，則心具一切法；若從攝師，則緣具一切法，此兩師各據一邊。[29]

[29] 《大正藏》冊 46，頁 54 上。

由提問中，吾人可以看出除了對心具、緣具、共具、離具三千法提出質疑之外，實亦提出了「四句尙不可得」之答案及對三千法之質疑，事實上在問中已蘊含了自答（此部分「若心具者，……」可移至正答中，亦當）。在答中，說明了爲何有心具、緣具一切法等問題，實來自於地論師、攝論師之故，由於地論師、攝論師偏執一端之緣故，所以才會有心具一切法、緣具一切法等諸問題。因此，在答中先對地論師、攝論師之主張提出（如地論師主張法性爲一切法依持；攝論師主張無沒無明之阿黎耶識才是一切法之依持）；接著，則針對其論點加以評破，如《摩訶止觀》云：

> 若法性生一切法者，法性非心非緣，非心故而心生一切法；非緣故亦應緣生一切法，何得獨言法性是真妄依持耶？
> 若言法性非依持，黎耶是依持。離法性外，別有黎耶依持，則不關法性；若法性不離黎耶，黎耶依持即是法性依持，何得獨言黎耶是依持？㉚

此第一段引文，是針對地論師之論點提出反駁，地論師主張法性爲一切法依持，換言之，即是主張心具一切法。若就此而論，法性既非心亦非緣，既然可以立心生一切法，爲何不能立緣生一切法，由此可知，立心生一切法才是，是種偏執。若從立而言，心可以爲法性，緣亦可爲法性；心可生（具）一切法，同樣地，緣亦可生（具）一切法，如此才能避免偏執。第二段引文，則是針對攝論師之主張來加以評破，依攝論師的看法，法性是

㉚ 《大正藏》冊 46，頁 54 上 - 中。

清淨的，不能爲一切法之依持，所以主張無沒無明之阿黎耶識爲一切法之依持，天台即針對此論點展開評破，以反問的方式來破之，如既然主張阿黎耶識爲一切法依持，那麼阿黎耶識是離法性外而有呢？或不離法性？若離法性外別有阿黎耶識，如此則不關法性；若阿黎耶識不離法性，那麼既可談阿黎耶識爲一切法依持，何不能言法性爲依持呢？因此，吾人可以看出《摩訶止觀》對地論師、攝論師之論破，其所使用方式是找出彼此立論的自相矛盾之處，如此則不攻自破。

除了找出其自相矛盾外，亦引用了經論，來說明地論師、攝論師之背離經論，㉛甚至舉眠夢之譬喻以明之。㉜

上述透過四句（心具、緣具、共具、離具）對一念三千所提出的質疑，基本上只是就「橫」來論破而已，另亦可從縱、亦縱亦橫、非縱非橫等皆不能成立來論破。㉝直至「言語道斷，心行處滅」，㉞才顯示一念三千不可思議境之涵義。此即是藉由諸法寂滅，一念、三千不可得不可說，來顯示一念三千不可思議境，同時亦以此評破地論師、攝論師之偏執。

除了評破之外，《摩訶止觀》另方面又擔任著開（立）的角色，顯示地論師、攝論師之主張只不過依不同因緣立論罷了，既

㉛ 如《摩訶止觀》云：「又違經，經言：非內，非外，亦非中間，亦不常自有。又違龍樹，龍樹云：諸法不自生，亦不從他生，不共不無因。」（《大正藏》冊 46，頁 54 中）此是從諸法寂滅非內、外、中間而有，非自、他、共、無因生等來評破各種偏執。

㉜ 參見《摩訶止觀》，《大正藏》冊 46，頁 54 中。

㉝ 此乃是綜合《摩訶止觀》之整個論破，以顯示諸法寂滅不可言宣（詳參《大正藏》冊 46，頁 54 上 - 中），另可參見拙文〈評從「法性即無明」到「性惡」〉（頁 86 之圖表），或參見本書第十一篇，頁 336。

㉞ 《大正藏》冊 46，頁 54 中。

然因緣無量，所可立論者亦無量，何止心具一切法、緣具一切法而已。然不管「破」或「立」，實亦非對立的，是「即破即立，即立即破」，如此才與中道實相相應。至此，吾人亦可看出天台「即空即假即中」思想之提出，實與南北朝地論師、攝論師思想之激發有密切之關係。[35]

從《摩訶止觀》對地論師與攝論師之評破中，吾人已隱隱約約地可以看出智者對心、意、識之看法，亦即說心、說意、說識，皆只是隨順因緣方便立說，是不能絕然對立的。如地論師偏心具一切法立說；攝論師偏緣（阿黎耶識）具一切法立論，此等立論皆是種偏執。若從諸法不可得不可說而言，無心亦無識，法性非心亦非識；若從可說而言，立心亦是，立識（阿黎耶識）亦是。心、識只不過一體之兩面，乃至「意」亦如此，是「一而三，三而一」之關係（於下詳論之）。

（二）心、意、識三者之關係

智者對心、意、識之看法，基本上，是從「覺」來掌握心、意、識三者之關係，如《摩訶止觀》在論述「非行非坐」之覺意三昧所言：

> 四、非行非坐三昧者，……實通行、坐及一切事，而南岳師（案：指慧思）呼為「隨自意」，意起即修三昧；《大品》（案：指《大品般若經》）稱「覺意三昧」，意之趣向，皆覺識明了。雖復三名（案：指非行非坐、隨自意、覺意三昧），實是一法。今依經釋名，覺者，照了也。意

---

[35] 參見拙文〈天台智者思想形成之時代背景——南北朝佛學思潮對智者之激發〉（《諦觀》第八十一期，頁 148-156，1995 年），或參見本書第一篇。

> 者，心數也。三昧者，如前釋。行者心數起時，反照觀察，不見動轉根源終末來處去處，故名覺意。[36]

又云：

> 覺者，了知心中非有意，亦非不有意；心中非有識，亦非不有識。（了知）意中非有心，亦非不有心；意中非有識，亦非不有識。（了知）識中非有意，亦非不有意；識中非有心，亦非不有心。心、意、識非一，故立三名；非三，故說一性。若知名非名，則性亦非性。非名，故不三；非性，故不一。非三，故不散；非一，故不合。不合，故不空；不散，故不有。非有，故不常；非空，故不斷。若不見常斷，終不見一異。若觀意者，則攝心、識，一切法亦爾。若破意，無明則壞，餘使皆去。故諸法雖多，但舉意以明三昧。[37]

在第一段引文中，首先說明了非行非坐三昧、隨自意三昧、覺意三昧等雖有三名，實是一法而已。因此，採《般若經》之覺意三昧來加以解釋，認爲「覺」是指照了，「意」是指心數，「三昧」是指調直定，於意起時，反照觀察其根源終末來去處等皆不可得，此即是覺意。此中值得注意的是，對「意」的解釋，以「心數」來解釋「意」，且以意攝心、識。因此，於第二段引文中，則就「覺」來探討心、意、識三者之關係。所謂覺，是

---

[36] 《大正藏》冊 46，頁 14 中 - 下。另可參《覺意三昧》，《大正藏》同冊，頁 621 中 - 下）。

[37] 《大正藏》冊 46，頁 14 下。

指覺了「心」非意非非意、非識非非識；「意」非心非非心、非識非非識；「識」非意非非意、非心非非心。若能如是覺了心、意、識，就可以明瞭心、意、識三者並非對立的，且彼此有極密切之關係，因爲心是非意、非識，同時亦是非非意、非非識，換言之，以意以識明心皆不可，但亦不離意、識而顯心。餘者（如意、識）亦復如此，心、識非「意」，亦不離心、識明意；心、意非「識」，亦不離心、意而有識。如此一來，可以了解到心、意、識之關係，是「非一」、「非三」之關係。因爲非一，所以立心、意、識三名；因爲非三，所以心、意、識同一性。因爲非名而立名，同樣地，亦是非性而立性。可知三名一性皆是假名而立，實亦是非名非性。既是非名，所以「不三」；既是非性，所以「不一」。若能了心、意、識之關係是非三非一，則知三者不散不合、不空不有、不常不斷。如此，則能泯除一異之偏見；亦唯如此，才是所謂的「覺」，否則仍墮入於一異、斷常見中。因此，我們可以看出心、意、識之關係，是屬於「非一非異」（非一非三）之關係。

智者之所以提出「非三非一」來論述心、意、識，其實是針對當時將心、意、識三分來評破之，此在《摩訶止觀》論述覺意三昧之前，就做了如此之評破，如其云：

> 問：諸數無量，何故對「意」論覺？
> 答：窮諸法源，皆由意造，故以意為言端。
> 對境覺知，異乎木石，名為心；次心籌量，名為意；了了別知，名為識。如是分別，墮心想見倒中，豈名為覺？[38]

[38] 《大正藏》冊 46，頁 14 下。

在此問答中，首先對心數無量（如心、意、識等）提出質疑，認爲諸數既無量，何以以「意」來修三昧？何以以「意」來論覺悟？針對此疑問，於回答中，先就「窮諸法源，皆由意造」來加以答覆。緊接著，則針對將心、意、識三分提出評破，認爲以覺知釋「心」；以籌量釋「意」；以了別釋「識」，是墮於「心想見倒」中，既已墮入見倒，又如何稱之爲覺呢？所以，覺是覺悟此顛倒見、泯除此顛倒見，了知心、意、識「非三非一」之關係。

由此可知，智者以「非三非一」來論述心、意、識之關係，基本上是藉由「覺」來加以掌握，同時以此來評破將心、意、識做對立性之謬。

除了探討心、意、識「非三非一」之關係外，在《法華玄義》亦論及阿黎耶識、菴摩羅識、阿陀那識等三識之關係，如其云：

> 二、類通三識者，菴摩羅識即真性軌；阿黎耶識即觀照軌；阿陀那識即資成軌。若地人（案：指地論師）明阿黎耶是真常淨識攝；大乘人（案：指攝大乘論師，簡稱攝論師）云是無記無明隨眠之識，亦名無沒識，九識乃名淨識，互諍。[39]

又云：

> 今例近況遠，如一人心復何定？為善，則善識；為惡，即惡識；不為善惡，即無記識。此三識何容頓同水火?! 祇背善為惡；背惡為善；背善惡為無記，祇是一人三心耳。

---

[39] 《大正藏》冊 33，頁 744 中。

> 三識亦應如是，若阿黎耶識中，有生死種子，熏習增長即成分別識；若黎耶中，有智慧種子，聞熏習增長即轉依道後真如，名為淨識；若異此兩識，祇是阿黎耶識。此法論三，三中論一耳。[40]

於引文的第一段中，先就三軌（眞性軌、觀照軌、資成軌）類通三識（菴摩羅識、阿黎耶識、阿陀那識）來配屬之。接著，則提出地論師與攝論師對阿黎耶識（爲淨？爲染？）不同論點之爭執。之後，緊接著於第二段引文中，對地論師、攝論師之互爭提出反省，認爲吾人之心是難以定奪的，爲善則成善識；爲惡則成惡識，不爲善不爲惡則是無記識。同樣地，三識亦如同吾人之三心（善、惡、無記），阿黎耶識之染淨亦復如此，若阿黎耶識中有生死種子，加以熏習增長，則成爲「分別識」（即阿陀那識）；若阿黎耶識中有智慧種子，藉由聞知熏習增長，即成爲轉依道後眞如，此即是淨識（即菴摩羅識）；若阿黎耶識非生死染之阿陀那識，亦非道後眞如之菴摩羅識，那麼此即是阿黎耶識。換言之，三識只是一法，於一法中說三。故皆以「若」明之，顯示法無定性，心亦如此。

爲了說明「一三，三一」之關係，《法華玄義》舉《攝論》及《法華經》之譬喻以明之，如其云：

> 《攝論》云：如金土染淨，染譬六識，金譬淨識，土譬黎耶識，明文在茲，何勞苦諍。下文（案：指《法華經》）譬如有人至親友家，醉酒而臥，豈非阿黎耶識；世間狂惑分別之識起已，遊行以求衣食，豈非阿陀那識；聞熏種子

[40] 《大正藏》冊 33，頁 744 中 - 下。

> 稍起增長，會遇親友示以衣珠，豈非菴摩羅識。菴摩羅識，名無分別智光[41]

此以《攝論》之金土染淨明諸識，如下所示：

金土─┬染──六識
　　　├金──淨識
　　　└土──阿黎耶識

就土之染而言，即六識（應包括阿陀那識）；就土之淨（金）而言，即是淨識（菴摩羅識）；就土本身而言，即是阿黎耶識。
另就《法華經・五百弟子授記品》之繫珠喻明之，如下所示：

醉酒而臥──阿黎耶識
遊行以求──阿陀那識
親友示珠──菴摩羅識

此以醉酒而臥不知身上繫有寶珠，譬喻爲阿黎耶識；以不知故起諸誑惑分別識到處乞求，譬喻爲阿陀那識；後會遇親友告示其衣中之寶珠，譬喻如同藉由聞熏得知菴摩羅識，此菴摩羅識即是無分別智。

四、《大乘止觀法門》之心、意、識

從前面之論述中，已得知慧思對心、意、識並未做嚴格之

[41] 《大正藏》冊 33，頁 744 下。另可參見《維摩詰經玄疏》，《大正藏》冊 38，頁 553 上 - 中。

區分，雖然用到了六識、第七識、第八識之名相，但也只是運用而已，而特重以金剛智轉識覺了六識即藏識，視阿黎耶識爲淨識。此等看法與天台智者之立論是不同的，智者對心、意、識乃至阿黎耶識之染淨問題，皆以批判的角度來處理之，且認爲心、意、識三者之關係是「一三，三一」，及阿黎耶識之染、淨、染淨和合等之關係，亦是「一三，三一」的關係，對於覺慧所強調的是對「一三，三一」之覺了。

至於備受學界矚目且爭議頗大的《大乘止觀法門》又如何看待此等問題呢？若依一般看法，視《大乘止觀法門》爲慧思晚期之作，[42]那麼其思想正好介於慧思與智者之間，由此來探討其對心、意、識的看法，也許可以看出一些端倪，尤其學界長久以來對它與慧思間所存在的疑問，是否也可以因此得到進一步之釐清。這也是本文於論述慧思、智者心、意、識之後，進而以其爲探討對象之原因。

筆者已曾發表〈由《大乘止觀法門》論慧思思想有否與前期相違〉一文，[43]著重於心性方面來探討其思想與慧思是一致的。由於像《大乘止觀法門》這樣一部頗具有爭議的論著，從不同的面向切入時，會得出不同的結論，如前述拙文由「心性」切入，得知其前後思想一致；而學界從其受《大乘起信論》之影響採阿黎耶識染淨說，視其與慧思思想相違背。

若從《大乘止觀法門》視阿黎耶識爲染淨和合識這點而論，可得知與慧思視阿黎耶識爲淨識之看法是不同的。而此之

---

[42] 有關《大乘止觀法門》作者問題，請參見釋聖嚴法師《大乘止觀法門之研究》一書（中華佛教文化館印行，1979 年）。另於拙文〈由《大乘止觀法門》論慧思思想有否與前期相違〉（《諦觀》第 85 期，1996 年）亦已略述及之，在此不贅述。

[43] 請參見《諦觀》第 85 期，頁 32-68。

不同是吸收了《大乘起信論》阿黎耶識染淨說所致，依筆者的看法，此乃是思想的發展及名相之運用而已。藉由本文的研究，筆者發現慧思的禪觀思想潛存於《大乘止觀法門》中，形成彼此之間的一種延續性，此從其同樣重視金剛智及對第七識未有明確交待可得知，尤其是金剛智所扮演的角色，連接了彼此微妙之關係。

因此，於下文中，先就《大乘止觀法門》所重視的金剛智來加以探討；然後，再探索其對心、意、識之看法。

（一）金剛智之角色

《大乘止觀法門》除了著重於藏識之外，其本身亦相當地重視轉識，且重視以無塵智、金剛智來轉意識，此可從其論述佛性之覺心、轉凡成聖、由意識依止一心修止觀等可知，如其云：

> 如是果（案：指果時無明）子（案：指子時無明）相生無始流轉，名為眾生。後遇善友為說諸法皆一心作，似有無實，聞此法已，隨順修行，漸知諸法皆從心作，唯虛無實。若此解成時，是果時無明滅也。無明滅故，不執虛狀為實，即是妄想及妄境界滅也。爾時意識轉，名無塵智，以知無實塵故。[44]

又云：

> 無塵之智，即能知彼虛狀果報體性非有，本自不生，今即無滅，唯是一心，體無分別，以唯心外無法故，此智即是

[44] 《大正藏》冊 46，頁 643 上。

> 金剛無礙智也。[45]

此明眾生由於果時無明與子時無明相生，無始流轉於六道。後因遇善知識之開導，了解諸法皆因緣生無有實，之所以執以為實乃是心之妄想分別所致故。若能因此隨順而修，則能滅果時無明、妄想、妄境界，此時意識轉爲無塵智，以此無塵智繼續熏習，即能滅所執之虛相（即子時無明，前雖言已知境虛滅果時無明，但仍執於虛相，稱此執爲子時無明），了知虛狀果報體性非有。此時之無塵智，稱之爲金剛無礙智。以此金剛智繼續熏心，即能斷破無明習氣，證得無分別智，如《大乘止觀法門》云：

> 此智（案：指金剛智）成已，即復熏心，心為明智熏故，即一念無明習氣於此即滅，無明盡故，業識染法種子習氣即亦隨壞。……種子習氣壞故，虛狀永泯。虛狀泯故，心體寂照，名為體證真如。……無能證所證之別，名為無分別智。何以故？以此智外，無別有真如可分別故，此即是心顯成智。[46]

此說明斷滅無明習氣，業識染法種子習氣亦隨之而滅，此時心體寂照，名爲體證眞如，除寂照外，無有眞如爲其所證爲其所分別，即無能證所證之分別，稱此智爲無分別智。至此，除了智外，已無有眞如可分別。

由上之述，可知轉識之過程：意識→無塵智→金剛智→無分別智。整個焦點即是由意識入手，此在《大乘止觀法門》論

---

[45] 《大正藏》冊 46，頁 643 中。

[46] 《大正藏》冊 46，頁 643 中。

述「以何依止」時，有更明確的提示，如其云：

> 問曰：以何依止此心修止觀？
>
> 答曰：以意識依止此心修止觀也。此意云何？謂以意識能知名義故，聞說一切諸法自性寂靜本來無相，但以虛妄因緣故有諸法，然虛妄法，有即非有，唯一真心，亦無別真相可取。聞此說已，方便修習，知法本寂，唯是一心。然此意識如此解時，念念熏於本識，增益解性之力，解性增已，更起意識轉復明利，知法如實，久久熏心，故解性圓明照己體本唯真寂，意識即息。爾時本識轉成無分別智，亦名證智。以是因緣故，以意識依止真心修止行也。[47]

由於意識之能知種種名義，故修止觀由意識下手。透過意識之聞知諸法因緣生無實，以此解性不斷熏於本識（指阿黎耶識），久久熏之，解性圓明，意識即息，此時本識轉成無分別智。

由此可知，所證之無分別智，乃是由轉本識而成的。此無分別智，即是證智，即是體證眞如，唯智之外已無有眞如可做分別，這也是爲何《大乘止觀法門》於論述修習止觀時，以一心爲依止、廣明藏識之所在，由體證之智明示之，做爲修行之所依止。

（二）心、意、識之看法

已知轉識之種種情形，接著所要探討的是《大乘止觀法門》如何看待心、意、識之問題。

---

[47] 《大正藏》冊 46，頁 653 中 - 下。

於探討此問題之前，吾人先將前述之轉識情形以簡表列之如下：

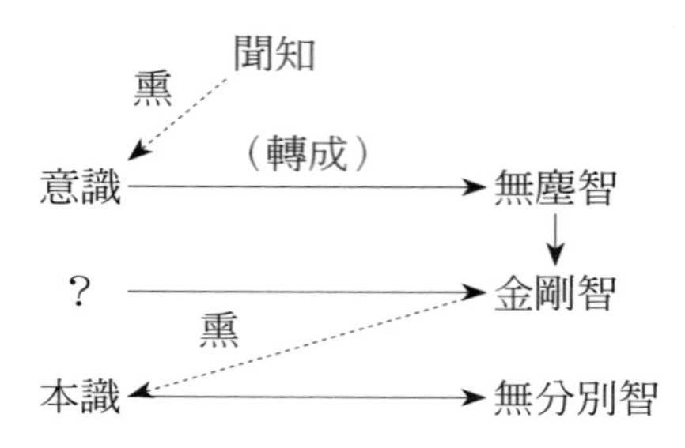

由圖表中，可得知意識、本識及三種智，若將此二識與三種智做一配屬：意識轉成無塵智、本識轉成無分別智，會發現金剛智並沒有對象（所謂無對象，是指並不明顯，而非實無，依前論述金剛智破無明），爲何會如此呢？此蘊含著什麼涵義？七識於《大乘止觀法門》爲何？從無塵智→金剛智→無分別智的轉成中，是否可以推知第七識？此若成立，三識三智之心、意、識的關係如何？

要解決以上問題，吾人先來了解《大乘止觀法門》對阿黎耶識之看法，如其云：

> 問曰：上來唯言淨心真心，今言本識，意有何指？
>
> 答曰：本識、阿黎耶識、和合識、種子識、果報識等，皆是一體異名。……今更為汝重說，謂真心是「體」，本識是「相」，六七等識是「用」。如似水為體，流為相，波為用，類此可知。……雖復體具淨性，而復體具染性，故而為煩惱所染。以此論之，明知就體據一性說為淨心，就相與染事和合說為本

> 識。以是義故，上來就體性以明；今就事相說，亦無所妨。[48]

又引《起信論》云：

> 是故《論》云：阿黎耶識有二，一者覺；二者不覺。覺即是淨心；不覺即是無明，此二和合，說為本識。是故道淨心時，更無別有阿黎耶識；道阿黎耶時，更無別有淨心，但以體、相義別，故有此二名之異。[49]

又云：

> 此心就體、相論之，有其二種：一者真如平等心，此是體也，即是一切凡聖平等共相法身。二者阿黎耶識即是相也，此就阿黎耶識中復有二種：一者清淨分依他性，亦名清淨和合識，即是一切聖人體也；二者染濁分依他性，亦名染濁和合識，即是一切眾生體也。此二種依他雖有用別，而體融一味，唯是一真如平等心也，以此二種依他性體同無二故。[50]

上三段引文所述，大體而言，是探討一心、阿黎耶識、六識七識之關係，且以體相用而明之，以圖表之如下：

---

[48] 《大正藏》冊 46，頁 653 下。

[49] 《大正藏》冊 46，頁 653 下 -654 上。

[50] 《大正藏》冊 46，頁 652 上 - 中。

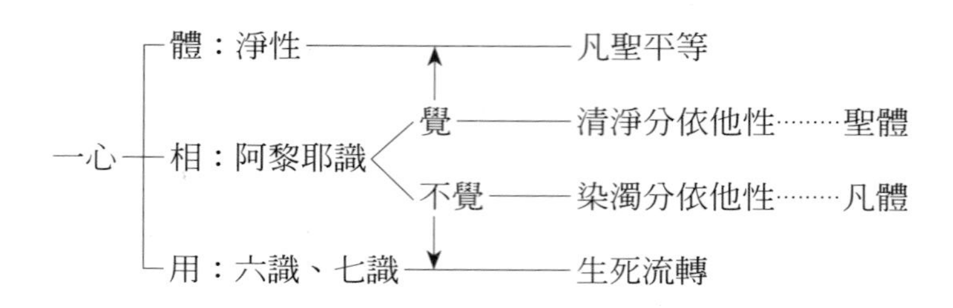

因此，吾人可得知，說阿黎耶識、六識七識，皆就一心之相用明之，說淨心時即無阿黎耶識；說阿黎耶識時即無淨心。阿黎耶識乃是就染淨和合而說，表一心之相，以阿黎耶識之染淨依他性表凡體聖體。六識、七識等，則表一心之用。由六識、七識歸爲用，可知轉識中未將七識標出之原由所在，因爲六識、七識只是無明粗細之差別，當意識轉成無塵智，再深細即是金剛智，此可推知由第七識轉成的。

從第七識金剛智來看，可得知其延續著慧思早期禪觀思想。若就此而論，其與慧思思想有極密切之關係。縱使對阿黎耶識之看法有所不同，但卻顯示了金剛智乃慧思禪觀之本質，而其初衷不變。

五、結語

由上述之探討，可得知慧思、智者乃至《大乘止觀法門》對心、意、識論點之不同。

依慧思的看法，其對心、意、識之處理，可說並不明確，由於其重視禪觀之修行體證，視阿黎耶識爲淨識，藉由金剛智（第七識）之覺了，了知意識即是藏識（淨識）。

依智者的看法，其主要針對南北朝諸論師的種種偏執，而採取批判的態度，認爲心、意、識之關係，乃是「一法論三，三中論一」，甚至阿黎耶識之淨、染、染淨和合等論點之不同，亦復如此，只不過各據不同因緣立說有別，但不能因此將之對立形成偏執互爭。

最後，本文亦從備受爭議的《大乘止觀法門》來探討此問題，其視阿黎耶識爲染淨和合識，其論點與慧思其它著作之看法是不同的。然其對藏識的重視，及其由意識入手、以金剛智轉識，此等看法與慧思論點是相通的。

由以上之論述，吾人可以看出慧思、智者、《大乘止觀法門》之立論是有所不同的。形成此之不同，在於慧思著重修證的淨識上；智者著重於問題的釐清上；《大乘止觀法門》著重於凡聖所依上及如何轉識上。因此，呈現出對心、意、識之不同看法，尤其是阿黎耶識染淨問題上。

雖有上述之種種不同，然其彼此關係是頗微妙的。慧思重視禪觀之金剛智，此形成其對心、意、識並未做明顯之區分，此之情形與智者「一三，三一」的心、意、識說有某種程度的相似。智者雖嚴厲地批判心、意、識之對立及阿黎耶識染淨等種種偏執，但所批判亦只是偏執而已，並不否定隨緣可立說之種種情形，就此而論，慧思之阿黎耶識爲淨及《大乘止觀法門》之阿黎耶識爲染淨，皆是就不同因緣而立（從轉識而言淨；從凡聖所依而言染淨），若能如此了知，則可以避免如地論師、攝論師等之爭執。

再就慧思與《大乘止觀法門》而言，雖有彼此立論之不同，然其對金剛智之重視卻是一致的。此顯示了慧思禪觀核心思想延展至《大乘止觀法門》中，由此更反而可以證明其與慧思間之密切關係。雖然吸收《起信論》阿黎耶識染淨和合觀念，然此可說是種時代的產物、觀念之運用，但於其本質的核心金剛智禪觀思想卻是不變的。這也可以看出金剛智與慧思之禪觀有極密切關係，因此，於《大乘止觀法門》受《起信論》影響之下，仍是藕斷絲連地浮現出來。

* 本篇登載於《中華佛學學報》第 11 期，頁 155-179（1998 年 7 月）。

第五篇

永明禪師對天台「六即」之運用

摘要

「六即」乃天台教觀之核心，依此而建立教觀之修證體系。依天台智者大師的看法，因法法皆妙，空、假、中三諦圓融，故以「即」來顯示「凡、聖平等不二」；而凡、聖雖平等不二，但因有「迷悟」、「煩惱習氣深淺」之不同，故以「六」來區分之，以此破除凡夫之疑怯，且泯除行者之高慢，亦即揀其叨濫，免墮增上慢。

於五代、北宋時期，永明延壽（905－975）禪師為何於其諸論著廣引用天台的教觀？又為何特別重視天台「六即」？此主要用以解決當時佛教界所面對的性、相問題（或理、事問題），亦即禪、教本身所存在的問題。習禪者，則易流於執理廢事；學教者，則易落於執相迷性（迷理執事）。而天台之「六即」，正可對治禪、教此等問題，以「即」，對治教上之迷理；以「六」，對治禪門之廢事。因此，永明禪師特別強調以六即揀濫、十地辨功等，來對治修行上所存在的種種問題。換言之，以頗兼具理、事特色之「六即」來解決時代問題。

基於上述之議題，本論文針對「六即」來加以論述，探討永明禪師如何運用「六即」來解決當時問題。對永明禪師而言，其擅長以譬喻來論述六即，且認爲理、事（或性、相）本是融通，不宜執理廢事，亦不應執相迷性。

關鍵字：六即、天台、禪宗、不思議境、一心三觀、十乘觀法

一、前言

處於五代、北宋時期的永明延壽禪師（905－975），其貴爲禪門大師，❶爲何於其諸論著廣引用天台的教觀？又爲何特別重視天台「六即」？實乃因唐末、五代佛教所存在諸問題，由於宗門修行特殊，「使心無所著，方可修禪」，❷因此強調無念、無心之圓頓法門，但此卻往往易流於執理廢事中，爲對治當時種種禪病問題，永明禪師則藉由天台「六即」來運用之，如《萬善同歸集》卷3：

> 問：如上問意，秖據今時，多取理通，少從事習，皆稱玄學，離物超塵。佛果尚鄙而不修，片善豈宗而當作？未審上古事總如然，請更決疑，免墜邪網。
>
> 答：前賢往聖，志大心淳，究理而晷刻不忘，潛行而神靈罔測，曉夕如臨深履薄，剋證似然足救頭。重實而不重虛，貴行而不貴說；涉有而不住有，行空而不證空。從小善而積殊功，仗微因而成大果。今時，則劫濁時訛，志微根鈍，我慢垢重，懈怠障深。一行無成，百非恒習；乘、戒俱喪，理、事雙亡，墮無知坑，坐黑暗獄。不達即事即理之旨，空念破執破病之

❶ 法眼宗第三代法嗣，爲天台德紹得法弟子。

❷ 永明《萬善同歸集》卷3：「圭峰禪師云：『師資傳授，須識藥病。』承上方便，皆須先開示本性，方令依性修禪；性不易悟，多由執相。故欲顯性，先須破執；破執方便，須凡、聖俱泯，功業齊祛，使心無所著，方可修禪。後學淺識，便執此言，爲究竟道。」（《大正藏》冊48，第2017經，頁987上）

> 言。智者深嗟！愚人儌傚。既成途轍，頓奪尤難。是以廣引祖佛之深心，備彰經論之大意，希悛舊執，庶改前非。❸

此中，指出當時所存在的問題「多取理通，少從事習」，進而以今、昔做一對比來說明，認為前賢往聖志大心淳，能通達「即事即理」之旨；而今時眾生志微根鈍，不達即事即理之旨，且空念破執破病之言，而致使乘、戒俱喪，理、事雙亡，墮入無知坑中，處在黑暗獄裡。又如《宗鏡錄》卷 23：

> 故知，若入宗鏡究竟一乘門中，……若得直下無心，量出虛空之外，又何用更歷階梯。如未頓合無心，一念有異者，直須以佛知見治之，然後五忍明其正修，六即揀其叨濫，則免墮增上慢，究竟圓滿佛乘。❹

此中說明了宗門之修行，在於「直下無心」，若未能眞正達到「直下無心」，則須以佛知見來對治之，所謂「先明般若，以辨眞心」，❺由此而建立起如實知見，縱使如此，仍須進而以「六即」揀其叨濫，以免墮入增上慢中。再者，雖修學圓頓法門，然對初學習者而言，仍有其煩惱習氣，加以心浮觀淺、惑重境強，故須以六即來對治之，如《宗鏡錄》卷 37：

---

❸ 《萬善同歸集》卷 3，《大正藏》冊 48，第 2017 經，頁 987 中。

❹ 《宗鏡錄》卷 23，《大正藏》冊 48，第 2016 經，頁 544 中。

❺ 《萬善同歸集》卷 3：「若夫履踐道源，紹隆佛種，先明般若，以辨眞心。般若，乃萬行之師，千聖之母；眞心，是群生之本，眾法之源。若般若未通，眞心由（案：猶）昧。」（《大正藏》冊 48，第 2017 經，頁 985 下）此說明了：若未能眞正掌握般若，實乃眞心猶昧。

> 以初圓信人，未得純淨，煩惱有厚薄，習氣有淺深。分別難忘，攀緣易起，心浮觀淺，惑重境強。於對治之中，故分六即。❻

此說明了不論學圓頓教者或習禪門宗乘者，於未得純淨前，仍有煩惱厚薄、習氣淺深等問題，且易生分別攀緣之心，加上心浮觀淺、惑重境強等諸情形，因此須以六即來加以對治之。

由此可知，所謂無階位次第，實乃指「直下無心」，與法相應。若未能「頓合無心」，實仍存有分別之心。既是有此（分別心）之情形，故須以「佛知見」治之，且以「六即」揀其叨濫。

二、天台「六即」涵義

有關天台「六即」之提出，實乃應運當時南北朝佛教修行上之問題而來，尤其針對所強調的圓頓法門。因此，以「即」顯示法法平等，法法皆是妙法，法法皆是不思議，亦即眾生、心、佛三無差別，此亦是禪宗所謂的心性本體。若就理上而言，凡、聖平等不二；若就事上而論，卻有迷、悟淺深之別。所以，於理上，論「即」；於事上，談「六」，此即所謂的「六即」，以「即」顯示一切平等，以「六」防止叨濫，避免以凡濫聖之情形，如《摩訶止觀》卷1：

> 約六即顯是者，為初心是？後心是？
> 答：如論焦炷，非初不離初，非後不離後。若智、信具足，聞一念即是，信故不謗，智故不懼，初後皆是。

❻　《宗鏡錄》卷37，《大正藏》冊48，第2016經，頁633中。

> 若無信，高推聖境，非己智分；若無智，起增上慢，謂己均佛，初後俱非。為此事故，須知六即，謂：理即、名字即、觀行即、相似即、分真即、究竟即。此六即者，始凡終聖，始凡故，除疑怯；終聖故，除慢大（云云）。❼

此以《大智度論》所言之燈炷爲例，說明初、後彼此不相捨離，以顯示「六即」之初心與後心，亦復如是。接著，針對「一念即是」來做說明。認爲若非智、信具足者，實很難眞正明白「一念即是」之道理。換言之，對「一念即是」有如實之信者，才能不起謗法心；同樣地，具有「一念即是」之智者，才能對法不懼，且不起增上慢心。否則易流於高推聖境非己分，或起增上慢心，誤以爲自己是佛，而以凡濫聖。因此，以「六即」破除凡夫之疑怯心，以及破除行者之慢大心（貢高我慢）。簡言之，以「即」對治眾生之疑怯，以「六」對治行者之慢心。

有關天台「六即」之內涵，在《摩訶止觀》有詳細之論述。因此，加以引用之，如其云：

> 「理即」者，一念心即如來藏理，「如」故即空，「藏」故即假，「理」故即中，三智一心中，具不可思議，如上說三諦一諦，非三非一。一色、一香、一切法、一切心，亦復如是，是名「理即是菩提心」，亦是「理即止觀」——即寂，名止；即照，名觀。❽

---

❼ 《摩訶止觀》卷 1，《大正藏》冊 46，第 1911 經，頁 10 中。

❽ 《摩訶止觀》卷 1，《大正藏》冊 46，第 1911 經，頁 10 中。

此是以「空、假、中」三諦，來說明一念心即如來藏理，是不思議法，乃至一色、一香、一切法、一切心，亦復如是。以此顯示「法法皆妙，法法皆不可思議，一切法皆是佛法」，故名「理即」。換言之，直就「理」以顯示「菩提心」。同樣地，亦直就「理」來說明「止觀」——於「理」之當下寂然，名「止」；於「理」之當下朗照，名「觀」。理上雖即是，而眾生卻日用而不知。若藉由因聞而知，此爲「名字即」，如其云：

> 「名字即」者，理雖即是，日用不知，以未聞三諦，全不識佛法，如牛羊眼，不解方隅。或從知識，或從經卷，聞上所說一實菩提，於名字中，通達解了，知一切法皆是佛法，是為「名字即菩提」，亦是「名字止觀」。若未聞時，處處馳求。既得聞已，攀覓心息，名「止」；但信法性，不信其諸，名為「觀」。❾

此說明因聞而得知三諦圓融之道理，了知一切法皆是佛法，故稱「名字即」。對此，進而以「名字即止觀」說明之，於未聞三諦圓融（一實菩提、一念即是）之道理前，往往處處馳求、處處攀緣，而於聞此道理後，息攀緣心，此爲「止」；且但信此道理，不爲其他所惑，此爲「觀」。若將此道理進而實踐之，此爲「觀行即」，如其云：

> 「觀行即」是者，若但聞名、口說，如蟲食木偶得成字，是蟲不知是字非字。既不通達，寧是菩提？必須心觀明了，理慧相應，所行如所言，所言如所行。……是名「觀

❾　《摩訶止觀》卷 1，《大正藏》冊 46，第 1911 經，頁 10 中。

> 行菩提」，亦名「觀行止觀」，恒作此想，名觀；餘想息，名止（云云）。[10]

此中，說明了若將「一實菩提」之道理只停留於聞名或口說上，實非眞正通達一實菩提。因此，必須「心觀明了，理慧相應」才是相應此道理。此是「觀行菩提」，亦是「觀行止觀」。此「觀行即」，基本上，是搭配十乘觀法或一心三觀來實踐之，以便令心觀明了，理、慧相應，所行如所言，所言如所行。接著，所謂「相似即」，是指藉由觀行之實踐，達六根清淨，入十信位，證得相似之中道智慧，如其云：

> 「相似即是菩提」者，以其逾觀逾明，逾止逾寂。如勤射隣的，名「相似觀慧」。一切世間治生產業不相違背，所有思想籌量皆是先佛經中所說，如六根清淨中說。圓伏無明，名止；似中道慧，名觀（云云）。[11]

此說明藉由觀行實踐，則逾觀逾明，逾止逾寂，而於一切世間治生產業，皆與中道不相違背，得六根清淨，名「相似即菩提」，亦是「相似即止觀」，能圓伏無明，名「止」；似中道慧，名「觀」。由此「相似即」中，若進而證得中道實相，此爲「分眞即」，如其云：

> 「分真即」者，因相似觀力入銅輪位，初破無明見佛性，開寶藏顯真如，名「發心住」，乃至等覺，無明微薄，智

---

[10] 《摩訶止觀》卷 1，《大正藏》冊 46，第 1911 經，頁 10 下。
[11] 《摩訶止觀》卷 1，《大正藏》冊 46，第 1911 經，頁 10 下。

> 慧轉著。如從初日至十四日，月光垂圓闇垂盡。若人應以佛身得度者，即八相成道；應以九法界身得度者，以普門示現，如經廣説。是名「分真菩提」，亦名「分真止觀」、「分真智斷」。⑫

此「分眞即」，是藉由相似中道慧之觀力，進而入銅輪位，斷破無明惑，證得中道佛性，入初發心住位，乃至等覺位。此能示現八相成道來度化眾生，及示現九法界身來度化眾生。若等覺位菩薩斷破最後一品無明，則證入妙覺位，名「究竟即」，如其云：

> 「究竟即菩提」者，等覺一轉，入於妙覺，智光圓滿，不復可增，名「菩提果」；大涅槃斷，更無可斷，名「果果」。等覺不通，唯佛能通。過茶無道可説，故名「究竟菩提」，亦名「究竟止觀」。⑬

此所說「究竟即」，乃指唯佛得之，甚至連等覺菩薩亦不能達之，所謂「等覺不通，唯佛能通」。

對此「六即」之內涵，《摩訶止觀》進而以「貧人家有寶藏」之譬喻來說明之，如其云：

> 總以譬譬之，譬如貧人家有寶藏而無知者；知識示之，即得知也；耘除草穢，而掘出之；漸漸得近；近已，藏開；

---

⑫ 《摩訶止觀》卷 1，《大正藏》冊 46，第 1911 經，頁 10 下。

⑬ 《摩訶止觀》卷 1，《大正藏》冊 46，第 1911 經，頁 10 下。

盡取用之。合六喻，可解（云云）。⓮

上述引文之譬喻，如下圖表所示：

貧人家有寶藏喻	六即	說明
有寶藏而無知	理即	貧人全然不知家中有寶藏
由善知識示之	名字即	由無知而轉向知有寶藏
耘除草穢	觀行即	除去寶藏上之雜草
漸漸得近	相似即	藉由鋤草而漸漸靠近寶藏
藏開	分證即	將寶藏開發出來
盡取用之	究竟即	取出全部寶藏而用之

三、永明於六即之運用

（一）問題之所在

對永明禪師而言，當時所面對的問題，主要是禪病。⓯而此禪病問題，關鍵在於圓頓法門有否次第階位上，亦即是圓融與行布之問題，或言性相、理事問題。因此，永明禪師藉由天台之六即，以釐清此問題，如《宗鏡錄》卷 23：

⓮ 《摩訶止觀》卷 1，《大正藏》冊 46，第 1911 經，頁 10 下。

⓯ 對此之病，永明禪師列舉了一百二十種，如《永明智覺禪師唯心訣》卷 1：「……以上略標一百二十種邪宗見解，並是迷宗背旨，失湛乖真，捏目生花，迷頭認影，若敲冰而索火，類緣木以求魚，畏影逃空，捫風捉電。苦非甘種，砂豈飯因？皆不能以法性融通一旨和會，盡迷方便，悉溺見河，障於本心，不入中道。」（《大正藏》冊 48，第 2018 經，頁 996 中）

> 問：此一心宗成佛之道，還假歷地位修證不？
> 答：此無住真心，實不可修，不可證，不可得。何以故？非取果，故不可證；非著法，故不可得；非作法，故不可修。以本淨非瑩，法爾天成。若論地位，即在世諦行門亦不失理，以無位中，論其地位，不可起決定有、無之執。《經》明十地差別，如空中鳥跡。若圓融門，寂滅真如，有何次第；若行布門，對治習氣，昇進非無。⓰

於此中，提出一心宗（禪宗）之修行是否有階位次第？若就「無住眞心」而言，實不可修、不可證、不可得。若從施設階位來看，乃是於無位次中，假名施設階位而已；既是假名施設階位，而其亦不失其無階位之理。因此，對於所施設之階位，不宜取決定有、無之執著。換言之，若就圓融門（理上）而言，一切本寂滅，本淨非修；若就行布門而言（事上），乃是對治煩惱習氣淺深之問題，而有修行次第之差別。接著，永明禪師進而以譬喻明之，如其云：

> 又染淨階位，皆依世俗名字分別，則似分階降，不壞一心。譬如眾生位如土器，菩薩位如銀器，諸佛位如金器。土、銀、金等三種器量雖殊，然一一器中，「虛空」遍滿平等無有差別。虛空，即喻一心法身平等之理；諸器，即況根器地位階降不同。道本無差，隨行有異。夫論行、解，頓漸不同。現行煩惱有淺深，熏染習氣有厚薄，不可

⓰ 《宗鏡錄》卷 23，《大正藏》冊 48，第 2016 經，頁 543 下 -544 上。

一向，各在當人，業輕，則易圓；障深，則難斷。[17]

此中，在在說明了道本無差，「無住眞心」實不可修、不可證、不可得，然若從修行上來說，由於眾生現行煩惱有淺深、習氣有厚薄，所以有染淨階位之不同。所謂「道本無差，隨行有異」。因此，以土、銀、金器譬喻之，如下圖所示：

土銀金器喻			
虛空	一心法身平等之理	道本無差別	理
土器	眾生位	隨行有異	事
銀器	菩薩位		
金器	諸佛位		

而此染淨階位之不同，乃是從無階位中而施設階位，雖有階位之施設，實不壞此一心。因此，不可生起決定有、無之執著。猶如《華嚴經．十地品》雖施設了十地階位之差別，但此階位猶如空中鳥跡。所以，不能加以定執取之，若定執隨宜所說之法，則眾聖悲嗟。[18]

對於爲何施設階位之問題，永明禪師甚至舉十地菩薩之修證來加以說明之，如《宗鏡錄》卷 23：

[17] 《宗鏡錄》卷 23，《大正藏》冊 48，第 2016 經，頁 544 上。

[18] 如《萬善同歸集》卷 2：「所以小乘執相，制而不開；大教圓通，本無定法。《菩薩善戒經》云：『聲聞戒急，菩薩戒緩；聲聞戒塞，菩薩戒開。』又經云：『聲聞持戒，是菩薩破戒。』此之謂也。若依了義經，諸佛悅可；執隨宜說，眾聖悲嗟。秖可歎大褒圓，自、他兼利；豈容執權滯小，本、跡雙迷。」（《大正藏》冊 48，第 2017 經，頁 969 下）

> 只如登八地菩薩親證無生法忍，觀一切法如虛空性，此猶是漸證無心。至十地中，尚有二愚。入等覺位，一分無明未盡，猶如微煙，尚須懺悔。[19]

又云：

> 又若未自住三摩地中，不信心外無法，如患眼瞖者，不信空中無花。以分別智，解心不亡，但緣他境，未住自地。如《首楞嚴經》云：「十方如來及大菩薩，於其自住三摩地中，見與見緣，并所想相，如虛空華，本無所有。」所云大菩薩者，即八地已上。若八地菩薩，尚心外見淨土，以智緣理，不名自住。若十地菩薩，雖心外不見境，猶有色、心二習。是以有頌云：「唯佛一人持淨戒，其餘並名破戒者。」[20]

此說明了第八地菩薩雖已證得無生法忍，了知一切法猶如虛空，但所證猶是「漸證無心」而已，如《宗鏡錄》所說：「第八地菩薩，尚心外見淨土，以智緣理，不名自住。」甚至已證得第十地菩薩，雖心外不見有諸境，但猶有色、心二習，仍有二愚：一切所知境極微細著愚、極微細礙愚，乃至等覺菩薩，還存一分無明惑未破，此惑雖極細，[21] 猶如微煙，但尚須懺悔。直至佛位，

[19] 《宗鏡錄》卷 23，《大正藏》冊 48，第 2016 經，頁 544 上。

[20] 《宗鏡錄》卷 23，《大正藏》冊 48，第 2016 經，頁 544 上。

[21] 《成唯識論》卷 9：「此地於法雖得自在而有餘障，未名最極。謂有俱生微所知障及有任運煩惱障種。金剛喻定現在前時，彼皆頓斷，入如來地。由斯佛地，說斷二愚及彼麁重。一、於一切所知境極微細著愚，即是此中微所知障。二、極微細礙愚，即是此中一切任運煩惱障種。故《集論》說：『得菩

才是究竟圓滿者。諸如此類，無不在在顯示了修行階位可成立之例證。職是之故，爲防凡、聖叨濫，須以六即辨別之，如《宗鏡錄》卷 23：

> 故知若入宗鏡究竟一乘門中，方云持戒，方云見道。且知見有四：一、知而不見，初地至九地。二、見而不知，即十地。三、亦見亦知，唯佛。四、不見不知，地前異生等。若得直下無心，量出虛空之外，又何用更歷階梯。如未頓合無心，一念有異者，直須以佛知見治之，然後五忍明其正修，六即揀其叨濫，則免墮增上慢，究竟圓滿佛乘。㉒

此中，顯示宗門究竟一乘乃是「直下無心」，超虛空之外，若就此而言，則並無所謂的漸次階位。但若就未能頓合無心來說，其仍存有一念之異，則直須以佛知見來對治之，且以六即揀其叨濫，免墮增上慢，才能究竟圓滿佛乘。

簡言之，若就理而論，則無階位差別；若就行而說，能直下無心（頓合無心），亦無階位可言。反之，若非如此，於一念有異，則須以「六即」揀之。

（二）天台六即之運用

基本上，永明禪師對天台六即之運用，乃是直接引用《摩

提時，頓斷煩惱及所知障，成阿羅漢及成如來證大涅槃、大菩提』故。」（《大正藏》冊 31，第 1585 經，頁 53 下）

㉒ 《宗鏡錄》卷 23，《大正藏》冊 48，第 2016 經，頁 544 中。

訶止觀》之文本，[23] 且以此六即來對治修習圓乘、宗門之取執，如《宗鏡錄》卷 37：

> 圓教觀心，須明六即。以三觀故，免數他寶；以六即故，無增上心。[24]

又云：

> 是以頓悟宗已，復須言行相應，既得本清淨，又須離垢清淨。[25]

又云：

> 若圓融門，寂滅真如，有何次第；若行布門，對治習氣，昇進非無。[26]

此等說明了圓乘、宗門雖然強調頓悟法門，但仍須言行相應，否則易流於空談。且對修行之方法不得混淆，才能眞正入圓頓止

---

[23] 參見《摩訶止觀》卷 1，《大正藏》冊 46，第 1911 經，頁 10 下；《宗鏡錄》卷 37，《大正藏》冊 48，第 2016 經，頁 632 下 -633 上。另，如《宗鏡錄》卷 37：「問：『但了一心，能成深觀者。若無位次，皂白何分？須合教、乘，以袪訛濫。教、觀雙辯，方契佛心。』答：誠如所言，闕一不可。圓教觀心，須明六即。……此出台教《止觀》正文，簡慢濫於初心，證究竟於後位。《止觀》云：『約六即顯是者。』」（《大正藏》冊 48，第 2016 經，頁 632 下）

[24] 《宗鏡錄》卷 37，《大正藏》冊 48，第 2016 經，頁 632 下。

[25] 《宗鏡錄》卷 37，《大正藏》冊 48，第 2016 經，頁 633 中。

[26] 《宗鏡錄》卷 23，《大正藏》冊 48，第 2016 經，頁 544 上。

觀之修行，如《宗鏡錄》卷 35：

> 圓人觀明，觸事全同古佛，非分同也。何以故？法性圓理三德、三身，只是一念，不可分故。此圓理亦無次位，為人未能任運常觀、觀有斷續、我性未破、破而未盡故，分六即四十二位，點空接引，令至無修耳。[27]

又如《萬善同歸集》卷 2：

> 故知見性未諦，但是隨語依通；及檢時中，正助皆喪。是以先聖終不浪階，撫臆捫心，豈可容易？是以六即揀濫、十地辨功。若以「即」故，何凡何聖？若論「六」故，凡、聖天隔。又若論其理，初地即具足一切地；若言其行，後地則倍倍超前。[28]

諸如此類，可得知皆是永明禪師對教、禪頓悟法門所做的把關。認爲於理上雖圓融無次第階位，但於事修上不妨有行布次第差別。若能對於修行方法、階位等不混淆，方能入圓乘、宗門。因此，永明禪師強調宜以六即揀濫、十地辨功，以兼具理事來修行。由於修學圓乘者，其本身仍存在一些問題，如：1. 未達任運常觀、2. 觀有斷續、3. 我性未破、4. 破而未盡。因此，於無階位中，施設種種階位，且藉由「六即」四十二位來接引之，引其達至無修無位。

再者，由於盲禪闇證之徒、狂慧徇文之人，往往流於執理

---

[27] 《宗鏡錄》卷 35，《大正藏》冊 48，第 2016 經，頁 622 下。

[28] 《萬善同歸集》卷 2，《大正藏》冊 48，第 2017 經，頁 976 中。

廢事、執事迷理，因此易妄生叨濫，墮入無知中。如《宗鏡錄》卷 15：

> 又若具智眼之人，豈得妄生叨濫；況似明目之者，終不墮於溝坑。若盲禪闇證之徒，焉知六即；狂慧徇文之等，奚識一心。如今但先令圓信無疑，自居觀行之位。古人云：「一生可辦」，豈虛言哉。切不可迷性徇修、執權害實，棄本逐末，認妄遺真，據世諦之名言，執無始之熏習。將言定旨，立解明宗，一向合塵，背於本覺。如昔人云：「妄情牽引何年了，辜負靈臺一點光。」[29]

此中，說明了眞正具智眼之人，不墮入盲禪闇證；眞正具明目之人，不落入狂慧徇文中。但若非如此，宜以「六即」來引導之，令圓信無礙，進而修之，入觀行位。因爲若未能眞正明了圓理，則易受妄情牽引，辜負己靈。另外，圓教行人，雖聞圓法，起圓信，明了一念具足一切法，但因煩惱習氣未除，因此需以六即來對治之，如《宗鏡錄》卷 37：

> 圓教心具十法界，不待能、所生，亦無前後際。只一念是十界，只十界是一念。一切時、一切處、一切法，念念中體常圓滿，塵沙萬德不欠少一分，八萬惑業不除斷一分。不謂佛是果頭極聖，我未證得；不謂凡是底下穢濁，我應捨離。總覽法界，在一念心頭，如一圓珠瑩徹。明白圓解，更無覺觀進修，亦不見有凡、聖取捨，分別妄念悉盡也。以初圓信人，未得純淨，煩惱有厚薄，習氣有淺深，

[29] 《宗鏡錄》卷 15，《大正藏》冊 48，第 2016 經，頁 496 下。

> 分別難忘，攀緣易起，心浮觀淺，惑重境強。於對治之中，故分六即。[30]

此說明了圓信人未得純淨，仍有煩惱厚薄、習氣淺深等。加上心浮觀淺、惑重境強。所以，宜以六即對治之。

對於六即之運用，永明禪師亦藉由心與境之關係，來加以說明，如《宗鏡錄》卷 37：

> 是以凡夫心性，本體實齊上聖；但凡夫未能常用本，隨境生心，分別計校，千差萬別。雖在人道，心多不定，或發地獄心，或發餓鬼、畜生心；何況人、天善道？何況三乘聖道？無始妄習，何能頓遣?! 雖有見解，未能常照，故是凡也。若「生死即涅槃、煩惱即菩提」，是「理即」。……解而未修，是「名字即」。念有分數，名「觀行即」。念似於境，名「相似即」。境入於念，名「分真即」。無境無念，名「究竟即」。雖六常一，何凡？何聖？雖一常六，凡聖天絕。又六而常一，故言「即」；一而常六，故初後不齊。當觀念時，非一非六。[31]

首先，此就「心性本體」來說，凡夫心性與佛平等無二，是為「理即」，但凡夫卻未能用此道理，且往往心隨境生起分別計校。雖在人道，但由於其心大多處於不定中，因而常發地獄心、發餓鬼、畜生心，而較少發起人、天善道，更何況發三乘之心。雖就「理即」而言，凡夫心性與佛平等無二，但無始妄習何

---

[30] 《宗鏡錄》卷 37，《大正藏》冊 48，第 2016 經，頁 633 中。

[31] 《宗鏡錄》卷 37，《大正藏》冊 48，第 2016 經，頁 633 中。

能頓遣？雖知「生死即涅槃、煩惱即菩提」，但解而未修之，此是「名字即」。若由知而起修，此心念有少許分數，此名「觀行即」。若念相似於境，此名「相似即」。若境入於念，此名「分真即」。若無境無念，此名「究竟即」。若「從一而常六」來說，初後不齊，故言「六」；若「從六而常一」來看，故言「即」；若就實而論，乃是非六非一。有關「六即」，如下圖表所示：

心性	六即
凡聖平等	理即
解而未修	名字即
念有分數	觀行即
念似於境	相似即
境入於念	分眞即
無境無念	究竟即

此外，永明禪師以種種譬喻來說明六即，以便吾人對六即之了解，如《宗鏡錄》卷 37：

> 又譬如不離貧女家得金，「即」也。貧女得金即富，可喻眾生即佛；取金有次第，豈非「六」乎。耘除草穢，觀行伏惑也。掘土近金，似見物未分明，豈非相似。收得一分，豈非分真。盡得受用，女人歡喜，豈非究竟耶。是以頓悟宗已，復須言行相應；既得本清淨，又須離垢清淨。[32]

此是以貧女家得金爲喻，用以說明不離貧女家得金，此爲

[32] 《宗鏡錄》卷 37，《大正藏》冊 48，第 2016 經，頁 633 中。

「即」；取金有次第，此爲「六」，此是所謂之六即。若進而論之，以貧女得金即富，喻「眾生即佛」，此爲「理即」。雖知而未取金，爲「名字即」。耘除草穢，是「觀行即」。掘土近金似見物未分明，爲「相似即」。收得一分，是「分眞即」。盡得受用，是「究竟即」。如下圖表所示：

譬喻	六即
貧女家有金，喻眾生即佛	理即
雖知而未取金	名字即
耘除草穢	觀行即
掘土近金，似見物未分明	相似即
收得一分	分眞即
盡得受用	究竟即

實際上，對永明禪師而言，此六即與心性思想，有著極密切之關係，如《宗鏡錄》卷 22：

> 台教云：如《無行經》云五逆即菩提，菩提即五逆。逆與菩提，不出心性，故無二相，體既不二，故不可壞。以逆本來無自性故，苦即實相，陰、死二魔即法界印。煩惱即實相，煩惱魔即法界印。業即實相，天魔即法界印。魔既即印，印豈壞印。《大論》云：「有菩薩教人修空，斷一切念。後時纔起一念有心，便為魔動。即便憶念本所修空，魔為之滅。」修空尚爾，況復觀之即法界印，是知心有即縛，心無即解。若了於心，何縛何解！[33]

[33] 《宗鏡錄》卷 22，《大正藏》冊 48，第 2016 經，頁 536 中。

此顯示「逆」，本無自性。因此，苦、煩惱、業即實相，乃至陰魔、死魔即法界印，以及煩惱魔即法界印、天魔即法界印。進而秉持此不思議之心性道理，來實踐之，如《宗鏡錄》：

> 若入宗鏡中，則為普機菩薩乘不思議乘。依普門法，一位一切位，如善財一生具五位等，皆是普法相收。此普賢機，乃見一切所見，聞一切所聞，即普眼境也。普法相收者，以心外無法，故名為普。一切行位皆在心中，豈不相收耶?! 於行布門，似分深淺。又《玄義》格云：圓教四十二位，同一真理；就智論之，遂分明晦。太虛一也，日行空中，具有中旦。圓教登住，如船入海，似日遊空，智皆無作，行亦無為，運運道風，自然增進。如《止觀》云：「入佛正宗，免墮邪倒。」[34]

秉持此心性而實踐之，即是普賢機，亦即是修普門法，如同善財童子於一生具得五位。於此之智行，皆是無作無為；而於行布門中，方便施設圓教四十二階位。

對於六即之運作，基本上，搭配著十乘觀法（或一心三觀）來實踐之，永明禪師認為創發圓信之人，須明十種觀法，依此而修圓行，如《宗鏡錄》：

> 創發圓信之人，須明十種觀法。十種觀法者：一、觀不思議境；二、發真正菩提心；三、巧安止觀；四、破諸法遍；五、善識通塞；六、三十七品調適；七、對治助開；八、善知位次；九、安忍強軟兩賊；十、順道法愛不生。

---

[34] 《宗鏡錄》卷 23，《大正藏》冊 48，第 2016 經，頁 544 中。

> 如是不濫，方入圓乘。且最初一念信解之心，能成五品。台教云：若人宿植深厚，或值善知識，或從經卷，圓聞妙理，謂一法一切法，一切法一法，非一非一切，不可思議。起圓信解，信一心中，具十法界。如一微塵，有大千經卷。欲聞此心，而修圓行。[35]

此強調修習圓教者，於十乘觀法須清楚明白，方可入圓乘。秉持此十乘觀法而修，其心念念悉與諸波羅蜜相應，此即圓教之初隨喜品，如《宗鏡錄》卷 23：

> 圓行者，一行一切行，略言為十：謂識一念心平等具足。不可思議。傷己昏沈，慈及一切。又知此心常寂、常照，用寂照心，破一切法，即空即假即中。又識一心諸心，若通、若塞。能於此心具足道品，得菩提路。又解此心正助之法。又識己心及凡聖心。又安心不動、不墮、不退、不散。雖識一心無量功德，不生染著，十心成就。舉要言之，其心念念悉與諸波羅蜜相應，是名圓教初隨喜品。從此具修十法，得入圓教初發心住分真即中，……台教接人，上住於此，邇後直至十行、十迴向、十地，等、妙二覺位。所有智、斷昇進，任運無功，念念圓滿無上菩提。[36]

藉由十乘觀法之修學，而入初隨喜品，且以此十乘觀法之修習，進而斷破一品無明，證一分中道，入初發心住位，乃至圓滿佛道，莫不如此。

---

[35] 《宗鏡錄》卷 23，《大正藏》冊 48，第 2016 經，頁 544 中。
[36] 《宗鏡錄》卷 23，《大正藏》冊 48，第 2016 經，頁 544 中。

而此十乘觀法之修持，基本上，與眾生根機有極密切之關係，如《宗鏡錄》卷 23：

> 台教約中、下之根，備歷十乘觀法。然雖具十，不離一門。如《法華玄義》云：『明入實觀者，即十乘觀法。』[37]

有關天台十乘觀法之運用，若就上上根而言，一觀即足，如十乘觀法之「第一、觀不思議境」，則不須餘九觀，[38]或言於一觀通達，則能通達具足餘九觀。眾生若是中、下之根機，則須備歷十乘觀法。如《宗鏡錄》卷 23：

> 問：入實觀者，一尚不存，云何廣明十法？
> 答：夫入實觀者，是觀諸法之實。一法既實，萬法皆然，則一實一切實。如知蜜性甜，則一切蜜皆甜。則不假諸多觀門，但了不思議一法，自然橫周法界，皆同此旨。大根一覽，蕩爾無遺。如上醫治患，見草童舞而眾疾咸消。又，直聞其言，病自除愈，則何須軫候更待施方？[39]

---

[37] 《宗鏡錄》卷 23，《大正藏》冊 48，第 2016 經，頁 546 中。又如《宗鏡錄》卷 23：「如上上根人，纔悟其宗，不俟言說。所以，古聖云：『上士見我詩，把著滿面笑；楊脩見幼婦，一覽便知妙。』或遮障深厚，根思遲迴，須備歷觀門，對治種現。如加減修合，服食後差。台教約中、下之根，備歷十乘觀法。」（《大正藏》冊 48，第 2016 經，頁 546 中）

[38] 如《摩訶止觀》卷 5：「此不思議境，何法不收；此境發智，何智不發。依此境發誓，乃至無法愛，何誓不具?!何行不滿足耶?!說時如上次第，行時一心中具一切心（云云）。」（《大正藏》冊 46，第 1911 經，頁 55 下）

[39] 《宗鏡錄》卷 23，《大正藏》冊 48，第 2016 經，頁 546 上。

又云：

> 又如「上醫以非藥為藥，中醫以藥為藥，下醫藥成非藥」。「非藥為藥」者，如云「無有一物不是藥」者，攬草皆成，豈云「是藥非藥」？如行非道而通佛道，即煩惱而成菩提，一切世法純是佛法。「以藥為藥」者，即應病與藥，隨手痊愈，附子治風，橘皮消氣等，如觀根授法，不失其時，思覺多者修數息觀、婬欲多者修不淨觀等。「藥為非藥」者，即不識病原，反增其疾，如說法者，不逗其機，淺根起於謗心，下士聞而大笑，醍醐上味為世珍奇，遇斯等人翻成毒藥。如上上根人，纔悟其宗，不俟言說。❹⓪

此藉由醫藥之譬喻，來說明因眾生根機之不同，於其所用方法則有差別，如同「上、中、下」醫生用藥之不同，上醫以非藥爲藥，中醫以藥爲藥，下醫藥成非藥。上醫之非藥爲藥，譬如上根機者能處處得入，所謂「如上上根人，纔悟其宗，不俟言說。」中醫以藥爲藥，譬如中根機者宜按步就班學習。下醫之藥成非藥，譬如下根機者不擅學習，反將醍醐上味翻成毒藥。

永明禪師對天台六即搭配「一心三觀」之實踐，乃就所觀、能觀、證成等明之，如《宗鏡錄》卷 35：

> 今明「一心三觀」者，一、明所觀不思議之境者，即是一念無明心因緣所生十法界以為境也。此心神微妙，一念具一切三世諸心諸法。譬眠法覆心，一念之內，夢見一切諸

❹⓪ 《宗鏡錄》卷 23，《大正藏》冊 48，第 2016 經，頁 546 中。

> 心諸事。若正眠夢之時，謂經無量，如《法華經》，說夢見初發心，乃至成佛無量諸事。比其覺時，反觀只是一念眠心也。心，譬自性清淨心。眠法覆心，譬於無明。無量夢事，譬恒沙無知，覆一切恒沙佛法。夢事不實，善惡、憂喜，譬見思惑覆真空也。若不細尋夢譬，不思議之疑，終無決理。故諸大乘經多說十喻，但諸法師不圓取譬，意止偏得虛偽空邊，不見譬無量無明法性邊也，故三諦之境，義不成也。[41]

此藉由夢譬，來說明所觀境乃是「不思議境」，亦指一念心即是「不思議境」。此「不思議境」，是爲「理即」，亦是「名字即」。秉此「不思議境」而修一心三觀，則是「觀行即」，乃至證「相似即」、「分證即」等，如《宗鏡錄》卷 35：

> 二、明能觀者，若觀此一念無明之心，非空非假；一切諸法，亦非空非假。而能知心空、假，即照一切法空、假，是即一心三觀圓照三諦之理，不斷癡、愛，起諸明脫。若水澄清，珠相自現，此即「觀行即」也。[42]

又如其云：

> 三、明證成者，若證一心三觀，即是一心三智、五眼也；若得六根清淨，名相似證，即十信位也；若發真無漏，名分證真實，即此是初住也。《經》云：「一念知一切法是道

---

[41] 《宗鏡錄》卷 35，《大正藏》冊 48，第 2016 經，頁 621 下。

[42] 《宗鏡錄》卷 35，《大正藏》冊 48，第 2016 經，頁 621 下。

> 場，成就一切智故。」《大品經》云：「有菩薩從初發心即坐道場」，當知是菩薩為如佛也。《智度論》云：「三智其實一心中得」，佛欲分別為人説，令易解故，所以次第説耳。43

此以能觀及證成，來說明六即之修證。以觀一念無明之心，非空非假；同樣地，一切諸法，亦非空非假。因此，以一心三觀圓照三諦之理，不斷癡、愛，起諸明脫，此是「觀行即」。若證一心三觀，即是一心三智、五眼而得六根清淨，此是「相似即」，亦即十信位。若發眞無漏，此名「分眞即」，亦即是初發心住位。

有關一心三觀之修行，如《宗鏡錄》以圓珠爲喻，用以說明三諦三觀，如其云：

> 「一心三觀」者，知一念心不可得不可説而能圓觀三諦也。即《淨名經》云：「一念知一切法是道場，成就一切智故。」是以，在境，為一諦而三諦；在心，為一觀而三觀；在果，為一智而三智。如一圓珠，珠相喻「有」，珠徹淨喻「空」，圓明喻「中」，三無前後，此喻一諦而三諦。若以明鏡照之珠上，三義一時頓現，即喻一觀而三觀。若就鏡中觀珠，珠之與鏡，非一非異，則喻心、境二而不二，為真覺也。44

接著，又云：

---

43 《宗鏡錄》卷 35，《大正藏》冊 48，第 2016 經，頁 621 下 -622 上。

44 《宗鏡錄》卷 35，《大正藏》冊 48，第 2016 經，頁 622 上。

> 「妙觀」者，觀一念心為所緣境。返觀此心，從何處來？去至何所？淨若虛空，名「空觀」。觀境歷歷分明，名「假觀」。雖歷歷分明而性常自空，而境觀歷然，名「中觀」。即三而一，即一而三，語默行住，不生不滅，不常不斷，不一不異，不來不去，不有不無，不住不著，不垢不淨，不愛不取，不虛不實，不縛不脫，皆不生不滅之異名，義無別也。即空不住空，即假不住假，即中不住中，是名「中」。何以故？為即空，空有何可住？即假，幻化影復何可住？二邊既無可住，豈有中可住？故曰：「三諦無住，是名為『中』。」當須如此，空中無空只勿空，假中無假只勿假，中中無中只勿中。當如是照，照中無照只勿照。若見如是理，即見萬物而自虛也。此三觀者，是不思議境。若闕一觀，境智不成，故云不思議。備收一切法，一切雖多，十法界收盡。㊺

此就一圓珠而言，珠相喻「有」，珠徹淨喻「空」，圓明喻「中」，此三無前後，喻一諦而三諦。若以明鏡照之珠上，三義一時頓現，即喻一觀而三觀。若未能確切掌握三觀，則易落於外道之遍計所執性中，如《宗鏡錄》卷35：

> 若謂能覺知識別者是心，此是心苗，非心性也。故云：動是法王苗，寂是法王根。「心性」者，三觀明時是也。三觀明時，不見有情、無情，佛與眾生，若罪、若福，在我觀內，在我觀外，在我觀中，皆不可也。若不明三觀，妄情計佛性在身中，計遍草木上，經中喚作遍計所執性，外

㊺　《宗鏡錄》卷35，《大正藏》冊48，第2016經，頁622上。

> 道所宗，四教所不攝，況圓人解乎？[46]

因此，永明禪師認爲如何確切掌握三觀之涵義，實乃圓乘之重要課題，且認爲「心性」是指三觀明時，若不如此，則易墮入外道中。換言之，天台之三觀，實乃對「心性」之把關。對此，永明禪師有諸多著墨，[47]甚至以傅大士〈三觀頌〉來說明之，《宗鏡錄》卷 35：

> 傅大士頌云：「獨自精，其實離聲名，三觀一心融萬品，荊棘、叢林何處生？」
> 釋曰：若能內觀返照獨精自心，何言詮所及，故云其實離

---

[46] 《宗鏡錄》卷 35，《大正藏》冊 48，第 2016 經，頁 623 上。

[47] 對此，永明有諸多著墨，如《宗鏡錄》卷 37：「古德『約四教明六即』者：若『藏教』，執色爲有，施拙度破析之因，成但空灰斷之果。『通教』，執色、心是空，了緣生無性之宗，失中道不空之理。『別教』，從心生十法界，心但有能生十界之理性，未即便具十界之因果，如從地生一切草木，但從一心次第生十界也。『圓教』，心具十法界，不待能、所生，亦無前後際，只一念是十界，只十界是一念。一切時、一切處、一切法，念念中，體常圓滿。塵沙萬德，不欠少一分；八萬惑業，不除斷一分。不謂佛是果頭極聖，我未證得；不謂凡是底下穢濁，我應捨離。總覽法界，在一念心頭。如一圓珠，瑩徹明白。圓解更無覺觀進修，亦不見有凡聖取捨，分別妄念悉盡也。以初圓信人未得純淨，煩惱有厚薄，習氣有淺深，分別難忘，攀緣易起，心浮觀淺，惑重境強。於對治之中，故分六即。」（《大正藏》冊 48，第 2016 經，頁 633 中）又如《宗鏡錄》卷 35：「夫中觀難明，圓解微妙。凡言『中』者，有二種中：一、但中。二、圓中。如《首楞嚴經》明八還義，若析前塵，見無還處，見性獨妙，『但中』也。見與見緣，元是菩提妙淨明體，云何於中有是非是，此『圓中』也。又空、假即中，『但中』也。中即空、假，不但中也，即是『圓中』。如藏、通二教，是但空即析色體塵歸徹底自性之空。如別、圓二教，是不可得空，具中道佛性不空之理。」（《大正藏》冊 48，第 2016 經，頁 623 上）

> 聲名。了此一念心，起處不可得，是名「空觀」。即於空處，見緣生法，似有現顯，故云一切法是一切法，非於無性無像而有得有像，是名「假觀」。求空不得空，尋假不得假，非空非假，全是一心，是名「中觀」。念念具三觀之法，塵塵成佛智之門，故云「三觀一心融萬品」，則煩惱荊棘、五陰叢林、生死根株、我慢原阜，更從何處而起？故云荊棘叢林何處生？[48]

此是永明禪師對傅大士〈三觀頌〉「獨自精，其實離聲名，三觀一心融萬品，荊棘、叢林何處生」所做的解釋，若能了此一念心起處不可得，是名「空觀」；即於空處，見緣生法，似有現顯，是名「假觀」；求空不得空，尋假不得假，非空非假，全是一心，是名「中觀」。念念具三觀之法，塵塵成佛智之門，所以說「三觀一心融萬品」。

永明禪師除對六即之運用外，亦常搭配十地來解決圓乘、宗門之問題，如《宗鏡錄》卷 15：

> 佛子！當知菩薩亦復如是，有十種事，出過眾聖。何等為十？
> 一者，發一切智心；
> 二者，持戒頭陀正行明淨；
> 三者，諸禪三昧圓滿無缺；
> 四者，道行清白離諸垢穢；
> 五者，方便神通內外明徹；
> 六者，緣起智慧善能鑽穿；

[48] 《宗鏡錄》卷 35，《大正藏》冊 48，第 2016 經，頁 623 中。

七者，貫以種種方便智縷；
八者，置於自在高幢之上；
九者，觀眾生行放聞持光；
十者，受佛智職墮在佛數，能為眾生廣作佛事；
故知悟道如得珠，豈無磨治莊嚴等事？[49]

此中，以十地菩薩道之修學，來說明悟道如得大摩尼寶珠，但仍需加以磨治莊嚴之，此如《華嚴經．十地品》所說。[50]

四、結語

永明禪師藉由對天台「六即」之運用，主要用以解決當時禪、教修行上之問題，如性宗之執理廢事、相宗之執事廢理等，而兼具理、事特色的天台「六即」，正好可釐清此等問題。且永明禪師亦擅長以譬喻來加以論述之，如「六即」則以貧女家得金喻、土銀金器喻、太虛空喻等說明之。又如「六即」所需搭配的觀法，如十乘觀法、一心三觀、不思議境、十地等之修持，亦擅以譬喻明之，而以「醫藥喻」來顯示上、中、下根機之不同，以「夢喻」來說明不思議境，以「大摩尼寶珠喻」來說明一心三觀。諸如此類，無不在在顯示了永明禪師擅長以譬喻表達之，

---

[49] 《宗鏡錄》卷 15，《大正藏》冊 48，第 2016 經，頁 496 下 -497 上。

[50] 《宗鏡錄》卷 15：「況如大摩尼珠，有十種性。〈十地品〉云：『佛子！譬如大摩尼珠，有十種性，出過眾寶。何等爲十？一者、從大海出；二者、巧匠治理；三者、圓滿無缺；四者、清淨離垢；五者、內外明徹；六者、善巧鑽穿；七者、貫以寶縷；八者、置在瑠璃高幢之上；九者、普放一切種種光明；十者、能隨王意，雨眾寶物，如眾生心，充滿其願。』」（《大正藏》冊 48，第 2016 經，頁 496 下）

廣引用諸典籍來解決當時問題，尤其對天台「六即」之運用。

最後，謹以《得遇龍華修證懺儀》所言，來顯示永明禪師一生所具圓頓、漸次深廣之行儀，如下：

願諸同志！
進，則當如善財一生直造普賢行海；
退，則須學永明晝夜一百八事。[51]

* 本篇登載於可祥主編，《天台佛學研究：四明知禮紀念專輯》第 2 輯，上冊，頁 29-57，宗教文化出版社（2019 年 9 月）。

---

[51] 《得遇龍華修證懺儀》卷 3，《卍新纂續藏》第 74 冊，第 1488 經，頁 608 中。

第六篇

慈雲遵式於天台止觀之運用

——以食觀法爲主

摘要

飲食乃極平常之事。如何藉由飲食之因緣做爲止觀修習，此頗受慈雲遵式之重視。在慈雲遵式的諸多論著中，有不少篇幅討論與「食」相關的文章。而有關慈雲遵式的食觀法，基本上，乃依循於南嶽慧思的食觀法，且廣運用天台智者的三諦三觀。由此可知，慈雲遵式的食觀法，與慧思、智者大師之密切關係，誠如慈雲遵式所說「準天台三種觀中，歷事觀作」，其本人自言「遵式十有餘載經理天竺山寺，只爲傳持大教，更無一念他圖」，此顯示了慈雲遵式以弘揚天台教觀爲己任，而其食觀法乃依據慧思、智者大師而來。

本論文即是藉由慈雲遵式之食觀法，探討其對天台止觀之運用，如何運用止觀之修習，轉生死飯成般若飯。

關鍵字：慈雲遵式、南嶽慧思、天台智者、食觀法、觀心食法

一、前言

慈雲遵式（964－1032）畢生誓以弘揚天台教觀爲己任，如其於所撰〈天台教部隨函目錄手狀〉說：

> 遵式十有餘載，經理天竺山寺，只為傳持大教，更無一念他圖。❶

又如志磐《佛祖統紀》所載：

> 法師遵式，……繼入國清，普賢像前，燼一指，誓傳天台之道。❷

而相關其之施食著作眾多，如：〈佛說救拔焰口陀羅尼經序〉、〈施食正名〉、〈施食法〉、〈施食文〉、〈施食法式〉、〈施食觀想〉、〈改祭修齋決疑頌（并序）〉等。❸而此等施食觀法，主要依據南嶽慧思（515－577）、天台智者（538－597）的看法，如慈雲遵式〈施食觀想〉云：

---

❶ 《天竺別集》卷 1，《卍新纂續藏》冊 57，第 951 經，頁 26 上。

❷ 《佛祖統紀》卷 10，《大正藏》冊 49，第 2035 經，頁 207 上。又如《四明尊者教行錄》〈慈雲懺主稟學寶雲住持〉卷 7：「慈雲法師，台之寧海人也。脫素于東掖山，洎爲僧，即入國清普賢像前燼指，誓學天台聖教。」（《大正藏》冊 46，第 1937 經，頁 932 下）此約慈雲遵式於二十歲受具足戒後，在天台國清寺所發的誓願。

❸ 參見《施食通覽》所列舉《卍新纂續藏》冊 57，第 961 經，頁 102 上。

> 準天台三種觀（案：指歷事、附法、約行）中，歷事觀作。既云歷事，隨彼事相而設觀想，故無常科。今準天台供養三寶運香華觀想，大旨一同。❹

此說明了慈雲遵式之食觀法，主要依據天台之歷事觀法來運作，如天台在諸三昧行法中，於供養三寶時，運心觀想香花周遍十方。❺因此，本論文首先論述天台之食觀法，而後再探討慈雲遵式之食觀法。

二、天台之食觀法

此章節所要論述的天台食觀法，主要就南嶽慧思、天台智者大師來加以論述之。

（一）南嶽慧思之食觀法

有關食觀法，於南嶽慧思時，已受到相當之重視，如慧思於《隨自意三昧》〈食威儀品〉所云：

> 菩薩得飲食時，先應呪願，兩手合掌，心念一切十方凡、聖，而作是言：「此食色香味，上獻十方佛，中奉諸賢

---

❹ 《金園集》卷 2，《卍新纂續藏》冊 57，第 950 經，頁 12 下。

❺ 如《法華三昧懺儀》卷 1：「嚴持香華，如法供養。願此香華雲，遍滿十方界，供養佛、經法，并菩薩、聲聞、緣覺眾，及一切天、仙，受用作佛事。（次當運心，想此香華，於念念中，遍至十方一切佛土，作種種眾寶，……於一一佛前，悉見己身，如此供養，等無有異。又願六道、四生，悉入我供養法界海中。了知如是供養，悉從心生，無有自性，心不取著。）」（《大正藏》46 冊，第 1941 經，頁 950 下）

> 聖，下及六道品，等施無前後，隨感皆飽滿，令諸施主得無量波羅蜜。」「若得食時，當願眾生，得禪悅食，無餘味想。」「若得食時，當願眾生，得法喜食，甘露味想。」「噉飲食時，當願眾生，飡涅槃飯，到彼岸想。」「飯食已訖，當願眾生，種智圓滿，覺眾生想。」❻

此是就六威儀之「食威儀」，來論述如何於飲食中修行，以平等普供十法界而後食之，且當願眾生得禪悅食、法喜食、涅槃飯，圓滿一切種智。又如《隨自意三昧》云：

> 新學菩薩得飲食時，一心受食，無雜念想。念時香氣如旃檀風，一時普遍十方世界，凡、聖隨感，各得上味。凡夫聞香，發菩提心；餓鬼聞香，一時飽滿，捨餓鬼身，發菩提心；畜生聞香，即得飽滿，捨禽獸形，發菩提心；地獄聞香，捨地獄苦，得人、天身，發菩提心。是名菩薩受飲食時，布施一切檀波羅蜜。……新學菩薩如是觀時，無一切受，亦無不受，知飲食性，不曾動搖，得不動智，入如來智。❼

此說明藉由飲食之普供因緣，令六道眾生因聞此香而發菩提心，新學菩薩受飲食時，若能作如是觀，則行六波羅蜜，了知飲食性，能得不動智而入如來智慧。何以如此？乃因凡聖平等不二故，如《隨自意三昧》云：「新學菩薩如此觀時，凡夫聖人本末

---

❻ 《隨自意三昧》卷 1，《卍新纂續藏》冊 55，第 903 經，頁 504 上。

❼ 《隨自意三昧》卷 1，《卍新纂續藏》冊 55，第 903 經，頁 504 下。

究竟平等無二，亦能善達凡聖始終究竟一乘」。[8]

不僅凡、聖平等不二，具足一切法，且飲食及所有一切，亦皆是具足一切法，如《隨自意三昧》云：

> 色入法界海者，即是色藏法界海。……識入法界海者，即是識藏法界海。智入法界海者，即是智藏法界海。亦得名為色集法界海，識集法界海，智集法界海。佛與凡夫一切具足，名本末究竟平等。此法身藏，唯佛與佛乃能知之。《法華經》中，總說難見；《華嚴》中，分別易解。是名菩薩受食、施食，性雖空寂，具足中道智慧藏。……受食施食，具足此義，一念一時，色、心、音聲普遍十方一切世界，能令三乘各獲其道，通達大智到於彼岸。[9]

此是藉由受食施食，以顯示色、識、智等，莫不皆是法界，具足中道。而有關此諸法中道實相之道理，唯佛與佛乃能究竟了知，依南嶽慧思之看法，《法華經》對此只是總說，所以難見；《華嚴經》則詳明之，所以易解。

另外，南嶽慧思於《大乘止觀法門》中，則藉由飲食修習止觀，觀想飲食不離心之所作，如其云：

> 凡食時，亦有止、觀兩門。所言「觀」（觀門）者，初得食時，為供養佛故，即當念於「此食是我心作，我今應當變此疎食之相以為上味。何以故？以知諸法本從心生，還從心轉故。」作是念已，即想「所持之器，以為七寶之

---

[8] 《隨自意三昧》卷 1，《卍新纂續藏》冊 55，第 903 經，頁 505 上。

[9] 《隨自意三昧》卷 1，《卍新纂續藏》冊 55，第 903 經，頁 505 上。

> 鉢。其中飲食想為天上上味，或作甘露，或為粳糧，或作石蜜，或為酥酪種種勝膳等。」作此想已，然後持此所想之食，施與一切眾生共，供養三寶、四生等食之。……作此供養已，然後食之。是故經言：「以一食施一切，供養諸佛及諸賢聖，然後可食。」[10]

又如《大乘止觀法門》云：

> 又復想一鉢之食，一一米粒復成一鉢上味飲食。於彼一切鉢中，一一粒米復成一鉢上味飲食。如是展轉出生滿十方世界悉是寶鉢，成滿上味飲食。……若為除貪味之時，雖得好食，當想作種種不淨之物食之，而常知此好惡之食，悉是心作，虛相無實。何故得知？以向者鉢中好食，我作不淨之想看之，即唯見不淨，即都不見淨故。將知本時淨食，亦復如是，是心所作。此是「觀門」。

由於了知一切皆是心之所作，因此還從心轉之。亦即藉由心之觀想，於一鉢中，觀想一一米粒皆成上味飲食；於一切鉢，亦復作如是觀想。反之，若於飲食起貪，則觀想飲食之不淨，而加以對治之。因為一切皆由心之所作，不離於心，有即非有。於「觀門」作如是觀，同樣地，於「止門」亦復如此，如《大乘止觀法門》卷4：

> 「止門喫食」者，當觀所食之味，及行食之人、能食之口、別味之舌等。一一觀之，各知從心作故，唯是心相，

[10] 《大乘止觀法門》卷4，《大正藏》冊46，第1942經，頁663下。

> 有即非有。體唯一心，亦不得取於一心之相。何以故？以心外無法能取此心相故，若有能取、所取者，即是虛妄，自體非有。此名「止門」。⓫

此即觀想所食之味、行食之人、能食之口、別味之舌等，皆從心所作，唯是心相，有即非有，亦不得取著一心之相。

若了知一切是由心所作，則於所供養對象、自身、供具等，觀想己身如香藏王，出生種種妙香，供養一切；且觀想己身遍滿十方，供養一切，如《大乘止觀法門》卷4：

> 又復行者，既如是知一切諸佛是心所作故，當知身及供具亦從定心出生。以是義故，當想自身、心，猶如香藏王，身諸毛孔內流出香煙雲，其雲難思議，充滿十方剎，各於諸佛前，成大香樓閣。其香樓閣內，無量香天子，手執殊妙香，供養諸最勝。或復想自身遍滿十方國，身數等諸佛，親侍於如來。……以己心作物及施他己者，復迴施眾生，供獻諸最勝。深入緣起觀，乃能為此事。⓬

而能作如是之妙供，實乃因爲深入緣起之故，乃能爲之，所謂「深入緣起觀，乃能爲此事。」。

（二）智者大師之食觀法

在食觀法中，不僅南嶽慧思重視之，同樣地，天台智者亦相當重視之，其撰有《觀心食法》一文，特別強調於飲食時，

⓫ 《大乘止觀法門》卷4，《大正藏》冊46，第1942經，頁663下。

⓬ 《大乘止觀法門》卷4，《大正藏》冊46，第1942經，頁663上。

務必作觀，如此所食才是般若飯，否則只是滋潤生死業而已，如其云：

> 夫食者，眾生之外命，若不入觀，即潤生死。若能知入觀，分別生死有邊無邊。不問分衛，與清眾淨食，皆須作觀觀之者，自恐此身內，舊食皆是無明煩惱，潤益生死。今之所食，皆是般若。想於舊食從毛孔次第而出，食既出已，心路即開。食今新食，照諸暗滅，成於般若。故《淨名》云：於食等者，於法亦等。是為明證。[13]

此說明於飲食時作觀，了知「舊食皆是無明煩惱，潤益生死」，而今之所食，皆是般若。觀想舊食從毛孔次第而出，舊食既出已，則心路即開；觀想今之新食，照諸暗滅，成於般若食。如此所食，即是般若飯。接著，《觀心食法》則進一步以般若、法身、解脫等三德來說明般若食，且以「空、假、中」觀之，如其云：

> 以此食故，成般若食，能養法身，法身得立，即得解脫，是為三德。照此食者，非新非故，而有舊食之故，而有新食之新，是名為假。求故不得，求新不得，畢竟空寂，名之為空觀。食者自那可食為新，既無新食那可得食，食者而不離舊食養身而新食重益，因緣和合，不可前後分別，名之為中。只「中」，即假、空；只「空」，即中、假；只「假」，即空、中，不可思議，名為「中道」。又《淨名》云：「非有煩惱，非離煩惱；非入定意，非起定意，是名

[13] 《觀心食法》卷 1，《卍新纂續藏》冊 55，第 911 經，頁 687 上。

食法也。」⓮

藉由般若食，能長養法身，而得解脫，此食即是三德。若觀照此食，非新非故，而有舊食之「故」，及新食之「新」，此名之為假觀。然而求「故」不可得之，求「新」亦不可得之，畢竟空寂，此名之為空觀。舊食、新食既不可得，而亦不離舊食養身、新食增益，因緣和合，不可以前後分別之，此名之為中觀。雖就三觀各分別來論之，然就實際而言，只「中」，即是假、空；只「空」，即是中、假；只「假」，即是空、中。空、假、中，皆不可思議，名之為「中道」，以此觀之，即是食觀法，成就般若飯。

三、慈雲遵式之食觀法

慈雲遵式其畢生以傳持天台教觀為己任，甚至以「天台教主」來稱呼智者大師。⓯而有關止觀修習，不外乎事修、理觀。⓰基本上，此事修、理觀皆秉自於天台。而慈雲遵式的食觀法，即是運用此歷事修觀之圓頓觀法，輔以持咒運作之。如下所述：

⓮ 《觀心食法》卷 1，《卍新纂續藏》冊 55，第 911 經，頁 687 上。

⓯ 如慈雲遵式《天台智者大師齋忌禮讚文》卷 1：「稽首天台教主……一心奉請天台教主智者大師。」（《大正藏》冊 46，第 1948 經，頁 966 中）而以「天台適嗣」稱呼南嶽慧思，如其又云：「一心奉請天台高祖無畏論師龍樹尊者；一心奉請天台宗教第二祖師北齊尊者；一心奉請天台適嗣第三祖師南岳尊者。」（《大正藏》冊 46，第 1948 經，頁 966 中）

⓰ 如慈雲遵式所集再治《請觀世音菩薩消伏毒害陀羅尼三昧儀》卷 1：「故約事，即今十科事行。約理，惟二：一、順陀羅尼中道正觀；二、歷事修觀。此之事理，必藉三業。三業成機，理無不應。應即業淨，業淨即障除。障除即會德，會德即無事理，亦無感應。一切寂然，誰論十意？」（《大正藏》冊 46，第 1949 經，頁 968 中）

（一）歷事修觀之圓頓法

在慈雲遵式之施食的相關著作中，如〈施食正名〉、〈施食法〉、〈施食文〉、〈施食法式〉、〈施食觀想〉等，與南嶽慧思、天台智者大師有密切關係，如慈雲遵式〈施食觀想〉云：

> 問：作此露布次第觀想，準何處作？
>
> 答：準天台三種觀中，⑰歷事觀作。既云歷事，隨彼事相而

---

⑰ 此三種觀法，是指歷事（託事）、附法、約行。在智者大師時，並未對理觀做如此細分，僅以坐中修、歷緣對境修，來說明止觀之修習。《摩訶止觀》雖提及「歷文修觀」，乃指隨文修觀，如其云：「今歷文修觀，言六牙白象者，是菩薩無漏六神通，牙，有利用如通之捷疾。象，有大力表法身荷負。無漏無染，稱之爲白。」（《大正藏》冊 46，第 1911 經，頁 14 上）於灌頂章安雖提及「歷事修觀」，實指「歷文修觀」，如《觀心論疏》卷 3：「修理觀者，今歷事修觀。言六牙白象者，是菩薩無漏六神通，牙，有利用，如通之捷疾。象，有大力，表法身荷負。無漏無染，稱之爲白。」（《大正藏》冊 46，第 1921 經，頁 603 上）到了唐、宋時，普遍將理觀（觀心）分成三種觀，如荊溪湛然《止觀義例》卷 2：「三觀者，義唯三種：一者從行，唯於萬境觀一心，萬境雖殊，妙觀理等，如觀陰等，即其意也。二、約法相，如約四諦、五行之文，入一念心以爲圓觀。三、託事相，如王舍耆闍，名從事立，借事爲觀，以導執情，即如方等普賢，其例可識。」（《大正藏》冊 46，第 1913 經，頁 458 上）又如《止觀輔行傳弘決》卷 3：「今先明實相觀法，次明歷事觀法。然歷事觀法，經論皆爾，非獨今文。如《大經》云：『頭爲殿堂』等；《法華》云：『忍辱衣』等；《淨名》中『法喜妻』等；《大論》中『師子吼』等。何但釋教，俗典亦然。」（《大正藏》冊 46，第 1912 經，頁 190 下）湛然所說的「從行」，是指實相觀法，且以實相觀法、歷事觀法等來說明理觀。此亦影響了慈雲遵式，如《請觀世音菩薩消伏毒害陀羅尼三昧儀》卷 1：「故約事，即今十科事行。約理，惟二：一、順陀羅尼中道正觀；二、歷事修觀。」（《大正藏》冊 46，第 1949 經，頁 968 中）如四明知禮《四明十義書》卷 2：「約行、附法、託事三種觀法，皆爲行立，俱可造修。若但論教義，不觀己心，則如『貧數他寶，自無半錢分』也。」（《大正藏》冊 46，第 1936 經，頁 842）又《四明十義書》

> 設觀想，故無常科。今準天台供養三寶運香華觀想，大旨一同。[18]

此說明了食觀法，是依據三種觀法（歷事、附法、約行）之「歷事觀法」來運作。又如慈雲遵式於〈修盂蘭盆方法〉「受供法儀」云：

> 至受食時，唱等供已，各更作食觀，然後方食。如南嶽禪師偈云：此食色香味，上供十方佛，中奉諸賢聖，下及六道品，等施無差別，隨感各飽滿，令諸施主得無量波羅蜜。又云：此食色香，如栴檀風，一時普熏十方世界——凡、聖有感，各得上味；六道聞香，發菩提心——於食能生六波羅蜜及以三行。作是觀者，施者、受者俱獲妙益。又復應知，一食之內，正意默然而食，不得雜想雜語，自壞、壞他，為損非輕，餘可意裁。[19]

卷 1：「且三種觀法，皆顯心性。但事、法二觀，既託事義觀心及附法相觀心，且非直顯。唯約行觀，直於陰心顯三千性，方名『直顯心性』。據此兩書，定判此玄十種三法，已是約行之觀，故可廢今附法觀心也。」（《大正藏》冊 46，第 1936 經，頁 832 中）另如《十不二門指要鈔》卷 1：「託事，則借彼事義立境立觀，如王舍、耆山等；附法，則攝諸法相入心成觀，如四諦、五行等，既非專行，故十乘不委。此即《義例》約行等三種觀相也。」（《大正藏》冊 46，第 1928 經，頁 705 下）如孤山智圓《請觀音經疏闡義鈔》卷二：「例明一家觀心，不出三種。謂約行、附法、託事。約行，則存乎止觀；事、法，則遍在諸文。」（《大正藏》第 39 冊，第 1801 經，頁 984 下）此外，亦由此歷事觀心等問題，而引發了宋代山家、山外之論爭。

[18] 《金園集》卷 2，《卍新纂續藏》冊 57，第 950 經，頁 12 下。

[19] 《金園集》卷 1，《卍新纂續藏》冊 57，第 950 經，頁 7 上。

〈施食觀想〉云：

> 又南嶽禪師〈食觀偈〉云：「此食色香如栴檀風，一時普熏十方世界，凡、聖有感，各得上味，……」請詳此觀，何俟致疑？又《淨名經》云：「以一食施一切，供養諸佛及眾賢聖，然後可食。」豈非食觀？⓴

以上所引述，在在顯示了慈雲遵式之食觀法，基本上，是依據於南嶽禪師的〈食觀偈〉及天台智者的「食觀法」而來。

此食觀法之歷事而修，基本上，乃是秉持中道實相修之，屬圓頓觀法，如〈施食觀想〉云：

> 大意者，飲食具色、香、味、觸、法五塵，唯闕聲耳。於五中，味塵為主，味依色住，亦可觀色為境。《大品》云：「色中無味相，凡夫不應著；色中無離相，二乘不應離。」即是非味非離，顯色中道法界，何法不備？是故，一色具一切色，亦具聲、香等一切諸塵，及一切法、一切心，隨感而施，何法不現。《淨名經》云：「譬如諸天，共寶器食，隨其福德，飯色有異。」《止觀大意》「妙境」云：「一一塵中一切塵，一一塵中一切心，一一心中一切剎等。」（云云）㉑

此中說明了飲食即是中道，具足一切法，如一色具一切色，且亦具足香、味、觸等一切諸塵及一切法。又如其云：

⓴ 《金園集》卷 2，《卍新纂續藏》冊 57，第 950 經，頁 12 下。

㉑ 《金園集》卷 2，《卍新纂續藏》冊 57，第 950 經，頁 11 下。

《釋論》云：「菩薩呵色，見色實相，到色彼岸。」即是見色中道；若分別色具種種相，即是見色俗諦；俗即是空，即是見色真諦，亦是見色三諦。既了色即是法界，即是實相，即是中道三諦等，即應了色即是陀羅尼。當知所施飲食，色之與味，即陀羅尼體也；一食出無量食等，即陀羅尼用也。[22]

此顯示飲食即是法界，即是實相，即是中道三諦，亦即是陀羅尼不思議法。所以，能於一食出生無量食，普供十方諸佛、菩薩聖賢及六道眾生。

（二）食觀法之理論基礎

此食觀法之理論基礎，乃建立在法法皆是中道實相上。若依此道理而修，即是理觀，亦即是圓頓觀法。且慈雲遵式特別重視理觀，認爲若無理觀，事修儀軌則成爲虛設，如其於〈法華三昧懺儀勘定元本・序〉云：

且十科行軌，理觀為主，儻一以誤，九法徒施。[23]

又如慈雲遵式所集再治的《請觀世音菩薩消伏毒害陀羅尼三昧儀》云：

應知大乘三種懺悔，必以理觀為主。《止觀》云：「觀慧之本，不可闕也。」《輔行》釋云：「若無觀慧，乃成無益苦行故也。」《禪波羅蜜》云：「一切大乘經中明懺悔法，悉

---

[22] 《金園集》卷 2，《卍新纂續藏》冊 57，第 950 經，頁 11 下。

[23] 《法華三昧懺儀》卷 1，《大正藏》冊 46，第 1941 經，頁 949 上。

以此觀為主。若離此觀，則不得名大乘方等懺也。」㉔

諸如此類，在在顯示慈雲遵式於諸種三昧之實踐觀法上，對理觀之重視，且強調若未能掌握理觀，則於行法上的種種施設，難免成了虛設。

有關中道實相之理論基礎，慈雲遵式則廣泛地運用於諸方面，例如授菩薩戒、修習止觀等，如其於〈授菩薩戒儀式十科〉之「第一、開導信心」中，說道：

諸佛子欲求此戒，須發信心，《華嚴經》云：「信是道源功德母，長養一切諸善根。」當知！信心為萬善之本。今所發信心者，須信現前一念，即大乘菩薩戒體。故《瓔珞經》云：「一切凡、聖戒皆以心為本，心無盡故，戒亦無盡。」㉕

此說明於受菩薩戒時，須深信此現前一念心，即是大乘菩薩戒體，由於心無盡故，戒亦無盡。又如其云：

若受菩薩三聚淨戒，……受茲戒法，即於凡夫此身一念之中，訖至成佛，具八種殊勝，現世獲五種利益。云何為五？一者、得諸佛諸大菩薩心心護念，時時記持。……五者、臨命終時，心無悔惱，神識安然，捨此報身，直生佛淨土。八種殊勝者：第一、趣道殊勝者，譬如大鵬一舉

㉔ 《請觀世音菩薩消伏毒害陀羅尼三昧儀》卷 1，《大正藏》冊 46，第 1949 經，頁 968 上 - 中。

㉕ 《金園集》卷 1，《卍新纂續藏》冊 57，第 950 經，頁 1 中。

> 翅，高飛能至十萬九千里，喻此菩薩趣道徑疾。故《法華經》云：「乘是寶乘，直至道場。」又《華嚴經》云：「以少方便而得菩提。」當知！但了一心，名少方便，更無所至，當體湛然。第二、發心殊勝者，諦了初心，當念成佛，因果同時。……第八、果報殊勝者，生蓮華藏海，受法性身，湛然常住，無生無滅，以念念趣薩婆若海，成無上菩提。[26]

此中所說的五種利益、八種殊勝，基本上，皆不離中道實相之道理。又例如於止觀之運用，其於〈南嶽禪師止觀．後序〉云：

> 止觀用也，本乎明、靜；明、靜，德也，本乎一性。性體本覺，謂之明；覺體本寂，謂之靜。明、靜不二，謂之體。體無所分，則明、靜安寄？體無不備，則明、靜斯在。語體，則非一而常一；語德，乃不二而常二。秖分而不分，秖一而不一耳。體德無改，強名為萬法之性。體德無住，強名為萬法之本。萬法者復何謂也，謂舉體明、靜之所為也。何其然乎？良由無始本覺之明，強照照生而自惑，謂之昏；無始無住之本，隨緣緣起而自亂，謂之動。昏動既作，萬法生焉。捏目空華，豈是他物？故云：「不變隨緣，名之為心；隨緣不變，名之為性。」心，昏動也；性，明靜也。若知無始即明而為昏，故可了今即動而為靜。於是聖人見其昏、動可即也，明、靜可復也。[27]

---

[26] 《金園集》卷 1，《卍新纂續藏》冊 57，第 950 經，頁 1 下。

[27] 《天竺別集》卷 1，《卍新纂續藏》冊 57，第 951 經，頁 22 上。

又如其云：

> 故因靜以訓止，止其動也；因明以教觀，觀其昏也。使其究一念即動而靜，即昏而明。昏動既息，萬法自亡。但存乎明、靜之體矣！是為圓頓，是為無作，是如來行。是照性成修，修成而用廢，誰論止觀？[28]

又如其云：

> 體顯而性泯，亦無明、靜，豁然誰寄，無所名焉。為示物旨歸，止成，謂之解脫；觀成，謂之般若；體顯，謂之法身。是三即一，是一即三，如伊三點，如天三目，非縱橫也，非也異也，是謂不思議三德，是為大般涅槃也。[29]

所謂止觀明靜，乃指諸法實相，本是圓頓無作，是如來行，是不思議三德，是爲大般涅槃。又如慈雲遵式於《往生淨土懺願儀》云：

> 問：行法既多，云何一心？
> 答：有理、有事。一者、理一心，謂初入道場，乃至畢竟，雖涉眾事，皆是無性，不生不滅，法界一相，如法界緣，名「理一心」。二者、事一心，謂若禮佛時，不念餘事，但專禮佛，誦經、行道，亦復如是，

---

[28] 《天竺別集》卷 1，《卍新纂續藏》冊 57，第 951 經，頁 22 中。
[29] 《天竺別集》卷 1，《卍新纂續藏》冊 57，第 951 經，頁 22 中。

是名「事一心」也。[30]

此即了知諸法乃是中道實相，皆是法界一相。因此，以繫緣法界來修行之，此即是「理一心」。

慈雲遵式進而將此中道實相道理，運用於日常生活中，乃至起心動念時，如〈圓頓觀心十法界圖〉云：

竊聞其廣不可涯，高不可蓋，長不可尋。將盈而虛，將晦而明。雖邊而中，微妙深絕叵得而思議者，惟「心」也。天台師聞諸於靈山，證諸於三昧，知其寂默非數所求，而強以數，數於非數，依《法華》作十界、百界、三千權實，以明諸性非合也，非散也，自然而然，曰「諸法實相」，使人易領也。然後示之，一念空，三千皆空；一念假，三千皆假；一念中，三千皆中。成圓三觀，觀圓三諦，以明諸修，大智也，大行也。不運而速，曰「白牛大車」，使人頓入也。故得自因至果，不移一念，坐道場，成正覺，降魔、說法，度眾生，入涅業而能事畢矣！用龍樹偈「因緣即空即假即中」，會而同之。十法界者，何也？十統諸法也，三諦為界也。何者？謂佛以「中」為法界者也，菩薩以「俗」為法界者也，緣覺、聲聞同以「空」為法界者也，地獄、鬼、畜、修羅、人、天同以因緣生法為法界者也。空、假、中者，雖三而一也；十界者，亦一而十也。故使互含，一復具九，如帝珠交映，成百法界也。一因緣一切因緣，一空一切空，一假一切假，一中一切中。[31]

[30] 《往生淨土懺願儀》卷 1，《大正藏》冊 47，第 1984 經，頁 491 下。

[31] 《天竺別集》卷 2，《卍新纂續藏》冊 57，第 951 經，頁 28 上 - 中。

於此引文中，慈雲遵式舉一念三千來說明，認爲此乃天台智者大師聞諸於靈山，證諸於法華三昧之際，知其寂默，非數所求，而以善巧方便，依《法華經》作十界百界三千權實法，使人明白諸法實相之道理。然後示以觀法，了知一念空，三千皆空；一念假，三千皆假；一念中，三千皆中。此即是以圓三觀，來觀圓三諦，成就大智、大行。於一念中，頓現十法界，如慈雲遵式〈圓頓觀心十法界圖〉所示。[32]

（三）食觀與持咒之關係

同樣地，若就受食施食而言，於「食」本身，即是中道實相，即是法界，即是陀羅尼，而爲何須輔助持咒？對於此問題，慈雲遵式於〈施食觀想〉加以釋之，如其云：

> 問：若食即是陀羅尼者，何故更須呪乎？
>
> 答：實爾，諸佛聖人證此一塵法界，故能以自在之力稱性而用，何俟更呪？淨名取一鉢香飯徧飯三萬二千無所乏少，豈藉呪乎？三乘賢聖食此飯者，悉入正位或增道損生，其香乃消，豈非具一切法也？但眾生在迷，於理既惑，於事亦礙，於自在法中而自桎梏，如水為冰，安責水用？故聖人方便，密説此法，名陀羅尼，令誦以呪之。呪句與色、味法性相應，能令鬼神見食無量。[33]

---

[32] 參《天竺別集》卷 2〈圓頓觀心十法界圖〉，《卍新纂續藏》冊 57，第 951 經，頁 27。

[33] 《金園集》卷 2，《卍新纂續藏》冊 57，第 950 經，頁 12 上。

此說明了雖於「理」上，一切法皆是不可思議，但由於眾生迷此理故，所以於事上有障礙。因此，需輔以持咒，藉由持咒之方便，而與飲食法性相應。

既然須持咒，又何須觀想？對於此問題，慈雲遵式則加以釐清，如〈施食觀想〉云：

> 問：變食由呪力何用觀乎？
>
> 答：觀扶於呪，彌益其美。又呪是他力，觀是自力，但呪而無觀，譬如盲者使人作大施會，但信他語，云得食、不得食等，自終不見。若加觀想，如有目者，使人作大施會，一一眼見，不由他語。呪如使人，觀如眼見，《金剛般若》云：「若菩薩心住於法而行布施，如人入闇，則無所見；若不住法而行布施，如人有目，日光明照，見種種色。」今無觀者，只作事行，如人入闇也。觀稱法界無住，即是無住行施，其福譬如十方虛空不可思量也。凡作一切佛事，乃至獻一華、一香，皆能作觀者，不滯生死，一一流入薩婆若海中，少戒、少施，皆成佛果，良由茲矣！[34]

此以自力、他力，來說明食觀、持咒之不同，食觀如自力，持咒如他力。又如有目、無目，於食作觀想，如人有目，能見種種；若不作觀，如人入黑暗中，不能所見。因此，慈雲遵式強調食觀之重要，所謂「凡作一切佛事，乃至獻一華一香，皆能作觀者，不滯生死，一一流入薩婆若海中，少戒少施皆成佛果，良由茲矣」。

---

[34] 同上註，頁 12 下。

基本上，慈雲遵式認爲於施食持咒時，若能加觀想，則彌爲盡善，如〈施食法〉云：

> 作此施已，於其四方有百千俱胝那由他殑伽沙數餓鬼，一一鬼前，各有摩伽陀國七七斛食，受此食已，悉皆飽滿。是諸餓鬼悉捨鬼身，生於天上。其施婆羅門仙及供養三寶，尋經易見（當誦呪時，更加觀想，彌為盡善。想器中飲食色味無盡，徧施不匱。如淨名室中，一盂香飯，充足眾會，無所乏少。亦如《涅槃》純陀少飯，充雙林大眾，不多不少。信此陀羅尼不可思議，飲食色、香亦不可思議，眾生心亦不可思議，夫何惑哉！）。[35]

又如〈施食觀想〉云：

> 經云：此陀羅尼名〈無量威德自在光明勝妙力〉，此復以三德為義：
> 無量威德，自在解脫德也；
> 光明，般若德也；
> 勝妙，法身德也；
> 力，是總結力用也。
> 自非法身勝妙之用，安能一餐充彼巨億萬數塵沙之眾乎。[36]

由於諸法即是法界，一多無礙，一切飲食、一切眾生等，亦復如

[35] 《金園集》卷 2，《卍新纂續藏》冊 57，第 950 經，頁 11 中。
[36] 《金園集》卷 2，《卍新纂續藏》冊 57，第 950 經，頁 12 上。

此不可思議，具足三德（解脫德、般若德、法身德），故能以一食普施十方一切諸佛、菩薩聖賢及六道眾生。由此可知，慈雲遵式對食觀法之重視，強調歷事修觀之重要性，藉由運心觀想，契入諸法實相，所謂：「欲修妙供，先善運心。」[37]

四、結語

諸如此類，不勝枚舉，在在可以看出慈雲遵式對理觀之重視，雖然一般以十大懺主、實踐家來稱呼慈雲遵式，但其背後所蘊含天台教觀之深厚理論基礎，是不能忽略的。依慈雲遵式之看法，天台之三種止觀（漸次、不定、圓頓止觀），基本上，皆須具備圓解，才能實踐之，如其〈天台教隨函目錄〉云：

> 今家有三種止觀：一曰漸次、二曰不定、三曰圓頓。漸次，則解頓、行漸。不定，則解頓，行或頓或漸。圓頓，則解、行俱頓。此三止觀，對根不同，行相雖殊，俱依圓理而為宗本。[38]

---

[37] 如《金園集》卷 1：「欲修妙供，先善運心。當念慈親昊天恩大，若非妙福，何以報醻？福境至尊，非信莫及。然僧涉凡、聖，遐括十方，奉供之心，理無局限，必使一香、一味、一粒、一果，分通十方。願十方僧，同來受用。故三藏云：『歷十方而運想，澄一心而供養。』心既無限，福亦無涯。於聖於凡，無厚無薄，等心誠敬。以諸聖人示作凡僧混和難測，不得於中起分別心。縱是舊識，亦不得測量，持戒毀戒、有德無德，但一心供養，勿生異想。《梵網經》云：『別請五百羅漢菩薩僧，不如次請一凡夫僧。』準此而思，運懷普等，始獲僧福也。（於一一凡、聖僧邊，獲得僧福；其一僧福者，如經『供養觀世音得福無邊』，況眾僧乎？）」（《卍新纂續藏》冊 57，第 950 經，頁 6 下）

[38] 《天竺別集》卷 1，《卍新纂續藏》冊 57，第 951 經，頁 25 上 - 中。

此中說明了天台之三種止觀，皆是建立在圓法上。漸次止觀，則解頓而行漸。不定止觀，則解頓，而於行上或頓或漸。圓頓止觀，則於解、行俱頓。

天台宗向來重視止觀之修習，其修習方式，有坐中修、歷緣對境修。坐中修，則著眼於基本工夫之鍛鍊；歷緣對境修，則落實於日常生活之運作。歷緣對境修，包括了六根對六塵、六威儀等。食觀法，是屬歷事觀法，亦即是圓頓觀法。

最後，以慈雲遵式之發願文，做爲結語：

願我盡生無別念
天台妙教獨相隨[39]

* 本篇登載於可祥主編，《天台佛學研究：慈雲遵式紀念專輯》第 3 輯，頁 20-33，宗教文化出版社（2021 年 2 月）。

[39] 引自慈雲遵式《天台智者大師齋忌禮讚文》卷 1：「願我盡生無別念，天台妙教獨相隨，聲香浩浩罷搖情，名利汪汪休奪志；展卷研幾雲屋夜，冥心索隱雪房時，諸祖傳弘誓海深，願常冥助令開悟。」（《大正藏》冊 46，第 1948 經，頁 967 下 -968 上）

第七篇

大慧禪師對智者大師悟境之看法

摘要

對大慧宗杲禪師（1089－1163）而言，「談禪說教」皆只是方法之運用而已，實不應執禪或執教。於禪於教，就大慧禪師本身來說，乃是出入無障無礙的。此並不同於一般所認知之下的禪師，一昧地破除經教。若於禪於教有所執著，實皆是大慧禪師所破斥的對象，尤其對於當時的禪和子、士大夫之執教，往往是大慧禪師所喝叱的。

本論文試著從大慧禪師對天台智者大師（538－597）悟境之理解，來探討其對智者大師所證法華三昧之肯定，且進而探討其對智者大師所施設「空、假、中」之看法。大慧禪師認為智者大師所親證之法華三昧境界，見靈山一會儼然未散，是唯證乃知之事，是實有此事，而非是一種表法。且認為智者大師於證悟法華三昧之後，「以空、假、中三觀該攝一大藏教，無少無剩」，甚至認為一心三觀對親證親悟的禪者來說，是「眞箇為禪和子出氣」，其認為將此一心三觀於無量劫演說亦不盡。

諸如此類，可窺知大慧禪師對天台教觀之所持態度，乃是相當肯定的。因此，本論文主要從兩方面來切入：首先，探討大慧禪師對智者大師悟境之看法；其次，探討大慧禪師對一心三觀之看法。

關鍵字：智者大師、大慧宗杲、法華三昧、一心三觀、空假中

一、前言

對大慧宗杲禪師（1089－1163）而言，其對「生死事大」之疑，乃是其修行關鍵之所在。而當時禪和子、士大夫對經教禪法之執著，是其所痛喝針砭之處。大慧禪師整整花了十七年功夫來參透生死大事，如《大慧普覺禪師語錄》卷 16：

> 要與現前一眾，說些禪病。故柳子厚以天台教為司南，言禪病最多，誠哉是言！天台智者之教，以空、假、中三觀攝一切法，教人把本修行。禪無文字，須是悟始得。妙喜自十七歲，便疑著此事，恰恰參十七年，方得休歇。❶

緊接著，又道：

> 未得已前，常自思惟：我今已幾歲？不知我未託生來南閻浮提時，從甚麼處來？心頭黑似漆，並不知來處，既不知來處，即是生大；我百年後死時，却向甚麼處去？心頭依舊黑漫漫地，不知去處，既不知去處，即是死大。謂之無常迅速，生死事大。……禪和子尋常於經論上收拾得底，問著無有不知者；士大夫向九經十七史上學得底，問著亦無有不知者。却離文字，絕却思惟，問他自家屋裏事，十箇有五雙不知。他人家事，却知得如此分曉。如是則空來世上打一遭，將來隨業受報。畢竟不知自家本命元辰落著

---

❶ 《大慧普覺禪師語錄》卷 16，《大正藏》冊 47，第 1998A 經，頁 878 下。

處，可不悲哉！❷

在上述引文中，雖從唐代柳宗元所說的禪病談起，但同時也道出了大慧禪師之修學歷程，強調親證親悟始得，且其足足以十七年的工夫來參透生死大事。另外，也反映了當時禪和子、士大夫之病，在於對經教之執著，欠缺實際之工夫，而此也往往成了大慧禪師所痛喝針砭之所在。

由於當時禪病問題最多，所以柳宗元特以天台智者大師（538－597）之教做爲修行指南。大慧禪師認爲天台智者之教，乃是從禪出教，其施設「空、假、中」一心三觀，來統攝一切法，教人依此而修。而禪宗恰恰與此相反，強調親悟始得。如上述引文所說：「天台智者之教，以空、假、中三觀攝一切法，教人把本修行。禪無文字，須是悟始得。」因此，大慧禪師從十七歲開始參生死大事，參悟生從何來？死從何去？乃由於大慧禪師以十七年的工夫參透生死大事親悟親證之故，因而對智者大師所證之法華三昧，有著深刻的體會，以及對智者大師所施設之「空、假、中」三觀，亦有著深切的了解。

禪、教彼此雖有別，❸而所悟實無差別。予禪、予教，皆只是方法之運用不同而已，不應如禪和子、士大夫落入執禪執教之病。對大慧禪師本身而言，於禪於教無障無礙。一方面肯定智者大師所證之法華三昧境界，另方面也肯定智者大師所施設「空、假、中」一心三觀。

---

❷ 《大慧普覺禪師語錄》卷 16，《大正藏》冊 47，第 1998A 經，頁 878 下 -879 上。

❸ 有關禪、教之別，大致分爲：禪——親悟始得、無文字；教——把本修行、有文字。

因此，本論文主要從兩方面來切入，首先，探討大慧禪師對智者大師悟境之看法；其次，探討大慧禪師對智者大師施設「空、假、中」三觀之看法。

二、大慧禪師對智者悟境之看法

由於大慧禪師本身於修行上，有著實際之親證親悟，[4]因而對天台智者大師所證悟之法華三昧，有著一番如實相應之深刻體會，如《大慧普覺禪師語錄》卷 17：

> 所以道：欲識佛性義，當觀時節因緣。時節若至，其理自彰。不見天台智者大師因讀《法華經》至藥王菩薩焚身處云：「是真精進，是名真法供養如來」，於此豁然，前後際斷，便證法華三昧。於三昧中，見靈山會上釋迦老子與百萬大眾儼然未散。如今說與人，若是不曾入得這般境界，剗地不信。何故？智者自是陳、隋時人，與釋迦老子相去二千年，如何因「是真精進，是名真法供養如來」，便於法華三昧中，見靈山一會儼然未散。為復是謾人耶？是假說耶？此事唯證乃知，難可測。[5]

---

[4] 如大慧禪師於多處描述其參透生死大事，達能所雙亡、前後際斷、心意識泯、打失鼻孔入華嚴境界等。

[5] 《大慧普覺禪師語錄》卷 17，《大正藏》冊 47，第 1998A 經，頁 884 上。此段內容，同樣出現在《大慧普覺禪師普說》卷 5，所謂：「所以道：欲識佛性義，當觀時節因緣。時節若至，其理自彰。不見天台智者大師因讀《法華經》，至藥王菩薩焚身處，云：『是眞精進，是名眞法供養如來。』於此豁然，前後際斷，便證法華三昧。於三昧中，見靈山會上釋迦老子與百萬大眾儼然未散。如今說與人，若是不曾入得遮般境界，剗地不信。何故？智者

接著，又道：

> 須知妙喜今日說法，與釋迦老子在靈山會上說法無異，與智者大師在南嶽證得「是真精進，是名真法供養如來」亦無異。真實證者，必不相欺；未證者，一似說夢。所以道：過去一切劫，安置未來今；未來現在劫，回置過去世。以海印三昧，一印印定，更無透漏，無去無來，無前無後。非但妙喜一人如是，判府郎中亦如是。非但判府郎中如是，判縣朝議與諸同官寄居賢士大夫亦如是。非但判縣朝議與諸同官寄居賢士大夫如是，乃至現前若僧、若俗、若貴、若賤亦如是。如是之法，在天同天，在人同人。應以佛身得度者，即現佛身而為說法，應以宰官身乃至婆羅門、婦女身得度者，悉現其身而為說法。此是一味清淨平等法門，若向這裏明得各人本地風光、本來面目，方知一大藏教五千四十八卷，句句不說別事。❻

此說明了智者大師因讀誦《法華經》至「是眞精進，是名眞法供養如來」之處，於此豁然開悟，前後際斷，能所雙泯，證得法華三昧。❼而此所證之法華三昧境界，是唯證乃知之事。此所證之

自是陳、隋時人，與釋迦老子相去二千年，如何因『是眞精進，是名眞法供養如來』，便於法華三昧中，見靈山一會儼然未散。爲復是謾人耶？是假說耶？此事唯證乃知，難可測。」（《卍正藏》新文豐版冊 59，第 1540 經，頁 1011 中）

❻ 《大慧普覺禪師語錄》卷 17，《大正藏》冊 47，第 1998A 經，頁 884 中。

❼ 有關智者大師證悟法華三昧之情形，如《隋天台智者大師別傳》卷 1：「於是昏曉苦到，如教研心。于時但勇於求法而貧於資供，切栢爲香，栢盡，則繼之以栗。卷簾進月，月沒則燎之以松。息不虛黈，言不妄出。經二七日，誦至〈藥王品〉諸佛同讚『是眞精進，是名眞法供養』，到此一句，身心豁

境，對證悟者而言，必不相欺；但若對未證者而言，一似說夢，如大慧禪師所說「若是不曾入得這般境界，剗地不信」。此是一味清淨平等法門，是人人本地風光、本來面目，是諸佛菩薩所證、智者大師所證，乃至大慧禪師所證，莫不如此，甚至三藏十二部經典所說，亦無非此。而以「過去一切劫，安置未來今；未來現在劫，回置過去世」，或以「以海印三昧，一印印定，更無透漏，無去無來，無前無後」等，來描述所證之境界，於時間上，彼此互攝無障無礙。而此所證之境，實乃人人本具，隨不同因緣而示現，所謂：「如是之法，在天同天，在人同人。應以佛身得度者，即現佛身而爲說法，……此是一味清淨平等法門，若向這裏明得各人本地風光、本來面目，方知一大藏教五千四十八卷，句句不說別事。」

而對於所證悟之境，在大慧禪師諸論著中，有多處著墨之，且加以舉證之，如《大慧普覺禪師語錄》卷 18：

> 所以道：懸崖撒手，自肯承當；絕後再甦，欺君不得。莫道無恁麼事。嘗記得：張無盡有言，先佛所說於一毛端現寶王剎，坐微塵裏轉大法輪。是真實義。法華會上，多寶如來在寶塔中，分半座與釋迦文佛，過去佛、現在佛同坐一處。實有如是事，非謂表法。天台智者大師讀《法

然，寂而入定，持因靜發。照了法華，若高輝之臨幽谷；達諸法相，似長風之游太虛。將證白師（案：指南嶽慧思大師），師更開演，大張教網，法目圓備。落景諮詳，連環達旦。自心所悟，及從師受，四夜進功，功逾百年。問一知十，何能爲喻。觀慧無礙，禪門不壅。宿習開發，煥若華敷矣！思師歎曰：非爾弗證，非我莫識。所入定者，法華三昧前方便也。所發持者，初旋陀羅尼也。縱令文字之師千群萬眾，尋汝之辯不可窮矣！於說法人中，最爲第一。」（《大正藏》冊 50，第 2050 經，頁 191 下 -192 上）

> 華經》，至「是真精進，是名真法供養如來」，悟得法華三昧，見靈山一會儼然未散。山僧常愛老杲和尚每提唱及此，未嘗不歡喜踊躍，以手搖曳，曰：「真箇有恁麼事，不是表法。」爾輩冬瓜、瓠子，那裏得知？蓋他根本下明，但拙於語言三昧，發其要妙爾。此所謂唯證乃知，難可測。❽

在此引文中，大慧禪師舉三例子來做說明，將智者大師「悟得法華三昧，見靈山一會儼然未散」，與「於一毛端現寶王刹，坐微塵裏轉大法輪」、「法華會上，多寶如來在寶塔中，分半座與釋迦文佛，過去佛、現在佛同坐一處」並舉，用以說明確有其事，而非是表法。所謂「懸崖撒手，自肯承當；絕後再甦，欺君不得」。諸如此類，在在顯示所證之不虛，唯證相應。又如《大慧普覺禪師普說》卷 2：

> 所以道：心迷，《法華》轉；心悟，轉《法華》。信知得底人，
> 道有，不是世間窒礙之有；
> 道無，不是世間虛豁之無；
> 道亦有亦無，不在戲論；
> 道非有非無，不在相違。

---

❽ 《大慧普覺禪師語錄》卷 18，《大正藏》冊 47，第 1998A 經，頁 887 中。同樣地，此在《大慧普覺禪師普說》亦提及之，如其云：「所以道：懸崖撒手，自肯承當，絕後再穌，欺君不得，莫道無恁麼事。……曰：眞箇有恁麼事，不是表法。你輩冬瓜、瓠子那裏得知，蓋佗根本下明，但拙於語言三昧，發其要妙。爾此所謂唯證乃知，難可測。」（《卍正藏》新文豐版冊 59，第 1540 經，頁 1016 中 -1017 上）

> 因甚麼如此？法體本來如是，不是祖師強差排。所以，佛稱一乘法界性說《華嚴經》，不是表法。如今不得活祖師意底人，便關捩子不轉，撥向東去也不覺，撥向西去也不覺。所以趙州和尚道：「未出家時，被菩提使；出家了，使得菩提。」便是這箇道理也。[9]

此再度以佛陀稱法界性演說《華嚴經》，是實有其事，非是表法，來說明所證之境確實有之。對證悟者而言，於說有、說無、說亦有亦空、說非有非空，……皆是通達無礙，不落入世間之有、無、亦有亦無、非有非無等中。因為法爾如此，並「不是祖師強差排」的，而是本來如此。若未達到此地步，則容易隨有、無等而轉，落入於心、意、識分別中。如《大慧普覺禪師普說》卷 2：

> 不是這箇道理，此事以心、意、識學不得，佛之知見深奧，非凡情可測。《法華經》云：「假使滿世間，皆如舍利弗，盡思共度量，不能測佛智。」元來諸佛智慧不可以智知，不可以識識，無生無死，無去無來，此是一道清淨平等法門。故曰：無心能度生死海，無心能到如來地。不是世間土、木、瓦石無心，此是活底無心。若能如是修行，如是證悟，方知世間法便是出世間法。[10]

---

[9] 《大慧普覺禪師普說》卷 2，《卍正藏》新文豐版冊 59，第 1540 經，頁 846 中。

[10] 《大慧普覺禪師普說》卷 2，《卍正藏》新文豐版冊 59，第 1540 經，頁 843 中。

此證悟之境，乃是佛之知見，無法以心、意、識來測知佛智，因為「諸佛智慧不可以智知，不可以識識，無生無死，無去無來，此是一道清淨平等法門」。此中所說的佛之知見、佛智慧，乃是指清淨平等法門。因此，須泯除一切心、意、識分別，以至於「無心」，而此無心亦非同世間法之無心，是指能所雙泯之無心。如《大慧普覺禪師普說》卷 3：

> 古人一識得這箇關棙，便解說大脫空，有也空；無也空；非有非無亦空；非非有非非無亦空。謂之離四句絕百非，一時蕩滌得淨盡了。然後說大闡提人皆得作佛，故涅槃會上，廣額屠兒放下屠刀，便預千佛之數。然此是難信之法，未證者不能無疑，是故法華會上，舍利弗慇懃三請，佛方待說，只見會中比丘、比丘尼、優婆塞、優婆夷等五千人禮佛而退。若據祖師門下「此五千人却許具一隻眼」。佛言：「此輩罪根深重及增上慢，未得謂得，未證謂證，有如此失，是以不住。」既而五千退席，佛乃云：「此眾無枝葉，唯有諸真實。」⓫

此顯示證悟之境，實難了知信受，須泯除一切有、無、亦有亦無、非有非無等之執著，離四句，絕百非，一時蕩滌淨盡，才能無疑。若能深信此法清淨平等，放下屠刀立地成佛。若有所別，也只是迷悟之別而已，如《大慧普覺禪師普說》卷 1：

> 方知佛不欺人，是真語者，實語者，如語者，不誑語者，

⓫ 《大慧普覺禪師普說》卷 3，《卍正藏》新文豐版冊 59，第 1540 經，頁 890 中。

不異語者。然凡夫造業被業迷，諸佛、菩薩神通道眼常覺，你迷底你常在諸佛、菩薩覺性海中，眾生起善念亦覺，起惡念亦覺。你向明處坐，他在暗中見你；你在暗中坐，他在明處見你。明與暗，喻凡聖、迷悟。虛空之性，喻自家本地風光本來面目。虛空明暗，日月循環，有晝有夜，日沒之時，虛空不曾暗；日出之時，虛空不曾明。自家本地風光亦不曾明，亦不曾暗；自家本來面目亦不曾迷，亦不曾悟。迷悟在眾生一念間，一念迷，便受沉淪；一念悟，當體寂滅。所以，《法華經》云：「我今為汝保任此事，終不虛也。」無常迅速，生死事大，念念做好，事尚恐遲，豈況塵勞業識不覺不知？刹那造罪，殃墮無間，一失人身，萬劫不復。你看諸佛、菩薩道眼觀眾生造罪可驚可怖，眾生被日用塵勞只管輥將去，只見眼前受用之具，喚作樂；眾生顛倒迷己逐物，諸佛、菩薩喚作苦。然眾生顛倒造業受苦，本無自性，只在當人迷之與悟；若以智慧照破，善、惡都不可得。所以道：「善惡如浮雲，於中無起滅。」[12]

此說明迷、悟在眾生一念間，一念迷，便受沉淪；一念悟，當體寂滅，乃至眾生顛倒造業受苦本無自性，只在當人迷之與悟，若以智慧照破，善、惡都不可得。因此，舉《法華經》作證，所謂：「我今爲汝保任此事，終不虛也。」用以說明所證悟之境，人人本具，所差別只是迷、悟之不同而已。

而修證之工夫，在於泯絕能所，滅却生滅心，寂滅現前，

[12] 《大慧普覺禪師普說》卷 1，《卍正藏》新文豐版冊 59，第 1540 經，頁 790 中。

如《大慧普覺禪師語錄》卷 16：

> 無盡（案：指張商英）喚作始覺合本覺，方始成佛。參禪人能恁麼辨白得了，然後休歇身心，識取本來面目，不要麁心。古聖得了，便於得處滅却生滅心，亦不住在寂滅地，謂之「寂滅現前」。於寂滅地獲二殊勝：一者上合十方諸佛，與佛如來同一慈力；二者下合六道眾生，與諸眾生同一悲仰。前所云「興慈運悲，救拔惡道」是也。[13]

如此之修證工夫，實亦是大慧禪師本身用功之處，如大慧禪師自述其修學過程，說道：

> 妙喜立僧數年後，因來虎丘度夏，看《華嚴經》，一日，至金剛藏說：「菩薩住第八不動地，即捨一切功用行，得無功用法，身、口、意業，念務皆息，譬如有人，夢中見身墮在大河，為欲渡故，發大勇猛施大方便。以大勇猛施方便故，即便覺寤。既覺寤已，所作皆息。菩薩亦爾，見眾生身在四流中，為欲度故，發大勇猛施大精進，以勇猛精進故，至不動地。既至此已，一切功用靡不皆息。」山僧於此，忽然打失布袋，方入華嚴境界。自此舌本瀾翻，橫說豎說，更不依倚一箇元字脚。[14]

[13] 《大慧普覺禪師語錄》卷 16，《大正藏》冊 47，第 1998A 經，頁 878 下。

[14] 《大慧普覺禪師普說》卷 3，《卍正藏》新文豐版冊 59，第 1540 經，918 中。

此顯示了大慧禪師於四十歲時，讀《華嚴經》，[15]至〈十地品〉第八地，[16]有所領悟，而入華嚴境界，所謂：「忽然打失布袋，方入華嚴境界。」

如此之悟境，實乃是眞正大丈夫之能行也，甚難能稀有的，如《大慧普覺禪師普說》卷 1：

> 且道說箇甚麼法，大凡擔荷此事，須是箇猛烈大丈夫始得。所以，京師俗諺云：「寧度百羅刹，不度一迷邪。」如釋迦老子說《華嚴經》一生成佛，只度得一箇善財童子；說《法華經》只度得一箇娑竭羅龍女；說《大集經》

---

[15] 如《大慧普覺禪師年譜》卷 1：「（建炎）二年戊申，師四十歲居虎丘。按：爲錢子虛普說，曰：余昔請益湛堂殃崛摩羅持佛語救產難因緣，湛堂雖設方便，余實不曉，後因在虎丘看《華嚴經》……。」（《嘉興藏》冊 1，第 42A 經，頁 797 下）

[16] 有關第八地之情形，如《大慧普覺禪師語錄》卷 22：「又教中說：菩薩修行從初地入第八不動地，爲深行菩薩——難可知無差別，離一切相、一切想、一切執著。無量無邊一切聲聞、辟支佛所不能及。離諸諠諍，寂滅現前，乃至入滅盡定，一切動心，憶想分別，悉皆止息。謂從初地至菩薩第八不動地，即『捨一切功用行，得無功用法。身、口、意業，念務皆息，謂不起第二念』。又怕人理會不得，更引喻云：『譬如有人，夢中見身墮在大河，爲欲度故，發大勇猛，施大方便，以大勇猛施方便故，即便寤寤。既寤寤已，所作皆息。菩薩亦爾，見眾生身在四流中，爲救度故，發大勇猛，起大精進。以勇猛精進故，至不動地。既至此已，一切功用靡不皆息，如生梵世，欲界煩惱皆不現前；住不動地，亦復如是，一切心、意、識行，皆不現前。第八地菩薩，佛心、菩薩心、菩提心、涅槃心尚不現起，況復起於世間之心？』世間心既滅，寂滅心即現前；寂滅心既現前，則塵沙諸佛所說法門一時現前矣！法門既得現前，即是寂滅眞境界也。得到此境界，方可興慈運悲，作諸饒益事。是亦『從決定志，乘決定信』成就者也。若無決定志，則不能深入如來大寂滅海；無決定信，則於古人言句及教乘文字中不能動轉。」（《大正藏》冊 47，第 1998A 經，頁 905 上）

> 只度得一箇魔王；說《涅槃經》只度得一箇廣額屠兒。所謂「殺人不眨眼底立地成佛，立地成佛底殺人不眨眼」。且廣額屠兒來涅槃會上，見佛說涅槃妙性，忽然一念相應，便證阿耨多羅三藐三菩提。⓱

於此中，大慧禪師以「猛烈大丈夫」來說明證悟之難，佛於華嚴會上，只度得一個善財童子；法華會上，只度得一個娑竭羅龍女；大集會上，只度得一個魔王；涅槃只度得一個廣額屠兒。

由上述之種種引證說明，可得知大慧禪師是位眞參實證者，親見親證本來面目。因此，對天台智者大師所證之法華三昧，能有一番如實之體會。

三、大慧禪師對一心三觀之看法

有關大慧禪師對天台智者所施設「空、假、中」一心三觀之看法，認爲「空、假、中」三觀乃統攝一切經教而無遺漏，如《大慧普覺禪師語錄》卷 23：

> 天台智者大師悟法華三昧，以空、假、中三觀該攝一大藏教，無少無剩。言空者，無假為（無）中無不空；言假者，無空無中無不假；言中者，無空無假無不中。得斯

⓱ 《大慧普覺禪師語錄》卷 25，《卍正藏》新文豐版冊 59，第 1540 經，頁 802 中 -803 上）。又如《大慧普覺禪師普說》卷 3：「釋迦老子說法度人三百六十餘會，於中一生成佛者，只三人 —— 法華會上，娑竭羅龍女年始八歲，向南方無垢世界成等正覺；涅槃會上，廣額屠兒，放下屠刀便預千佛之數；華嚴會上，善財童子於覺城東際，古佛廟前，見文殊師利，初發心時，便成正覺。」（《卍正藏》新文豐版冊 59，第 1540 經，頁 916 中）

> 旨者，獲旋陀羅尼。是知從上諸佛諸祖，莫不皆從此門證入。故大師證入時，因讀《法華經》，至「是真精進，是名真法供養如來」，乃見釋迦老子在靈山說此經儼然未散。或者謂之表法，唯無盡居士張公因閱《首楞嚴經》，至是人始獲金剛心中處，忽思智者當時所證，見靈山一會儼然未散，非表法也。嘗謂余曰：當真實證入時，全身住在金剛心中。李長者所謂：「無邊刹境，自他不隔於毫端；十世古今，始終不離於當念。」智者見靈山一會儼然未散。唯證是三昧者，不待引喻，而自默默點頭矣。眾生境界差別不等。所見不同，互有得失。除夙有靈骨，不被法縛，不求法脫，於教經及古德入道因緣，捨方便而自證入，則亦不待和會差排，自然見月亡指矣。⑱

由引文中，說明智者大師所施設的「空、假、中」三觀，乃是從其所體證的法華三昧而開出的，大慧禪師認為此「空、假、中」三觀該攝一大藏教，無少無剩，且諸佛諸祖莫不皆從此門證入。此說明了「空、假、中」三觀含攝了一切經教，⑲一切修

---

⑱ 《大慧普覺禪師語錄》卷 23，《大正藏》冊 47，第 1998A 經，頁 907 上。

⑲ 有關天台智者大師的空、假、中三觀思想，含蓋了藏、通、別、圓等四教之教義，實亦包含了藏、通、別、圓等四教之觀法，如《摩訶止觀》卷 3：「一、以三止三觀攝一切理者，理是諦法，如上開合，偏圓不同，權實之外，更無別理。除摩黎山，餘無栴檀。若更有者，即是妄語。既以止觀顯體，即攝一切理也。二、止觀攝一切惑者……三、止觀攝一切智者……四、止觀攝一切行者……五、攝一切位者……六、攝一切教者……若觀心因緣生滅無常修八正道者，即寫三藏之經；若觀心因緣即空修八聖道，即寫通教之經；若觀心分別校計有無量種，凡夫、二乘所不能測，法眼菩薩乃能見之，是修無量八正道，即寫別教之經；若觀心即是佛性圓修八正道，即寫中道之經。明一切法悉出心中，心即大乘，心即佛性，自見己智慧，與如來等。又

證莫不依此而入。所言空者，無假無中無不空；言假者，無空無中無不假；言中者，無空無假無不中。換言之，「空、假、中」三觀彼此不相捨離，[20]得斯旨者，獲旋陀羅尼。另外，大慧禪師舉張商英居士為例證，因張商英閱《楞嚴經》，至金剛心，忽思智者當時所證，見靈山一會儼然未散，非表法也。此顯示了眞實證入時，全身住在金剛心中，如同李通玄長者所說的：「無邊剎境，自他不隔於毫端；十世古今，始終不離於當念。」

智者大師「空、假、中」三觀之施設，是從法華三昧開出，亦即是從禪出教，無非令吾人藉教悟宗。而此亦是大慧禪師本人之所親見親證的，如《大慧普覺禪師普說》卷 3：

> 若會教意，古人亦謂之「借教明宗」，如天台智者大師空、假、中三觀；若參得禪了，把他一心三觀來打一看，真箇為禪和子出氣。三觀曰：空，無假無中無不空；假，無空無中無不假；中，無假無空無不中。若教妙喜把這一心三觀説到盡未來際，鈎鎖連環相續不斷。何故？為我親

觀心即假即中者，即攝華嚴之經；若觀心因緣生法生滅者，即攝三藏四阿含教如乳之經；若觀心即空者，即攝共般若如酪之經；若具觀心因緣生法即空即假即中者，即攝方等生酥之經；若但用即空即假即中者，即攝大品熟酥之經；若用即中觀心者，即攝法華開佛知見大事正直醍醐之經；若用四句相即觀心，即有涅槃同見佛性醍醐之經。……故有一切經教，悉為三止三觀所攝也。」（《大正藏》冊 46，第 1911 經，頁 29 下 -32 上）

[20] 空、假、中三觀之關係，如《摩訶止觀》卷 5：「若一法一切法，即是因緣所生法，是為假名假觀也。若一切法即一法，我說即是空，空觀也。若非一非一切者，即是中道觀。一空一切空，無假、中而不空，總空觀也。一假一切假，無空、中而不假，總假觀也。一中一切中，無空、假而不中，總中觀也。即中論所說，不可思議一心三觀。歷一切法，亦如是。」（《大正藏》冊 46，第 1911 經，頁 55 中）

> 見親證。所以道：見道方修道，不見復何修？要得真實與道相應，如人熱病，須得一回通身汗出，乃可病除；若未然者，定厥疾在方寸中，正作鬧在。今日照超三大師得得上山，設齋供養大眾，請妙喜舉揚，般若不為別事，只要見者、聞者，同證無上佛果菩提。山僧有箇頌子舉似大眾：生死、涅槃無異路，一道靈光兩處通，會得箇中消息子，無邊惡業總歸空。[21]

大慧禪師認爲：若能眞明白「空、假、中」三觀，乃能眞修道，所謂「見道方修道，不見復何修？」此即所謂的「藉教悟宗」。若參禪者眞能有所證悟，將一心三觀打開一看，則可知「空、假、中」三觀乃是禪者之所證，眞箇爲禪和子出氣。智者大師從禪出教，以「空、假、中」三觀施設之，所明無非禪者之所證。此外，大慧禪師亦認爲大乘方等諸經無非與我禪家出氣，如《大慧普覺禪師普說》卷 4：

> 大凡說法，須觀時節因緣。所以道：初無二致。有一般長老道眼不明，不敢道箇經字，恐人指為座主。殊不知「座主」二字，亦不易承當。天台智者大師因讀《法華經》至藥王菩薩焚身處云：「是真精進，是名真法供養如來」，於此豁然證得法華旋陀羅三昧，見靈山一會儼然未散。既證悟已，遂立空、假、中三觀收攝一切世、出世法，更無遺餘。如今不信有悟門者，聞恁麼說話，剛道是建立之詞，正所謂夏虫難與語冰，殊不知一大藏教是釋迦老子說底

---

[21] 《大慧普覺禪師普說》卷 3，《卍正藏》新文豐版冊 59，第 1540 經，頁 900 上。

> 禪，禪是佛心，教是佛口，豈有佛而心、口不相應者耶？故大乘方等諸經無非與我禪家出氣。何以知之？[22]

若眞正參禪證悟者，於經教無礙，了知智者大師「空、假、中」三觀即是禪，爲禪和子出氣，乃至了知一大藏教是釋迦老子說底禪，諸大乘方等經所說無非是禪者之所證。又如《大慧普覺禪師普說》卷 4：

> 所以，參禪須要頓悟，聽海（法）却許漸悟。頓、漸雖殊，其悟即一。況如來性海，言相，則不礙於性；說性，則不礙於相。是故古人一悟，便道：理隨事變，事得理融；理是事之理，事是理之事。但於其中有箇悟、有箇不悟。爾且那箇不是悟底？豈不見佛謂富樓那曰：「汝以色空相傾相奪於如來藏，而如來藏隨為色空。是故於中，風動空澄，月明雲暗。眾生迷悶背覺合塵，故發塵勞有世間相。」既有世間相，則是眾生迷底境界。方其迷時，本無一物能障礙他；及其悟時，亦無能證所證之者。佛又曰：「我以妙明不滅不生合如來藏，而如來藏唯妙覺明圓照法界。是故於中，一為無量，無量為一；小中現大，大中現小。不動道場遍十方界，身含十方無盡虛空，於一毫端現寶王剎，坐微塵裏轉大法輪。」是謂諸聖境界殊勝如此。[23]

---

[22] 《大慧普覺禪師普說》卷 4，《卍正藏》新文豐版冊 59，第 1540 經，頁 938 中。

[23] 《大慧普覺禪師普說》卷 4，《卍正藏》新文豐版冊 59，第 1540 經，頁 938 中 -939 上。

又如《大慧普覺禪師普說》卷 4：

> 然而「是法平等，無有高下，是名阿耨多羅三藐三菩提」，既無高下，因甚麼有佛、有菩薩、有緣覺、聲聞，乃至天、人、阿脩羅、地獄、餓鬼、傍生十法界種類不同？良由最初一念能隨染淨之緣，故有升沉矣。所以教中，道真如淨境界一泯未嘗存，能隨染淨緣遂成十法界。然於我法中，初無實義，所以適來禪客問「清虛之理，畢竟無身」時，如何曰「理即如是事」？又作麼生？又曰「如理如事」，古人得之於心，伊蘭作旃檀之樹，失之於旨甘露乃蒺藜之園，非是強為，法如是故。[24]

此引文中，說明禪、教雖有別，而所悟無二，法平等無有高下，只有迷、悟之差別。由於歷來諸禪師為了破除對經教之執著，而對經教加以喝叱，但一般禪和子不明事理，又落入於執不要教。殊不知智者大師之空、假、中三觀收攝一切世間、出世間法，更無遺餘。顯示性相無礙、理事融通，一為無量，無量為一；小中現大，大中現小，乃至不動道場遍十方界，身含十方無盡虛空，於一毫端現寶王刹，坐微塵裏轉大法輪，諸聖境界莫不如此。禪、教彼此互為表裡。大慧禪師甚至認為：「若教妙喜把這一心三觀說到盡未來際，鉤鎖連環相續不斷。」

[24] 《大慧普覺禪師普說》卷 4，《卍正藏》新文豐版冊 59，第 1540 經，頁 939 中。

四、結語

禪教彼此之關係極為密切，諸佛、菩薩賢聖無不是「從禪出教」、「藉教悟宗」。天台智者大師亦復如此，於證得法華三昧後，以「空、假、中」三觀開演一切教義等，而此「空、假、中」三觀實乃包含了一切教義、一切觀行等。也因大慧禪師本身之親見親證，所以對天台智者大師所證及教觀，有一番如實相應之了解。

禪與教之關係，猶如佛口與佛心，彼此不相違。「教」，強調把本修行；「禪」，須是悟始得。表面上，禪、教雖有別，而所悟實無二。禪者，證教也；教者，明禪也。天台「空、假、中」三觀無非顯示所證，行者依此把本修行，藉教悟宗。

* 本篇登載於可祥主編，《首屆天台佛教學術研討會：唐宋天台佛教論文集》，頁 34-46，上海書店出版社（2018 年 8 月）。

第八篇

蕅益智旭思想的特質及其定位問題

摘要

蕅益智旭（1599－1655），乃明末清初之宗教思想家，由於其學說極為廣博，所涉及層面含括了佛教之禪、淨、律、密、教（包含天台、華嚴、唯識宗），可說集佛教諸宗諸派於一身。如此一位博學多聞、持戒謹嚴、禪淨雙修的人物，其理論學說基礎何在？具備何種特質？此乃本文所探討之核心。且由於其博學精通，導致學界對其定位有種種不同之看法，而欲釐清此紛爭，亦須由智旭思想本身著手。故本文分兩方面來探討，首先論述智旭思想之特質，進而探討智旭定位之問題。

就智旭思想特質而論，智旭思想基本上承自於唐、宋以來的理體觀念，此觀念運之於觀行上，即是吾人現前一念心性。因此，本文是以理體論和心性說來闡述智旭思想特質。

就智旭定位問題而論，主要就一般之看法和聖嚴法師之研究來探討。然經筆者對智旭之研究，得知將智旭定位於某宗某派上，是有問題的。因此，針對此問題而加以析判之。

關鍵字：理體、心性、實相、現前一念

一、前言

明末清初的蕅益智旭（1599－1655），被視為明代佛教四大師之一（餘三位是指憨山德清、紫柏眞可、雲棲袾宏），而智旭的思想對近代中國佛教之影響，亦扮演著舉足輕重之角色，如民國初年的佛教改革大師太虛、持戒謹嚴的弘一、弘揚淨土的印光等人，皆深受其影響，此等諸位大師亦對智旭思想頗加以讚美。由此可知，智旭思想之重要性。若要了解中國近代佛教思想，智旭可說是關鍵性人物，其思想之廣博，不僅包括了佛教的諸宗諸派（如：禪、律、淨、密、教，教中又包括天台、華嚴、唯識等宗理論），且旁涉儒家、天主教等，尤其儒學可說是其學說理論之開端，讚美孔、顏（指孔子、顏回）心學，由其後來所著的《四書蕅益解》，可知其用心，無異將儒學與佛學加以會通。

至於智旭的思想如何？目前尚未見到有以其為主的專著論述出現，除了聖嚴法師《明末中國佛教之研究》一書，堪稱為研究智旭之專著外，其他只是零星的論及之。而《明末中國佛教之研究》一書，乃是對智旭做綜合性全面性之探討，包括了智旭的時代背景、生平事蹟、著作思想等。筆者於民國七十九年至八十一年期間，對智旭思想展開整體性之研究，得知智旭的思想在於理體論、心性說，而於八十一年完成《理體論與心性說──蕅益智旭思想之研究》（中華佛學研究所專題研究）。

因此，筆者以「理體論」和「心性說」來論述智旭思想之特質，加上研究智旭期間，也發現了一般對智旭之定位頗為紛歧，而聖嚴法師之研究也提供了筆者相當的思考之空間。本文即是基於此等問題來論述，主要就智旭思想特質和定位問題兩方面來討論。

首先，就智旭的思想特質而言，可用「理體論」、「心性說」來顯示之。「理體」乃是遠離一切所有偏執所呈現出的道理，即是人我空、法我空等二空所顯示的眞如，此眞如即是理，亦是一切法之體，是自覺聖智所體證的境界，故稱之爲「不空」。然而，對智旭而言，此理體乃是修行體證所契入之境界，是由人、法二空所顯示的眞如，故以此稱之爲一切法之體性，而爲了表達此理體與體證之密切關係，智旭擅長以「實相」而表達之，即用實相來顯示遠離人、法之執，由人、法二空所顯示的道理，稱之爲「實相」，此實相道理堪爲一切萬法作體，故稱之爲「理體」。因此，本文在論述智旭理體論時，直接先由實相來切入，再進而論述理體之涵義。而將理體運之修行體證上，即是吾人現前一念之「心性」，此往往爲智旭所關注之焦點。故本文架構於「理體論」與「心性說」來闡述智旭的思想，亦可言理體論與心性說爲智旭思想之一體兩面。

其次，就智旭定位問題而言，此乃是延續著智旭思想特質來檢討智旭定位問題，由於智旭所論述範圍極廣泛，因此難免引發定位問題，教者視之爲天台宗；禪者視爲禪宗；淨土者視之爲淨土人物……。故本文分爲：一般看法及聖嚴法師之研究來論述，最後，對定位問題提出析判。

二、智旭思想之特質

（一）理體論

就智旭的整個思想而言，其思想之理論基礎，在於理體論上，而此理體論往往透過「現前一念心性」來加以發揮。然頗令人感到棘手的是有關「理體」的概念，在智旭本人並沒有統一的用法，如有時用「性體」❶，有時用「體性」❷，或「理體」❸等，乃至「心性」❹亦有不同之用法，如「心體」❺，或「心之自性」❻，

❶ 如〈楞嚴經文句〉云：「其性眞妙覺明體者，法法全是性體。」釋智旭，《蕅益大師全集》（臺北：佛教書局，1989 年），冊 6，頁 3927。

❷ 如《金剛經破空論》云：「實相雖復永離一切幻妄之相，體性不空。」《蕅益大師全集》，冊 8，頁 4878。

❸ 如《楞嚴經玄義》云：「今更就經中盛談，一一皆云本如來藏妙眞如性，故以此名而顯經體。當知即是中道理性，非空非不空，仍雙照空與不空，以『如來藏』三字，點示眾生本具理體，即是諸佛究竟果德之本。」《蕅益大師全集》，冊 6，頁 3529-3593。此明如來藏妙眞如性即是「中道理性」，是眾生本具「理體」，此理體從「眾生本具理體，即是諸佛究竟果德之本」而言，即以「如來藏」稱之。

❹ 「心性」一詞，智旭常論及之，如《楞嚴經玄義》云：「初約心法略釋，此『大佛頂』三字，直指眾生現前心性，全彰一經所談理體也。」《蕅益大師全集》，冊 6，頁 3508。此就心法解釋「大佛頂」三字，而此大佛頂即是眾生現前「心性」，亦即是《楞嚴經》所談之「理體」。由此也可以了解到「心性」與「理體」之關係，就心法而言，理體即心性，以心性表達理體。又如《彌陀經要解》云：「信理者，深信十萬億（土）實不出我現前介爾一念心外，以吾現前一念心性實無外故。」又云：「又深信西方依正、主伴，皆吾現前一念心中所現影，全事即理，全妄即眞，全修即性，全他即自，我心徧故，佛心亦徧，一切眾生心性亦徧。」《蕅益大師全集》，冊 4，頁 2185。諸如此類，不勝枚舉。

❺ 如《占察經疏》云：「眾生，指十法界一切有情也，十法界眾生同一心體，迷之而爲蜎飛蠕動，心體無減，悟之而爲諸佛菩薩，心體無增。」《蕅益大師全集》，冊 4，頁 2531。此是智旭順著《占察經》所言「謂眾生心體，從本以來不生不滅，自性清淨」之「心體」，而加以解釋，且依智旭的解說，此眾生心體即是性體，即智旭亦以性體來說明心體。參見「初顯性體」，《蕅益大師全集》，冊 4，頁 2531。

❻ 心之自性，亦即是心性。

其它亦有「法性」、「法體」❼等之用法。

面對如此諸多名相，在界定和釐清上是頗爲不易，但對智旭而言，這些概念基本上是共通的，皆用以表達「理」，再以此理爲一切之體，則形成所謂的理體，然配合諸法的不同，其對理體的表達方式則有所不同。歸納言之，主要就「理、性、體」三個概念來運用，而此三概念是相對於「事、修、宗」而來，若將此三個概念再加以排列組合，則有：理性、理體、性體等名目，再配以心和法，則有：心性、心體、法性、法體等名目。如此諸多名目無非因應不同事物而立，無非用以表達諸法之「理」之「體」。

既然上述所言，「理體」、「體性」等諸多名相概念是共通的，而本文何以採用「理體」一詞做爲智旭思想之理論基礎？何以以「理體」統一諸概念？除了行文方便之外，更重要的，「理體」概念比其餘概念所包含之意義更廣，且更能表達智旭之思想，如「理體」可以涵蓋「心性」、「法性」、「體性」、「性體」等諸概念。反過來說，若用「心體」，則不足以涵蓋法性等其它概念，且易與禪宗一些概念相混淆；若用「性體」，恐被視爲純客觀之「理」的存在，如牟宗三《心體與性體》一書對「心體」與「性體」所做之界定，❽本文爲了避免此類混淆，同時也爲了

---

❼ 如《占察經玄義》云：「以彼法身性，實無分別，離自相，離他相，無空、無不空，乃至遠離一切諸相故，說彼法體爲畢竟空無所有。」《蕅益大師全集》，冊 4，頁 2379。此法身性即是法體，就空而論，乃畢竟空無所有。「法性」一詞，如《楞嚴經玄義》云：「頂禮如來藏無漏不思議，豈非以眾生所具，即具此體；耳門所顯，即顯此體；諸佛所證，即證此體。故藉此同體法性之力，以加被於未來也哉。」《蕅益大師全集》，冊 4，頁 3595-3596。此亦可知法性亦即法體。

❽ 牟宗三的《心體與性體》中之「心體」和「性體」，主要用以區別陸、王與

凸顯智旭對「心體」與「性體」非絕對二分，故以「理體」表達之。

以理體論做爲智旭思想之理論基礎，除了可以更確切表達智旭思想外，同時也可以釐清諸多概念之混淆，避免不必要之誤解。就理體論而言，智旭擅長以「實相」來表達理體，或以「實相」之涵義做爲理體之說明。因此，在本文中論述智旭之理體論時，先以「實相」來闡述之。

智旭除了以「實相」明理體外，更常以「現前一念心性」來表達理體，也顯示智旭對「現前一念心」之重視。因此在論述智旭思想之理論基礎，本節從兩方面來論述，一就理體論，一就心性說。此二者之關係，以「理體論」爲智旭思想之理論基礎，以「心性說」論述理體，亦即就心明理體。

1. 就實相以顯理體

智旭在《金剛破空論》中，對實相做如下解說：

> 實相者，非有相，非無相，非非有相，非非無相，非有無俱相，離一切相，徧為一切諸法作相，故名實相。[9]

對於此段話，智旭是用了四句（有、無、亦有亦無、非有非無）的遮撥，來解釋實相，而得出實相是「離一切相」、「偏爲一切諸法作相」之內涵。若做更仔細的分析，可以圖表表之於下：

朱子學之差別，其認爲朱子講的是「性即理也」，而陸象山與王陽明之學是「本心即性」，即透過人內在之智的直覺來實踐道德，非如康德視道德爲無上律令，是外在的。參見牟宗三，《心體與性體》第一冊（臺北：正中書局，1975 年），第三章〈自律道德與道德的形上學〉，頁 115-189。

[9] 《蕅益大師全集》，冊 1，頁 4873。

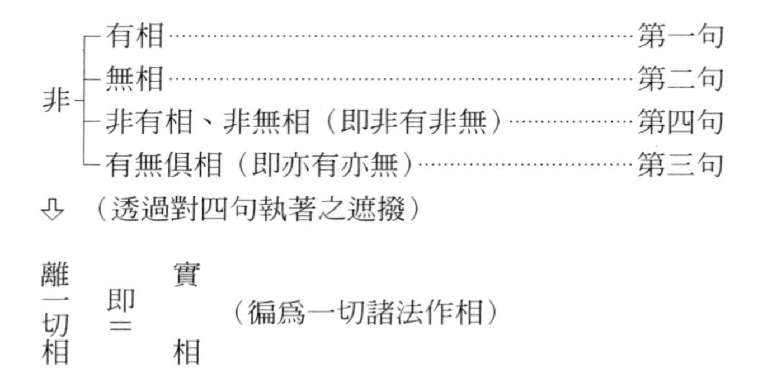

由上之分析，智旭所謂的實相，是指離一切相（離一切之妄執），徧爲一切諸法作相。

另外，智旭接著對「實相」做進一步解說，所謂：

> 實相雖復永離一切幻妄之相，體性不空，以其無始以來常恆不變，具足過恆沙等性德之用。蓋不惟種種萬行之所莊嚴，而且萬行無非性具，無非性起，趣舉一行，無非實相。❿

從上述這段話的論述中，我們可以歸納出智旭的實相，具有以下幾點特徵：

（1）實相永離一切幻妄之相。

（2）實相體性不空。

（3）實相體性常恆不變。

（4）實相具足恆沙等性德之用。

（5）萬行無非實相體性所具所起（性具性起）。

---

❿《蕅益大師全集》，冊 8，頁 4878。

若我們對這五點加以進一步解釋分析，就第一點而言，「實相永離一切幻妄之相」，此說明了一切幻妄之相不是實相，亦即眾生之種種妄想分別之執著非實相也。所以，強調實相乃永離一切幻妄之相。換言之，唯永離一切幻妄之相，才能了證實相。此爲智旭實相特徵之一，相待於眾生的妄念執著，顯實相永離一切幻妄之相，亦即一切妄相與實相不相應，唯離一切妄想，才能與實相相應，如《起信論》所說的「以離念境界，唯證相應」⓫，就此而言，亦可說「實相永離一切幻妄之相」是就體證境界而說。

就第二點而言，「實相體性不空」，而此「實相體性」，即指實相理體，此之「不空」，乃是延續第一點「實相永離一切幻妄之相」而來，實相雖永離一切幻妄之相，並不表示實相等於無或沒有或斷空。所以，說之爲「不空」。何謂不空？《占察玄義》解釋言：

> 即彼空義中，以離分別妄想心念故，則盡畢竟無有一相而可空者，以唯有相實故，即為不空，所謂離識想故，無有一切虛偽之相，畢竟常恆不變不異，以更無一相可壞可滅，離增減故，又彼無分別實體之處，從無始世來，具無量功德自然之業，成就相應，不離不脱故，説為不空。⓬

從上述這段引文的陳述中，不僅可以了解到「不空」之涵義，同時亦可了解「空」的涵義，所謂「空」，是空掉分別妄想心念（即離一切分別妄想心念），如前面所述實相之第一點特徵——

⓫ 《大正藏》，冊 32，頁 576 中。
⓬ 《蕅益大師全集》，冊 4，頁 2379-2380。

永離一切幻妄之相。有妄念才有可空，才須空之；若至空念已盡，畢竟無所有，則無有一相而可空，唯有眞實，稱此眞實爲「不空」。所以「不空」乃是就離妄所顯之眞而言，此爲智旭實相之第二特徵。

至此，我們可以得到一結論：「實相永離一切幻妄之相」和「實相體性不空」，乃是實相一體兩面，從永離一切幻妄之相，說實相是空；從幻妄盡無有可空，說實相爲不空。空與不空，乃實相一體之兩面。

第三點所說的「實相體性常恆不變」，可說對體性不空所做的進一步說明，即以常恆不變說明不空。因爲離一切妄想分別，則無有一切虛僞之相，說此爲常恆不變。

第四點所說的「實相具足恆沙等性德之用」，仍是就「不空」方面來說明實相性德之用，亦即離妄執所產生之妙用。

第五點所謂的「萬行無非實相體性所具所起」，此亦是就實相體性不空而言，於實相離妄無分別之下，說萬行爲實相體性所具所起。

從以上所列舉實相之五點特徵來看，可歸納爲兩點，空和不空（將第（3）、（4）、（5）納入第（2）「不空」中），即智旭以「空」和「不空」來說明實相之涵義，且更著重「不空」來說明實相。若想做更完整論述，除了「空」與「不空」外，亦可加上「亦空亦不空」、「非空非不空」。[13]

由前面對實相涵義所做之論述，吾人可以清楚地得知智旭

---

[13] 詳參智旭，《占察玄義》，《蕅益大師全集》，冊 4，頁 2378-2381。此中就「有」、「無」、「亦有亦無」、「非有非無」等四門，來說明如來法身。所謂「如來法身」乃「實相」之異名。因此，我們可說智旭基本上不離此四門來論述實相。而此四門彼此不相違。

基本上是以實相爲體，以實相爲一切諸法之體性，以實相爲一切經體，此由上述所論述的實相之特徵可得知，雖然以「空」和「不空」做爲實相之說明，而「空」和「不空」所顯示之涵義，乃是實相體性之內涵。

智旭雖以實相做爲體性，然對智旭而言，實相一詞，乃是強之爲名，並非定名，故實相有種種之異名，隨不同經論及所表達不同之涵義，那麼實相體性所用之名稱，亦隨之不同。

以下就智旭所提經論之實相體性之種種名稱列舉之：

《阿彌陀經》……………………………… 實相
《占察善惡業報經》……………………… 一實境界
《楞伽經》………………………………… 自心現量第一義境界
《楞嚴經》………………………………… 如來藏妙眞如性
《金剛經》………………………………… 實相
《法華經》………………………………… 諸法實相
《梵網經》………………………………… 本源心地
《成唯識論》……………………………… 大圓鏡智
《大乘起信論》…………………………… 大乘（心性）

以上爲有關智旭所註疏經論所列舉「體」之名稱，另亦有關其它經論之體名，如：

《華嚴經》………………………………… 法界
《維摩經》………………………………… 不可思議解脫
《大般若經》……………………………… 一切種智
《金光明經》……………………………… 法性
《大涅槃經》……………………………… 三德祕藏

除諸經論本身所具有之名稱外，且每一經論之體亦有諸多之異名，如《楞伽玄義》所云：

> 三、一法異名者，先會此經異名，次會他經異名。此經異名者，衹此自心現量第一義境界，亦名自覺聖智境界，亦名真識，亦名真相識，亦名如來自到境界，亦名無所有佛地無生，亦名海浪藏識境界法身，亦名如來不可思議所行境界，亦名常住法身，亦名自覺聖究竟差別相，亦名常不思議，亦名如來藏自性清淨，亦名：空、無相、無願、如、實際、法性、法身、涅槃、離自性、不生不滅、本來寂靜、自性涅槃，亦名無我如來之藏，亦名如來禪，亦名一乘，亦名出世間上上無漏界，亦名佛之知覺，亦名佛自得法，亦名本住法，如是等種種名字，皆是一體異名，如以眾指共指一月也。他經異名者，《華嚴經》名為法界……。⓮

此單就《楞伽經》一經體之異名而言，就列舉了三十種，此不可說不多，若再配合諸經論而言，更是不勝枚舉，如其云：

> 如天帝釋有千名字，如諸世尊一一世界各有十千名字，經體亦爾，並須尋名而悟體也。⓯

由此可知，體有諸多異名，而其更重要的，是尋名而悟體，此乃根本之道。

從實相諸多異名中，亦可進一步掌握到實相理體之涵義，如：空、無相、如、離自性，……皆顯示了佛法之道理。

⓮ 《蕅益大師全集》，冊 5，頁 2718-2720。另在《占察玄義》說明一法異名時，則列舉了三十三種名稱，《蕅益大師全集》，冊 4，頁 2376-2377。

⓯ 《蕅益大師全集》，冊 5，頁 2720。

2. 理體所具之涵義

智旭的「實相」，簡單地說，指的就是「理」，就是「體」。而智旭對「體」之涵義，更就禮、底、達等三義來加以說明，如《大佛頂楞嚴經玄義》（簡稱《楞嚴玄義》或《佛頂玄義》）云：

> 二、釋體義者，體是主質，亦釋為禮，亦釋為底，亦釋為達，只一主質，具此三義，非三禮也。[16]

接著，智旭對此三義加以解釋，其云：

> 言禮體者，如君尊臣卑，父貴子賤；臣子雖多，君父惟一。經體亦爾，惟是一理，統攝萬法，種種萬行之所歸趣，無量功德之所莊嚴，言說問答之所詮辯。以貴極故，稱為禮體。[17]

此中之「禮」，即是「理」之意，古代此二字相通。以「禮」象徵「理」，顯示「理」之尊貴極妙，所以稱之爲「禮體」。故文中以「君尊臣卑，父貴子賤」之「禮」來說明，顯示「理」亦如此；且以「臣子雖多，君父惟一」，以說明經體亦復如是，惟是一理而已。

至此我們可以了解到，體者，即是理也。即是以「實相」爲諸法之理體。所以言此實相理體爲「種種萬行之所歸趣，無量功德之所莊嚴，言說問答之所詮辯」，亦即實相理體「統攝萬法」。

---

[16] 《蕅益大師全集》，冊 6，頁 3588。

[17] 《蕅益大師全集》，冊 6，頁 3588-3589。

至於「體底」、「體達」，乃是對「體」之發揮，說明了解實相理體，乃能窮一切法底（體底），且通達一切法（體達），如《楞嚴玄義》云：

> 言體底者，如恆河大海，莫測淺深，唯香象脩羅，乃窮其底，佛法亦爾，《釋論》云：「智度大海，唯佛窮底。」此《經》（案：指《大佛頂經》）云：「如來常說諸法所生，唯心所現，一切因果世界微塵，因此成體。」又云：「我以妙明不滅不生合如來藏，而如來藏惟妙覺明圓照法界。」又云：「如來發明世、出世法，知其本因，隨所緣出。」此之謂也。知此體者，即知一切法之源底，故名體底。⓲

又如其云：

> 言體達者，如風行空中，通達無礙，如天王號令，萬國齊奉，佛法亦爾，知此體者，即能偏（案：徧）達一切諸法，無有留礙，故名體達。⓳

由上述引文中，我們可以了解到體底與體達之涵義，無非是對「體」所做的進一步之發揮。同時也顯示了「體」之重要性，理解實相理體之道理，則能窮一切法之源底，通達一切諸法而無有障礙。

所以透過對理體——實相的理解，成爲智旭思想之核心，故其所註諸經論中，往往仿照天台五重玄義的方式，將一部經之

⓲　《蕅益大師全集》，冊 6，頁 3589-3590。

⓳　《蕅益大師全集》，冊 6，頁 3590。

體勾勒出來。而其參禪所悟及教理之闡發，簡言之，無非此實相理體而已。

（二）心性說

除了前節對理體說所做的探討外，智旭更進一步就吾人現前一念心性，來說明實相，表達理體之內涵。且此現前一念心往往成為智旭思想中用以表達實相的重要概念，而理體論和心性說兩者往往配合一起運用。故本節中，進一步對心性說提出探討，以期進一步對智旭思想之了解。

1. 現前一念心性

以心性來闡述理體，可說是智旭更具體地對理體之論述，如《彌陀要解》云：

> 吾人現前一念心性，不在內，不在外，不在中間；非過去，非現在，非未來；非青、黃、赤、白、方、圓；非昏、非昧，非觸、非法。覓之了不可得，而不可言其無；具造百界千如，而不可言其有。離一切緣慮分別語言文字相，而緣慮分別語言文字非離此別有自性。要之，離一切相，即一切法。離故，無相；即故，無不相。不得已，強名實相。[20]

此就現前一念心性而言，知吾人現前一念心性不在內、外、中間，不在 .... 覓之了不可得。此顯示現前一念心是無自性、空，所以離一切緣慮分別語言文字相。現前一念心雖無自性空，但

[20] 《蕅益大師全集》，冊 4，頁 2181-2182。

不可言其無，因爲心能具造百界千如；雖具造百界千如，但不可言其有，因爲覓心了不可得。總而言之，說現前一念心爲「無」（空），或爲「有」（不空）皆屬不當。爲什麼？依智旭的看法，「有」、「無」不外都是吾人緣慮分別語言文字之產物，然而緣慮分別語言文字亦不能離吾人現前一念心而獨立存在，即以心爲語言文字之所依存，如引文中所言「而緣慮分別語言文字非離此（案：指心或心性）別有自性」。

所謂「緣慮分別語言文字非離此別有自性」，此雖一方面顯示緣慮分別語言文字依心而有，但另方面也顯示了能依之緣慮分別語言文字無自性。依此建立心性說，而以「離一切相，即一切法」來表達心性。此「離一切相，即一切法」即是心性之體，亦即是實相。

若我們將智旭的心性說與前項所論述實相義加以對照，吾人將可以得知此二者之間的共通性，不外乎是「空」與「不空」之關係。如實相義中，所論述的「實相永離一切幻妄之相」與「實相體性不空」，此與心性說的「離一切相，即一切法」意義是一樣的。「離一切相」，指的是「空」，「即一切法」代表「不空」。

至此，我們可以說智旭以「空」（離一切相）與「不空」（即一切法）來表達心性，闡述實相理體之涵義。

而智旭何以著重現前一念心性來表達理體，此乃因心造一切法，心攝一切法。舉心則攝一切法，故以現前一念心性來論述理體，尤其運用於觀行上更爲直接。

若吾人進一步論述智旭之現前一念心性，由上所述，吾人得知現前一念心之性不可得，緣慮分別語言文字之性亦不可得，而心又爲緣慮分別語言文字之所依，反之，離緣慮語言文字亦無心可得，由此顯示，心與緣慮分別語言文字之間的互存關係，乃至心與一切法之間的互存關係。依智旭之看法，此法與諸法之間的互存關係，即是諸法實相，是諸法理體，亦即吾人現前一念性。故言「離一切相，即一切相」。以「離」遮除吾人之執著，以「即」遮除吾人對離一切相（空）之執著。「離」與「即」之關係，是一種辯證之關係，然智旭對此並沒有加以申述，基本上，智旭比較著重透過「即」、「離」建立理體思想，乃至以現前一念心性來闡述理體思想，這也是爲何本文將智旭思想界定在理體論之原故，而現前一念之心性，是智旭凸顯理體之確切表現。

2. 就觀心釋體性

吾人現前一念心性，即是指吾人現前一念知覺之性，㉑亦即是吾人現前一念見聞之性。㉒因此，智旭所謂的「現前一念心」，即是指吾人剎那之心，吾人當下之心，此現前一念心包括了吾人之知覺見聞等，亦即《摩訶止觀》的「介爾之心」㉓。

㉑ 如智旭《盂蘭盆經新疏》云：「只此眾生現前一念知覺之性，非內非外，不在中間。……欲言其有，則毫無朕迹，欲言其無，則不可斷滅。」《蕅益大師全集》，冊 8，頁 1109-5110。

㉒ 如智旭《靈峰宗論》云：「只此現前一念見聞之性，本非內外方隅，亦非有無情量。」《蕅益大師全集》，冊 16，頁 10436。

㉓ 如《摩訶止觀》云：「若無心而已，介爾有心，即具三千，亦不言一心在前，一切法在後；亦不言一切法在前，一心在後。」《大正藏》，冊 46，頁 54 上。而此心，依《摩訶止觀》對「觀陰、入、界境」所做之解釋，即是指五陰之識陰，如其云：「置色等四陰，但觀識陰。識陰者，心是也。」《大正藏》，冊 46，頁 52 上 - 中。而依聖嚴法師之看法，智旭的現前一念心之「現前」兩字，與《摩訶止觀》的「介爾」二字相似，但稍有不同，依聖嚴法師之意，智旭的現前一念心，是採自《楞嚴經》的文意，而所謂《楞嚴經》的文意，指的是「如來藏妙眞如性」，參見釋聖嚴著，關世謙譯：《明末中國佛教之研究》（臺北：臺灣學生書局，1988 年。原 [日本] 東京：山喜房，昭和 50 年，1975 年），頁 423-424。有關智旭的「現前一念心」與

智旭所以特就現前一念心來論述理體，用意在於觀破諸法皆心所現，由此而離一切之執著，如《靈峰宗論》云：

> 須知一切了義大乘、諸祖公案，皆我現前一念註腳，説來説去，總不離我一心。我今此心，全真即妄，全妄即真。若不能當下反觀，則靈知靈覺之性，恆被一切法所區局。縱慧成四辯，定入四空，依舊迷己為物，認物為己。若能直觀現前一念，的確不在內、外、中間諸處，無體無相，無影無蹤，但有一法當情，皆心所現，終非能現，此能現者，雖云量同虛空，亦無虛空形相可得，若有虛空情量，又是惟心所現之相分矣！一切時教歷歷明明、空空蕩蕩，亦不認歷歷明明、空空蕩蕩者為心。以心體離過絕非，不可思議故。了知一切惟心，心非一切，忽然契入本體，一切語言公案，無不同條共貫矣！[24]

此直就現前一念心而觀，明瞭能現之心不可得，而心所現之法亦不可得，無體無相，歷歷明明、空空蕩蕩，但亦不可執著此歷歷明明、空空蕩蕩以爲心，凡所有相，皆心所現之相分，若有法可執，亦是心所現之相分。由此了知一切惟心所現，遠離一切執著，無法可執，此即是心體，亦即是指理體，如引文中所述「心體離過絕非，不可思議故」。由此，吾人也可以了解智旭理體論之建立，是由離一切執著、離一切相而建立的。由觀心，觀現前

《摩訶止觀》的「介爾一心」之關係，聖嚴法師所持之見解，其對《摩訶止觀》「介爾一心」之了解爲妄心，基本上是承山家知禮之看法，依《摩訶止觀》之意，「介爾一心」是識陰，是不可思議境，亦即是諸法實相，此從《摩訶止觀》所論述一心與一切法之關係可得知。

[24] 《蕅益大師全集》，冊 16，頁 10434-10435。

一念心，可以更直接地了解吾人之取著，乃吾人對心所現之相分的執取，由此破除吾人之執著，悟入心之本性，諸法之實相。因此，智旭更就「觀心」來解釋心性理體，以下僅就《盂蘭盆新疏》來做說明。

依智旭的看法，《盂蘭盆經》是以「自性三寶」爲體，如《盂蘭盆新疏》云：

> 此《經》以法供為名，自性三寶為體，孝慈為宗，拔苦與樂為用，大乘為教相。[25]

所謂「自性三寶」，是指三寶即是眾生之自性，亦即自性三寶理體，如《盂蘭盆新疏》云：

> 而此三寶，即是一切眾生自性，若眾生自性，本不具足三寶功德者，則凡、聖條隔，明、暗永岐，凡不成感，聖不能應。以心、佛、眾生三無差別，迷、悟雖異，體性常一。所以，諸佛心內眾生依事託理，感於眾生心內諸佛；則眾生心內諸佛無緣無念，任運應於諸佛心內眾生。[26]

了解自性三寶乃眾生之自性後，智旭則進一步以「觀心」詮釋自性三寶，如其云：

> 次觀心辨體者，只此眾生現前一念知覺之性，非內非外，不在中間，非過非現，亦非未來，非青黃赤白，非長短方

[25] 《蕅益大師全集》，冊 8，頁 5105。
[26] 《蕅益大師全集》，冊 8，頁 5107。

> 圓，豎無初後，橫絕邊涯。欲言其有，則毫無朕迹；欲言其無，則不可斷滅。本自離諸戲論，但因覿體自迷，雖久積沉迷，然終無減缺，是名佛寶。[27]

此即就觀心釋自性佛寶，顯佛寶乃吾人現前一念之心性。

接著智旭就現前一念心所現十法界依正諸法，來說明自性法寶，其云：

> 現前一切十界依正諸法，皆此介爾心中之所顯現，如彼夢中所見諸法，終不離於夢心，現前諸法，亦復如是。雖妄謂在我心外，各各實有，而實非有，猶如夢未醒時，執夢為實，醒後尋覓，了不可得。如此心中所現十界，不離自心，名為法寶。[28]

所謂觀心釋自性僧寶，乃就心外無法，法外無心，心法不可分離而言，如其云：

> 心外無法，法外無心，一任顛倒昏迷，分能分所，究竟離心覓法，無分毫法相可得；離法覓心，亦無少許心相可得。即心是法，即法是心，本自和合，不可乖異，名為僧寶。[29]

最後，對以上觀心所釋自性三寶，做一總結，如其云：

---

[27] 《蕅益大師全集》，冊 8，頁 5109-5110。

[28] 《蕅益大師全集》，冊 8，頁 5110。

[29] 《蕅益大師全集》，冊 8，頁 5110。

> 此介爾一念心中，圓具如此三寶體性，無欠無缺，猶如金剛不可壞滅。一念既爾，一切諸念，亦復如是，一切諸佛依此得道，轉大法輪，入大涅槃。[30]

至此，吾人了解智旭如何將觀心融入教理中，以及如何就觀心來闡述理體之涵義。

因此，智旭對現前一念心之運用，吾人可以說此在智旭思想理論中已臻於圓熟。有關現前一念心，智旭有時亦稱之爲現前一念心性，由此顯示心與心性之關係是極微妙的，離心無體性，離體性無心，心與性本不可分割。故智旭在論述理體時，往往就現前一念心加以說明之，而闡述現前一念心時，亦時時扣緊理體來說明。達到即事顯理，依理明事，理、事不二。此理、事不二之道理，乃智旭思想所要闡述的，亦是智旭對問題解決之關鍵。

由前兩節之論述，已得知「理體」與「心性」皆是智旭思想中用以表達的重要觀念。而此二者之關係是極微妙的，若對智旭思想無法做一全盤性了解，那麼往往會被此二概念所困惑。故本節特就此問題加以探討說明。

就智旭思想而言，依據前面第一節之論述，理體論乃智旭思想之理論基礎，即是一切的教理，乃至一切的觀行，無非開顯此理體，無非把握此理體悟證此體。此理體乃是一切之所依，一切法之根本，吾人現前一念心亦不例外，皆是此理體也，以此理體爲現前一念心之性。

智旭所謂的「現前一念心性」（簡稱爲「心性」），非是以心爲性，而是指心之性，且是以理體做爲心之性，即了知心無性，

---

[30] 《蕅益大師全集》，冊 8，頁 5110。

覓之了不可得，以此理體爲心性。

因此，智旭對於理體的闡述，往往藉由現前一念心性來加以闡述，即以心性做爲闡述理體之方法，雖然智旭亦論及心性之性體、性具、性量，然此皆立基於理體的基礎論述。

從理體論與心性說的關係中，智旭擅長於就心性說來表達理體論，以心性爲入手處，除了做爲觀行之便利外，吾人亦可得知智旭基本上亦以心性說來化解性相衝突問題，乃至以此來解決禪教問題，由現前一念心而了知心不可得不可執著，而一切法皆因心而現，所以性相、禪教等問題，可由此現前一念心中而得到化解、融合。

三、智旭思想之定位

有關智旭思想的定位問題，是一相當棘手的論題，天台宗人將之視爲天台宗人物；淨土宗人將之視爲淨土傳人，而學界也傾向以天台學者來定位智旭思想，針對此問題，聖嚴法師於《明末中國佛教之研究》中，提出了不同的看法，認爲智旭的思想根源於《楞嚴經》，是屬於如來禪的禪者。若從律宗或其他宗的角度來看智旭的思想，恐怕又有了不同的論斷。

的確，吾人要將智旭的思想加以定位，是一相當不容易的事，此乃因智旭的思想涉及的範圍非常的廣泛，禪、教（天台、華嚴、唯識、外學）、淨、律等，皆是智旭所論述的對象。因此，很難就某宗某派斷定智旭思想屬於何宗何派。雖然如此，本文乃針對上述這些問題，一一加以釐清，以便吾人進一步了解智旭思想何以呈現如此多面貌。

（一）一般之看法

一般上或傳統上，乃至學界上，大多將智旭視爲天台宗人物，因爲智旭曾私淑於天台學，究心於天台學，且於其諸論著中，大多依天台的五重玄義、四悉檀、四教、三觀等之模式來論述，甚至天台思想中重要的觀念，如實相、即空即假即中等，皆爲智旭所沿用，因此，閱讀智旭之論著，乍讀之下，彷彿是天台學的翻版，可說智旭對於天台學之運用，已至爐火純青之境。無怪乎近代學者將智旭視之爲天台宗人物。如「天台宗系譜」視智旭爲天台宗第三十一代傳人；[31]又如一些日本學者，像鎌田茂雄《簡明中國佛教史》中所言：

> 就宗派說，他（案：指智旭）屬於天台宗，但同時精通華嚴、法相兩宗。他認為禪是佛心，教是佛語，律是佛行，本著三學一致的宗旨，主張諸宗融合。[32]

此是就教而言，認爲智旭屬於天台宗；而道端良秀於《新版中國佛教史》亦持此看法，且認爲智旭是承自於四明知禮的學說；[33] 另如中村元等所著《中國佛教發展史》中，亦認爲智旭以

---

[31] 如《望月佛教大辭典》中的〈諸宗派系譜〉條目，即將蕅益智旭列入天台宗系譜中，慧嶽法師即是根據此，而視智旭爲第三十一代傳人。參見《望月佛教大辭典》（［日本］東京：世界聖典刊行協會，1984 年），冊 6，頁 33。慧嶽法師：《天臺教學史》（臺北：中華佛教文獻編撰社，1989 年），頁 318。

[32] ［日本］鎌田茂雄著，鄭彭年譯：《簡明中國佛教史》（臺北：谷風出版社，1987 年），頁 313。

[33] ［日本］道端良秀：《新版中國佛教史》（日本：法藏館，昭和 42 年，1967 年），頁 220。

天台爲宗，如其云：

> 智旭雖以天台為宗，卻主張「禪者佛心也，教者佛語也，律者佛行也，三者具備，始為完全佛教」，高揭禪、教、律三學一源，結歸念佛一行執持名號，趣入念佛三昧，明代佛教大勢實盡於此一偈之中。❸❹

由上述所做的列舉中，可歸納知，皆是視智旭爲天台宗系統。

除此之外，在一般看法中，有的視智旭爲天台宗，但又不局限於此，如野上俊靜等著的《中國佛教史概說》以爲：

> 他是發足於天台，又宗於淨土，並提倡禪、教、律之融會實踐的新佛教者，他也正是代表了明代佛教之歸結的人物。❸❺

並不明顯劃定智旭爲天台宗。類似此看法的，還有宇井伯壽、黃懺華等人。❸❻

亦有些學者在論及智旭時，並不對智旭學說加以定位，如隆運〈智旭〉一文中，云：

---

❸❹ ［日本］中村元等著，余萬居譯：《中國佛教發展史》（臺北：天華出版社，1984 年），上冊，頁 489。

❸❺ ［日本］野上俊靜等著，聖嚴譯：《中國佛教史概說》（臺北：灣商務印書館，1984 年），頁 170。

❸❻ 如［日本］宇井伯壽云：「智旭……研究天台、法相和念佛，不限於一宗。」《中國佛教史》（臺北：協志出版社，1977 年），頁 250。又如黃懺華《中國佛教史》：「智旭者，代表明末佛教思想最後之學者，雖屬於天台宗，然其學說，遍涉諸宗。」（上海：文藝出版社，1990 年），頁 350。

> 智旭的學說，綜合禪、教、律而會歸淨土，同時又融會儒、釋，是多面性的。[37]

此是就智旭學說所涉及的禪、教、律、淨，乃至儒教而論，即以較廣泛多面性來論述智旭，非就某宗來界說智旭。持此看法者亦不在少數，如李世傑〈蕅益大師的天台教學〉云：

> 智旭的佛教觀是三學一元論。三學是禪（案：指達摩禪）、教（案：指天台法門）、律（案：指南山律）之三種。禪是明佛心，教是示佛語，律是現佛行，三學密接不可離，故為一元。[38]

另如高雄義堅《中國佛教史論》、郭朋《明清佛教》亦多持此看法。[39]

從上述所做的種種探討，約略可以歸納爲三類型：

1. 視智旭爲天台宗人。
2. 雖視智旭爲天台宗人，但不局限於此。
3. 未對智旭學說加以界說。

如就整體來看，以上所持之意見，並非嚴謹地論述所做的判斷，而基本上似乎也較傾向視智旭學說爲天台。針對此一論點，聖嚴法師提出了他不同的看法。

---

[37] 呂澂等著：《中國佛教人物與制度》（臺北：彙文堂，1987 年），頁 353。

[38] 張曼濤編：《天台宗之判教與發展》（臺北：大乘出版社，1978 年），頁 285。

[39] ［日本］高雄義堅：《中國佛教史論》（日本：平樂寺，昭和 27 年〔1952 年〕），頁 282。郭朋：《明清佛教》（福州：福建人民出版社，1982 年），頁 262-290。

聖嚴法師的《明末中國佛教之研究》一書，堪稱爲對智旭研究之專著，此書雖取名爲《明末中國佛教之研究》，亦可將它稱之爲《蕅益智旭之研究》，因爲整本書皆以智旭爲主要論述之對象，全書的架構亦皆是基於此而來，這可由書中安排的章節得知，其書共分五章，分述如下：

第一章：智旭的時代背景。

第二章：智旭的生涯。

第三章：智旭的宗教行踐。

第四章：智旭的著作。

第五章：智旭思想的形成與發展。

此書對智旭的時代背景、生涯、宗教的行踐、著作、思想形成及其發展，皆做了全面性極詳盡的論述，是目前學術界有關智旭研究之專書。此書對智旭思想所做的定位，亦相當值得注意，尤其所提出的看法和以往一般之見解大不相同。故本文以下即針對此書之論點做更進一步的探討。

（二）聖嚴法師之研究

依聖嚴法師《明末中國佛教之研究》的看法，認爲智旭的思想在於《楞嚴經》，是屬於如來禪的禪者，其〈序〉云：

> 明末的蕅益智旭（1599－1655），雖然並非一位傳統的禪僧，但他卻依從禪師剃度出家，亦曾參學禪悟之道，而了然於佛教思想的恢宏，終其一生，都是實踐於佛教生活的行持。但考究對於智旭的了解，我認為卻不同於一向傳說的看法。……就以往的研究所示，認為智旭是明末的一位傑出天台宗學者，從事於中國近代天台學研究人士，無論如何都不能把智旭作等閒的處理，但也絕對不可以只把智

旭作為教學的研究者來看待。[40]

接著，聖嚴法師對其何以不同一般傳說中的看法提出說明，他說：

> 何以就《宗論》內容所見到的智旭思想中，雖然亦於天台宗的教觀非常重視，但據揣想，構成其思想基礎的，可能不是以《法華經》為中心。是即觀察他的整個生涯，其在佛教生活的實踐行履方面，是以《梵網經》為中心的戒律主義者；但在佛教信仰方面，是依據《地藏經》典群的《本願經》和《占察經》；更於教理哲學方面，即是以《大佛頂首楞嚴經》為中心的。《楞嚴經》本來也是華嚴宗和禪宗所重視的經典，就這一點而言，智旭已經明顯地表示其本身的基本立場，是以宗述《楞嚴經》為主的禪者。[41]

從上述這兩段引文的陳述中，吾人可以歸納得知聖嚴法師對智旭思想的看法，在於《楞嚴經》，且是以宗述《楞嚴經》爲主的禪者。聖嚴法師所以持此看法，其主要理由，歸納如下：

1. 智旭依禪師雪嶺剃度出家。
2. 智旭依《楞嚴經》參禪悟道。[42]

---

[40] 釋聖嚴著，關世謙譯《明末中國佛教之研究》，〈序文〉，頁 IX（指〈序文〉第 9 頁）。以下有關此書的引用，採用中譯本。

[41] 釋聖嚴著，關世謙譯《明末中國佛教之研究》，〈序文〉，頁 X（指〈序文〉第 10 頁）。

[42] 釋聖嚴著，關世謙譯《明末中國佛教之研究》，如其云：「但是，智旭的禪思想，並非承襲當時傳統上的正統禪師，而是直接依奉《楞嚴經》的。」（頁 408）。

3. 智旭最宗仰者如永明延壽、紫柏眞可皆爲禪宗人物。[43]

4. 智旭以禪者身分而研讀律藏。[44]

5. 禪型式的淨土信仰。[45]

6. 智旭的禪與淨土思想之根據，皆來自《楞嚴經》。[46]

基於以上之理由，聖嚴法師認爲智旭是以《楞嚴經》爲中心思想，是一位徹始徹終的禪者，[47]且認爲「不論從私淑天台學以前或以後來衡量，（智旭）都是以一位禪者的立場，是了無變異的」。[48]這也可從聖嚴法師《明末中國佛教之研究》第五章〈智旭思想的形成與發展〉中得知，此章幾乎完全環繞著《楞嚴經》爲中心來闡述智旭思想的形成及發展，[49]乃至智旭與諸經諸論他

---

[43] 釋聖嚴著，關世謙譯《明末中國佛教之研究》，頁 410。如其云：「以《楞嚴經》爲中心思想的智旭，是一位澈始澈終的禪者。他最尊敬的永明延壽（904－975）與紫柏眞可（1543－1603）二人，都是禪宗系統的人物。」

[44] 同前註，頁 408。如其云：「智旭依《楞嚴經》教義，自己邁向參禪之路，而得到證悟，終於解決性相兩宗的矛盾之點。是即：智旭以禪者的身分而研讀律藏，並亦演《楞嚴經》。」

[45] 同前註，頁 408-409。如其云：「此外，智旭的淨土思想，也與歷來的中國淨土思想稍有不同。……這種情形下的智旭，到了三十歲，是以禪型式的淨土信仰，而禪與淨土思想的依據，也都是源自《楞嚴經》。說他是以《楞嚴經》爲中心的禪者方式的淨土行者，亦並非不恰當。」

[46] 此由前註的引文中可知。

[47] 同前註，頁 410。

[48] 同前註，頁 411。

[49] 聖嚴法師於《明末中國佛教之研究》第五章〈智旭思想的形成與發展〉中，將智旭思想分成四期（青年期、壯年前期、壯年後期、晚年期）之四節來論述，於最後一節（即第五節）將智旭思想做一總結。由此章的論述內容來看，可得知聖嚴法師是圍繞著《楞嚴經》來闡述智旭每一時期的思想，如第一節〈青年期（12－30 歲）的智旭思想〉，則先勾勒出智旭的禪淨思想是以《楞嚴經》爲中心的，乃至智旭的教理義學與戒律思想，皆不離《楞嚴經》；至第二節〈壯年前期（31－39 歲）的智旭思想〉，所顯示的性相融會

宗之關係，亦以《楞嚴經》爲中心而統論之。

雖然聖嚴法師將智旭的思想定位在依奉《楞嚴經》的禪者，但聖嚴法師特別強調此禪思想不同於傳統以公案爲主的祖師禪，言下之意，是指智旭的禪是屬如來禪，而非祖師禪。《明末中國佛教之研究》云：

> 但是，智旭的禪思想，並非承襲當時傳統上的正統禪師，而是直接依奉《楞嚴經》的，所以，智旭的禪與中國傳統的禪宗，有其相當的不同。唐末以後的禪宗，是以公案為中心的祖師禪；而智旭的禪，則以佛說的經典為中心，是即所謂的如來禪。[50]

在此，聖嚴法師已相當明確地道出智旭的禪，是依《楞嚴經》的如來禪，而非以公案爲中心的祖師禪。此處値得吾人注意的，乃聖嚴法師對禪所做的區分，這正可以凸顯出其所界說下的智旭爲禪者之意義所在。

（三）定位問題之析判

由上可知，聖嚴法師將智旭思想定位在《楞嚴經》，且是依奉《楞嚴經》的如來禪者，換言之，即以禪者的角色界定智旭，

思想、現前一念心說、心體論等，亦皆是依《楞嚴經》而來；第三節〈壯年後期（40－49 歲）的智旭思想〉，則是以《楞嚴經》爲中心而論佛教統一；第四節〈晚年期（50－57 歲）的智旭思想〉，則是泛論智旭與《大乘止觀法門》、《楞伽經》、《起信論》、天台教理之關係；第五節〈智旭思想的總結〉，主要論述性相、教（天台）禪、儒佛等之融合。釋聖嚴著，關世謙譯，《明末中國佛教之研究》，頁 407-480。

[50] 同前註，頁 408。

以反駁一般視智旭爲天台宗學者的看法。聖嚴法師此種立論頗具新穎，然若加以細究之，仍有些問題待商権，列舉二點分述如下：

1. 以經做為分判之依據

《楞嚴經》乃是唐、宋以來頗爲流行的一部經典，爲各宗各派所依持所奉行，非爲禪宗專屬之經典，或爲某宗某派所專屬，對於此點，聖嚴法師本身是相當清楚的，故其將《楞嚴經》視之爲禪宗與華嚴宗之重要經典。但聖嚴法師在判智旭思想時，是以經來做分判。因此，以《楞嚴經》及《法華經》做對比，聖嚴法師認爲天台宗是依《法華經》立宗，考察智旭的思想與《法華經》並沒有什麼直接之關係，且認爲智旭與天台宗的關係，是在於五重玄義註疏的方法論上。這種以經做爲判各宗思想，就各宗本身思想而言，並不能表達其思想內涵，比如天台思想，就無法以一部《法華經》而涵蓋之，況且天台思想並不等於《法華經》。同樣地，《楞嚴經》不等於禪宗，《楞嚴經》亦爲各宗所沿用。因此，以經做爲宗派之分判，仍有待商権。

2. 行持與教學二分之問題

在聖嚴法師所界定意義下的如來禪之禪者，是指廣義下的禪修者、行持者而言，亦即從事於修行者，皆是禪者。所以，聖嚴法師認爲智旭乃是實踐於佛教生活的行持者而非只是教學的研究者，以反駁一般對智旭所持之看法。就此論點而言，似乎將行持與教學做了二分。然就天台思想而言，並未將行持與教學二分，教觀乃一體之兩面，如鳥之雙翼，將天台學純然視爲教學，或將行持與教學二分，恐仍有問題。[51]

一般學界視天台爲教理，本就有所偏差。因此，聖嚴法師針對純以「教」（天台宗）來界定智旭思想提出反駁，而以依奉《楞嚴經》的如來禪來界定智旭思想。此論點的提出，用以說明智旭思想是依《楞嚴經》而非依《法華經》，故智旭非天台宗學者；進而說明智旭是禪者而非教者。

若從智旭與經典（《楞嚴經》、《法華經》）的關係程度來看，的確可知智旭與《楞嚴經》的關係，勝過於其與《法華經》之關係，但吾人無法就此而論斷智旭思想非天台，此如前第一點所述；再者，從天台思想的發展演變來看，自唐、宋以來的天台思想，已和諸宗思想交流融會，而走向理體論心性說，亦可說理體論心性說已成爲唐、宋以來（尤其是宋、元、明）所關注的話題，所闡述的內容。由於《楞嚴經》具備此內容之特性，故成爲諸宗諸派所研究的對象，智旭接觸《楞嚴經》，亦可說是在此大

---

[51] 參見拙稿：《理體論與心性說——蕅益智旭思想之研究．智旭思想之評析》（臺北：中華佛學研究所專任研究員研究計畫論文，1992 年），於時代思潮分析中，論及了天台思想自其原創者智者大師之後，歷經唐．湛然，宋．山家、山外，乃至元、明，皆有諸多之發展演變。在智者大師之時，是透過諸法彼此間的辯證張力來顯示實相道理，至湛然則是直視實相爲理體來把握，往後的天台思想皆就此來闡述。至於教與觀的關係，對智者而言，是密不可分的，故於《法華玄義》論述教理時，往往直就觀心而明之；於《摩訶止觀》闡述觀行時，常常透過四教來開顯之。諸如此類，可得知天台對於教觀的看法，基本上，是教即觀，觀即教，因應不同根性（文字人、坐禪人）而有所偏重。非如後來將教觀（教、禪）分家，純以教來理解天台。以上參見拙著：《天台緣起中道實相論》（臺北：東初出版社，1995 年）、〈湛然理具思想之探討〉（《中華佛學學報》第 6 期，臺北：中華佛學研究所，1993 年 7 月，頁 279-299）、〈從觀心評山家山外之論爭〉（《諦觀》第 74 期，1993 年 7 月，頁 151-195）、〈孤山智圓的理具唯心思想及其對知禮之反批〉（《諦觀》第 76 期，1994 年 1 月，頁 131-143）等諸論文所論。

環境因緣之下所促成的。而具備有性相融和的典籍，往往成為智旭所喜好的，如《楞嚴經》即是其中之一，另如《占察經》、《法華經》、《大乘起信論》等經論，及諸宗派大德的論著，如天台智者的三大部（《法華玄義》、《法華文句》、《摩訶止觀》）、南嶽慧思的《大乘止觀法門》、永明延壽的《宗鏡錄》等，皆成為智旭所研讀的對象。[52]因此，智旭於經論所涉獵的範圍相當廣泛，並不局限於某經、某論上。所涉範圍雖廣，但仍有所關注的主題——性相問題；同樣地，也因為此性相問題，而引發智旭對《楞嚴經》的探討，進而博覽群經論典。

在智旭的時代，教、禪（泛指觀行而言）已呈現分割局面，一般看法中，以天台教來界定智旭，可說是基於此而來；聖嚴法師駁斥此看法，亦可說基於此。然而，吾人可以看出以教或禪者的身分來界定智旭，皆有其無法自圓其說之處，因為對智旭而言，教、禪本身是不可分割的，其一生所積極努力的，即是駁斥當時門戶之見、教禪二分，而努力於挽救此偏執。[53]依智旭的看

[52] 此從智旭對諸經論所作的註疏可知，如其著有《占察經玄義》，《占察經疏》、《楞伽經玄義》、《楞伽經疏》、《大乘起信論裂綱疏》等。此可參見同前註拙稿《理體論與心性說——蕅益智旭思想之研究》第二至第五等章所做的論述；其於天台諸論著，除了私淑天台教理，究心於天台之外，亦撰有《大乘止觀法門釋要》、《妙玄節要》、《法華經綸貫》、《法華會義》、《教觀綱宗》、《教觀綱宗釋義》等論著，而其將天台思想觀念運用於諸論著中，更是屢見不鮮。至於慧思、智者、延壽諸人皆為智旭所稱讚之對象。

[53] 此在智旭的諸論著中，屢次提及之，如〈八不道人傳〉云：「三十二歲，擬注《梵網》，作四鬮問佛：一曰宗賢首、二曰宗天台、三曰宗慈恩、四曰自立宗，頻拈得天台鬮，於是究心台部，而不肎（肯）為台家子孫，以近世台家與禪宗、賢首、慈恩，各執門庭，不能和合故也。」《蕅益大師全集》，冊 16，頁 10224。此顯示了不但教、禪二分，且教門中亦彼此各執門庭，如天台、賢首、慈恩等宗。對於禪之弊，智旭痛加針砭之，甚至認為非台宗不

法，禪者是佛心，教者是佛語；禪是無言之教，教是有言之宗。教與禪之關係，教是詮禪之所證；禪是證教之所詮。[54]教禪對智旭而言，猶如一體之兩面，不可分割也。

至此，可得知以教或禪者來定位智旭，皆有其不足之處，乃至以某經或某論來界定智旭思想，亦存在著問題。若吾人從智旭的思想特質來切入，或許更可釐清一些錯綜複雜的問題，呈現出智旭思想之所在，不在於教，不在於禪，亦不離教不離禪。

* 本篇登載於《中國文哲研究集刊》第 8 期，頁 227-256（1996 年 3 月）。

能救也，如《靈峰宗論》云：「予二十三歲，即苦志參禪，今輒自稱私淑天台者，深痛我禪門之病，非台宗不能救耳。」《蕅益大師全集》，冊 16，頁 10578。

[54] 如《靈峰宗論》云：「禪、教、律三，同條共貫，非但春蘭秋菊也。禪者，佛心；教者，佛語；律者，佛行。世安有心而無語無行？有語而無行無心乎？」《蕅益大師全集》，冊 16，頁 10477。

第九篇

從「明心見性」論聖嚴禪法與天台止觀

摘要

「明心見性」，是禪宗的核心觀念。舉凡有關禪宗的所有修證，無非爲了達到明心見性。但由於禪宗重視頓悟，並不特別強調修證的階位，因而導致對明心見性呈現撲朔迷離的狀態。對於此問題，聖嚴法師是相當關注的，認爲可藉由天台或唯識輔助做說明。然在聖嚴法師的諸論著中，對這方面的著墨仍然很少。

所以，本論文試著從天台教觀的角度來切入，以便釐清「明心見性」所蘊藏的義涵，以及呈顯「明心見性」與止觀修證的關係。

若就天台而言，「明心見性」是指見中道佛性。但於天台的藏、通、別、圓教等四教中，只有別教、圓教二教觸及了中道佛性的議題。因此，若要探討明心見性，宜從別教、圓教二教入手。進而配合別教的修證階位（十信、十住、十行、十迴向、十地、等覺、妙覺），以及圓教的六即位（理即、名字即、觀行即、相似即、分證即、究竟即佛）來論述明心見性，以便對明心見性有一整體性充分的了解。

因此，本論文主要從兩方面來探討：首先，就聖嚴法師的禪法來釐清「明心見性」的觀念。其次，從天台的教觀來探討

「明心見性」，以及論述「明心見性」與止觀修證的關係。

關鍵字：明心見性、聖嚴法師、禪法、天台、中道佛性、別教、圓教

一、前言

有關禪宗的「明心見性」，向來難以說清楚。此可能與禪宗的不立文字、教外別傳有關，很難以一理論系統來概括之。另外，「明心見性」乃修行體證之境界，故難以用語言文字表達。也因爲如此，使得禪宗的公案語錄，呈現撲朔迷離的狀況。

「明心見性」，乃禪宗之宗旨，參禪之目標。而「明心見性」究竟何所指？其實並不容易說得清楚。歷代禪宗諸多典籍無不在談「明心見性」，但對「明心見性」之界說，諸禪師彼此有所不同。若以《壇經》所記載惠能與神秀是否開悟的偈頌來看，弘忍大師判定惠能已開悟，而神秀則未達明心見性。爲何神秀未達明心見性？爲何惠能已達明心見性？其判準何在？此問題到了後代更形複雜，有以頓悟頓修、頓悟漸修等，或解悟、證悟等來加以做說明。甚至愈到後代，愈是以強烈地方式來遮除對「明心見性」之執取。❶此顯示了「明心見性」看似簡單易懂，而實際上並非如此。

若就「明心見性」的字面意思，是指明吾人之本心、見吾

---

❶ 如《鎮州臨濟慧照禪師語錄》卷 1：「上堂云：『赤肉團上，有一無位眞人，常從汝等諸人面門出入，未證據者，看看！』時，有僧出問：『如何是無位眞人？』師下禪床，把住云：『道！道！』其僧擬議，師托開云：『無位眞人是什麼乾屎橛？』便歸方丈。」（《大正藏》冊 47，第 1985 經，頁 496 下）又如《永覺元賢禪師廣錄》卷 4：「所以成佛作祖，是頭上安頭；明心見性，是眼中著屑。」（《卍新纂續藏》冊 72，第 1437 經，頁 410 上）《無異元來禪師廣錄》卷 1：「何謂世法？明心見性是世法，戒、定、慧品是世法。……乃至成佛極果是世法。……何謂佛法？山河大地是佛法，日月森羅是佛法，鵲噪鴉鳴是佛法，乃至與諸昆仲要笑、謳歌是佛法。」（《卍新纂續藏》冊 72，第 1435 經，頁 242 下）

人之本性（佛性）。而此本心佛性，本來清淨，一切具足。此從達摩、惠能一路下來，無不在開顯此本心佛性。而至五家七宗所使用的公案、語錄、話頭禪、默照禪、念佛禪等，無不與此有密切關係。乃至近代的虛雲禪師及創立中華禪法鼓宗的聖嚴法師，無不以明心見性做為禪宗的宗旨。

有關聖嚴法師的禪法（話頭禪、默照禪、念佛禪等），包羅萬象，有漸次的，有頓悟的，可說集歷來禪法於一身。❷ 聖嚴法師施設種種方便，引領現代人邁向覺悟解脫成佛之道。而「明心見性」，乃是禪宗的修行目標，聖嚴法師是如何來詮釋明心見性？依本論文初步之研究，基本上，聖嚴法師較常以空性來解釋明心見性。若依天台的看法，空具有共、不共涵義，如所說的共般若、不共般若，或共實相、不共實相，而此也形成於菩薩道上有共十地與不共十地之差別。❸ 此之「不共」，指的是佛性。但吾人從禪宗的諸論著中，很難看出對般若空做如此區分。

---

❷ 此從聖嚴法師等身的相關著作可得知，目前筆者也在進行「聖嚴禪法與天台止觀」的研究專題。而學術界有關聖嚴法師禪法的研究亦不少，如：辜宗瑜《聖嚴法師的禪學思想》一書中，以「一、起點與歸趣——緣起性空思想」、「二、主體信念——佛性眞如思想」、「三、觀念之融通與法門之匯整」來論聖嚴法師的禪學思想（《聖嚴法師的禪學思想》，頁 135-145，法鼓文化）；俞永峰〈聖嚴法師與禪宗之現代化建構〉，對聖嚴法師禪法做了分期，以四期來劃分聖嚴法師的禪法，即教授禪法初期、實驗時期、改良兩種禪法時期、以禪法爲教育時期（《傳燈續慧——中華佛學研究所卅週年特刊》，頁 144-153，法鼓山中華佛學研究所出版，2010 年 4 月）。

❸ 《大智度論》卷 49〈發趣品〉：「地有二種：一者、但菩薩地，二者、共地。共地者，所謂乾慧地乃至佛地。但菩薩地者：歡喜地、離垢地、有光地、增曜地、難勝地、現在地、深入地、不動地、善根地、法雲地。」（《大正藏》冊 25，第 1509 經，頁 411 上）《妙法蓮華經玄義》卷 10：「若言不明佛性、法身常住者，共般若可非佛性、法身常等。不共般若云何非佛性耶？」（《大正藏》冊 33，第 1716 經，頁 801 下）

研究禪宗，首當其衝面對的問題——何謂「明心見性」？若欲探討明心見性，自然地會涉及惠能與神秀之開悟與否的偈頌，爲何惠能所呈現的偈頌已達明心見性？爲何神秀未達明心見性？此「明心見性」是指「開悟」之意。而所謂的「開悟」，究竟悟得甚麼？是空性？或是佛性？空性與佛性的關係又是如何？且爲何後代以解悟與證悟來說明開悟？爲何諸禪師對於解悟與證悟的界說有所不同？而禪宗向來不強調階位，爲何要從賢位、聖位來說明開悟？此解悟與證悟是何指？其賢位、聖位代表何涵意？此等有待進一步之釐清。

基於上述諸問題，本論文擬從惠能與神秀的偈頌來展開序幕，以及論述後代對明心見性所做的詮釋，進而探討聖嚴法師如何看待明心見性。最後，試從天台教觀的角度，輔助以釐清「明心見性」的義涵。

二、中華禪的明心見性

（一）開悟之判準——明心見性

有關禪宗的「明心見性」，可從惠能與神秀的開悟偈頌來切入，爲何弘忍大師認爲神秀所寫的偈頌未入門？而認爲惠能的偈頌已達開悟？而神秀與惠能之差別，是方法上頓漸之差別或是根本上之差別？若是方法上之差別，於「明心見性」只是頓、漸的問題而已。若是根本上之差別，此可能會涉及到別、圓教之差別問題。[4]

---

[4] 若從宗密的角度，是屬於漸、頓的問題，如《禪源諸詮集都序》卷 1：「初『息妄修心宗』者，說眾生雖本有佛性，而無始無明覆之不見，故輪迴生

神秀的偈頌如下：

身是菩提樹，心如明鏡臺，
時時勤拂拭，莫使有塵埃。❺

惠能的偈頌，有三種說法，如下：

（1）菩提本無樹，明鏡亦無臺，

死；諸佛已斷妄想，故見性了了，出離生死神通自在。當知凡、聖功用不同，外境、內心各有分限，故須依師言教，背境觀心，息滅妄念。念盡即覺悟，無所不知，如鏡昏塵，須勤勤拂拭，塵盡明現，即無所不照。又須明解，趣入禪境，方便遠離憒鬧，住閑靜處，調身調息，跏趺宴默，舌拄上腭，心注一境。南侁、北秀、保唐、宣什等門下，皆此類也。」（《大正藏》第 48 冊，第 2015 經，頁 402 中 - 下）又《禪源諸詮集都序》卷 1：「三、將識破境教……說上生滅等法，不關眞如。但各是眾生無始已來，法爾有八種識。於中，第八藏識是其根本，頓變根身、器界種子，轉生七識，各能變現自分所緣（眼緣色，乃至七緣八見，八緣根種器界）。此八識外，都無實法。……此上三類，都爲第一『密意依性說相教』。然唯第三『將識破境教』與禪門『息妄修心宗』而相扶會。以知外境皆空，故不修外境事相，唯息妄修心也。息妄者，息我法之妄。修心者，修唯識之心，故同唯識之教。既與佛同，如何毀他？漸門息妄看淨，時時拂拭，凝心住心，專注一境，及跏趺調身、調息等也。此等種種方便，悉是佛所勸讚。《淨名》云：『不必坐，不必不坐。』坐與不坐，任逐機宜。凝心運心，各量習性。當高宗大帝，乃至玄宗朝時，圓頓本宗未行北地，唯神秀禪師大揚漸教，爲二京法主、三帝門師，全稱達摩之宗，又不顯即佛之旨。曹溪荷澤恐圓宗滅絕，遂呵毀住心、伏心等事。但是除病，非除法也。」（《大正藏》冊 48，第 2015 經，頁 403 中 - 下）若從宗密將禪門的「息妄修心宗」會通於密意依性說相教的「將識破境教」來看，那麼神秀與慧能的差別，類似於天台的別、圓二教之差別。

❺ 《大正藏》冊 48，第 2007 經，頁 337 下。

佛性常清淨，何處有塵埃？❻

（2）心是菩提樹，身為明鏡臺，

明鏡本清淨，何處染塵埃？❼

（3）菩提本無樹，明鏡亦非臺，

本來無一物，何處惹塵埃？❽

在神秀的偈頌中，是肯定有菩提樹、有明鏡台，此在惠能的第一、第二種偈頌中，亦皆有之。所不同者，神秀認爲須「時時勤拂拭，莫使有塵埃」，而惠能則認爲「明鏡本清淨，何處染塵埃」或「佛性常清淨，何處有塵埃」。換言之，是同樣肯定有如明鏡般的清淨佛性，所差別者，神秀認爲會惹塵埃，爲無明所染；而惠能認爲明鏡佛性本來清淨，何來惹塵埃。此呈現了惠能與神秀之差別，一爲本清淨，一爲惹塵埃。但在元代的宗寶所搜集的版本《六祖大師法寶壇經》中，則更以「菩提本無樹，明鏡亦非臺；本來無一物，何處惹塵埃？」來表達之，此與法海版本的《南宗頓教最上大乘摩訶般若波羅蜜經六祖惠能大師於韶州大梵寺施法壇經》（簡稱《壇經》）說法不同，是從「本來無一物」來強調連明鏡、佛性皆不可得，此更明顯地說明了惠能與神秀之間是根本上的差別，而非頓、漸之不同而已。由此可看出惠能以後的禪宗發展，由肯定佛性而走向對佛性的遮除。

在《壇經》中，並未使用「明心見性」一詞，而是以「識心見性」表之，於自心頓現眞如本性，自識本心，自見本性。如《壇經》云：

---

❻ 《大正藏》冊 48，第 2007 經，頁 338 上。

❼ 《大正藏》冊 48，第 2007 經，頁 338 上。

❽ 《六祖大師法寶壇經》卷 1，《大正藏》冊 48，第 2008 經，頁 349 上。

> 故知不悟，即是佛是眾生；一念若悟，即眾生不是（案：是）佛。故知一切萬法盡在自身心中，何不從於自心頓現真如本姓。《菩薩戒經》云：「我本願自姓（性）清淨。」識心見性，自成佛道。即時豁然，還得本心。❾

又云：

> 若識本心，即是解脫。既得解脫，即是般若三昧。悟般若三昧，即是無念。何名無念？「無念法」者，見一切法，不著一切法；遍一切處，不著一切處。常淨自性，使六賊從六門走出，於六塵中不離不染，來去自由，即是般若三昧自在解脫，名「無念行」。❿

此說明若能識本心，即是解脫，即是般若三昧，亦是無念。能於一切法不著一切法，遍一切處不著一切處。此「菩提般若之知，世人本自有之」⓫，強調於日常生活中心行，而非口說，如《壇經》云：

> 「一行三昧」者，於一切時中，行、住、座（案：坐）、臥常真，真心是。《淨名經》云：「真心是道場，真心是淨土。」莫心行諂典（案：曲），口說法直，口說一行三昧，不行真心，非佛弟子。但行真心，於一切法上無有執著，名「一行三昧」。迷人著法相，執一行三昧，真心座

❾ 《大正藏》冊 48，第 2007 經，頁 340 中 - 下。

❿ 《大正藏》冊 48，第 2007 經，頁 340 中 - 下。

⓫ 《大正藏》冊 48，第 2007 經，頁 338 中。

> 不動，除妄不起心，即是「一行三昧」。若如是，此法同無清（案：情），是障道因緣，道順通流。⓬

此顯示「明心見性」著眼於實踐，而非口頭禪。若能於一切法上無有執著，則是一行三昧。

《壇經》中，對於「明心見性」之表達，可說不少，藉用聖嚴法師所引《壇經》之文，如下：

> 〈疑問品〉云：「念念無滯，常見本性。」此即是明心見性……。
>
> 〈定慧品〉云：「迷人漸修，悟人頓契。自識本心，自見本性。」此也即是對於明心見性的敘述。⓭

因此，可知惠能的「識心見性」，是指當下頓現本心佛性，是頓悟法門。歷來有關「明心見性」的相關文獻，可說相當多，本文不多列舉。⓮

⓬ 《大正藏》冊 48，第 2007 經，頁 338 中。

⓭ 《禪鑰》，《法鼓全集》2005 光碟版，第 4 輯，冊 10，頁 111。

⓮ 此處引用聖嚴法師對歷代禪師的明心見性之文，其所做之解釋，如《禪鑰》云：「有關明心見性的文獻記載：（一）菩提達摩的〈二入四行〉云：『此心生時，與理相應。』即是明心。『心無增減』、『安心無為』，均指明心。又云：『深信含生，同一眞性。』即指佛性。達摩祖師講到，當心生起時，能夠與理相應，此時即為明心，其理就是佛性。（二）傅大士〈心王銘〉的『了本識心，識心見佛』、『心明識佛』，即是明心見性。（三）僧璨〈信心銘〉的『一心不生』、『任性合道』，亦是明心見性。如能心不受任何環境的影響而產生情緒變化、不產生妄想執著，任其自然，不需要任何的幫助，自然而然，就能跟無上的菩提道相即相合。（四）道信的〈入道安心〉所云：『念佛即是念心』、『即是安心』。『常憶念佛，攀緣不起，則

至於後代，將「明心見性」分爲解悟與證悟，圭峰宗密以悟而修爲解悟，以修而悟爲證悟。[15] 永明延壽以頓悟漸修爲解悟，以頓悟頓修爲證悟。[16] 而憨山則以依佛祖言教明心爲解悟，從自己心中樸實做爲證悟，如《憨山老人夢遊集》卷 2：

凡修行人，有先悟後修者，有先修後悟者。然悟有解、證

泯然無相，平等不二。』此即是明心，『亦名佛性』，『亦名涅槃界、般若等。』亦即是見性。念佛是念心、安心。如果經常想到念佛，便能使得向外攀緣的心自然不起；這時候的心，是無相的、平等不二的。沒有分別心，不起執著心，實際上即爲明心。心明的境界是佛性、是般若，又叫它爲涅槃界。（五）牛頭法融的〈心銘〉云：『心性不生』、『心生本齊』，即是說的明心見性。（六）五祖弘忍的〈修心要論〉所云：『自心本來清淨』，即是指的明心。又云：『一切眾生清淨之性』，也是指的佛性。《十地經》所說『眾生身中有金剛佛性』、『眾生佛性本來清淨』、『守本眞心，妄念雲蓋，慧日即現』，以及『三世諸佛，皆從心性中生』，也都是在說明心見性之意。（七）永嘉〈證道歌〉所云：『不除妄想不求眞，無明實性即佛性』，亦是說的明心見性的境界。（八）光宅寺的慧忠云：『善惡不思，自見佛性』，以不二之心，即可明心，能得明心，即見佛性。」（《禪鑰》，《法鼓全集》2005 光碟版，第 4 輯，冊 10，頁 106-107）

[15] 有關解悟與證悟，禪師們的看法不盡相同，如《禪源諸詮集都序》卷 2：「若因悟而修。即是解悟。若因修而悟，即是證悟。」（《大正藏》冊 48，第 2015 經，頁 408 上）

[16] 《宗鏡錄》卷 36：「若印文之頓成，讀有前後，或頓悟頓修，正當宗鏡。如華嚴宗，取悟如日照，即解悟、證悟皆悉頓也。……有云：先因頓修而後漸悟，如人學射。頓者，箭箭直注，意在的；漸者，久始漸親漸中。此說運心頓修，不言功行頓畢。有云：漸修漸悟，如登九層之臺，足履漸高，所見漸遠，已上皆證悟也。有云：先須頓悟，方可漸修，此約解悟。若約斷障說者，如日頓出，霜露漸消。若約成德說者，如孩初生，即具四支、六根，長即漸成志氣功用。如《華嚴經》云：『初發心時即成正覺』，三賢、十聖次第修證。若未悟而修，非眞修也。」（《大正藏》冊 48，第 2016 經，頁 626 下 -627 中）

之不同。若依佛祖言教明心者，「解悟」也。多落知見，於一切境緣，多不得力，以心、境角立，不得混融，觸途成滯，多作障礙。此名相似般若，非真參也。
若證悟者，從自己心中樸實做將去，逼拶到山窮水盡處，忽然一念頓歇，徹了自心。如十字街頭見親爺一般，更無可疑；如人飲水，冷暖自知，亦不能吐露向人，此乃真參實悟。然後即以悟處融會心境，淨除現業、流識、妄想、情慮，皆鎔成一味真心。此「證悟」也。⑰

依憨山之看法，所謂「解悟」，是指依經教而明心，多落於知見，非眞正的開悟。所謂證悟，是藉由實際的修行之歷練，而達到「一念頓歇，徹了自心」。但此證悟亦有深淺之差別，如憨山接著說：

此之證悟，亦有深淺不同。若從根本上做工夫，打破八識窠臼，頓翻無明窟穴，一超直入，更無剩法，此乃上上利根，所證者深。其餘漸修，所證者淺。最怕得少為足，切忌墮在光影門頭。何者？以八識根本未破，縱有作為，皆是識神邊事。若以此為真，大似認賊為子。古人云：「學道之人不識真，只為從前認識神，無量劫來生死本，癡人認作本來人。」於此一關最要透過。所言「頓悟漸修」者，乃先悟已徹，但有習氣，未能頓淨，就於一切境緣上，以所悟之理，起觀照之力，歷境驗心，融得一分境界，證得一分法身，消得一分妄想，顯得一分本智，是又

⑰　《卍新纂續藏》冊 73，第 1456 經，頁 469 中。

全在綿密工夫，於境界上做出，更為得力。[18]

此明證悟，歸納有二：頓悟頓修、頓悟漸修。頓悟頓修屬徹悟，所證深，屬上上利根。頓悟漸修，則所證淺。如下圖所示：

	解悟	證悟	
宗密	悟後修	修而悟	
延壽	頓悟漸修	頓悟頓修	
憨山	依如來教	頓悟漸修	淺
		頓悟頓修	深

（二）聖嚴法師之看法

聖嚴法師對於「明心見性」的看法，基本上，是較從空性來解釋，[19]而此空性，也就是佛性、眞如、實相、本妙覺心，如

---

[18] 《卍新纂續藏》冊 73，第 1456 經，頁 469 中 - 下。

[19] 此看法與聖嚴法師於〈六祖壇經的思想〉一文說法，略有不同，如其云：「《壇經》的思想系統，雖用般若經，實則是沿襲如來藏的觀點，用般若的空慧，實證眞如佛性，即是明心見性。」（《中華佛學學報》第 3 期，頁 149〔1990 年〕，臺北：中華佛學研究所）又說：「其實《六祖壇經》是以般若爲方法，以如來藏爲目標，用般若的空觀來破除煩惱的執著，以期達到『明心見性』的目的。所謂『明心』就是無煩惱的清淨心，『見性』就是見到與佛無二無別的佛性。佛性是如來藏的另一個名字，清淨心是般若智慧的別名，它是用般若智慧以達見性成佛的目的。……從中觀的立場看般若，若得般若即見諸法自性是空，那就是目的，不再另有如來藏、佛性、法性等目的可求。可是從如來藏系統來看，般若只是功能，不是其本體；功能必定有其所屬，所以產生了如來藏和佛性等思想。於是《六祖壇經》雖讓人見到般若的思想，實際上是以如來藏爲根本，這是非常明顯的事。」（《中華佛學學報》第 3 期，頁 150-151）

其云：

> 「明心見性」，所明的心是無漏的智慧，所見的性，也即是空性——在有情眾生稱為「佛性」，在非情的諸法稱為「法性」，也可總名為「真如實相」。能夠見到空性的，即是大智慧心，即是《楞嚴》的「本妙覺心」，即是《心經》的「般若」。[20]

又云：

> 禪宗始終迴避神通，也不用神通，禪以心為主，以心得自由、心得清淨、心除煩惱為主，明心見性，見性即是見空性。[21]

如引文所述，所謂的見性，是指見佛性，也就是見空性。而此空性，是指最上乘所悟之空性，此從聖嚴法師對悟所做的劃分可得知，如其云：

> 佛教的悟，分成信悟、解悟和證悟。而悟也有大悟、小悟、凡夫的悟、外道的悟、小乘的悟、大乘的悟，以及最上乘悟等的差別。……真正的悟是見到佛性，也就是證得諸法空性；悟後的人不追求自我的永恆價值。[22]

---

[20] 《聖嚴法師教觀音法門》，《法鼓全集》2005 光碟版，第 4 輯，冊 13，頁 43。

[21] 《漢藏佛學同異答問》，《法鼓全集》2005 光碟版，第 4 輯，冊 1，頁 23。

[22] 《悼念·遊化》，《法鼓全集》2005 光碟版，第 3 輯，冊 7，頁 430。

此中，聖嚴法師將悟分成：信悟、解悟和證悟，而強調眞正的悟在於見到佛性，也就是證得諸法空性。而此之證悟，與小乘是不同的，如其云：

> 佛經裡說解悟如數寶，是數別人的寶，……至於證悟，指親自體驗到佛法根本的原理，而如法修持，修戒、修定、修慧，一一破除貪、瞋、無明，乃至大徹大悟。證悟分大、小乘兩種悟。小乘的悟是悟到自己不存在，因為我們的生命是無常的，身體也是無常的，那就瞭解到自己原來是無我的，也就不會有任何的執著，即沒有所謂的貪、瞋、癡。小乘的悟只是悟到自己生命的無常，未能悟到諸法的本身也是不存在的。因此小乘的悟把生死看作很可怕的事，所以要離開生死，進入涅槃。大乘的悟則更深一層悟到生死這樁事的景象也是空的，所以他不執著生死，或離開生死這個問題，而還以大悲心在生死之中自由地來往。[23]

---

[23] 《禪與悟》，《法鼓全集》2005 光碟版，第 4 輯，冊 6，頁 57-58。又云：「根據佛經所載，禪的悟是『覺』的意思。覺有三個層次：一、小乘的自覺。破除了貪、瞋、癡、慢、疑等自我中心的煩惱之後，再也不會因各種煩惱而在生死流轉之中接受苦報；這必須修四聖諦、八正道、十二因緣等法門，才能達到破我執、住涅槃的阿羅漢程度。在小乘的修行過程中，能夠到達初果的位置就已算是開悟，到了四果則是徹悟。二、大乘的菩薩稱爲覺他。菩薩是梵文『菩提薩埵』的簡譯，而菩提薩埵就是『覺有情』的意思。菩薩不僅自斷煩惱，尤其發願廣度眾生，地藏菩薩甚至說『眾生度盡，方證菩提』。菩薩希望一切眾生都能成佛，至於自己能否成佛，不是問題；事實上如果眾生都因他而成佛，他必定也會成佛。通常把菩薩道的層次分成五十二個位次，若能進入第十一個位次也算開悟，直到成佛則叫徹悟、圓悟。三、佛是自覺、覺他、覺滿。他的煩惱已經斷盡，已爲一切眾生種下了得度的因緣；他是自利利他、福慧雙運而圓滿究竟的人，所以稱爲大圓滿覺。

小乘的悟，在於悟到生命是無常的、無我的，而未能悟到諸法的本身也是不存在的。因此，小乘的悟把生死看作很可怕的事，所以要離開生死，進入涅槃。而大乘的悟則是更深一層，悟到生死這樁事的景象也是空的，所以不執著生死，而以大悲心於生死之中化度眾生。雖化度眾生，亦不執取所化之眾生，如其云：

> 然而，發了這麼多的大願，幫助了這麼多的眾生，自己都很清楚這些願行，都像空中的花、水底的月、夢中的情景一樣，不會沾沾自喜地認為自己真的做了多少好事，積了多少功德。菩薩進入眾生的夢中，與眾生一同做夢，所不同的是，菩薩在夢中知是夢，眾生做夢時尚不知是夢。一旦明心見性，大夢醒時，便知什麼也沒發生。不過，菩薩明知是夢，菩薩一定要進入眾生的夢境才能把眾生喚醒。[24]

此說明了眞正的明心見性者，了達生死本空，而起大悲心於三界生死中度化眾生，且不執著所度眾生。由此可知，聖嚴法師對

四、禪宗的悟另有勝義。有一種是不假階梯，在明師指導下一觸即悟；也有在苦參實究時，悟境突然自發。當悟境現前之時，心胸坦蕩，豁達無礙，晴空萬里，不著點塵，與佛的心地一般無二，平等一如。不過，佛是一悟永悟，而且是徹悟；一般的禪修者可能要悟了又悟。悟境出現的時間也有長短，力量強的比較持久，否則相當短暫。唯其已經開悟，畢竟和從未有過悟境的人大不相同，因爲他們已經見到本來面目，所以信心堅固，而且會繼續努力。因此有位禪師曾說『大悟三十多回，小悟不計其數』，可見禪宗的悟並不等於一悟就是解脫，或者一悟就成佛。」（《禪與悟》，《法鼓全集》2005 光碟版，第 4 輯，冊 6，頁 22-24）

[24] 《智慧一○○》，《法鼓全集》2005 光碟版，第 7 輯，冊 7，頁 266-267。

「明心見性」的看法，而是更深一層的悟。[25]

若要細分悟的層次，有解悟與證悟之別，也就是賢位與聖位之別，如《聖嚴法師教默照禪》所說：

> 通常我們所謂徹悟的人，大致上是進入賢位的階段，信心已經成就，能夠調伏煩惱，但是還沒有斷煩惱，因此要長養聖胎，就像是胎兒一樣。

明心見性之解悟，即是賢位，只能伏惑，而未能斷惑，因此須長養聖胎。至證悟時，即是聖位，能斷惑。又如《禪與悟》云：

> 我們分三點來說：第一是親自見到自性與佛性是無分別的，這是見性，禪宗叫破參。也就是問狗為何沒佛性，突然間明白了為什麼老師會如此說法！可是見到自己的本性就是佛性，並不等於就是佛。如同我們看到山，還未爬山。第二是悟後起修，就如見到了山，而向山上爬，因為見性後就離開常見與斷見兩種邪見，一定能夠對佛法正信不退，努力修行。他的煩惱必定還存在，他必須繼續修行。第三是聖位的悟，是體驗到實相就是無相。禪宗有三關之說，第一叫初關，就是破疑團見佛性。第二關叫重關，即前面所說大悟小悟不斷。第三關叫牢關，直到最後破牢關，才是真正出三界，能夠證道得無生法忍，而能生

---

[25] 「禪的工夫，主要是由戒定慧的基礎上發生的。最初是有，接著是空，最後則連空有的對立觀念也要空掉，禪宗稱它爲『無』。」（《禪的體驗．禪的開示》，《法鼓全集》2005 光碟版，第 4 輯，冊 3，頁 112）

> 死自在。[26]

此明心見性，有三種層次，如下表：

見性	親自見到自性與佛性是無分別的	初關	賢位	破疑團見佛性。
悟後起修	就如見到了山，而向山上爬，因爲見性後就離開常見與斷見兩種邪見，一定能夠對佛法正信不退，努力修行。	重關		大悟小悟不斷。
聖位的悟	是體驗到實相就是無相。	牢關	聖位	出三界，證無生法忍。

從上述之探討，聖嚴法師對「明心見性」的看法，以解悟和證悟來做說明，其觀點與憨山的看法是相同的。認爲解悟，是賢位，只能伏惑而未能斷惑。至證悟時，是聖位，能斷惑。而有關對證悟的解釋，分成頓悟漸修及頓悟頓修，而較傾向頓悟漸修來做說明。雖悟可分爲小、大乘悟等多種，但採以見到佛性爲眞正的悟，也就是證得諸法空性。

另外，聖嚴法師爲了便利現代人之修禪，將禪的方法分爲漸法、頓法與念佛三種。於漸次上，分成四個階次，如其云：

> 從淺至深的四個階次，那便是散亂心、集中心、統一心、無心，每一階次各有修行及進階修行的方法。這是經過我幾十年的練習整理以後，把漢傳佛教的禪法重新發揚光大的。[27]

---

[26] 《禪與悟》，《法鼓全集》2005 光碟版，第 4 輯，冊 6，頁 60。

[27] 《動靜皆自在》，《法鼓全集》2005 光碟版，第 4 輯，冊 5，頁 111。

又如《禪與悟》云：

> ……悟的方法，這有三種：第一種是漸法，是慢慢修行的方法；第二種是頓法，是一下子就開悟的方法。漸法又分三個階段，就是由散心到專心，由專心至定心，由定心至慧心，也就是開悟。不一定要透過打坐或參禪，只要念佛、拜佛時能專修，也可以通過這三階段達到開悟之境。頓法就是不用任何方法，只是一直坐，或者一直參問一句話頭。第三種方法是念佛。其實念佛是最好的方法，人人都會念佛，只要稱念「南無阿彌陀佛」，就可以從散心念佛直到一心念佛，最終獲得念佛三昧，必定開悟。如果念佛而不開悟，我們求阿彌陀佛接引，發願往生西方極樂世界；因此念佛是最容易、最可靠的。如果我們念佛能開悟最好，不能開悟的話，阿彌陀佛也會在我們臨終時來接引我們，到西方後再精進修行而開悟。[28]

綜合上述，如下圖表所示：

<table>
<tr><td rowspan="3">悟的方法</td><td>漸法</td><td>由散心到專心，由專心至定心，由定心至慧心，也就是開悟。</td></tr>
<tr><td>頓法</td><td>不用任何方法，只是一直坐或者一直參問一句話頭。</td></tr>
<tr><td>念佛</td><td>可以從散心念佛直到一心念佛，最終獲得念佛三昧，必定開悟。</td></tr>
</table>

有關「明心見性」之修法，除了上述方法的運用外，也可從觀念上、生活上入手。[29]另對於「明心見性」的體悟，也可以

[28] 《禪與悟》，《法鼓全集》2005 光碟版，第 4 輯，冊 6，頁 62。

[29] 《動靜皆自在》論及「如何明心見性？」，則從三方面入手：「（一）從觀

四句略做說明：

一切都是現成的，
一切都是完整的，
一切都是新鮮的，
一切都是美好的。[30]

三、從天台看明心見性

有關天台與禪宗，向來有密切的關係。而聖嚴法師與天台關係亦極密切，[31]且對天台教觀給予相當高的肯定，[32]甚至認爲天

念上來認識、認同、理解而達成明心見性……。（二）從生活上來達到明心見性……。（三）從方法上來達成明心見性，方法必須是經常的、不斷的在使用，方法包括在打坐的時候，所教的數息、念佛、只管打坐、參話頭等不同的方法。」（《拈花微笑》，《法鼓全集》2005 光碟版，第 4 輯，冊 15，頁 111。

[30] 「如何體驗明心見性？不論是否已經明心見性，都可以體驗以下的四句話：『一切都是現成的，一切都是完整的，一切都是新鮮的，一切都是美好的。』」（《動靜皆自在》，《法鼓全集》2005 光碟版，第 4 輯，冊 15，頁 111。

[31] 如聖嚴法師於《天台心鑰——教觀綱宗貫註》〈自序〉所說：「我不是天台學專家，但以我的碩士論文是研究大乘止觀法門，其著者是天台智者大師的師父慧思禪師。我的博士論文是寫明末蕅益大師智旭，他雖自稱不是天台宗的徒裔，卻被後世佛教學者們認爲是中國天台學的最後一位專家。因此，我當然必須研讀天台學的重要著述。尤其是從一九七六年以來，我在東、西方，多以中國的禪法接引並指導廣大的信眾們自利、利人，淨化人心、淨化社會，也使我需要假重天台的止觀。」（《法鼓全集》2005 光碟版，第 7 輯，冊 12，頁 5）

[32] 如《天台心鑰——教觀綱宗貫註》：「漢傳佛教的智慧，若以實修的廣大影響而言，當推禪宗爲其巨擘；若以教觀義理的深入影響來說，則捨天台學便

台的一心三觀將止觀落實於日常生活上，此乃是禪宗「道在平常日用中」的先驅思想。[33]

至於宜否以天台教觀來詮釋禪宗的明心見性？這是見仁見智的問題。既然禪宗已涉及悟、不悟之問題，且從解悟、證悟來說明開悟，甚至以賢位、聖位來明之。顯然地，可適當輔以教觀來論述之。在唐代時，圭峰宗密以三宗、三教來解決禪教的問題，[34]甚至在更早之時，梁、陳及隋代之際，天台智者已對頓悟問題提出探討。

（一）天台對頓悟的看法

頓悟是否能依階位之施設來做說明？有關此問題，在天台智者大師時，已加以提出探討，如《妙法蓮華經玄義》卷 5：

> 人解不同，有言：「頓悟即佛，無復位次之殊。」引《思益》云：「如此學者，不從一地至一地。」又有師言：「頓

不能作第二家想。」（《法鼓全集》2005 光碟版，第 7 輯，冊 12，頁 9）

[33] 「所謂四種三昧：一、常坐三昧，亦名一行三昧。二、常行三昧，亦名般舟三昧。三、半行半坐三昧，即是七日爲一期的方等三昧，三七日爲一期的法華三昧。四、非行非坐三昧，即是隨自意三昧，……智者大師是將傳自印度的兩種，加上慧思禪師所提出的兩種，整理後合稱四種三昧。特別是其中的隨自意的非行非坐三昧，是將禪修的一心三觀之法，用於日常生活，此於中國的大乘禪觀，是一大突破性的新發展，對於此後禪宗所說『道在平常日用中』乃是先驅思想。」（《天台心鑰 —— 教觀綱宗貫註》，《法鼓全集》2005 光碟版，第 7 輯，冊 12，頁 5）

[34] 《禪源諸詮集都序》卷 1：「禪三宗者：一、息妄修心宗，二、泯絕無寄宗，三、直顯心性宗。教三種者：一、密意依性說相教，二、密意破相顯性教，三、顯示眞心即性教。右此三教如次同前三宗相對一一證之，然後總會爲一味。」（《大正藏》冊 48，第 2015 經，頁 402 中）

> 悟初心即究竟圓極，而有四十二位者，是化鈍根方便，立淺深之名耳。」引《楞伽》云：「初地即二地，二地即三地。」寂滅真如，有何次位？又有師言：「初頓悟至十住即是十地，而說有十行、十迴向、十地者。」此是重說耳。[35]

在南北朝時，一般是主張頓悟不施設階位，且各有經典做為依據，天台將其列舉三家做說明，如下圖表所示：

諸師之說	所引經典
1. 頓悟即佛無復位次之殊	引《思益》云：「如此學者，不從一地至一地。」
2. 頓悟初心即究竟圓極	引《楞伽》云：「初地即二地，二地即三地。」寂滅眞如有何次位？
3. 初頓悟至十住即是十地，而說有十行、十迴向、十地者，此是重說耳。	

對於諸師主張頓悟不施設階位，天台認為是種偏取，而加以批判之，認為若就平等法界而言，其實連所謂的「悟」，亦是不可說，何來淺深？然既認為有悟與不悟，則可以論淺深，如《妙法蓮華經玄義》卷 5：

> 今謂諸解悉是偏取，然平等法界，尚不論悟與不悟，孰辨淺深。既得論悟與不悟，何妨論於淺深。究竟大乘，無過《華嚴》、《大集》、《大品》、《法華》、《涅槃》。雖明法界平

[35] 《大正藏》冊 33，第 1716 經，頁 732 下。

等，無說無示；而菩薩行位，終自炳然。[36]

又云：

又有人言：平等法界，定無次位。今例難此語，真諦有分別耶？真諦無分別耶？見真之者，判七賢、七聖、二十七賢聖等。今實相平等，雖無次位；見實相者，判次位何咎？《大論》云：「譬如入海，有始入者、到中者、至彼岸者。若見真判位，如江河深淺；若實相判位，如入海深淺。」故《普賢觀》云：「大乘因者，諸法實相；大乘果者，亦諸法實相。」論諸次位，非徒臆說，隨順契經，以四悉檀明位無妨。還約七種以明階位，謂：十信、十住、十行、十迴向、十地、等覺、妙覺。今於十信之前，更明五品之位（云云）。[37]

依天台之看法，平等法界雖無次位，但不防隨順因緣而施設之，而此施設仍有其經典之依據，並非憑空想像的。而依實相之理所做的判位，其深廣度是超過依眞空之理所判位，此猶如大海與江河之別。

（二）從圓教看明心見性

開悟，是指與理相應，亦即心行與理相應。此理為何種理？若是藏、通二教之理，未能顯中道佛性。別教之理，中道佛性未與諸法相即，故亦不屬之。圓教之理，三諦圓融，即空即假

[36] 《大正藏》冊 33，第 1716 經，頁 732 下 -733 上。
[37] 《大正藏》冊 33，第 1716 經，頁 733 上。

即中，若就空、假、中來說，皆具足一切法。如此可用來說明聖嚴所說的空性即是佛性，佛性即空性。對圓教而言，空、假、中三者彼此是相即的。換言之，空即假、中，中即空、假，假即空、中。因此，可說「空性即佛性，佛性即空性」。佛性與空性彼此相即，並非絕然對立的。

禪宗的「明心見性」，一般往往以「空性」來明之，亦有從佛性來表達之。換言之，「空性」即是佛性，亦可說「空性」蘊含著佛性。對於所謂的空性、佛性，禪宗較少做明顯的區分。然對天台來說，若不加以做細分，皆可稱之為空；若細分之，則空性與佛性（中道）二者仍是有別的，以「空」說明界內法之無自性，而以「中」（中道佛性）說明界內、界外法之無自性。若就中道佛性而言，所遮破的，不僅遮除人我、法我之執取，且連「空」也要遮除，連所行的菩薩道之「假」也要遮除，呈現雙遮、雙照的中道觀，甚至連中道佛性也要遮除，而呈現「即空即假即中」。因此，若從遮除來看，中道佛性所遮除的，是遍破一切的執著，此包括了遮除我法的「空」、遮除菩薩道之「假」，乃至遮除象徵佛性的「中」。若從所立來說，不僅「假」、「中」是立，「空」亦是立。而禪宗的「明心見性」，以空性或佛性來表達，不外乎是破、立的問題。

若就天台而言，「明心見性」是指見「中道佛性」。但於天台的藏、通、別、圓教等四教中，只有別教、圓教二教觸及了中道佛性的議題。因此，若要探討明心見性，宜從別教、圓教二教入手。然若嚴謹而論之，唯圓教有之，此乃因別教之中道佛性，於教道上未能與諸法相即，須至登地時，才能證中道、見佛性。換言之，證道時才能會通諸法，而此時的證道即已匯入圓教。因此，嚴格而論，所謂的「明心見性」，是指圓教的中道佛性，於斷破無明時見佛性。

若就別教的修證階位（十信、十住、十行、十迴向、十地、等覺、妙覺）來看，十住、十行、十迴向爲賢位，已能斷破三界見思煩惱；而十地爲聖位，則斷破無明，證中道。所以，禪宗的解悟，類似於十信位，調伏煩惱而未能斷；而禪宗的證悟，類似三賢位（十住、十行、十迴向）及十聖位（十地）、等覺、妙覺。但若以證中道而言，證悟是指十聖位（十地）、等覺、妙覺。如下圖表所示：

<table>
<tr><th>別教階位</th><th>修觀</th><th colspan="2">悟境</th><th>斷惑</th></tr>
<tr><td>十信</td><td></td><td colspan="2">信悟</td><td>伏惑</td></tr>
<tr><td>十住</td><td>修從假入空觀</td><td rowspan="3">解悟</td><td rowspan="3">賢位</td><td rowspan="3">斷破三界見思惑</td></tr>
<tr><td>十行</td><td>修從空入假觀</td></tr>
<tr><td>十迴向</td><td>修中道觀</td></tr>
<tr><td>十地</td><td rowspan="2">證中道</td><td rowspan="2">證悟</td><td rowspan="2">聖位</td><td rowspan="2">斷破界外無明惑</td></tr>
<tr><td>等覺、妙覺</td></tr>
</table>

若就圓教的修證階位來說，所謂的「明心見性」，是建立在三諦圓融的理論基礎上。以此圓融三諦爲起點，而展開了六即佛（理即、名字即、觀行即、相似即、分證即、究竟即佛）的修行階位。以此六即位來論述修證，不僅能對圓教之教理有一充分的了解，且於修證上亦有一如實可行之道，避免「以凡濫聖」之譏嫌。因此，藉由圓教來論述明心見性，以輔助吾人對明心見性有一整體性充分的了解。[38]

---

[38] 有關天台圓教六即，在聖嚴法師著作中，有諸多論述，如《正信的佛教》：「其實，開悟並不即是成佛，乃至也並不即是見道，比如宋朝的高峰原妙禪師，自稱他一生用功，大悟十八次，小悟不知其數。可見，開悟並非成佛，

以「理即佛」說明中道佛性乃是諸佛、眾生平等之性，不論迷、悟與否，此理此性平等無二。以「名字即佛」說明知與不知之差別，眾生雖與佛平等不二，若不能聞知此道理，則仍只是眾生而已。雖已聞知中道佛性之理，則須進一步修行，才能轉凡成聖，此為「觀行即佛」。[39]「相似即佛」是指與中道佛性有類似之相應，但非真正之相應，此時已能斷破三界之見思惑，出離三界之生死。「分證即佛」，是指與中道佛性相應，斷一品無明，證一分中道，共有四十一位。若斷破最後一品無明惑，則是「究竟即佛」。如下圖所示：[40]

如說開悟即是成佛，乃是成的『理佛』乃至『相似佛』，而絕不是『究竟佛』。充其量，禪宗的開悟，相近於『得法眼淨』——見道——小乘的初果、大乘的初地而已，所以禪宗破了三關——本參、重關、牢關之後，才是走出生死之流的邊沿。如果以天臺圓教的『六種即佛』來衡量，禪宗破了第三的牢關，也僅同於第四『相似即佛』位。正因如此，禪宗的祖師，當他們參到一個『入處』——黑漆桶兜底打穿之後，往往倒要隱於水邊林下去『長養聖胎』了，因為他們尚未進入聖階，充其量，是走完了成佛之道的三分之一的路程而已——三大阿僧祇劫的第一阿僧祇。」（《法鼓全集》2005 光碟版，第 5 輯，冊 2，頁 92）

[39] 五品觀行弟子位，隨喜、讀誦、講說、兼行六度、正行六度。前四位之修行，仍以理觀為主，至第五位「正行六度」，則進入理事圓融觀。如《摩訶止觀》卷 7：「若能勤行五悔方便，助開觀門，一心三諦，豁爾開明，如臨淨鏡，遍了諸色，於一念中，圓解成就，不加功力，任運分明，正信堅固，無能移動，此名深信隨喜心，即『初品弟子位』也。……又以圓解觀心，修行五悔，更加讀誦，善言妙義，與心相會，如膏助火，是時心觀益明，名第二品也。……又以增品勝心，修行五悔，更加說法，轉其內解，導利前人，以曠濟故，化功歸己，心更一轉，倍勝於前，名第三品也。……又以增進心，修行五悔，兼修六度，福德力故，倍助觀心，更一重深進，名第四品也。……又以此心修行五悔，正修六度，自行化他，事理具足，心觀無礙，轉勝於前，不可比喻，名第五品也。」（《大正藏》冊 46，第 1911 經，頁 98-99 上）

[40] 《妙法蓮華經玄義》卷 5：「若人宿殖深厚，或值善知識，或從經卷，圓聞

<table>
<tr><th>六即佛</th><th colspan="3">圓教階位</th><th colspan="2">悟境</th><th>斷惑</th></tr>
<tr><td>理即</td><td colspan="3"></td><td colspan="2"></td><td></td></tr>
<tr><td>名字即</td><td colspan="3">圓信：聞法生信</td><td colspan="2">信悟</td><td></td></tr>
<tr><td rowspan="5">觀行即</td><td>1. 隨喜</td><td rowspan="3">理觀</td><td rowspan="5">資糧位</td><td rowspan="6">解悟</td><td rowspan="5"></td><td rowspan="5">伏惑</td></tr>
<tr><td>2. 讀誦</td></tr>
<tr><td>3. 講說</td></tr>
<tr><td>4. 兼行六度</td><td>理觀兼事</td></tr>
<tr><td>5. 正行六度</td><td>理事圓融</td></tr>
<tr><td>相似即</td><td>十信</td><td colspan="2">賢位</td><td>相似證</td><td>斷破三界見思惑</td></tr>
<tr><td>分證即</td><td>十住、十行、十迴向、十地、等覺</td><td colspan="2" rowspan="2">聖位</td><td rowspan="2">證悟</td><td>分眞證</td><td>斷破界外無明惑</td></tr>
<tr><td>究竟即</td><td>妙覺</td><td>究竟證</td><td>斷破最後一品無明惑</td></tr>
</table>

妙理，謂一法一切法，一切法一法，非一非一切，不可思議。如前所說，起圓信解，信一心中具十法界，如一微塵有大千經卷，欲開此心而修圓行。圓行者，一行一切行。……舉要言之，其心念念悉與諸波羅蜜相應，是名圓教初隨喜品位。行者圓信始生，善須將養，若涉事紛動，令道芽破敗，唯得內修理觀，外則受持讀誦大乘經典，聞有助觀之力，內、外相藉，圓信轉明，十心堅固。《金剛般若》云：『一日三時，以恒河沙身布施，不如受持一句功德。』初品觀智如目，次品讀誦如日，日有光故目見種種色。《論》云：『於實，名了因；於餘，名生因，福不趣菩提，二能趣菩提。』聞有巨益，意在於此，是名第二品位。……行人圓觀稍熟，理、事欲融。涉事不妨理，在理不隔事，故具行六度。若布施時，無二邊取著，十法界依、正，一捨一切捨，財、身及命無畏等施。若持戒時，性重譏嫌，等無差別，五部重輕，無所觸犯。若行忍時，生法寂滅，荷負安耐。若行精進，身、心俱淨，無間無退。若行禪時，遊入諸禪，靜、散無妨。若修慧時，權、實二智，究了通達，乃至世智治生產業，皆與實相不相違背，具足解釋佛之知見，而於正觀，如火益薪。此是第五品位。如此五品圓信功德，東西八方不可爲喻。雖是初心，而勝聲聞無學功德，具如經說。若欲比決取解，類如三藏家別、總四念處位，義推如通教乾慧地位，亦如伏忍位，義推亦得是別教十信位（云云）。」（《大正藏》冊 33，第 1716 經，頁 733 上 - 下）

若就觀行五品位的「解悟」來看，呈現出五種不同層次的觀智之解悟不同，第一隨喜品之觀智如目，而第二讀誦品其觀智如日，於第三品則又勝過前二品。由此顯示觀智，是層層轉深的，智慧轉益增明，至第五品時，其智慧已五倍增明。若就圓教來說，禪宗所說的解悟，類比於觀行五品位。因此，可一悟再悟，有許多次的悟，但此解悟只能伏惑而未能斷惑。

若是所悟已進入了相似中道佛性之悟，即是十信之賢位，此時已能斷破三界見思惑，出離三界生死。因此，可得知聖嚴法師所說的解悟是賢位，並非指圓教之賢位，亦非別教之賢位，可能類似藏、通二教的賢位。[41] 因為不論圓教十信之賢位，或別教十住、十行、十迴向之三賢位，皆能斷破三界生死。

---

[41] 三藏教有「七賢位」，指：三資糧、四加行。如《妙法蓮華經玄義》卷 4：「『七賢』者：一、五停心，二、別相念處，三、總相念處，四、煖法，五、頂法，六、忍法，七、世第一法。通稱賢者，『隣聖』曰『賢』，能以似解伏見，因『似發眞』，故言『隣聖』。」（《大正藏》冊 33，第 1716 經，頁 727 下）通教之賢位，是指乾慧地、性地。如《妙法蓮華經玄義》卷 4：「先明三乘共十地位。次簡名別義通（云云）。一、乾慧地者，三乘之初，同名乾慧，即是體法，五停心、別相、總相四念處，觀事相不異三藏，此三階法門，體陰、入、界，如幻如化，總破見愛八倒，名身念處，受、心、法亦如是。住是觀中，修正勤、如意、根、力、覺、道，雖未得煖法，相似理水，而總相智慧深利，故稱乾慧位也。二、性地位者，得過乾慧得煖，已能增進初、中、後心，入頂法，乃至世第一法，皆名性地。性地中，無生方便，解慧善巧，轉勝於前，得相似無漏性水，故言『性地』也。」（《大正藏》冊 33，第 1716 經，頁 729 下）《四教義》卷 8：「『通教三乘位』者，……一、乾慧地，二、性地，三、八人地，四、見地，五、薄地，六、離欲地，七、已辨地，八、辟支佛地，九、菩薩地，十、佛地。……乾慧地即是三賢之位也。一、五停心，二、別想念處，三、總想念處。……二、明性地者，若因總想念處，成三十七品。初發善有漏五陰，名煖法。煖法義如前說，增進初、中、後心，入頂法、忍法，乃至世第一法義，名為『性地內凡』。」（《大正藏》冊 46，第 1929 經，頁 748 中 -750 上）

附表：聖嚴法師與天台六即對「明心見性」之看法

<table>
<tr><th colspan="4" rowspan="2">聖嚴法師</th><th colspan="8">天台</th></tr>
<tr><th colspan="3">別教</th><th colspan="5">圓教——六即</th></tr>
<tr><td rowspan="2">見性</td><td rowspan="2">初關</td><td rowspan="3">伏惑</td><td rowspan="3">解悟</td><td colspan="2" rowspan="3">發菩提心
行菩薩道</td><td rowspan="3">十信</td><td colspan="3">理即</td><td colspan="2"></td></tr>
<tr><td colspan="3">名字即</td><td colspan="2">信悟</td></tr>
<tr><td>悟後起修</td><td>重關</td><td colspan="3">觀行即</td><td rowspan="5">解悟</td><td rowspan="5">賢位</td></tr>
<tr><td rowspan="11">聖位的悟</td><td rowspan="11">牢關</td><td rowspan="2">小乘初果
大乘初地</td><td rowspan="11">證悟</td><td colspan="2" rowspan="2">空</td><td rowspan="2">十住</td><td rowspan="4">相似即（十信）</td><td colspan="2">初信</td></tr>
<tr><td colspan="2">二～七信</td></tr>
<tr><td>菩薩入眾生夢中</td><td colspan="2">假</td><td>十行</td><td colspan="2">八信</td></tr>
<tr><td rowspan="8">不執夢境</td><td rowspan="8">中</td><td>修中</td><td>十迴向</td><td colspan="2">九～十信</td></tr>
<tr><td rowspan="3">證中</td><td>十地</td><td rowspan="7">分證即</td><td colspan="2">十住</td><td rowspan="8">證悟</td><td rowspan="8">聖位</td></tr>
<tr><td>等覺</td><td rowspan="3">十行</td><td>初行</td></tr>
<tr><td>妙覺</td><td>二行</td></tr>
<tr><td rowspan="5"></td><td rowspan="5"></td><td>三～十行</td></tr>
<tr><td colspan="2">十迴向</td></tr>
<tr><td colspan="2">十地</td></tr>
<tr><td colspan="2">等覺</td></tr>
<tr><td>究竟即</td><td colspan="2">佛</td></tr>
</table>

四、結語

「明心見性」，實乃是極不容易表達的觀念。正因爲其不容易表達，以及爲了避免可能的種種混淆之情形，歷來諸禪師試著以頓悟頓修、頓悟漸修等來加以釐清說明，甚至以解悟、證悟等來加以鑑別。諸如此類，皆可看出「明心見性」，實乃難以表達。至於「明心見性」爲佛性或空性的問題，在禪宗以佛性或空性來表達，乃是常有之事，難以將其定於一尊。此正顯示了禪宗的靈活性，遮表、破立是無礙的。

「明心見性」既可從頓悟頓修、頓悟漸修，或解悟、證悟等來加以做區別。因此，本論文嘗試著藉由天台圓教的六即修證階位來加以輔助做說明。若就圓教的十乘觀法[42]來說，禪宗惠能的「明心見性」類似於第一觀「觀不思議境」，屬上上根者之觀法，於第一觀法即能成就，若中、下根性者，則須輔以其餘方法。而本論文做如此的嘗試，做如此的類比，以便輔助吾人對解悟、證悟等之理解。另外，藉由天台「空」、「假」、「中」的觀念，乃至「即空即假即中」三諦圓融的觀念，可以輔助吾人對「明心見性」之佛性或空性的了解，得知佛性或空性彼此是相即的，並非絕然的對立，況且就中道佛性本身而言，即顯示「空」、「有」不二之道理。禪與教雖可類通，但畢竟仍是有別的。也因爲如此，禪宗才能於中國這塊土地大放異彩。

最後語——聖嚴法師的話：

> 漢傳佛教的智慧，若以實修的廣大影響而言，當推**禪宗**為其巨擘；若以教觀義理的深入影響來說，則捨**天台**學便不能作第二家想。
>
> ——《天台心鑰——教觀綱宗貫註》〈自序〉

[42] 《摩訶止觀》卷 5：「觀心具十法門：一、觀不可思議境；二、起慈悲心；三、巧安止觀；四、破法遍；五、識通塞；六、修道品；七、對治助開；八、知次位；九、能安忍；十、無法愛也。」（《大正藏》冊 46，第 1911 經，頁 52 中）十乘觀法與眾生根機，參見下頁附表。

附表

	十乘觀法	根	根性
1.	觀不思議境	上上根	上根性
2.	發眞正菩提心	上中根	上根性
3.	巧安止觀	上下根	上根性
4.	破法遍	中上根	中根性
5.	識通塞	中中根	中根性
6.	道品調適	中中根	中根性
7.	助道對治	中下根	中根性
8.	識次位	下上根	下根性
9.	能安忍	下中根	下根性
10.	無法愛	下下根	下根性

* 本篇收錄於《聖嚴研究》第 3 輯，頁 237-296，法鼓文化（2012 年 6 月）。

第十篇

天台中道觀與根機之關係

摘要

天台之止觀實踐，與其理論有極密切之關係。本論文之撰寫，來自於林志欽教授對天台「一心三觀」能否落實之質疑。面對此之質疑，首先，吾人要詢問的：一心三觀於理論上能否成立？接著，進而再詢問一心三觀於實踐上能否落實？

天台智者大師對於「空、假、中」之施設，實乃因應當時問題而來，而空、假、中三者之關係是彼此不相捨離的，以此空、假、中三諦來詮釋一切法，則法法三諦圓融，所以言「一心三諦」（或一境三諦）。而將此三諦圓融之道理運用於觀行上，即是「一心三觀」。天台「一心三觀」之運作，若於空觀時，未有假觀之觀照，則易墮於「空」；若於假觀時，未有空觀之觀照，則易滯於「有」；由此而呈現空、假不相捨離之狀況（亦即是「非假非空、亦空亦假」），此即是「中」也。由此可知，中道觀所要傳達的，在於不執空、不執有。所以，天台智者大師對「中」的定義，以「不偏」釋之，以顯示中道雙遮、雙照之特色，如以「非假非空」雙遮空、假之偏執，以「亦空亦假」顯示空、假之施設。因此，得知空、假、中三者彼此不相捨離，並非於空、假之外而另有「中」之存在，實乃空、假本身即是

「中」，因而形成「空、假、中」三足鼎立之情形，運用於觀法上，則形成三觀同時，即是所謂的一心三觀。若不如此，恐易有所偏執也。

本論文主要就中道觀來探討，而在天台的藏、通、別、圓四教中，若嚴格論之，唯別、圓二教觸及中道觀，雖通教利根者可於七地修中道觀，然此則須由別教來接之，才能成立。換言之，須具備圓教根機、別教根機（十迴向位）或通教利根（七地）者，才能修中道觀。由此可得知，中道觀與根機有著密切之關係。

所以，本論文試圖從兩方面來切入：首先探討中道觀與根機，進而探討中道觀之實踐。

關鍵字：天台、一心三觀、中道觀、根機、漸頓

一、前言

有關本論文之撰寫，原先用意，來自於林志欽教授對天台圓教一心三觀能否落實之議題而來。基本上，此議題可說是林氏個人的信仰、信念問題，筆者尊重林氏個人的選擇，實無需於此多此一舉，畢竟這是其個人之選擇。但當涉及其對一心三觀之詮釋有違天台智者大師之意，此則有待進一步來釐清。

林氏對於「一心三觀」之實踐所產生的質疑，基本上，來自於其認爲「一心三諦」、「一念三千」不能做爲所觀境，反而從《摩訶止觀》「破法遍」所述之空觀、假觀、中道觀，試圖來說明一心三觀之實踐，而忽略了「觀不思議境」之一念三千。且林氏對於「破法遍」所論述之空觀、假觀、中道觀，則以別教的觀法來理解，並未能掌握「空」乃不思議空，「假」乃不思議假，而以別教之思議空、思議假來解之，因而認爲須由空觀入手，於證空後，進而修假觀，於證假觀之後，再進而修中道觀，以如此次第性方式再進入一心三觀，如其於〈天台宗一心三觀法門之分析與重建〉一文所說：

> 筆者以為，「空觀」是觀心中一切見思惑為空；「假觀」是證二乘涅槃時，不住於涅槃而能觀於眾生法，以眾生所執為空而度脫之，此乃不必有空智之上的智慧，只要持空智以觀諸法即能如此。而要不住於涅槃，是要發大慈悲心，以之為動力，而後不住涅槃而反觀諸法，非是要如何不同之觀法。「中道觀」若是智顗所説之破假智（空智已經為假諦所破，不必再説），即是不執著假智為實，而同時照見空諦。但是，説會執假智為實並無道理。既已證空而後

> 入假，即不會執諸法為實；假智本身亦非如空諦涅槃之為一境界，應不會有執假諦的情況。證空而不住涅槃，觀假而不執諸法實有，此在龍樹闡釋性空假有之空義即已含具此義。故或許觀法應單純只是知一切法皆無自性空，且持著本心具足一切法之信念，以觀凡是自心心中所現之法（見思惑）皆無常而為空。時時如是，久觀至純熟即能證空。之後到次第證假而觀中道時，即是一心三觀。則一心三觀為如何之境界，自然知之。❶

由此段引文中，林氏對於一心三觀之看法，乃是就次第進入，亦即是先由空觀入手，至空觀成熟而證空時，然後進而修假觀而證假，最後於修中道觀時進入一心三觀。有關林氏此之觀法，基本上，可說偏向於別教之觀法，並非圓教一心三觀。當然林氏本人在修觀上可以做這樣的選擇，這是其個人的信仰、信念，筆者尊重之，但若以此來詮釋天台之一心三觀，實則有待商榷。

因此，本論文試圖從二方面來切入：中道觀與根機、中道觀之實踐。首先，探討中道觀與根機之關係，此主要從別、圓二教來論述之，因爲在四教中，唯別、圓二教涉及中道觀，其它則需由別教或圓教來接之，所謂「別接通」或「圓接通」，此仍需建立在別教或圓教上，才能成立。其次，有關中道觀之實踐，基本上，與根機有著密切之關係，若就十乘觀法來看，上上根者直觀「一念三千」（或言「一即一切」）即能進入；若未能入者，則需搭配第二、第三……乃至第十觀法來修，才能進入，甚至還要輔助儀軌事法才能進入，或如修法華三昧則需再搭配「六時

---

❶ 行政院國家科學委員會專題研究計畫 NSC100-2410-H-156-012，執行期間：100 年 8 月 1 日至 101 年 11 月 30 日，頁 22。

五悔」重作方便來修之。換言之，藉由十乘觀法來修已是一種方便，若是再配合事法儀軌，則是方便再加上方便，甚至需要輔助以六時五悔等來重作方便（以運作身、口來輔助理觀）。此等方法之運用，乃是因應眾生根機所做之施設。簡言之，修行方法不外乎理觀、事修，根機利者即事而觀理，根機鈍者則於理觀輔以事修。而此理觀即是中道觀，若就圓教而言，即是一心三觀。

二、中道觀與根機

若從「諸法寂滅相，不可以言宣」❷來說，所有一切之施設，皆隨順於因緣。天台之教觀，亦復如此，與眾生根機有著密切之關係。❸例如藏、通、別、圓四教之分類，基本上，是以下、中、上、上上根來劃分四教，❹且四教本身亦各自又可分為下、中、上根機，❺或是以利根、鈍根來劃分之。由此可知，若要討

---

❷ 《妙法蓮華經》卷 1〈方便品〉，《大正藏》冊 9，第 262 經，頁 10 上。

❸ 如《教觀綱宗》卷 1：「法尚無一，云何有四？乃如來利他妙智因眾生病而設藥也。是（案：見）思病重，為說三藏教。見思病輕，為說通教。無明病重，為說別教。無明病輕，為說圓教。」（《大正藏》冊 46，第 1939 經，頁 938 下）此顯示如來應病與藥，而有種種教法之施設。

❹ 《摩訶止觀》卷 6：「又授出世藥者，十種因緣所成眾生根性不同，則是病異。隨其病故，授藥亦異，謂下、中、上、上上。」（《大正藏》冊 46，第 1911 經，頁 78 下）

❺ 《摩訶止觀》卷 6：「若三藏菩薩初修空狼伏煩惱羊而不斷結，若斷結者，則無六度功德身肥，是初阿僧祇位也。二僧祇煩惱脂消，功德轉肥。三僧祇正入假位利益眾生，此下根人也。中根二僧祇已伏煩惱肥六度身，即能化物，豈待三耶？上根初發心時，為度一切誓求作佛，因聞他說，心已明解，深識真理，為度他故，不求斷證。心又一轉我應度他，不應不度，當勤分別

論天台止觀之實踐，實無法離開根機來談。但四教所論述之對象，一般而言，主要是針對下根機來說。如《摩訶止觀》卷 6：

上來諸教皆有三位，若定判者，應取下根以明其位。則有二義：一、依教故，二、決不退轉，入假行成，中、上乍有進退，故不約其論位。❻

一切藥病。何以故？五事重故。如人將兒過險，自既安隱，那得擲兒。雖自知空而不棄捨，是爲初心即能入假，不待至二僧祇也。」（《大正藏》冊 46，第 1911 經，頁 79 中）此是以下、中、上根來劃分三藏教入假之情形。既然三藏教如此，通、別、圓教亦如此，如同卷又云：「通教位者，人多執經云：八地修出假，或六地七地斷結，與羅漢齊，方修出假。此一途之說，必不全爾。但佛爲三根分別，下根斷惑盡，方能出假。佛於《法華》中，破其取涅槃心，勸發無上道起方便慧。二乘既然，極鈍菩薩亦應同此說。今判此爲下根耳。中根者，斷見惑已，生死少寬，思任運斷，第二地名菩薩神通，從此已去即能入假。上根者，初心聞慧即能體達見思即空，已爲眾生作依止處，何須七地方出假耶？若七地者，爲《大品》所呵，有大鳥身長三百由旬，而無兩翅從天而墮，若死若死等苦。菩薩亦如是，從初一向專修於空至于六地，是爲三空身肥假翅不生，若墮二乘方便道，名死等苦，若墮初果名之爲死；若見盡是死等，若無學是爲死。是鳥欲還天上，可得去不。墮無學地，欲發菩薩心永不能得，如人被閹不能五欲。《華嚴》、《大品》不能治之，唯有《法華》能令無學還生善根得成佛道，所以稱妙。又云：「別教之人，十住心後，十行之位，修假方便。何以故？入理般若，名爲住。住生功德，名爲行，云云，下根也。十住初心即能入假，已得無漏，一受不退，即能出用，何須至十行方起大悲，中根也。云云。又別教初心不愚於法，達解一切功德猶如幻化，於名字不滯而修方便，具五因緣，以益眾生，上根也。」（《大正藏》冊 46，第 1911 經，頁 79 下）又云：「圓教十信六根淨時，即遍見聞十法界事，若是入空尚無一物，既言六根互用，即是入假位也。又五品弟子正行六度廣能說法，即是入假之位，何必待六根淨耶？又初心之人能知如來祕密之藏圓觀三諦，尚能即中，豈不即假？《大品》云：初坐道場尚便成正覺，轉法輪度眾生。又六即料簡，便有出假之義，何須待至五品耶？」（《大正藏》冊 46，第 1911 經，頁 79 下）

❻ 《摩訶止觀》卷 6，《大正藏》冊 46，第 1911 經，頁 79 下。

此顯示了四教本身雖各自有上、中、下根，但在教觀施設上，主要是取下根爲對象來施設法門。

在天台教觀中，一般較容易混淆的，在於別、圓二教，往往以別教來代表圓教。因此，本論文先針對此問題來加以釐清。本論文將重點置於中道來探討，因爲在天台四教裡，對中道的論述，是以別、圓教爲主，而通教則需由別教來接之，才進入中道。❼

若就別、圓二教所詮之理（中道）來說，別教爲「但中」，圓教爲「圓中」（或稱爲「不但中」）。亦即圓教詮因緣即中道，別教詮因緣即假。此顯示了對中道的掌握，別教並未能眞正掌握到中道，所以用「但中」明之。而圓教能掌握到中道，所以用「圓中」明之。因此，別教偏重於假諦（俗諦之理）來論述，如《四教義》卷 1：

> 教別者，佛説恒沙佛法，別為菩薩，不通二乘。理別者，藏識有恒沙俗諦之理，別也。❽

由此可知，別教的藏識著眼於俗諦之理，以詮釋無量四諦爲主，而圓教則著眼於中道，如《四教義》卷 1：

> 教圓者，正説中道故，言不偏也。理圓者，中道即一切

---

❼ 《摩訶止觀》卷 6：「四、修中觀位者，……修此雙流，凡有三處：若別接通者，七地論修，八地論證。別教十迴向論修，登地論證。……今明圓教五品之初，秖是凡地，即能圓觀三諦……何暇歡喜始入雙流。」（《大正藏》冊 46，第 1911 經，頁 83 上）此說明了對中道觀之修習有三：別接通、別教十迴向、圓教五品之初隨喜品。

❽ 《四教義》卷 1，《大正藏》冊 46，第 1929 經，頁 722 上。

> 法，理不偏也。[9]

此說明了圓教所詮在於中道，且中道即是一切法。另有關別、圓教之差別，《四教義》以斷無明判位高下不同、斷界內界外見思不同、無明斷不斷等來區別之。[10]

別、圓教之中道觀，實涉及了「空、假、中」三諦三觀。而此三諦三觀又可分為兩類型：1. 隔別三諦、次第三觀；2. 圓融三諦、一心三觀。由此二種教觀類型，可看出理論與觀法彼此是相互對應的，如隔別三諦對應次第三觀，而圓融三諦對應一心三觀。若就隔別三諦、次第三觀而言，因為「空、假、中」三諦於理論上彼此是隔別的，因而於觀法上呈現次第三觀之情形，此從天台四教（藏、通、別、圓）來說，隔別三諦、次第三觀代表著別教之教觀。若就圓融三諦、一心三觀而言，「空、假、中」三諦於理論上彼此相即圓融無礙，因而於觀法上呈現一心三觀之情形，以此圓融三諦、一心三觀代表圓教之教觀。因此，就中道觀而言，有別、圓二種根機之差別。如《維摩經玄疏》卷 2：

> 第三、辨三觀相者，即為二意：一、明別相三觀；二、明一心三觀。第一、明別相三觀者，觀因緣所生三諦之理相別不同，取相、恒沙、無明三種惑障麁細階級有異，觀理破惑，用智不同，故名別相三觀也。即是《大品經．三慧

---

[9] 《四教義》卷 1，《大正藏》冊 46，第 1929 經，頁 722 中。

[10] 《四教義》卷 11：「簡別、圓兩教明位不同者，……今略更用五義，釋別、圓兩教不同之相也。一、約斷無明判位高下不同。二、約斷界內、界外，見、思不同。三、約斷不斷不同。四、約位明法門別、圓不同。五、約位通、不通不同。」（《大正藏》冊 46，第 1929 經，頁 760 中）

品》所明三智相也。⓫

又云：

> 第二、辨一心三觀者，正是圓教利根菩薩之所修習。所以者何？不思議心因緣之理甚深微妙，其觀慧門難解難入。⓬

此說明了別相三觀之特色，在於強調「別」，顯示空、假、中三諦之理彼此有別，見思、塵沙、無明惑有別，觀理破惑用智亦有別，此別相三觀屬別教。⓭而一心三觀是圓教利根菩薩之所修習，乃因緣之理極甚深微妙不易理解，而於觀法上亦是難解難入。

此外，對於別、圓二教之不同，亦有以別相三觀、通相三觀、一心三觀來分三觀，如《維摩經文疏》卷 21：

> 今但約別教、圓教二種以簡別三觀之相不同，則有三種：一者別相三觀、二者通相三觀、三者一心三觀。一、別相三觀者，歷別觀三諦，……二、通相三觀者，則異於此，

⓫ 《維摩經玄疏》卷 2，《大正藏》冊 38，第 1777 經，頁 525 下。

⓬ 《維摩經玄疏》卷 2，《大正藏》冊 38，第 1777 經，頁 528 下。

⓭ 《維摩經玄疏》卷 2：「三、明總約折（案：析）體別相三觀成別教大乘者，若是別教菩薩觀因緣，修別相三觀，次第成一切智、道種智，乃至修中道觀見佛性成一切種智，求常住涅槃，即是別教大乘義也。」（《大正藏》冊 38，第 1777 經，頁 529 下）又如《三觀義》卷 2：「若別教菩薩，觀因緣假，修別相三觀，次第成一切智、道種智，乃至修中道觀見佛性，成一切種智，求常住涅槃，即是別教大乘義也。」（《卍新纂續藏》冊 55，第 909 經，頁 675 下）

> 從假入空，非但知俗假是空，真諦、中道亦通是空也；若從空入假，非但知俗假是假，真空、中道亦通是假；若入中道正觀，非但知中道是中，俗、真通是中也。是則一空一切空，無假無中而不空；一假一切假，無空無中而不假；一中一切中，無假無空而不中。但以一觀當名，解心無不通也。雖然此是信解虛通，就觀位除疾，不無患盡前後之殊別也。三、一心三觀者，知一念心不可得不可說而能圓觀三諦也。……此三種三觀，初別相三觀的在別教歷別觀三諦也，若通相三觀、一心三觀的屬圓教也。⑭

有關別相三觀，所強調的是歷別三觀，此屬別教之三觀。而通相三觀、一心三觀代表圓教之三觀。通相三觀所要說明的，若就空來看，則法法皆空，所以假、中皆空；同理，若就假來看，則法法皆假，所以空、中皆假；若就中來看，則法法皆中，所以空、假皆中。一心三觀則了知一念心不可得不可說，同時圓觀三諦。

《摩訶止觀》中，對於中道觀之修證，以通、別、圓教三方面來論述之，如其云：

> 四、修中觀位者。前兩止為中道雙遮方便，兩觀是雙照方便，因此遮、照得入中道。自然雙流，自然雙照。修此雙流，凡有三處：若別接通者，七地論修，八地論證。別教十迴向論修，登地論證。……今明圓教五品之初，秖是凡地即能圓觀三諦，……始自初品，終至初住，一生可修一生可證，不待位登七地爾乃修習，何暇歡喜始入雙流？⑮

---

⑭ 《維摩經文疏》卷 21，《卍新纂續藏》冊 18，第 338 經，頁 627 中。

⑮ 《摩訶止觀》卷 6，《大正藏》冊 46，第 1911 經，頁 83 上。

又如《摩訶止觀》卷6：

> 復次，三藏菩薩坐道場時猶是具惑，故無雙流，雙流位在佛耳。通教有別來接者，雙流位在八地。別教雙流位在初地，故漸漸引之。其位稍低，實意彌顯也。[16]

從上述之引文中，可得知中道觀之修證，主要在於別、圓二教，縱使通教於七地能修中道觀，亦須由別教來接之，所謂「若別接通者，七地論修，八地論證」。至於別教則須於具備了空觀（十住位）、假觀（十行位）之基礎，才能進而修習中道觀，亦即於十迴向修習中道觀，於十地破無明惑證中道。而圓教於五品之初，即可修中道觀，至初發心住位而證中道。爲何有如此階位施設之差別？主要在於別教對階位之施設較高，於斷見思惑，則證十住位；而圓教則需斷無明才證十住位，如《摩訶止觀》卷6：

> 前教所以高其位者，方便之說。圓教位下者，真實之說。《法華》云：如此之事，是我方便，諸佛亦然。今當為汝說最實事，即此意也。[17]

此說明了有關中道觀之修習及證入，若以四教來說，藏教菩薩則未能觸及中道觀，因爲於菩提樹坐道場時仍有具惑之故，於成佛時，可證入中道。通教則需於七地由別教來接之，才能入中道觀，於八地證入中道。別教則於十迴向修中道觀，於登初歡喜地證入中道實相。圓教則於觀行五品之初隨喜品修中道觀，於初

---

[16] 《摩訶止觀》卷6，《大正藏》冊46，第1911經，頁83中。

[17] 《摩訶止觀》卷6，《大正藏》冊46，第1911經，頁83中。

發心住斷破無明而證中道實相。

天台智者大師之所以提出三諦圓融、一心三觀，主要在於解決大乘內部所存在的空、有（假）之問題，以及解決實踐上可能存在的問題。因應大乘空、有之問題，而提出了「中」，因而形成了空、假、中三者之關係。然而此三者並非絕然對立的，而是就不同的角度來切入，以凸顯三者彼此之差別罷了，爲呈現其各自之差別，而以空、假、中之名目施設之。若就破執而言，不僅「空」是空，「假、中」亦是空。如就「假」而論，因爲以假破空，所以「假」扮演著空空之涵義，亦即將空再空掉，所以是空空。如就「中」而論，則是以中道來破假、破空，所以「中」扮演著空空空之涵義。由此可得知，空、假、中三者皆空，亦可言「一空一切空」。若就施設而言，不僅「假」是假，且「空、中」亦是假，空、假、中三者皆是假名施設，無一例外，故可言「一假一切假」。如就「中」而論，則不僅「中」是中道實相，且「空、假」皆是中道，空、假、中三者皆是中道實相，即是所謂的「一中一切中」。如《摩訶止觀》卷 5：

> 若解一心一切心，一切心一心，非一非一切。一陰一切陰，一切陰一陰，非一非一切。一入一切入，一切入一入，非一非一切。一界一切界，一切界一界，非一非一切。一眾生一切眾生，一切眾生一眾生，非一非一切。一國土一切國土，一切國土一國土，非一非一切。一相一切相，一切相一相，非一非一切；乃至一究竟一切究竟，一切究竟一究竟，非一非一切。遍歷一切，皆是不可思議境。若法性無明合，有一切法陰界入等，即是俗諦；一切界入是一法界，即是真諦；非一非一切，即是中道第一義

諦。如是遍歷一切法，無非不思議三諦（云云）。[18]

此是以「空、假、中」來說明一切法，如就心而論，心乃是「一心一切心（假），一切心一心（空），非一非一切（中）」。換言之，從假來看，則「一心一切心」；從空來看，則「一切心一心」；從中道來看，則「非一非一切」。所以，一心三諦具足。以此類推，法法莫不是空、假、中，五陰、十二入、十八界、眾生、國土，乃至「十如是」莫不如此，皆具足三諦。接著，《摩訶止觀》又云：

若一法一切法，即是因緣所生法，是為假名，假觀也。
若一切法即一法，我說即是空，空觀也。
若非一非一切者，即是中道觀。
一空一切空，無假、中而不空，總空觀也。
一假一切假，無空、中而不假，總假觀也。
一中一切中，無空、假而不中，總中觀也。
即《中論》所說不可思議一心三觀，歷一切法亦如是。[19]

由引文中，可得知天台對「空、假、中」三諦三觀所做的界說，尤其以總空觀、總假觀、總中觀來說明一心三觀，所謂「一空一切空，無假、中而不空，總空觀也。一假一切假，無空、中而不假，總假觀也。一中一切中，無空、假而不中，總中觀」，一切法莫不如此，具足空、假、中三諦，運之於觀，則是一心三觀。此總空觀、總假觀、總中觀，如《維摩經文疏》所說的通相三觀。

---

[18] 《摩訶止觀》卷 5，《大正藏》冊 46，第 1911 經，頁 55 中。
[19] 《摩訶止觀》卷 5，《大正藏》冊 46，第 1911 經，頁 55 中。

就觀法來說，若僅著眼於空，則容易滯空；若著眼於假，則容易滯假。這也是為何智者大師提出一心三觀之所在。至於別教之觀法，則須於證空之後，然後再修假觀，如此可以避免如林氏所說的對假的執取，因已有證空之基礎，故不會執著假；反過來說，若未能證空，則難免對於假有所執取。這也是為什麼別教強調要證空而後再入假觀之所在。但縱然如此，仍然存在著對空、假所產生執取的無明惑（智障）。因此，須進而修中道觀對治無明惑。同樣的道理，對於根機薄弱之眾生而言，的確需要有空觀之基礎而後才能入假觀，最後於空、假之基礎上，進而修中道觀。此等修觀之模式，實乃別教之觀法也。此也呈現了別、圓教根機之不同。

三、中道觀之實踐

若論中道觀之實踐，實不外乎別、圓二教之三觀。如前所述，別教之三觀，在於別相三觀（次第三觀），需建立於空觀、假觀的基礎上，才能修中道觀。而圓教之三觀，即是一心三觀，此乃三觀同時具足而修之。換言之，所謂中道觀之實踐，從圓教來說，實乃指一心三觀。而本論文所論述中道觀之實踐，則主要針對圓教一心三觀來說明。

有關圓教中道觀之實踐，基本上，由因聞生信，因信修行，因行入位。[20]其運作方式，與眾生根機有密切之關係。若上上根機者，則直觀一念三千（一即一切），亦即觀法法皆不思議，此

---

[20] 如《四教義》卷 11：「是以今還約七位，以明圓教菩薩之位也。一、明十信位者，即為四意：一、明因聞法生信；二、明因信修行；三、明因行入位；四、明經說不同。」（《大正藏》冊 46，第 1929 經，頁 761 中）

即十乘觀法所說的第一「觀不思議境」。若需進一步說明，則不外乎空、假、中三觀，而此三觀彼此之關係，乃是「即三而一，即一而三」，彼此不相捨離，因而形成三觀同時，此即是所謂的一心三觀。縱使於三觀的運作上，有所偏重或有增有減，而三觀彼此不缺，如《摩訶止觀》雖然為未能直觀不思議境者，於十乘觀法之第四「破法遍」中，提出空觀、假觀、中道觀，而此三觀似乎呈現次第性之情形，此實乃為了說明之方便所致，而有此受限。雖然如此，但於論述「空觀」或「假觀」之後，緊接著進而將「空觀」、「假觀」再導入圓教一心三觀中，以避免因「破法遍」所導致的次第性之設限，否則無法彰顯「破法遍」（遍破一切惑）之特色，也喪失「破法遍」之真正意義所在，而落入別教的模式中。因此，就「破法遍」之空觀來說，通教、別教之空觀只破見思惑，而圓教所修之空觀，不僅破見思惑，且破塵沙惑、無明惑，為何能如此？實乃因空觀即是假觀、中觀也。如《摩訶止觀》論述空觀所說：

> 云何一門即是三門？一門尚是一切法，何止三耶。所以者何？
> 觀因緣所生法是初門，一切皆初門。
> 初門即空，一空一切空，即是第二門。
> 此初門即假，一假一切假，即是第三門。
> 此初門即中，一中一切中，即是第四門。㉑

接著又云：

㉑ 《摩訶止觀》卷 6，《大正藏》冊 46，第 1911 經，頁 75 中。

> 初門既即是三門，三門即是一門。但奉一門為名，雖有四名，理無隔別。如上依無生門破見思者，即是空門。一門一切門，不獨無生而已。一破一切破，非止破見思而已；從假入空，一空一切空，非但空空生死而已。如是義者，即是圓教四門，正是今之所用也。[22]

於上述二段引文中，說明了於觀因緣所生法時，了達其即空、即假、即中，亦即因緣所生法本身乃是「空、假、中」三諦具足，所以，一破一切破，一空一切空，故能破見思惑、塵沙惑、無明惑，而非如通教、別教只是破見思惑而已。此顯示了圓教之「空觀」，實乃三觀具足，所以能「一破一切破」，同時頓斷見思惑、塵沙惑、無明惑等惑。此舉圓教「空門」（無生門）做說明，其餘三門（有、亦有亦空、非有非空）莫不如此，皆具「一破一切破」，如此才堪稱「破法遍」。故言「圓教四門，正是今之所用也」。

同樣地，於「假觀」結尾中，說明圓教之「假觀」與別教、通教之假觀有差別。此三教之差別，在於通教雖能「從空入假」，但卻無法入中道觀；別教則需由次第入中道觀，亦即藉由在空觀、假觀之基礎上，才能進入修中道觀；圓教則不論是空觀或假觀或中觀，於每一觀時，皆具有其餘兩觀，如《摩訶止觀》卷 6：

> 問：通、別上根能入空出假，與圓何異？
> 答：通人出入，不能即中。別人次第出入，不能一心。圓人一心出入，能別出入。謂多入中，少入二；多入

[22] 《摩訶止觀》卷 6，《大正藏》冊 46，第 1911 經，頁 75 中。

> 二，少入中。多入空、中，少入假；多入假，少入空、中。多入假、中，少入空；多入空，少入假中。雖別增減，而三諦不缺。若爾，則非次第之別。然尚能為勝別，況不能為劣耶？[23]

此顯示了圓教之假觀，並不同於通教、別教之假觀。通教之假觀，無法入中道；而別教之假觀，只能次第而入中道。而圓教之假觀，同時具有中道觀，於實際觀法的運作上，也許呈現：中觀多，而空、假觀少；或空、假觀多，而中觀少，如引文所言：「多入中，少入二；多入二，少入中……。」其餘依此類推。此顯示了一觀有其它兩觀，或兩觀有另一觀之情形，彼此間只是增減之不同而已，但無論如何，皆具足三觀，此乃圓教觀法不同別教、通教之所在。縱使《摩訶止觀》於「破法遍」中，為了說明之方便，三觀呈現似次第性之進入，而實際上乃於每一觀皆具餘二觀。唯有如此，才足以顯示圓教三觀之特色。換言之，圓教之空，乃是不思議之空；圓教之假，乃是不思議之假；圓教之中，乃是不思議之中，如《摩訶止觀》卷 6：

> 今聞一心即是空，懸超前來次第諸空，懸識不可思議畢竟妙空……。
>
> 今聞一心即假。懸超前來次第之假，懸識雙照二諦之假。
>
> 今聞非空非假者，懸超前來諸空皆非空、諸假皆非假。
>
> 又前來分別一切非有非無，單見中非有非無，複見中非有非無，具足中非有非無，三藏中非有非無，通門非有非無，別門非有非無。前已聞故，今聞非有非無，懸超前來

[23] 《摩訶止觀》卷 6，《大正藏》冊 46，第 1911 經，頁 79 下。

> 諸非有非無，懸識中道不可思議非有非無。
> 如此三諦一心中解者，此人難得。何以故？約心論無明，還約心論因緣所生法，故有前來一切法；約心即空，故有前來諸空；還約心論假，故有前來出假等；亦約心論法界，故有中道非空非假。三諦具足，秖在一心，分別相貌，如次第說。若論道理，秖在一心「即空即假即中」，如一剎那而有三相，三相不同生、住、滅、異。一心三觀亦如是，生喻假有，滅喻空無，住喻非空非有，三諦不同而秖一念，如生、住、滅、異，秖一剎那。三觀、三智、三止、三眼，例則可知。[24]

此在在顯示圓教三觀之任何一觀，不論是空觀或假觀或中道觀，皆不同於藏、通、別教。因爲一心三諦具足，所以任舉一觀皆具餘二觀，此三觀不相捨離，如《宗鏡錄》卷 35：

> 妙觀者，觀一念心為所緣境，返觀此心從何處來？去至何所？淨若虛空，名空觀；觀境歷歷分明，名假觀；雖歷歷分明而性常自空，而境觀歷然，名中觀。即三而一，即一而三，……即空不住空，即假不住假，即中不住中，是名中。何以故？為即空，「空」有何可住；即假，幻化影復何可住；二邊既無可住，豈有「中」可住。故曰三諦無住，是名為中。當須如此！空中無空只勿空，假中無假只勿假，中中無中只勿中。當如是照！照中無照只勿照。若見如是理，即見萬物而自虛也。此三觀者，是不思議境。

---

[24] 《摩訶止觀》卷 6，《大正藏》冊 46，第 1911 經，頁 84 下 -85 上。

若闕一觀，境智不成，故云不思議。[25]

以上所述之觀法，著眼於理觀上。若就十乘觀法來說，上上根機者，直就十乘觀法之第一「觀不思議境」入手，其餘九觀能順勢成就之。若中根機、下根機者，則有所不同，則須第二至第七之觀法，乃至需十觀法。甚至還需搭配事法儀軌、六時五悔等來修之。如圖所示：

十乘觀法（方便）
＋
四種三昧（方便）
＋
六時五悔（重作方便）

有關《摩訶止觀》對於事修、理觀運作之模式，此涉及了眾生根性問題，即什麼樣的根性適合運作什麼模式。

若就《摩訶止觀》而言，其所標榜的是圓頓止觀，而圓頓止觀之主軸在於理觀，如四種三昧之「非行非坐三昧」的隨自意三昧，於起心動念即修習止觀；又如十乘觀法之第一「觀不思議境」，即於一一心、一一法、一一境中，修習止觀。而事實上，此等皆涉及了根性問題，根性利者，修一觀即可進入；根性中者，可能須修二至六或七，才能進入；根性下者，則須十乘觀法全部修之，才能進入。或亦可說十乘觀法包含了十種根性，依種種不同根性而施設此十種法門，甚至可言十乘觀法象徵著無量根性之修行法門。

因此，若就眾生「根性」來看，《摩訶止觀》之圓頓止觀的修法，其實包括了種種不同之根性。《摩訶止觀》將眾生根性大

---

[25] 《宗鏡錄》卷 35，《大正藏》第 48 冊，第 2016 經，頁 622 中。

- 一、根利無遮
- 二、根利有遮
- 三、根鈍無遮
- 四、根鈍有遮
- 五、大鈍根大遮障

體上分成五類，如上圖表所示：[26]

因此，若就以「十乘觀法」之修習來說，至少有三種或四

1.	觀不思議境	上上根	上根性
2.	發眞正菩提心	上中根	上根性
3.	巧安止觀	上下根	上根性
4.	破法遍	中上根	中根性
5.	識通塞	中中根	中根性
6.	道品調適	中中根	中根性
7.	助道對治	中下根	中根性
8.	識次位	下上根	下根性
9.	能安忍	下中根	下根性
10.	無法愛	下下根	下根性

---

[26] 《摩訶止觀》主要就四種根性來分之，如其云：「根利無遮，易入清涼池，不須對治；根利有遮，但專三脫門，遮不能障，亦不須助道；根鈍無遮，但用道品調適，即能轉鈍爲利，亦不須助道；根鈍遮重者，以根鈍故不能即開三解脫門，以遮重故牽破觀心，爲是義故，應須助道對破遮障，則安穩入三解脫門。」（《大正藏》冊 46，第 1911 經，頁 91 上）
另亦可參照《摩訶止觀》對乘、戒急緩之四種分類，如其云：「約此乘戒，四句分別：一、乘戒俱急；二、乘急戒緩；三、戒急乘緩；四、乘戒俱緩。」（《大正藏》冊 46，第 1911 經，頁 39 上）此亦顯示了眾生根性之差別。本論文所加入的第五種根性，則是針對大鈍根大遮障來說，須配合六時五悔來修之，如《摩訶止觀》云：「行人觀法極至於此（指第七之助道對治），若不悟者，是大鈍根大遮障罪，恐因罪障更造過失，故重明下三種（指識次位、能安忍、無法愛）意耳。識次位，以防增上慢；安忍，以防八風；除法愛，防頂墮。」（《大正藏》冊 46，第 1911 經，頁 131 下）

種或五種之說，乃至十種之情形，如上圖表所示：[27]
於止觀之實踐上，從因聞生信，進而因信修行，其所修以十乘觀法爲主，而加修四種三昧及以「六時五悔」重作方便，如《摩訶止觀》卷 7：

> 若「四種三昧修習方便」，通如上說，唯法華別約六時五悔重作方便。[28]

此顯示了於方便中，須再加上方便。換言之，四種三昧本身即是一種方便，以助攝心，[29]但眾生仍難依此而修，所以於法華三昧中，特別提出以「六時五悔」配合之。這應是智者大師用心之所在，憐憫眾生難以成就三昧。

若以「六即佛」來說，理即佛，顯示法法平等不思議，具足三諦。名字即佛，指聞此妙法而生信解，發菩提心。[30]觀行即

---

[27] 此之分類，乃筆者對《摩訶止觀》整體之了解所做的整理。另外，如湛然《止觀大意》云：「又此十法，雖俱圓常，圓人復有三根不等，上根唯一法，中根二或七，下根方具十。」（《大正藏》冊 46，第 1914 經，頁 460 上）又如湛然《止觀義例》云：「若從人說，上根即於境種而生於果，……爲中、下根更須後法。」（《大正藏》冊 46，第 1913 經，頁 453 中）

[28] 《摩訶止觀》卷 7，《大正藏》冊 46，第 1911 經，頁 98 上。

[29] 《四教義》卷 11：「二、明因信修行者。……應當加修四種三昧。四種三昧者：一、常坐三昧，如《文殊般若經》說；二、常行三昧，如《般舟經》說；三、半行半坐三昧，如《方等經》、《法華經》說；四、非行非坐三昧，即是諸大乘經所說種種行法。此諸三昧行法，具如諸大乘經中說。此即代於初停心觀。」（《大正藏》冊 46，第 1929 經，頁 761 下）

[30] 《四教義》卷 11：「若聞此信解無礙者，即信一切眾生即是不思議解脫也，即是大乘，即是般若，即是首楞嚴，即佛性，即是法身，即是實相，即是中道第一義諦，即是如來藏，即是法界，即是畢竟空，即是一切佛法。因此慈悲誓願菩提心發，是爲圓教『名字即』之信解也。」（《大正藏》冊 46，第

佛，指依此信解而起行，依十乘觀法而修之，以及加修四種三昧，如《四教義》卷 11：

> 二、明因信修行者，因此名字信心，即已發菩提心。若欲行菩提道，應當受持、讀誦、解說、書寫大乘經典。出世行人若欲疾得入十信位，具六根清淨，宜起精進，不惜身命，應當加修四種三昧。[31]

又云：

> 今約圓教，明修初信心，行諸三昧，應信解十法。十法者，名字如前三觀中說。一、善識思議不思議因緣者。……二、次明真正發心者，……十、順道法愛不生者，觀生死即涅槃，生一切諸禪定三昧等功德；觀煩惱即菩提，生諸陀羅尼門、四無所畏、十八不共法、四無礙智、一切種智，於順道法不愛不著。[32]

此說明了圓觀之實踐，除了受持、讀誦、解說、書寫大乘經典外，宜加修四種三昧以及配合十乘觀法修之。而如此之搭配，實皆與眾生根機有密切之關係。

1929 經，頁 761 下）

[31] 《四教義》卷 11，《大正藏》冊 46，第 1929 經，頁 761 下。

[32] 《四教義》卷 11，《大正藏》冊 46，第 1929 經，頁 761 下 -762 中。

四、結語

有關天台教觀之施設，實皆不離眾生根機。於教法上，因眾生根機之不同，而施設藏、通、別、圓四教；於觀法上，因眾生根機之不同，而施設別相三觀、一心三觀。同樣地，亦因眾生根機之不同，於圓教一心三觀之實踐，搭配四種三昧、十乘觀法修之，甚至以六時五悔重作方便。由此可得知，種種之施設，無非因應眾生根機而來。至於頓、漸之觀法，實亦與根機有關，如永明延壽《宗鏡錄》卷 36：

> 若入中道，即能雙照二諦，自然流入薩婆若海。今依四悉普為群機，於真、緣二修中，是無作真修。頓漸四句中，若約上上根，是頓悟頓修；若約上根，或是頓悟漸修。[33]

此即以上上根、上根，來分判頓悟頓修、頓悟漸修。天台中道觀何嘗非如此？有別相三觀、一心三觀之不同。縱使圓教之觀法，亦有圓頓觀、漸次觀、不定觀，[34]此亦是因應眾生根機而存在。

* 本篇發表於 2016 天台思想學術研討會，華梵大學（2016 年 9 月）。

---

[33] 《宗鏡錄》卷 36，《大正藏》冊 48，第 2016 經，頁 626 中。

[34] 《教觀綱宗》卷 1：「問：但說圓頓止觀即足，何意復說漸及不定？答：根性各別，若但說頓，收機不盡。問：既稱漸及不定，何故惟約圓人？答：圓人受法，無法不圓。又未開圓解，不應輒論修證。縱令修證，未免日劫相倍。」（《大正藏》冊 46，第 1939 經，頁 938 下）

第十一篇

評〈從「法性即無明」到「性惡」〉

▍摘要

本文乃是回應楊惠南教授〈從「法性即無明」到「性惡」〉一文（簡稱〈楊文〉）。從〈楊文〉中章節的安排，可知其立論是：一、「法性即無明」的存有論意涵；二、從「法性即無明」到「性惡」；三、《觀音玄義》之「性惡」說的再商榷。此中又以「法性即無明」的存有論爲其立論之基礎，將智者思想判定爲一元或二元或二者間吊詭之創生論。然依筆者之研究，得知〈楊文〉以「創生論」來解釋「法性即無明」乃至解釋智者思想，是一種謬判。至於依此創生論而來的智者性惡說，當然亦不能成立。至於〈楊文〉對《觀音玄義》之性惡說所做的再商榷，亦存在著諸多問題。本文即是針對此等問題一一加以釐清而回應之。主要就三方面來論述：一、〈楊文〉對《陳書》實相之謬解；二、〈楊文〉將智者定位爲二元與一元相互吊詭的創生論之謬判；三、〈楊文〉性惡論述之謬論。

關鍵字：緣起、中道、實相、創生論、性惡

一、前言

楊惠南教授來電邀請對其所著〈從「法性即無明」到「性惡」〉一文（發表於《佛學研究中心學報》第 1 期，1996）做一些回應。因爲此文乃是針對拙著《天台緣起中道實相論》所做的評述，試圖從「法性即無明」、十法界互具等來說明天台思想在於「性惡」，而非如拙著所言的「緣起中道實相」。於理於情上，這份回應工作就落在筆者肩上。除了本文的回應之外，希望有第三者乃至更多的讀者來參與此課題的討論。

因此，本文的撰寫，希望儘量能就事論事來討論問題，並非你我個人之問題，而是依文本來討論的。所以，在本文中將〈從「法性即無明」到「性惡」〉一文，❶簡稱爲〈楊文〉；《天台緣起中道實相論》一書，❷ 稱之爲《陳書》。而筆者則嘗試以讀者的角色來探討《陳書》與〈楊文〉之間所呈現的問題。

從〈楊文〉中，可以很清楚地看出其立論基礎，主要在於「法性即無明」（「無明即法性」）；由此一詞的分析中，而推論出智者思想含有極爲濃厚的二元創生論；❸然後又以極不確定的語

---

❶ 〈從「法性即無明」到「性惡」〉，《佛學研究中心學報》第 1 期，臺北：國立臺灣大學文學院佛學研究中心印行，1996，頁 111-144。

❷ 《天台緣起中道實相論》，臺北：東初出版社，1995。

❸ 如〈楊文〉云：「智顗『無明法法性』乃至『法性法無明』的創生論，含有極爲濃厚的二元論傾向；有關這點，不但可以從引文中的『心（法性）與緣（無明）合』（詳前文）一語看出來，而且……。」（頁 121）。另又云：「這種意義的宇宙創生論，不能說僅僅……；而是染有地論和攝論二師之創生論的濃厚色彩。」（頁 117）又云：「什麼樣的觀點才合乎天台的哲理呢？答案是：既不是地論師的『法性依持』，也不是攝論師的『黎耶依持』；而是這兩種依持的綜合理論：以『法性』爲『（正）因』（心），以『無明』

氣說不適合定在二元論，❹而可能是一元論，因爲「無明即法性」是一體的；❺甚至將此一元創生論或二元創生論說成是智者創生論的吊詭。❻不論一元創生論也好；或二元創生論也好；或二者兼之的吊詭之創生論也好，皆顯示了〈楊文〉將智者的思想定位在「創生論」，皆將之視同印順法師三系說下的「眞常唯心」❼，以及如牟宗三的存有論（〈楊文〉將牟宗三視天台爲「存有論地圓具一切法」解釋爲宇宙創生論，並不合牟宗三之意思）。❽〈楊文〉此

爲『（助）緣』，而後生起萬法的二元創生論。」（頁 116）〈楊文〉以此來解釋智者思想，基本上是有問題，詳見下文之分析（參見本文「二、〈楊文將智者定位爲二元與一元相互吊詭的創生論之謬判」）。

❹ 如〈楊文〉云：「然而，把『無明法法性』的創生論，定位在『二元的創生論』，似乎不夠如實。」（頁 121）

❺ 如〈楊文〉云：「因爲智者在《摩訶止觀》當中，明白說到無明和法性的一體性：『無明即法性，法性即無明』。」（頁 121）

❻ 如〈楊文〉云：「可見，把智顗的法性、無明『合』而創生萬法，視爲單純的二元論或單純的一元論，都是太過草率的作法。」（頁 122）此吊詭之情形，乃是〈楊文〉預設下才會發生的情形，與智者思想不相干（於後詳述之）。

❼ 如〈楊文〉云：「智顗確實批判了地論師和攝論師的偏執，這似乎合於遣蕩一切『自性執』之『一切空』的精神；但是，智顗卻在『一切空』的遣蕩之後，進一步建立起他自己的宇宙創生論，而且是染有深重『眞常唯心』色彩的宇宙創生論，……印順法師曾這樣描寫眞常唯心論者：『眞常者，……』，這段對於『眞常唯心論者』的描寫，也可以用來描寫智顗『無明法法性』乃至『法性法無明』的宇宙創生論。」（頁 117-118）從這段文中，亦可看出〈楊文〉認爲智者一方面批判地論師和攝論師的創生論，而另方面智者自己又掉入創生論中，且此種創生論是「眞常唯心」。

❽ 參〈楊文〉，頁 118。另於〈楊文〉註 19 中說到：「牟宗三先生曾以『作用地圓具一切法』來描述《般若經》和三論的『空』義，而以『存有論地圓具一切法』來描述天台宗的宇宙創生論。」（頁 119）顯然地，將牟宗三之天台存有論理解成宇宙創生論，有違牟宗三之看法，因爲牟宗三視天台之存有論是不能創生的，只有儒家的存有論才具備創生（參《圓善論》頁 264，臺

立論，基本上是有問題，且與其斷章取義解讀「法性即無明」有關；另〈楊文〉亦依此論斷來反駁《陳書》之論點，認為《陳書》只是單純的、僅僅的以《般若》思想或龍樹等三論思想來解釋天台智者，❾此可說〈楊文〉斷章取義所致。《陳書》所論的實相，並非單純的、僅僅的以遮撥的「空」來解釋，而是基於「緣起」來論述。此亦可看出〈楊文〉並未了解《陳書》之立論。因此，在處理〈楊文〉理論基礎所存在的問題之前，務必先將其對智者論著及《陳書》中的斷章取義指出。

〈楊文〉除了從「法性即無明」建立出天台智者的吊詭性創生論，進而由此錯誤的預設來建立性惡說，❿將此性惡說視為天

北：學生，1985）。有關牟宗三存有論之謬，在《陳書》第十章〈檢視近代學者所理解的天台學〉第一節〈檢視牟宗三所理解的天台學〉已批判之，並明言「天台所謂的生，是依緣起而生」，而非創生論之生（頁 452）。

❾ 如〈楊文〉云：「因此，當『實相』一詞同義於『法性』時，智者所說的『實相』，就不像陳博士所說的那樣，只是單純的《（大品）般若》思想，或只是龍樹及其弟子輩（包括鳩摩羅什及其弟子輩）的三論思想；而是……。」（頁 113）言下之意，是認為《陳書》將天台思想視為只是單純的般若、三論思想。此明顯地不合《陳書》的論點（於後申述），《陳書》從未視天台思想只是單純的空宗意義下的般若、三論思想，況且《陳書》於第十章〈檢視近代學者所理解的天台學〉中，明顯地在批判以空宗為立場的論點；同樣地，天台智者對三論宗（羅什、僧肇等人）亦有微詞，認為其立論偏於「通教」，雖然智者也幫龍樹的「空」做合理的解釋，認為龍樹用「空」乃是「外適時宜」（《大正藏》冊 46，頁 55 上），但也可明顯地看出智者並不完全同意以「空」來解釋經典。在此情況下，怎會變成《陳書》僅僅、只是單純以「空」解智者實相？

❿ 〈楊文〉之性惡說，是由「法性即無明」、「十界互具」等來建立，如其云：「總之，不管是從『法性即無明』、『無明即法性』這種『體同』的觀點來看，或是從『十界互具』、『佛界即魔界』的觀點來看，都可以得到『性惡』的結論。」（頁 131）又云：「……特別是從『法性即無明』、『無明即法性』的觀點來看，『性惡』乃法性和無明二者相『即』這種思想

台宗的哲學特質，⓫用以反駁《陳書》將天台思想定位在智者的緣起中道實相。在此，〈楊文〉大多引用唐、宋、明之天台宗諸論著做爲性惡立論基礎及反駁依據，但〈楊文〉明顯地忽略了此之反駁並無效，因爲〈楊文〉把《陳書》中所論的天台智者思想與唐、宋、明之天台學相混淆，⓬況且從陳氏有關唐、宋天台學諸多論文可得知，已論及湛然的理具性具思想及知禮性惡說是以十界互具一念三千做爲基礎。⓭另外，《陳書》〈跋〉中亦提及對性惡說的看法，是以《觀音玄義》及嘗試就智者思想來反省。⓮由此可知，就「天台思想特質應以原創者智者」來論，〈楊

的必然結論。」（頁 143）

⓫ 如〈楊文〉開章明義云：「古來，『性具』和『性惡』思想一向被視爲天台宗哲學的特質；而且，『性具』也被視爲『性惡』的理論基礎，『性惡』成了天台『性具』思想的必然之結論。」（頁 111）

⓬ 此可從〈楊文〉「然而，陳英善博士的《天台緣起中道實相論》，卻從智顗等天台宗高僧，對於『實相』這一詞的理解切入……。」（頁 111）可知，然而《陳書》只論智者，何來「等天台宗高僧」？又從其引用唐、宋、明天台論著亦可得知。

⓭ 參見拙文〈湛然理具思想之探討〉（《中華佛學學報》第 6 期，1993）、〈從觀心評山家山外之論諍〉（《諦觀》第 74 期，1993）、〈孤山智圓的理具唯心思想及其對知禮之反批〉（《諦觀》第 76 期，1994）、〈從湛然《十不二門》論天台思想之發展演變〉（《中華佛學學報》第 9 期，1996）。其它另有三篇未發表文章：〈四明知禮「具」思想之探討〉、〈淨覺仁岳對其師知禮之「背判」〉、〈神智從義對「具」的反思〉。將以上諸篇文章蒐集成書，取名《天台性具思想之反思》，此書已交由三民出版，出版名爲《天台性具思想》，1997 年出版。

⓮ 如《陳書》〈跋〉云：「（二）關於性惡問題。由於本書局限以《觀音玄義》來作探索，以及嘗試就天台智者的思想來作反省，而質疑性惡說非天台思想之核心。至於有關性惡說之形成及其發展，由於非本書所要處理範圍，並未加以擴大地論述。此部分可參考後來發表於《中華佛學學報》第 6 期〈湛然理具思想之探討〉等，這幾篇文章將有助於吾人對性惡說形成之了

文〉上述的立論，是不能成立的。

〈楊文〉進而由此反駁《陳書》第八章〈《觀音玄義》之性惡問題〉之論點，由此推論成《陳書》把「性惡」視爲「天台宗人的方便法門」，在此，〈楊文〉將《陳書》只在釐清《觀音玄義》文獻問題，擴大成把性惡視爲「天台宗人的方便法門」，對《陳書》而言，說性惡爲方便法門是只針對文獻而論或天台智者的緣起中道實相，並非泛指「天台宗人」皆是，何況《陳書》論點根本不適用於湛然、知禮等人上，[15]〈楊文〉卻斷章取義將之混

解。」（頁 523-524）

[15] 很明顯地，〈楊文〉並未弄清楚《陳書》所論述的緣起中道實相論，是針對天台的原創者——智者而言，縱使所論述的《觀音玄義》性惡說，亦僅是就《觀音玄義》文獻及智者的緣起中道實相來反省。並不涉及唐、宋天台之性具性惡說，且從陳氏對唐、宋天台學之研究，亦認爲唐、宋天台思想在於性具性惡。然而，〈楊文〉對此並未加以區分，總以泛稱的「天台宗」、「天台宗人」等來反駁《陳書》，如〈楊文〉云：「陳博士把『性惡』視爲天台宗人的方便法門。」（頁 131）、「陳博士把『性惡』視天台宗的方便說」（頁 138），「依照天台宗人的說法，釋迦說法依其先後共有五時……。」（頁 141）前兩個引文並非《陳書》的意思（如前述之分析），同樣地，五時教之說，亦應加以區分，智者在《法華玄義》本身就在抨擊以時間性來劃分經論（參《大正藏》冊 33，頁 801 下 -805 中，812 下 -813 上），至宋卻以時間性來劃分五時教，明末蕅益對此論點加以反擊，認爲不合智者之意思，但〈楊文〉仍以天台宗人來含混之（《陳書》頁 511-512，曾對楊教授有關智者五時教之謬解批評過，但其仍視若無睹）。而何謂「天台宗人」？依〈楊文〉的解釋是指圓教信徒，如〈楊文〉云：『智顗，《妙法蓮華經玄義》卷 2 下，曾分別「圓人」（圓教信徒，即天台宗人）……。』（頁 126 之註 37），括弧內即是〈楊文〉對圓人的解釋，這顯然不合乎智者之意思，依智者的意思，學習圓教之人，即是圓人，但圓教遍布於諸大乘經論中，如此一來，以天台宗人泛論之，實屬不當。若就知禮而言，圓教者，乃指性惡說，秉持此教說者，可稱之爲天台宗人，此可從知禮與他宗或山外的論諍中得知。且依《陳書》的研究及陳氏相關唐、宋天台學的文章，顯示知禮的性惡說與智者的緣起中道實相論亦有所不同，〈楊文〉卻將之泛稱爲天台宗人。

爲一談。

整體上說來，〈楊文〉基本上可說對《陳書》做一綜合性的評述，或言對《陳書》的立論提出反駁，這從〈楊文〉所論述的：一、「法性即無明」的存有論意涵；二、從「法性即無明」到「性惡」；三、《觀音玄義》之「性惡」說的再商榷，此等論述在在顯示針對《陳書》的立論而來，試圖將天台智者的「法性即無明」解釋成二元與一元相互弔詭的創生論，以此反駁《陳書》以緣起中道實相論述天台智者思想。〈楊文〉再以此創生論爲基礎推論出性惡說，以此性惡說解釋《觀音玄義》來反駁《陳書》。

然而，〈楊文〉整篇文章中，對《陳書》相關的論點並未做一清楚的陳述，只任憑己意，認爲《陳書》以中觀學派的遮詮之實相觀來詮釋天台思想，此很顯然地並不符合《陳書》的論點，同時也誤解了《陳書》「實相」之意思。因此，本文以下之論述，分成三部分：首先將〈楊文〉對《陳書》實相之謬解，提出釐清；進而析判〈楊文〉將智者「法性即無明」解釋成二元與一元相互弔詭的創生論之謬；最後，檢視〈楊文〉以其謬判的創生論來建立性惡說及其以此解釋《觀音玄義》性惡所存在的諸問題。

二、〈楊文〉對《陳書》實相之謬解

〈楊文〉對《陳書》的駁斥，表面上，是駁斥《陳書》以緣起中道實相來定位天台智者思想；實際上，則是將《陳書》中的「緣起中道實相」理解成等同於中觀學派的遮詮「實相」觀，而加以駁斥之。很顯然地，〈楊文〉並沒有掌握到《陳書》中「天台緣起中道實相」之「實相」兩字的義涵，而任憑己意將《陳書》的「實相」理解成中觀的遮詮「實相」，再以此來反駁《陳書》之論點。在學術上，此乃是一種稻草人式的評論。加上〈楊文〉一開始沒有講出《陳書》的論點，亦沒有界說中觀派之論點。故以下先將〈楊文〉有關這方面之論述列舉，然後再析判之。

(1) 然而，陳英善博士的《天台緣起中道實相論》，卻從智顗等天台宗高僧，對於「實相」這一詞的理解切入，獨排古今已成定論的說法，以為……只有合於鳩摩羅什之「實相」意義的「實相論」，才是天台宗哲學的本義。⑯
(2) 因此，當「實相」一詞同義於「法性」時，智顗所說的「實相」，就不像陳博士所說的那樣，只是單純的《(大品）般若》思想，或只是龍樹及其弟子輩（包括鳩摩羅什及其弟子輩）的三論思想。⑰
(3) 這種意義的宇宙創生論，不能說僅僅具有《般若經》或三論所說「中道緣起」的內涵（頁 117)。
(4) 這樣的描述，固然可以是陳博士所理解的，旨在闡述「泯除自性執」、「泯除偏執」的實相。⑱
(5) 陳博士的意思是，正因既然是不可言詮的實相，……陳博士的說法，必須預設智顗的「實相」觀，確實是非善非惡，不可言詮的抽象之理。⑲

⑯ 〈楊文〉，頁 111-112。
⑰ 〈楊文〉，頁 113。
⑱ 〈楊文〉，頁 120。
⑲ 〈楊文〉，頁 137。

（6）陳博士以為，等同於不可言詮之「實相」的「正因佛性」，應該是非善非惡，……陳博士的看法，必須預設天台的「實相」觀，僅僅建立在《摩訶般若波羅蜜經》，乃至龍樹、提婆之《中論》、《十二門論》、《百論》等三論的「實相」觀之上；也就是必須僅僅建立在陳博士所謂「緣起中道實相」之上。[20]

（7）這樣看來，天台智顗「法性法無明」、「無明法法性」的宇宙創生論，哪裡是單純的中觀學派的遮詮「實相」觀。[21]

由上述的七點引文中，可歸納得知，〈楊文〉將《陳書》的「實相」理解成：「只有合於鳩摩羅什之『實相』意義的『實相論』」、「只是單純的《般若》思想，或只是龍樹及其弟子輩（包括鳩摩羅什及其弟子輩）的三論思想」等「單純的中觀學派的遮詮『實相』觀」。換言之，不論是鳩摩羅什的「實相」或三論等的實相，依〈楊文〉的意思，是指中觀學派的遮詮「實相」。在一開始時，〈楊文〉並沒有對中觀學派的「實相」做一界說；同樣地，也沒有將《陳書》中的「實相」做一簡介，而只以中觀學派遮詮意義下的「實相」來理解《陳書》「實相」之義，殊不知兩者之間亦有差距。縱使有引《陳書》之文，亦是斷章取義，如〈楊文〉對《陳書》之引文：

本書取名為《天台緣起中道實相論》，主要探討的是天台實相論，而天台實相是基於緣起、中道來建構的。因

[20] 〈楊文〉，頁 143。

[21] 〈楊文〉，頁 144。

> 此，我們可以說（就法無自性而言），「實相」就是等於「緣起」，等於「中道」，合起來說，就是「緣起中道實相論」，也就是說天台的實相論本身是立基於緣起、中道來談的。[22]

又引：

> 鳩摩羅什是以「實相」來把握「緣起」的義涵，而此「實相」觀念也深深影響了中國佛教。[23]

〈楊文〉將此二段引文結合在一起，理解成「只有合於鳩摩羅什之『實相』意義的『實相論』才是天台宗哲學的本義」（第1條）。此中須注意的，《陳書》中鳩摩羅什的「實相」，是指「緣起」義涵而言，並非中觀學派意義之下的遮詮「實相」。縱使鳩摩羅什之「實相」如中觀學派所言的，但也不能由此推論成「只有合於鳩摩羅什之『實相』意義的『實相論』才是天台宗哲學的本義」，因爲智者本身就評述鳩摩羅什偏重以「通教」之「空」來解釋《法華經》，[24] 如此怎會成爲〈楊文〉中觀學派意義下的「實相」是天台宗哲學的本義。況且《陳書》之上述二段引文，皆強調從「緣起」來談實相，是由「緣起」來賦予實相之內涵，此怎是中觀學派遮詮意義下的「實相」？更何況《陳書》透過種種角度來呈現實相之內涵，不論是可說或不可說；亦不論

[22] 《陳書》，頁1。〈楊文〉，頁112中之註3。

[23] 《陳書》，頁10-11。〈楊文〉，頁112中之註3。

[24] 如《法華玄義》云：「今古諸釋，世以光宅爲長，觀南方釋大乘，多承肇（僧肇）、什（鳩摩羅什），肇、什多附通意。」（《大正藏》冊33，頁691下）

是有或空或亦有亦空或非有非空，……怎會是如〈楊文〉所說的「不可言詮的實相」（第 5 及 6 條）？㉕又怎會是如〈楊文〉所言只是中觀派的「遮詮」或破自性執之實相？就以《陳書》第六章〈實相之展現一念三千〉（頁 316-327）而言，以一念三千談實相之展現，基本上是從「破執」與「隨緣」兩方面來談，而〈楊文〉卻斷章取義只取「破執」而已，如〈楊文〉云：

> 陳博士，《天台緣起中道實相論》一書的第六章，名為「實相之展現——一念三千」。顧名思義即知，陳博士以為智顗的「一念三千」，旨在闡述陳博士所謂的「緣起中道實相論」。陳博士該書〈導論〉中，開宗明義地說：『而天台實相是基於緣起、中道來建構的。因此，……』。這樣看法，智顗的「一念三千」，也是為了闡述「緣起」「中道」之「實相」，而建立的哲理。這樣理解智顗的「一念三千」，必然得到下面的結論：「一念三千」和《般若經》、三論裡所說的「空」一樣，旨在「泯除吾人之偏執」。所以，陳博士說「此即就『空』的角度，說明一法（一念心）尚不生，況三千耶？以此防止吾人將一念三千自性化。故以『言語道斷，心行處滅』來泯除吾人之偏

㉕ 〈楊文〉將智者的正因佛性、實相等視爲不可言詮（參見〈楊文〉頁 137 及頁 143），基本上並非《陳書》之意，更非智者的意思。智者的正因佛性（實相）之「不可說」，是指不能以「自性」下的方式來說。就智者的緣起中道實相論而言，以智者慣用的離四句方式，有關性善惡之問題，是非善、非惡、非亦善亦惡、非非善非非惡（參見《陳書》頁 396-397）。而非如〈楊文〉所言的「非善非惡」而已，更非如〈楊文〉以三系之眞常唯心來理解的「不可說」。

執。」[26]

此段文約略可分二部分來看：首先，〈楊文〉以其預設下中觀學派之「實相」，來了解《陳書》〈導論〉中之實相義，其錯誤（或二者之差距）前面已析判之（無須贅述），而〈楊文〉再以此錯誤之預設來了解《陳書》之「一念三千」，將此理解成「『一念三千』和《般若經》、三論裡所說的『空』一樣，旨在『泯除吾人之偏執』」。接著，〈楊文〉於第二部分中以斷章取義的方式，引《陳書》第六章之一念三千來佐證，如其云：

> 所以，陳博士說「此即就『空』的角度，說明一法（一念心）尚不生，況三千耶？以此防止吾人將一念三千自性化。」[27]

顯然地，此是〈楊文〉對《陳書》第六章內容斷章取義所致，如《陳書》論述一念三千之展現，說到：

> 《摩訶止觀》一方面藉由問答、譬喻的方式，來泯除眾生對「法」的執著，以防止眾生對一念三千的偏執。另方面隨順因緣而開顯一念三千的義理……。[28]

因此，《陳書》以破執、隨緣等兩項來論述，於「隨緣」中提到：

---

[26] 〈楊文〉，頁 120 之註 23。

[27] 如前揭書。

[28] 《陳書》，頁 316。

> 除了破執方式表達一念三千不思議境外，亦可從隨順因緣而說之，亦即以四悉檀而演說之……。[29]

又云：

> 前項中（案：指「破執」），從無有一法生（案：即諸法無生）說明以心具、緣具、共具、離具一切法之偏執。在本項（指「隨緣」）中，則透過四悉檀來說明何以「心」具一切法，乃至「離」具一切法之因緣。[30]

由此可知，在在顯示〈楊文〉只斷章取義引用「破執」部分，而忽略了「隨緣」部分，更不用說由「破執」與「隨緣」彼此關係所產生的辯證張力，[31]來理解《陳書》的實相了。縱使《陳書》中所言的「破執」，也非如〈楊文〉所說的僅僅只是單純的三論之「空」，而是破執與隨緣之辯證廣義下的「空」。

另外，亦可由《陳書》所論述的「實相之異名」，得知《陳書》所說的實相非如〈楊文〉所云僅僅只是單純中觀派之「空」而已，如《陳書》依《法華玄義》列舉十二異名，分爲四門：

---

[29] 《陳書》，頁 326。

[30] 《陳書》，頁 323。

[31] 參見《陳書》對《摩訶止觀》之「可說」與「不可說」所做的論述，如《陳書》云：「此將『不可說』與『可說』，透過即空即假即中的模式發揮至極處，所謂『終日說，終日不說；終日不說，終日說；終日雙遮，終日雙照』（此段引文爲《摩訶止觀》之語）。若以空、假、中釋之，『終日說，終日不說』，空也。『終日不說，終日說』，假也。『終日雙遮，終日雙照』，中也。而此三者不相妨礙也，所以是『即破即立，即立即破』（《摩訶止觀》之語），破、立無礙，皆是緣起中道實相也』。」（頁 326-327）此顯示了《摩訶止觀》「即破即立，即立即破」之不可說與可說的辯證關係。

一、有門——妙有、眞善妙色、實際；

二、無門——畢竟空、如如、涅槃；

三、亦有亦無門——虛空佛性、如來藏、中實理心；

四、非有非無門——非有非無中道、第一義諦、微妙寂滅。[32]

由此可知，《陳書》是由有、無、亦有亦無、非有非無等來論述實相，既然如此，怎是如〈楊文〉所言僅僅是「空」？而爲何有如此四門乃至以無量法論實相，實乃隨應於眾生因緣之故，依種種因緣而論實相。[33]

總之，〈楊文〉只以中觀學派之「空」理解《陳書》之「實相」，而忽略了《陳書》是以「緣起」來解釋實相。應由《陳書》所賦予實相之意涵來論實相，而不能僅憑實相之名相或斷章取義之理解，更重要的是《陳書》之立論在於緣起而不在實相，所以不能望文生義。

同樣地，《陳書》在第十章〈檢視近代學者所理解的天台學〉之第二節〈檢視印順法師所理解的天台學〉中，析判印順法師三系說及追隨著所依之龍樹《中論》「空」時，及透過充分之論證，指出他們的空乃自性化之空。如此怎可說《陳書》「實相」僅僅只是龍樹或三論之「空」？

此外，由〈楊文〉對「法性即無明」的存有論意涵之論述，可知〈楊文〉是延用牟宗三存有論及印順法師三系之眞常唯心來批評《陳書》之實相論，但《陳書》於第十章〈檢視近代學者所理的的天台學〉中，已對此二者立論加以批判，然〈楊文〉卻視若無睹。由此也可知，〈楊文〉宛如手持電筒在暗中照射所需。

---

[32] 參見《陳書》，頁 18。

[33] 參見《陳書》，頁 21-22。

三、〈楊文〉將智者定位為二元與一元相互弔詭的創生論之謬判

〈楊文〉以「法性即無明」爲基礎，推論出智者思想是二元創生論（或一元論或二者兼之的弔詭創生論）。然而，〈楊文〉此論斷，基本上又與其對《摩訶止觀》「法性即無明」之斷章取義有關。換言之，由於斷章取義之曲解導致〈楊文〉以宇宙創生論（不論是二元論或一元論或兩者兼之）來解釋智者的思想。以下針對此做一釐清：

首先，〈楊文〉將《摩訶止觀》「一念三千」文中對地論師和攝論師等之批判，解釋成智者認爲：只有「法性」之「因」，無法生起萬法；只有「阿黎耶識」之「緣」，也無法生起萬法；只有做爲「（正）因」的「法性」，以及做爲「（助）緣」的「無明」（阿黎耶識），二者相互合作，才能生起萬法（於後再做詳論），[34]以此視之爲智者宇宙創生論之主張。爲了清楚起見，吾人先來看看《摩訶止觀》怎麼說，雖然《陳書》及拙文已多次論及，[35]再來討論〈楊文〉如何斷章取義曲解此段文字。以下先將《摩訶止觀》所論述一念三千的整體架構，以圖表表之：

---

[34] 參見〈楊文〉，頁 115。

[35] 參見《陳書》第六章，尤其在第四節〈一念三千之展現〉之「破執」與「隨緣」部分，以及拙文〈湛然理具思想之探討〉（《中華佛學學報》第 6 期，頁 286）。在此，鄭重地呼籲學術界爾後論及智者此方面之見解時，先將筆者前述相關之論證了解，莫再視若無睹，自言自語，也就是學者如有不同主張，應先將筆者相關之論證推翻，而後才能建立新說，此才合乎學術對論之基本要求。

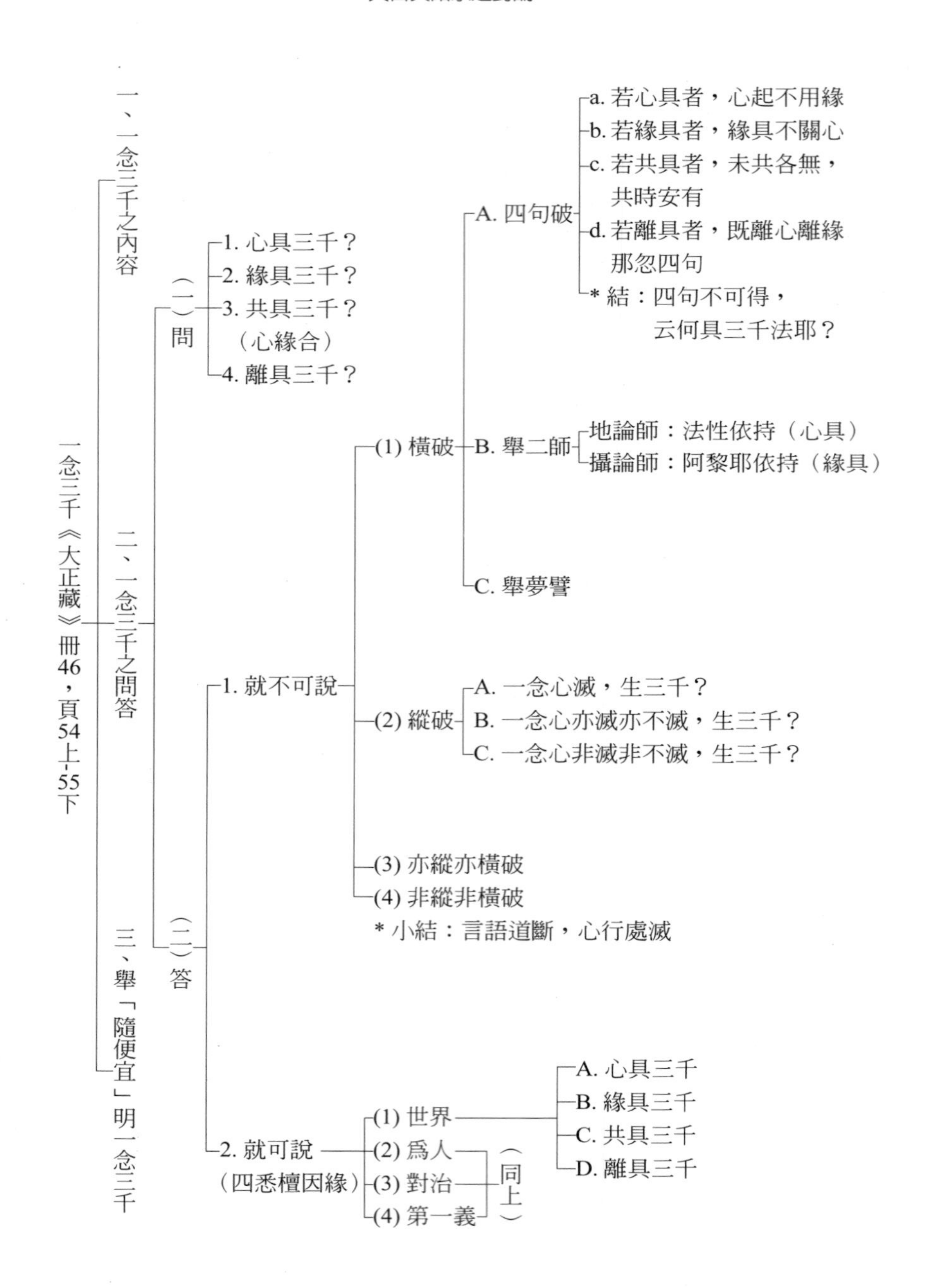
一念三千《大正藏》冊46，頁54上-55下
一、一念三千之內容
二、一念三千之問答
三、舉「隨便宜」明一念三千
(一)問
1. 心具三千？
2. 緣具三千？
3. 共具三千？（心緣合）
4. 離具三千？
(二)答
1. 就不可說
(1) 橫破
A. 四句破
a. 若心具者，心起不用緣
b. 若緣具者，緣具不關心
c. 若共具者，未共各無，共時安有
d. 若離具者，既離心離緣那忽四句
* 結：四句不可得，云何具三千法耶？
B. 舉二師
地論師：法性依持（心具）
攝論師：阿黎耶依持（緣具）
C. 舉夢譬
(2) 縱破
A. 一念心滅，生三千？
B. 一念心亦滅亦不滅，生三千？
C. 一念心非滅非不滅，生三千？
(3) 亦縱亦橫破
(4) 非縱非橫破
* 小結：言語道斷，心行處滅
2. 就可說（四悉檀因緣）
(1) 世界
(2) 爲人
(3) 對治
(4) 第一義
（同上）
A. 心具三千
B. 緣具三千
C. 共具三千
D. 離具三千

由圖所示，可知《摩訶止觀》論述一念三千時，大體可以簡略分爲三部分（一念三千內容、問答、隨便宜）：

就第一部分而言：[36]先陳述一念三千之內容，如其云：

> 夫一心具十法界，一法界又具十法界百法界，一界具三十種世間，百法界即具三千種世間。此三千在一念心，若無心而已，介爾有心即具三千。[37]

接著，則論述一念（或一法）與三千（或一切法）之關係，如其云：

> 亦不言一心在前，一切法在後；亦不言一切法在前，一心在後，例如八相遷物，……今心亦如是，若從一心生一切法者，此則是縱；若心一時含一切法者，此即是橫，縱亦不可，橫亦不可。祇心是一切法，一切法是心，故非縱非橫，非一非異，玄妙深絕，非識所識，非言所言，所以稱為不可思議境，意在於此。[38]

很顯然地，此由一心與一切法（三千）之關係的不可分割（如非前非後、非縱非橫、非一非異），來凸顯出所謂的「不可思議境」。換言之，所謂的「不可思議境」，是如實地理解一念與三千之間相互依存不可分割之關係。然而，當智者提出「一念三千」

---

[36] 第一部分範圍，是從「夫一心具十法界」至「所以稱爲不可思議境，意在於此」（《大正藏》冊 46，頁 54 上）。

[37] 《大正藏》冊 46，頁 54 上。

[38] 《大正藏》冊 46，頁 54 上。

做爲不可思議境時，已敏感地察覺到一般對於「一念三千」之理解可能產生的問題。因此，緊接著於第二部分，以問答的方式充分地探討此問題。

就第二部分而言：❸⁹在問答中，首先提出心具三千（心生三千）？或緣具？或共具（指心與緣合）？或離具（指非心非緣）三千？……⓪等等諸問題。緊接著是對所提問題做回答，❹¹而在此大段的回答中顯得相當龐大而複雜，主要可分爲二方面：（一）就不可說回答；（二）就可說回答。然後，則將可說與不可說之關係做一總結，以顯示「不可說」與「可說」間之不可分離。於（一）不可說的回答中，從橫、豎、亦橫亦豎、非橫非豎等一一來探討一念或三千皆不可得，❹²由此顯示言語道斷心行處滅之不可思議境。❹³除了以遮撥方式（不可說）回答問題外，《摩訶止

---

❸⁹ 第二部分範圍，是從「問：心起必託緣」至「若得此意，俱不可說俱可說」（《大正藏》冊 46，頁 54 上 -55 上）。

❹⁰ 如《摩訶止觀》云：「問：心起必託緣，爲心具三千法？爲緣具？爲共具？爲離具？」（《大正藏》冊 46，頁 54 上），此即是以四句方式來提出問題，以便對一念三千做深入探討。

❹¹ 就《摩訶止觀》文脈來看，回答的部分應從「若心具者，心起不用緣」這裡開始，而非從「答：地人云：一切解惑眞妄依持法性」算起。

❹² 於「不可說」之橫破中，先明心具、緣具、共具、離具皆不可得；次舉地論師（心具）與攝論師（緣具）來論破之，以明此二師之主張違背經典又違背龍樹（不自、他、共、無因生）；再舉眠夢來檢之。由此而了解到「四句求心不可得，求三千法亦不可得。」（《大正藏》冊 46，頁 54 中）。除了橫破，緊接著，又從縱、亦橫亦縱、非橫非縱等來論破之，顯示求一念乃至三千法皆不可得。《摩訶止觀》所做的種種論破，〈楊文〉只引破地論師和攝論師來說明，此只是橫破四句中的「心具」、「緣具」二句而已。

❹³ 如《摩訶止觀》云：「既橫從四句生求三千法不可得者；應從（縱）一念心滅生三千耶？……；亦縱亦橫，求三千法不可得；非縱非橫，求三千法亦不可得。言語道斷，心行處滅，故名不可思議境。」（《大正藏》冊 46，頁 54 中）

觀》亦透過「有因緣故，亦可得說」[44]之可說方式來回答問題。故在（二）可說的回答中，以隨順四悉檀因緣的方式，於每一悉檀中，展開了心具、緣具、共具、離具一切法等四句，用以回答可說心具一切法、緣具一切法……（或心生一切法、緣生一切法……），配合四悉檀則共成十六門，[45]以此十六門來明心、緣、共、離等皆是。[46]如此一來，與前面四句（心、緣、共、離）皆非的「不可說」形成了極強烈之對比。面對此問題，《摩訶止觀》以極巧妙之方式來處理，如其云：

> 佛旨盡淨，不在因、緣、共、離，即世諦是第一義也；又四句俱皆可說，說因亦是，緣亦是，共亦是，離亦是，……即世諦是第一義諦。[47]

接著又云：

> 當知終日說，終日不說；終日不說，終日說；終曰雙遮，

---

[44] 如《摩訶止觀》云：「有因緣故，亦可得說，謂四悉檀因緣也。」（《大正藏》冊46，頁54下）

[45] 指每一悉檀各有四門（心具、緣具、共具、離具），四悉檀則共有十六門。

[46] 《摩訶止觀》則依此十六門來開顯心具（心生）一切、緣具（緣生）一切、心緣合具一切、非心非緣具一切，如其云：「雖四句冥寂，慈悲憐愍，於無名相中，假名相說，或作世界（悉檀）說心具一切法，……或說緣生一切法，……或言因緣共生一切法，……或言離生一切法，……此四句即世界悉檀說心生三千一切法也。云何為人悉檀，（或說心生一切法），如言……；或說緣生一切法，……或說合生一切法，……或說離生一切法，……是為為人悉檀四句，說心生三千一切法也。云何對治悉檀，……云何第一義悉檀。」（《大正藏》冊46，頁54下-55上）。

[47] 《大正藏》冊46，頁55上。

終日雙照。即破即立，即立即破，經論皆爾。[48]

從上述第一段引文可知，由「佛旨盡淨」來看，其與因、緣、共、離等四句皆不相應，此即不可說，若能如是解，即世諦是第一義；反過來看，從隨順因緣而論，則說因生一切法，或說緣或說共或說離生一切法，則皆可以，此即是可說，若能如是解，即世諦是第一義諦。因此，吾人得知不論「不可說」或「可說」，基本上皆能相應於「即世諦是第一義」。換言之，第一義諦不離世諦，而此道理可透過「可說」或「不可說」來表達（或達到）。對一念三千所可能引發問題之探索，至此，即告一段落。接著，則隨舉一門來做說明，以做爲觀不思議境之修法，此即第三部分。

就第三部分而言：[49]首先，舉「隨便宜」因緣來論述一念三千，且就「心與緣合」（即四句之「共」）這一門明一念三千。[50]有關這一部分之「無明法法性」，乃是〈楊文〉做爲其解釋智者思想爲宇宙創生論之主要依據，於下再做詳述。

從上述以圖表及花了較長篇幅來介紹《摩訶止觀》對一念三千之論述，吾人可得知《摩訶止觀》對於一念三千之處理，是相當愼重且嚴謹的。當其提出「一念三千」來做爲觀不思議境時，已發現此一觀念所可能引發的問題，因此，花了相當長的篇幅來釐清此問題，以避免對一念三千之誤解。此顯示了在當時已發生（此由《摩訶止觀》所舉地論師、攝論師之偏執可

---

[48] 《大正藏》冊 46，頁 55 上。

[49] 第三部分範圍，是指從「若隨便宜者，應言無明法法性生一切法」至「說時如上次第，行時一心中具足一切心」（《大正藏》冊 46，頁 55 上 - 下）。

[50] 如《摩訶止觀》云：「若隨便宜者，應言無明法法性生一切法，……心與緣合則有三種世間三千相性皆心起……。」（《大正藏》冊 46，頁 55 上）

知）或智者早已察覺此問題：即可能將一念三千解釋成心具三千、緣具三千……；或將之解釋成心生三千、緣生三千……；或法性生三千……；或法性具三千……。諸如此類問題，可說不勝枚舉，簡單歸納爲：因、緣、共、離等四句之模式。因此，《摩訶止觀》特舉地論師、攝論師之偏執，來加以批判，即是一明顯之例子。[51] 但〈楊文〉以其慣有的斷章取義方式，以爲是智者批評地論師主張依「因」生一切法及批評攝論師主張依「緣」生一切法是不當，是偏一邊之創生論；〈楊文〉進而認爲智者主張「因」（法性或心）和「緣」（無明）合的宇宙創生論。很明顯地，此論斷是違背智者的看法，由前述之分析，可得知智者不但批判定執依因生一切法、依緣生一切法之不當，亦批判「因」「緣」合的共生之不當，乃至批判離因離緣之離生（或離具一切法）之不當，此是就「橫」來破而已，另就豎、亦橫亦豎、非橫非豎等破之，即遍破一切之立論，怎會如〈楊文〉所說的主張「因」（法性）與「緣」（無明）合的宇宙創生論，此顯然有違智者之意，如〈楊文〉云：

> 智者以為，只有「法性」之「因」，無法生起萬法；類似地，只有「阿黎耶識」之「緣」，也無法生起萬法。只有做為「（正）因」的「法性」，以及做為「（助）緣」的「無明」（阿黎耶識），二者相互合作，才能生起萬法。[52]

---

[51] 如《摩訶止觀》云：「地人云：一切解惑眞妄依持法性，法性持眞妄，眞妄依法性也。攝大乘云：法性不爲惑所染，不爲眞所淨，故法性非依持，言依持者，阿黎耶是也，無沒無明盛持一切種子。若從地師則心具一切法；若從攝師則緣具一切法，此兩師各據一邊。」（《大正藏》冊 46，頁 54 上）另可參見《陳書》頁 317-322 對這方面之解釋及所做的論述。

[52] 〈楊文〉，頁 115。

又云：

> 地論、攝論二師的主張都有問題，那麼，什麼樣的觀點才合乎天台宗的哲理呢？答案是：既不是地論的「法性依持」，也不是攝論的「黎耶依持」；而是這兩種依持的綜合理論：以「法性」為（正）因」（心），以「無明」（相當於「無沒無明」或「阿黎耶」）為「（助）緣」，而後生起萬法的二元創生論。這是智顗的《摩訶止觀》卷五上，所明文說到的：若隨便宜者，應言無明法法性，生一切法；如眠法法心，則有一切夢事。心與緣合，則有三種世間，三種（案：乃指「三千」，此可能〈楊文〉之筆誤）相性皆從心起。[53]

由上述二段引文可知，〈楊文〉認為智者是主張「法性」與「無明」合才能生起萬法，是二元創生論。且依〈楊文〉的看法，此立論是根據於《摩訶止觀》，所謂：「若隨便宜者，應言無明法法性，生一切法，……心與緣合，則有三種世間，三千相性皆從心起。」

若對照前面所論述的《摩訶止觀》一念三千之圖表及大略內容來看，顯然地，〈楊文〉以《摩訶止觀》「若隨便宜者，……」這段文做為其認為智者是二元創生論的理論依據，此乃是斷章取義所推演出來的結果，而忽略了智者對法性（心）無明（緣）合之共生的批判，[54]然而，〈楊文〉卻依「若隨便宜者，

---

[53] 〈楊文〉，頁 116-117。

[54] 如《摩訶止觀》云：「若心具者，心起不用緣；若緣具者，緣具不關心；若共具者，未共各無，共時安有？若離具者，既離心離緣，那忽心（案：離）

應言無明法法性，生一切法；……」來判定智者是二元創生論。此種論斷基本上不符合《摩訶止觀》之意，同時也曲解了智者此段文之意思。若吾人回到《摩訶止觀》之架構來看，可知此段文乃是智者對於「一念三千」可能引發出來的種種問題做了探討之後，於有因緣故則可說的情況下，以「隨便宜」因緣隨舉一門說明一念三千，且從因、緣、共、離等之第三句「共」生來說明心與緣合而有三千法，故言「若隨便宜者，……」，而〈楊文〉依此段話，將智者思想定位為二元創生論，顯然是斷章取義之結果，而忽略了隨緣說，更遑論《摩訶止觀》舉隨緣說之旨趣，如《摩訶止觀》除了舉「隨便宜」之心緣共生明三千法外，進而由此探討「一」（法性）與「多」（無明）之關係，認為「一性雖少而不無，無明雖多而不有。何者？指一為多，多非多；指多為一，一非少」，㊺若能解此道理，而不定執「一」定執「多」之自性，如此即是「不思議境」，而非另有一種神祕自性的「不可思議境」。㊻由此也可以得知，《摩訶止觀》從「隨便宜」因

具？四句尚不可得，云何具三千法耶？」（《大正藏》冊 46，頁 54 上）此明顯地對心、緣、共、離生一切法之批判。且《摩訶止觀》於批判地論、攝論二師後，緊接著又以經典和龍樹來明之，如其云：「此二師各據一邊，……又違經，經言：非內、非外、亦非中間、亦不常自有。又違龍樹，龍樹云：『諸法不自生、亦不從他生、不共、不無因。』」（同上，頁 54 上 - 中）此等皆顯示了智者所要批判的，不單只是地論師的心具及攝論師的緣具一切法之主張，且還批判心緣共生一切法和無因（離心離緣）生一切法之看法。這顯然地不是如〈楊文〉所說的「智顗在批判地論、攝論二師之後，又建立起以「法性」和「無明」二者「合（作）」的創生論……。」（頁 118），更不是如〈楊文〉所說的「……在批判地論和攝論二宗之後，所不得已而自我陷入的理論困局吧。」（頁 120）〈楊文〉會做如此解釋，皆是基於斷章取義而來。

㊺ 《大正藏》冊 46，頁 55 上。

㊻ 若再加《陳書》第九章〈實相之諦說〉中，有關智者一諦說、二諦說、三諦

緣舉「心」、「緣」共生做爲例子，來說明一與多之關係，不能將之定執。其道理跟簡述一念三千所論述「一」與「一切」之關係是一樣的。此外，更深入由此了解：「一心（即）一切心；一切心（即）一心；非一非一切」之道理，心如此，一切諸法（陰、入、界，乃至國土世間等）莫不如此。57縱使《摩訶止觀》隨便宜舉「無明法法性」生一切法爲例，也無非在開顯「一即一切；一切即一；非一非一切」之道理，讓眾生由此不思議境起不思議觀，達不思議智、教。58

同樣地，〈楊文〉將智者批判地論師（法性依持）及攝論師（阿黎耶依持）各執一邊的文字，將其解釋爲：「智顗以爲，只有『法性』之『因』，無法生起萬法；類似地，只有『阿黎耶識』之『緣』，也無法生起萬法。」基本上，〈楊文〉此解釋與《摩訶止觀》之意有出入，智者是批判地論師或攝論師各據一邊，並不是指依法性無法生起萬法；也不是指依阿黎耶無法生起萬法。智者認爲不論是依法性生起萬法或依阿黎耶生起萬法，皆是隨順因緣而說（如隨心、隨緣、隨共、隨離），不可將之定執，而非如〈楊文〉所言的須「二者相互合作，才能生萬法」（頁 115）。

基本上，若偏執於一邊或定執一方（即四句中的任何一邊），皆成爲智者所批判的對象（如因生、緣生、共生、離生一切法等），智者於《摩訶止觀》無不廣批判之。反之，若不定執，了知諸法寂滅不可說之道理，如此則能隨順因緣，說心生一

說……等之論述，可知以哲學上的一元、二元或多元論來定位智者皆不當，因爲智者就在批判這些自性化的「元」論。

57 如《摩訶止觀》云：「若解一心一切心；一切心一心；非一非一切。一陰一切陰，……。遍歷一切皆是不可思議境。」（《大正藏》冊 46，頁 55 中）

58 參見《摩訶止觀》由境、諦、觀、智、教等之論述（《大正藏》冊 46，55 中 - 下）。

切法；或緣生一切法；或心緣合生一切法；或非心非緣生一切法。所以，可看出智者批判地論師或攝論師之主張，並非如〈楊文〉所認為的「無法生起萬法」，且更非如〈楊文〉將智者視為「法性和無明合」之二元創生論，而以其自導自演的方式認為這是智者在批判地論、攝論二師之後，「所不得已而自我陷入的理論困局」。[59]

不僅如此，〈楊文〉還曖昧地將《摩訶止觀》的「無明即法性，法性即無明」解釋成一元創生論，並認為一元與二元間相互吊詭。

其實，不只〈楊文〉將智者的「無明法法性」理解成二元宇宙創生論有謬（如前述所析判）；其將智者的「無明即法性」、「法性即無明」解釋成一元創生論（或是二元與一元相互吊詭之創生論）亦謬（如下分析）。

〈楊文〉一方面以斷章取義方式將「心與緣合」（或法性與無明合）詮釋成智者主張二元創生論；同樣地，亦以斷章取義的模式將「無明即法性，法性即無明」詮釋成智者主張一元創生論（或言二元與一元相互吊詭之創生論）。

在〈楊文〉論述「無明即法性，法性即無明」時，似乎是要用以表達「無明與法性」相即一體之關係；也似乎要用來說明「法性與無明合」之創生論，不能單純地將之視為二元創生論；然而，更隱藏著〈楊文〉透過「無明與法性」相即一體之關係，將之視為一元創生論，只是〈楊文〉未明言，否則不會說：

> 引文中，智顗採用了冰與水，一珠二影的兩種譬喻，來說明法性和無明的一體不二。……可見，把智顗的法性、無

---

[59] 〈楊文〉，頁 120。

> 明「合」而創生萬法，視為單純的二元論或單純的一元論，都是太過草率的作法。從這裡，我們再度看到了智顗創生論的弔詭性。[60]

顯然地，引文中所說的「一元論」，是從「法性和無明的一體不二」而來。因此，吾人仍然可將〈楊文〉所理解的「無明即法性」視之爲一元創生論。

四、〈楊文〉性惡論述之謬論

由上述得知，〈楊文〉一方面從「心（法性）與緣（無明）合」，來判定智者爲二元創生論（此論斷之謬，如前面所析判）；又另方面試圖從「無明即法性，法性即無明」之一體性，曖昧地認爲智者是一元創生論（或認爲一元和二元弔詭性之創生論），之所以如此，顯然地，〈楊文〉試圖由此將天台思想導向性惡（一元論），如〈楊文〉云：

> 可見，把智顗的法性、無明「合」而創生萬法，視為單純的二元論或單純的一元論，都是太過草率的作法。從這裡，我們再度看到智顗創生論的弔詭性。然而，智顗這種無明、法性「合」的創生萬法的主張，到了北宋年間，則明顯走向一元論的傾向。北宋．知禮（960－1028），……[61]

---

[60] 〈楊文〉，頁 122。

[61] 〈楊文〉，頁 122。另從〈楊文〉的結論中，亦可進一步得知，如其云：「特別是從『法性即無明』、『無明即法性』的觀點來看，『性惡』乃法性

有關〈楊文〉一元或二元或一元二元相互吊詭性的創生論之謬，已於前述析判之，得知其由斷章取義之曲解所致，因此謬判智者思想爲創生論。至於知禮所主張的性惡說，《陳書》向來就沒有忽視，且相關唐、宋天台性具性惡之論點，已有諸篇文章刊登於學報、期刊中。[62]

然而，値得吾人注意的，所謂天台思想，基本上應從其原創者來界說（亦即是智者之思想），至於後代（唐、宋、明等）天台學之發展，此乃是對天台思想之詮釋，吾人不能由此來取代智者思想，做爲天台思想之代表。

且若當性惡思想做爲天台思想之代表時，其所指的性惡，是就根源惡（根本惡）及普遍惡而言，而非指一般泛論之惡，不能因爲天台智者隨緣講到十界互具、一念三千或提到善惡業性相，就認爲智者主張性惡。同樣地，湛然雖亦提及性惡，但從筆者有關對湛然思想之研究，得知湛然思想在於理具性具，[63] 此亦可從筆者對宋山家、山外之研究，[64] 認爲山外的思想較接近湛然思想得知，因此，不能因爲講具足一切法，具足一切善惡法，而由此推論爲性惡。否則，如此之性惡說，也就沒有什麼特殊意義，只是泛泛之論罷了。顯然地，所謂的性惡說，乃是從根源惡和普遍惡來加以界說，知禮的學說不僅以性惡爲一切法根源，且將性惡發展成具有普遍意義之下的惡。因此，可以說天台宗性惡說創始於知禮，後代即是依此來發展。〈楊文〉想以此來反

和無明二者相『即』這種思想的必然結論。」（〈楊文〉，頁 143）

[62] 參見本文註[13]。

[63] 參見拙文〈湛然理具思想之探討〉（《中華佛學學報》第 6 期，1993）及〈從湛然《十不二門》論天台思想之發展演變〉（《中華佛學學報》第 9 期，1996）。

[64] 參見本文註[13]。

駁《陳書》對天台智者思想之論點，可說是無效的。另外，〈楊文〉以「法性即無明」、「無明即法性」、「十界互具」做爲性惡說之立論基礎，其立論之謬，前述已析判之，因此，以此建立性惡說是無效的。同樣地，〈楊文〉亦以此做爲《觀音玄義》性惡說之基礎，當然亦是不當的。

〈楊文〉於其第三部分〈《觀音玄義》之「性惡」說的再商榷〉中，試圖透過正因佛性是常住；以及試圖藉由三因佛性之正因佛性之不可說所以不用說，[65]來反駁《陳書》第八章〈《觀音玄義》之性惡問題〉的看法。[66]從以下之分析可知，〈楊文〉將正因佛性視爲常，乃是斷章取義之結果；而〈楊文〉把非緣非了的正因佛性之不可說，解釋爲不用說，由此而推論出正因佛性亦有性惡，此解釋及論斷亦是有問題，於下對此一一析判之。除此之外，〈楊文〉對《陳書》此部分亦有諸多斷章取義之處，於下亦一併處理之。

首先，〈楊文〉試圖從正因佛性，來論斷智者正因佛性常住，由下述分析，可知此乃斷章取義所致。

〈楊文〉從地論師與攝論師等諸論師所主張的正因佛性（依〈楊文〉之意，分成指心派和指境派）；[67]再配合其對《法華文句》之引用，認爲智者正因佛性介於此二派之間，如〈楊文〉云：

---

[65] 有關智者的「不可說」，從本文頁 336-340 對智者可說、不可說、不可思議所做的探討，顯示智者的不可說並非另有一神祕自性的「不可說」（〈楊文〉頁 118），亦非如〈楊文〉所言的不可說所以沒有說。

[66] 由《陳書》第八章〈《觀音玄義》之性惡問題〉的研究，可知《觀音玄義》之性惡說，基本上，已背離了《觀音玄義》於「通釋」中對三因佛性之論點；亦背離智者以緣起無自性來說可說的東西。

[67] 參見〈楊文〉，頁 134。

> 而智顗的主張大約介於這兩派說法之間。他在《妙法蓮華經玄義》（案：應指《法華文句》，而非《法華玄義》，此乃〈楊文〉之筆誤）卷四下，一方面說「『知法常無性』者，實相常住無自性，……無性亦無性，是名無性。……又『無性』者，即正因佛性也。」68

引文中的雙引號文字是《法華文句》內容，對此，〈楊文〉緊接著加以解釋，其云：

> 這樣看來，「常住」而又「無（自）性」的「實相」，即是「正因佛性」。因此，在兩類正因佛性論的說法當中，智顗的佛性論似乎屬於「指境派」。但是，另一方面，智顗又以為「實相」和「如來藏」、「中實理心」具有相同的意義。這樣，正因佛性（實相）就不再是外於眾生身心的道理——「境」，而是內存於眾生身心之中的「心」了。智顗的正因佛性論，也因而不再是單純的「指境派」，而是染有「指心派」的色彩了。69

〈楊文〉此段文的解釋，顯然是斷章取義，其解釋模式與其對《摩訶止觀》「無明法法性」同出一轍（有關此之謬，見前述所做之分判），以「指境派」又是「指心派」來解釋智者的正因佛性。爲何說〈楊文〉是斷章取義，從以下分析可知。

上述的引文中，〈楊文〉一方面引用《法華文句》來說明智者爲指境派；另方面引用《法華玄義》來說明智者是指心派。然

68　〈楊文〉，頁 134。

69　〈楊文〉，頁 134。

而，〈楊文〉對此二部論著的引用，可說皆是斷章取義之下的解釋，如《法華文句》云：

> 「知法常無性」者，實相常住無自性，乃至無無因性，無性亦無性，是名無性。「佛種從緣起」者，中道無性，即是佛種，迷此理者，由無明為緣，解此理者，由教行為緣，則有正覺起，欲起佛種須一乘教，此即頌教一也。又無性者，即正因佛性也；佛種從緣起者，即是緣、了，以緣資了，正種得起，一起一切起，如此三性名為一乘也。[70]

此乃是《法華文句》對《法華經》「諸佛兩足尊，知法常無性；佛種從緣起，是故說一乘」[71]這一頌所做的解釋。上述引文中，對「知法常無性」解釋云：「實相常住無自性，乃至無無因性，無性亦無性，是名無性」，在此，智者以「實相」來代表「法」，而「法」何以是常？乃是因爲「無性」，但「無性」的意思是什麼？智者接著解釋：無性是指無自性、無他性、無共性、無無因性（如其云：無自性、乃至無無因性），甚至連「無性」這一詞本身亦無性（如其云：無性亦無性），如此，才可稱之爲「無性」。而〈楊文〉卻將此段文曖昧地理解爲：「常住」而又「無（自）性」的「實相」，進而依此推出「智者的佛性論似乎屬於『指境派』」，此之理解，與智者的意思有所出入，智者以四句遮撥（無自、他、共、無因性）的方式，甚至無性亦無性的方式，以此來說明諸法實相常住，若配合對《法華經》「佛種從緣起者」之解釋（參上述引文）來看，更可明白此道理，智者所指的實相常住，是

---

[70] 《大正藏》冊 34，頁 58 上。
[71] 《大正藏》冊 9，頁 9 中。

指中道無性而言（亦即前面所說的離四句，無性亦無性），以此「中道無性，即是佛種」，然此中道無性之佛種，是不離緣起的，故言「佛種從緣起」。[72]合而言之，中道無性即是正因佛性；從緣而起，即是緣因佛性、了因佛性，故引文云：「又無性者，即正因佛性也；佛種（中道佛性）從緣起者，即是緣、了，以緣資了，正種得起」，以此顯示了正因佛性（中道無性）與緣、了因佛性之相互關係，但在〈楊文〉的理解下，變成「指境派」的正因佛性之佛性論，此顯然地有違智者三因佛性之意。[73]

不僅如此，〈楊文〉又以望文生義的方式，認爲『智顗又以爲「實相」和「如來藏」、「中實理心」具有相同的意義』，[74]對此〈楊文〉並未加以解釋，就直接由此推論爲：

> 這樣，正因佛性（實相）就不再是外於眾生身心的道理——「境」，而是內存於眾生身心之中的「心」了。智者的正因佛性論，也因而不再是單純的「指境派」，而是

---

[72] 關於智者解釋《法華經》之「知法常無性」的常住問題，此亦可配合智者對於《法華經》「是法住法位，世間相常住」之解釋來看，如《法華文句》云：「世間相常住者，出世正覺以如爲位，亦以如爲相，位、相常住；世間眾生亦以如爲位，亦以如爲相，豈不常住。……常住者，即正因也。然此正因不即六法，緣了不離六法，正因常故，緣了亦常，故言世間相常住也。」（《大正藏》冊 34，頁 58 上）由此可知，智者所說的「常住」並非自性意義下的常住。若如〈楊文〉言，智者豈不又成了現象論者或唯物論者了？

[73] 智者對佛性論的看法，仍一貫地採取批判的態度，縱使說之，亦只是隨緣而說（參見拙文〈天台智者思想形成之時代背景〉，頁 145-151，《諦觀》第 81 期，1995。此篇文章，已收入本書第一篇中），絕非如〈楊文〉所說的，一下子是指境派，一下子又是指心派，會有此謬解，乃是源於〈楊文〉基本預設有問題所致，加上斷章取義的結果。

[74] 〈楊文〉，頁 134。

染有「指心派」的色彩了。[75]

由〈楊文〉此段的論述中，是把「如來藏」、「中實理心」看成『內存於眾生身心之中的「心」』，而不理會智者賦予「如來藏」，「中實理心」之內涵。因此，以下有必要對此等觀念加以釐清。

智者於《法華玄義》論述「實相」時，認爲實相有諸多異名，而列舉了十二種異名來說明，[76] 此十二種異名，不外乎依四門而立，且四門亦是隨順眾生種種因緣而有，[77] 爲清楚起見，以圖表之如下：[78]

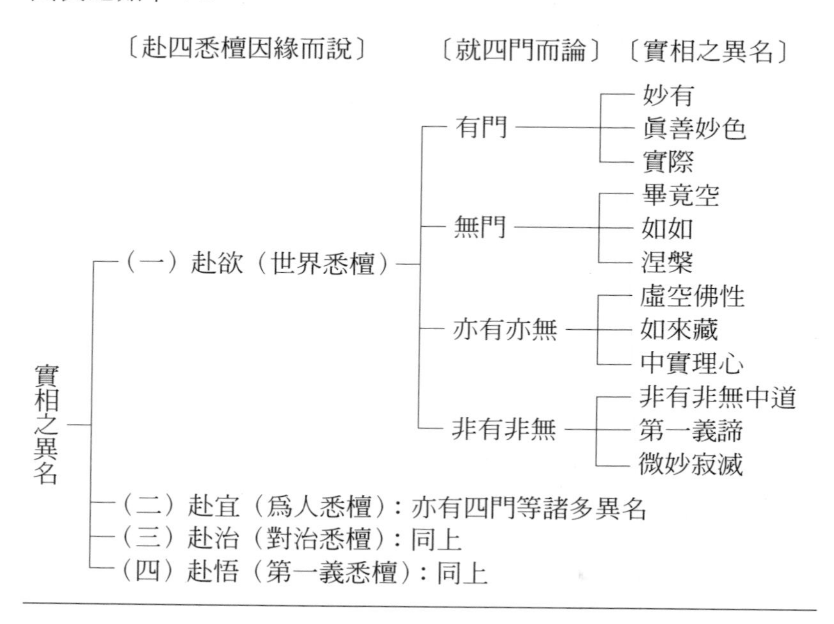

---

75 〈楊文〉，頁 134。

76 參見《大正藏》冊 33，頁 782 中 - 下。

77 《大正藏》冊 33，頁 783 下 -784 上。

78 有關此部分之論述，可參見《陳書》第一章第二節〈實相之異名〉（頁 16-22）所做的分析。

非但如圖所示之錯綜複雜，智者亦透過藏、通、別、圓教（尤其別、圓二者）來說明此等異名於名義體上所詮之異。[79]但無論如何，乃是「四門隨緣，種種異稱」。[80]豈可如〈楊文〉一看到「如來藏」、「中實理心」，就將之視爲「內存於眾生身心之中的『心』」，再以此推論爲「指心派」的正因佛性論。如此一來，豈不如同〈楊文〉將智者思想視之爲二元與一元相互弔詭性的創生論了，換言之，即智者正因佛性論成了「指心派」與「指境派」相互弔詭性的佛性論。如此一來，在〈楊文〉的解釋下，智者豈不成了道道地地的弔詭論者？〈楊文〉之所以如此理解智者，實源於斷章取義、望文生義所致。而不了解智者隨緣說下的一元、二元，甚或多元論，皆是無自性的，豈能當作萬法之根源或本質。

同樣地情形，又發生在〈楊文〉對智者正因佛性之理解，如〈楊文〉云：

> 然而，不管智顗的正因佛性是指心派或指境派，有一點可以肯定的是：智顗以為，正因佛性是超越世間的「實相」，而緣因和了因二佛性則指開發實相的福德與智慧。[81]

這顯然又是〈楊文〉望文生義所致，智顗於《法華文句》言世間相常住即是正因佛性，[82]豈怎又成了〈楊文〉所言的「正因佛

[79] 參見《大正藏》冊 33，頁 782 下 -783 上。
[80] 《大正藏》冊 33，頁 783 上。
[81] 〈楊文〉，頁 134。
[82] 參見本文註[72]，或《大正藏》冊 34，頁 58 上。

性是超越世間的『實相』」，[83]這顯然有違智者之意。

從上述種種分析論述可知，〈楊文〉以斷章取義、望文生義之方式，試圖將智者的正因佛性解釋爲常住、超越世間的實相，以做爲性惡說之基礎，顯然是有問題的。

〈楊文〉試圖從預設三因佛性皆有性德善惡，[84]以建立《觀音玄義》性惡說之正當性，再以此來反駁《陳書》之立論。

〈楊文〉的論證方式，除了前面所述之外，主要從兩方面來切入：（一）正因佛性（實相）不可言詮，故《觀音玄義》沒有置「料簡正因」之性德善惡，[85]而自認爲不能因爲沒有此安排就認爲沒有正因佛性之性德善惡。（二）由《涅槃》三因佛性相提並論，而推論出正因佛性有性德善惡。[86]

就第（一）點而言：乃是〈楊文〉自說自話，自認爲正因佛性不可言詮，所以才沒有設「料簡正因佛性」，此之解釋基本上不合《觀音玄義》之結構；同時也反映出〈楊文〉並不了解《觀音玄義》何以設「緣了」之意，因此，硬要將正因佛性扯入其

---

[83] 〈楊文〉雖進一步引《觀音玄義》三因佛性來做說明（頁 134-135），可說不相干的。況且智者明明說「緣了亦常」（《大正藏》冊 34，頁 58 上，可參本文註[72]）。

[84] 參〈楊文〉，頁 136。

[85] 如〈楊文〉云：「而不管是善或是惡，都不可能用來描寫正因佛性，因爲依照智顗的了解，正因佛性即是實相，而實相是不可言詮的。……筆者以爲，這是《觀音玄義》之所以將性德善與性德惡的討論，放在『料簡緣、了』的段落當中分析，而不放在『料簡正因佛性』的段落當中討論的原因。」（頁 135）〈楊文〉於其註 63 亦對此略加做說明，此等皆顯示了〈楊文〉認爲正因佛性（實相）不可言詮，所以《觀音玄義》只討論「料簡緣了」，而沒有「料簡正因佛性」之原因，因爲正因佛性不可言詮，〈楊文〉的此種理解方式是有問題的，智者的正因佛性不可說或實相不可說，是指不能以「自性」下的方式來說，而不是不要說，更不是三系說下視之爲眞常唯心之不可說。

[86] 參〈楊文〉，頁 138-142。

中，以爲有「緣了」之性德善惡，那麼正因佛性也應具有之，〈楊文〉會有如此之看法，無非將正因佛性（實相）視爲能生一切法，[87]〈楊文〉此之立論，來自於「法性即無明」之創生論，而此立論之謬，已於前面析判之。此外，〈楊文〉亦舉唐、宋、明之天台學做爲其正因佛性有性德善惡之佐證，[88]顯然地，此之論述並無效（如前所明）。〈楊文〉再以此謬論及無效之論來反駁《陳書》之論點（《觀音玄義》之性惡是置於「緣了因」而論）是沒有根據，[89]這顯然是〈楊文〉對《陳書》視若無睹所致，《陳書》論點的提出完全基於《觀音玄義》而來，[90]反而是〈楊文〉以其不當的創生論謬解天台思想及以唐、宋、明之天台學來反駁《陳書》是無效的。

就第（二）點而論：〈楊文〉試圖從《涅槃經》之三因佛性之相提並論，而推論出正因佛性有性德善惡，以反駁《陳書》將《觀音玄義》「緣了因」視爲《涅槃》爲鈍根眾生所開設的法門。對〈楊文〉此論點，本想直接就其立論來加評述，然而，同樣問題，〈楊文〉仍然以其斷章取義之習慣，來曲解《陳書》在這方面的論點，因此，有必要先將〈楊文〉對《陳書》之斷章取

---

[87] 如〈楊文〉云：「依照天台『法性即無明』而生起一切法的創生論，『緣、了二因依正因而施設』一語，也可以改成『緣、了二因由正因而生起』。這是因爲依照天台的哲理，正因佛性即是實相，而實相即是能生一切法的法性。」（頁 137 之〔註 69〕）此乃因〈楊文〉將智者的法性解釋成能生一切法之故。

[88] 參〈楊文〉，頁 136-138。

[89] 參〈楊文〉，頁 136-137。

[90] 如《觀音玄義》明文云：「九、釋了因緣因者，了是顯發，緣是資助……，以此二種方便，修習漸漸增長，起於毫末，得成修得合抱大樹。」（《大正藏》冊 34，頁 880 中）此乃以了因、緣了爲方便。另可參見《陳書》第八章對此部分之論述（頁 384-386）。

義加以釐清，然後再析判之。

首先，〈楊文〉似乎也同意《陳書》對《觀音玄義》「緣了」解釋成——是《涅槃》特為鈍根眾生所開設的權巧方便法門。[91]但〈楊文〉又認為：

> 但是，單憑這一薄弱的理由，忽略天台的整體教義，很難遽下斷言：「性惡」乃天台圓教的「權便（案：乃「巧」字之誤）方便之說」。[92]

就此段話，存在以下三點問題：（一）《陳書》乃是就《觀音玄義》文獻釐清《觀音玄義》性惡問題，以批判近代學者以《觀音玄義》有明文「性惡」而定位天台思想，並無所謂「薄弱的理由」這一問題。（二）「忽略天台的整體教義」，此是一不相干的話題，《陳書》基本上以釐清《觀音玄義》為主，並不牽涉其它教義，只是就《觀音玄義》論《觀音玄義》，若在文獻無法解決的情況之下，須引進天台教義，也僅能就智者思想來看，有關這部分，《陳書》已述及，[93]何來忽略天台的整體教義？若硬言有之，就是沒有如〈楊文〉以根源性來做解釋。（三）「性惡」乃天台圓教的「權巧方便之說」，就〈楊文〉而言，所謂天台圓教，是指「性惡」而言；然對《陳書》而言，依《觀音玄義》將「緣了」因之性德善惡視為開顯正因佛性之權巧方便，並不涉及天台圓教不圓教問題。若就知禮而言，性惡乃是其所謂的圓教

---

[91] 〈楊文〉，頁 138-139。

[92] 〈楊文〉，頁 139。

[93] 參見《陳書》第八章第四節〈從天台緣起中道實相論看性惡問題〉，頁 395-398。

之說，就不可能只是權巧方便而已。〈楊文〉並沒有對此問題來加以釐清，而將全部皆混在一起。

其次，〈楊文〉就《涅槃經》三因齊說來反駁《陳書》以緣了二因來論，如〈楊文〉云：

> 而實際上，《涅槃經》也確實不只討論緣、了二因，還討論了正因佛性。如果《涅槃經》確如天台判教所說的那樣，乃為鈍根眾生而設，那麼，緣、了二因固然針對鈍根眾生而設，正因也應該是針為鈍根眾生而設。把正因抽離開來，以為它是針對利根眾生宣說的「實相」，其他二因則是針對鈍根眾生施設的「權巧方便之說」；這樣的做法，顯然有失《涅槃經》三因齊說的經旨，也違背天台將整部《涅槃經》判為鈍根法門的目的。[94]

在此，〈楊文〉之論述，有以下四個問題：（一）對《觀音玄義》而言，不僅涉及緣、了二因，亦涉及了正因佛性，非如〈楊文〉所認爲只討論緣、了二因。（二）〈楊文〉顯然沒有了解《觀音玄義》判《涅槃經》十義之意，否則就不會理解爲「那麼，緣、了二因固然針對鈍根眾生而設，正因也應該是針對鈍根眾生而設」了，《觀音玄義》以「緣了、智斷」二義判爲《涅槃經》之特色，並不否定《涅槃經》不可以以前八義來說法（爲鈍根眾生），《觀音玄義》只認爲「緣了」一義乃《涅槃經》爲鈍根特別開設的法門，並沒有說不能以其它八義來說法（而在八義中，實已包含了正因佛性之道理）。（三）〈楊文〉誤認爲正因從緣了因抽離開來，此乃對《觀音玄義》及《陳書》之誤解所致。

---

[94] 〈楊文〉，頁 139。

(四)〈楊文〉認爲天台將整部《涅槃經》判爲鈍根法門，此說法仍有問題，此從《觀音玄義》所判《涅槃》爲十義來看，即已攝利鈍二根眾生，豈只是鈍根法門而已？

另外，〈楊文〉將《法華玄義》中所提及的《法華經》一乘與《涅槃經》佛性，[95]任意解釋成：

> 由此可見，在天台宗人的眼裡，「(正因)佛性」是屬於「圓教」的道理。既然這樣，《涅槃經》中為鈍根眾生所宣說，但同樣是屬於「(正因)佛性」道理的內容，怎麼會是「權巧方便之說」呢？[96]

在此，〈楊文〉有以下三問題：(一)〈楊文〉並沒有了解《觀音玄義》十義之意，否則，就無須再援引《法華玄義》來說明，在《觀音玄義》十義中，就已顯示了《涅槃經》教義包含藏、通、別、圓等內容了。(二)〈楊文〉將《觀音玄義》判《涅槃經》特別爲鈍根眾生所開設的「緣了」因，將其與正因佛性（或圓教）混淆，而謬推成既然屬於圓教怎麼會是「權巧方便之說」呢？在此，〈楊文〉亦誤解《觀音玄義》和《陳書》所說的權巧方便之意，《觀音玄義》之權巧方便，乃是指隨緣之意，透過隨緣之開顯，而泯四性（自、他、共、離），此即是相應於正因佛性。(三)〈楊文〉試圖由此正因佛性圓教來建立性惡說是圓教，其理論基礎之不當，前已批評之，其圓與《陳書》亦有別。

〈楊文〉基於上述對《觀音玄義》十義之不解及對《陳書》之誤解等，反將《陳書》對《觀音玄義》「緣了」爲《涅

---

[95] 參見〈楊文〉，頁 140，或參《法華玄義》（《大正藏》冊 33，頁 747 上）。
[96] 〈楊文〉，頁 140。

槃經》爲鈍根眾生所開設的法門，擴大理解成《涅槃經》全都是不了義，《涅槃經》只是鈍根法門，然後再自導自演地說《陳書》誤解了《涅槃經》三因佛性，此顯然基於斷章取義誤解而來（如前述之分析），此論斷與《陳書》根本是不相干的。《陳書》於第八章中，雖未對《涅槃經》引申而論，但並未視《涅槃經》只是鈍根法門，更未視《涅槃經》爲不了義教。相反地，從《涅槃經》之「十義」可知《涅槃經》亦含了利根和了義，只是《觀音玄義》所論之「緣、了」是爲了凸顯非緣非了之權巧方便。

〈楊文〉透過以上之曲解及斷章取義的方式，試圖建立起性惡爲天台圓實之教。首先，〈楊文〉將智者的正因佛性曲解成生一切法之根源，再將之推論成正因佛性具有性善性惡（其謬如前所析判）。另外，以《涅槃經》三因佛性相提並論，以試圖建立《觀音玄義》性惡。

由上述之分析可知，〈楊文〉將《陳書》對《觀音玄義》「料簡緣了」之性惡問題所做的釐清，以斷章取義的方式理解成認爲《陳書》視《涅槃經》全都是不了義及只是鈍根眾生之法門。〈楊文〉會有此理解，可說來自於對《陳書》之斷章取義，《陳書》明明從《觀音玄義》結構來分析「緣、了」因佛性與正因佛性之關係，[97]由此來反省「料簡緣了」中所談的性惡，與《觀音玄義》於「通釋」中對「緣、了」之解釋有出入，而嘗試提出可能是隨機問答等因素所造成的。縱使從天台智者緣起中道實相論來看，也顯示了「緣、了」因乃是隨緣而說（即有因緣故，則可說），既然如此，則可知智者所談的惡乃非如《觀音玄義》「料簡緣了」下之根本惡，此與《觀音玄義》「通釋」中所

---

[97] 參見《陳書》，頁 366-398。

解釋的三因關係是一致的，如《觀音玄義》云：

> 若約涅槃，即有二種，所謂利、鈍。……若鈍根弟子於法華未悟者，更為此人卻討源由，廣說緣了，明三佛性。[98]

又云：

> 若論性惡了因種子，……（若論）性惡緣因種子，……若（論）性惡非緣非了，即是正因；若修德成就，則是不縱不橫三點法身。[99]

又云：

> 以此二種方便（案：指「緣、了因」而言），修習漸增長，起於毫末，得成修得，合抱大樹。[100]

於《陳書》中對以上引文有詳加分析，[101]且顯示了正因、緣因、了因三者之關係。換言之，藉由緣因、了因來顯示非緣非了之正因佛性，此乃是《觀音玄義》之意，而此表達方式也是合乎智者緣起中道實相思想。至於《觀音玄義》「料簡緣了」這部分，其表達方式則與《觀音玄義》前面所述不一致。[102]

---

[98] 《大正藏》冊 34，頁 878 中，及《陳書》頁 380。

[99] 《大正藏》冊 34，頁 878 中，及《陳書》頁 381。

[100] 《大正藏》冊 34，頁 880 中，及《陳書》頁 386。

[101] 參見《陳書》，頁 380-386。

[102] 參見《陳書》之分析，頁 386-394。

依據《陳書》所分析《觀音玄義》之結構和內容，得知《觀音玄義》判《涅槃經》爲十義，且以「緣了」、「智斷」爲《涅槃經》之特色（其它經典所沒有的，如阿含、方等、般若、法華、華嚴等皆不具有此二義）。換言之，唯有在《涅槃經》才論及「緣了」、「智斷」，而其餘八義乃是《涅槃經》與它經所共的。簡言之，「緣了」、「智斷」乃是《涅槃經》特別爲鈍根眾生施設的法門。

但〈楊文〉卻斷章取義，將《陳書》上述的分析，曲解擴大成《陳書》視《涅槃》爲不了義，只是鈍根法門等，再依此斷章取義之曲解，認爲《陳書》誤解《涅槃經》，（有關〈楊文〉之斷章取義，如前述之分析）。〈楊文〉進而以《涅槃經》三因齊說來反駁〈楊文〉所曲解下的《陳書》論點。此仍然可看出〈楊文〉之自導自演。

且不僅如此，〈楊文〉依其「法性即無明」創生論爲基礎，認爲正因佛性能生一切法，也具有如同緣了二因之性德善惡，由此而認爲性惡說乃是「法性即無明」「無明即法性」之必然結論。[103]有關〈楊文〉創生論之謬，於前述已析判之。

因此，可以看出〈楊文〉由一連串之斷章取義、望文生義、曲解等，將「法性即無明」解釋成宇宙創生論，再以此爲基礎，推論此性惡乃此之必然結論。換言之，〈楊文〉性惡說的整體理論基礎是基於謬解而來，再以此謬論來反駁《陳書》。

五、結論

從前面所做的種種析判可知，〈楊文〉的立論基礎，可說是

---

[103] 參見〈楊文〉，頁 143。

三系說下的產物，若講空，則不能講有；若講有，則將之判屬於眞常唯心論；若兩者皆涉及之，認爲仍是眞常唯心論。[104]這也是〈楊文〉用以理解《陳書》及天台智者思想的基本模式，也因爲如此，導致〈楊文〉無法避免地對《陳書》及智者思想之斷章取義、望文生義，乃至謬解等之情形，所以，將《陳書》所論述的天台智者中道緣起實相論，理解成僅僅只是單純的中觀學派之遮詮的實相觀；而將天台智者「無明即法性」謬判成二元與一元相互吊詭的創生論，以便做爲〈楊文〉論述「性惡」之理論基礎。但很顯然地，《陳書》所論述的實相及智者思想中之遮詮空，並不是三系說界定下的性空（空自性化）；而智者思想中的隨緣有，更不是三系說界定下的眞常唯心論。簡單地說，天台智者思想之遮詮和隨緣，皆是就緣起而論。

另外，〈楊文〉的「結論」，又以印順法師三系說中對眞常唯心之批判，來解釋智者的「唯信此心但是法性」、「起是法性起」、「若觀法性心」、「法性本來清淨」。[105]

果眞如此，提到上述諸名相就代表三系說下的眞常唯心，那麼，《陳書》於第十章第二節〈檢視印順法師所理解的天台學〉中，所論述中觀系的空性、法性（頁 468-469）、如來藏（頁 466）、「於畢竟空中能成立緣起有，這是中觀宗的特色」（頁

---

[104] 如〈楊文〉於「結論」最後一段中，引印順法師之話，說到：「印順法師曾引證瑜伽行派和眞常唯心系的作品，例如《成唯識論》、《辨中邊論》、《楞伽經》等，然後下結論說：『佛法中任何（眞常）唯心論，莫不歸結於境空心寂，超越能所對待之自證。故摭拾少許心亦不可得等語句，以爲非（眞常）唯心論，實屬不可。』」（〈楊文〉頁 144）〈楊文〉引完印順法師此段話，緊接著說到：「當我們判斷天台『實相』論的特質之時，印順法師的這幾句話，確實值得深思」（同上），言下之意，〈楊文〉將天台智者思想之遮詮與隨緣說視之爲三系說下的眞常唯心論來理解。

[105] 參見〈楊文〉，頁 143。

458）等等，也可以解釋成具有眞常唯心特質之教義，而不只是印順法師所合理化的「非由空性生起一切或具足一切」、「不應作形而上的實體看，也不應作原理而爲諸法的依託看」而已。[106]三系說立論所存在之問題，此可從劉紹楨在〈大乘三系說與淨土三系說之研究〉一文得到進一步了解，其透過詳實、充分且複雜之論證，在「結論」中說到三系說典範預設「不但在立論上陷於內在理路的困思和偏頗，且不能依判準一致的原則用之於本系，甚至這些立論在作者主觀看法和文本之間會相互解構。其次，不但三系說典範之預設有上述問題，在用之於評判唯識和如來藏時也常不合他系原意，甚之將之扭曲」。[107]

走筆至此，筆者有極深之感觸，回憶起民國七十七年筆者最初向中華佛學研究所提出《陳書》之研究計畫時，曾提及以「回歸智者」爲研究智者之基本要求，歷經近九年，有關智者思想之研究，學界仍以某些典範預設來套智者思想，眞令人感到無奈！其實不只天台智者如此，其他對中國佛教之研究，不也如此？

六、餘論

有關於這部分，若置於前文來處理，會顯得不搭調，且會影響行文。因此，將之置於餘論來探討。以下分二方面來進行：

---

[106] 參見《陳書》，頁 473。

[107] 劉紹楨〈大乘三系說與淨土三系說之研究〉（《諦觀》第 81 期，1995），頁 65。

（一）哲學術語使用不當

1. 最高真理

〈楊文〉將天台智者之「即空即假即中」視爲最高眞理[108]，是有待商榷的。

現代人以高下來判眞理，和智者以圓不圓來判教義有其差異。哲學所謂的眞理，是指普遍必然性之恆眞道理，而智者的圓不圓，可就一諦、二諦、三諦，乃至無量諦或無諦來論之[109]（如華嚴、方等、般若、法華等諸經論皆有之），其中當然包含「即空即假即中」。就智者而言，可知智者並非以現代人的高下來判教，不只如此，如《陳書》第九章〈實相之諦說〉等所論，[110]智者的「即空即假即中」正是在批判所謂的普遍必然性（即自性）。相反地，如果《陳書》對龍樹的「空自性化」之批判能成立，[111]則楊教授在〈龍樹的《中論》用了辯證法嗎？〉一文，所問的龍樹的「最高眞理」是什麼的問題，[112]便有了答案，那就是前述所界說的「最高的普遍必然性之恆眞道理」，而這便是自性。

不只如此，此種最高眞理，楊教授也將之視爲一種神祕主

---

[108] 〈楊文〉，頁 117 之註 15。

[109] 如《法華玄義》以十如、十二因緣、四諦、三諦、二諦、一諦，乃至無諦等來論境妙（參《大正藏》冊 33，頁 698 中 -705 中）。

[110] 如《陳書》所述，智者一方面藉由諸諦境來論述圓教，同時也批判對諸諦之定執。

[111] 參見《陳書》，頁 467-473。

[112] 參《台大哲學評論》第 5 期，1982，頁 266。

義。[113] 由此可知，〈楊文〉引用印順法師之「神祕的實在論」[114]來批評智者，是三系說貫有的雙重標準。[115]

2. 先天、後天

〈楊文〉以「先天的、絕對的」和「後天的、相對的」來二分「正因佛性」和「緣、了因佛性」，[116]是不當的。因爲先天後天二分說的原創者康德在《純粹理性批判》將其界說成：

> 所謂先天的知識，非指離某某個別經驗而獨立自存之知識，乃指絕對離開一切經驗而獨立自存之知識。與此相反者為經驗的知識，此僅後天的可能，即僅由經驗而可能知識。[117]

而智者的三因佛性，是指不即一切法、不離一切法，不即故，與自性下之一切法不相應；不離故，即於一切法隨緣而顯之。此明

---

[113] 如〈龍樹的《中論》用了辯證法嗎？〉一文，說到：「鄭先生（案：指鄭學禮）對於本文的內容，主要的不同意見是：龍樹並不是經驗論者，也不是常識哲學家，相反地，常常帶有神祕主義的色彩。有關這點，筆者（案：指楊教授）完全同意，因此，筆者已把原稿的這些論斷全部刪除。筆者非常感激鄭先生的這點批評」（前揭書，頁 279）。

[114] 如〈楊文〉云：「印順法師曾這樣描寫眞常唯心論者：……『他們（案：指眞常唯心論者）所講的不空，是在眞如法性上講的，是形而上的本體論，神祕的實在論。』這段對於『眞常唯心論者』的描寫，也可以用來描寫智顗『無明法法性』乃至『法性法無明』的宇宙創生論。」（頁 118）

[115] 參見《陳書》頁 466。另可參見劉紹楨〈大乘三系說與淨土三系說之研究〉，頁 72、76 及 78（《諦觀》第 81 期，1995）。

[116] 〈楊文〉，頁 137。

[117] 《純粹理性批判》，頁 28（新竹：仰哲，1984）。

顯地與康德所二分的先天、後天有別。

由此可知，〈楊文〉對哲學名詞不嚴謹之使用。故對《陳書》批判印順法師以形上本體論來比附眞常唯心之不當，[118]視若無睹。此種視若無睹，也發生在〈楊文〉只說「陳博士也注意到了」[119]印順法師將天台判爲眞常唯心論者，而不理睬《陳書》對印順法師判天台爲眞常唯心之反批。

3. 超驗

〈楊文〉以「超越」世間的實相和「先天的、絕對的」來界說正因佛性，是不當的。

在〈楊文〉的界說下，智者的正因佛性似乎成了「超」越世間經「驗」而存在的一種存有，即「超驗」(transcendent)。就「超驗」論的原創者康德而言，「超驗」是指越了界的「先驗」(transcendental)，超出了一切可能的經驗，從而好像是涉及了物自身。[120]康德將「超驗」分成：人之實體；世界之有無始有無界，必然與自由，世界有無最高存有；神的存在等三類。[121]在此姑且不論康德對「超驗」的批判能否成立，但智者的正因佛性由於並非超越世間的，也非先天絕對的，而是不即世間不離世間的。

---

[118] 《陳書》，頁 465-487。

[119] 〈楊文〉，頁 119 之註 20。

[120] 參見康德《未來形而上學導論》（收於《康德哲學資料選輯》，仰哲，1984，頁 307）。對康德的知識論而言，人沒有智的直覺可超越現象界而觸及智性界的物自身。牟宗三反對之，主張人有智的直覺而建立其存有論（參見《陳書》，頁 438-442）。

[121] 參見《純粹理性批判》（仰哲，1984），頁 493。

4. 應然、實然

〈楊文〉認爲知禮主張「不但先天的『性惡』不可斷除或翻轉，而且連後天的『修惡』也不可斷除或翻轉。這種『不可』，不但是道德價值上的『應然』（ought to be），而且也是實際眞象上的『實然』（to be）」。[122]〈楊文〉此論述是有問題的。

知禮的「性惡」論雖有根本惡、絕對惡的意義，但以應然、實然來解釋知禮的「惡」之「不可」斷除和翻轉，並不當。因爲倫理學中所謂的「應然」只能用於道德之善，「反之，倫理的惡是本質而必然地不應該的事」。[123]另外就應然實然二分說的原創者康德而言，康德雖然在《單在理性範圍內的宗教》提出人有先天地選擇惡格準（根本惡）的性好，[124]但康德的「應然」是指人的實踐理性依道德的無上律令成就「智思界」的道德絕對善而不能選擇惡，反之，「實然」則是人的感性和悟性對「現象界」產生概念和理論的知識。[125]

5. 六經皆我註腳

〈楊文〉以『「六經皆我註腳」的主觀方式』來描述智者對待佛經的方式（頁 113），並不當。

---

[122] 〈楊文〉，頁 124。

[123] 布魯格編著，項退結編譯：《西洋哲學辭典》（臺北：國立編譯館，1976），頁 267。

[124] "*Religion Within the Limits of Reason Alone*.",tr. into English by T.M. Greene and H.H.Hudson, USA: Harper & Row Press，1960.P24。格準（maxim）是指道德行爲的主觀性普遍法則，律令（imperetive）則是指道德行爲的客觀性普遍法則（康德《道德形而上學的基本原理》，頁 54，牟宗三譯，學生，1982）。

[125] 宗白華、韋卓民合譯：《判斷力批判》（臺北：滄浪，1986），頁 9-11。《道德形上的基本原理》（同上），頁 53、頁 80。

因爲對「六經皆我註腳」的原創者陸象山而言，「六經皆我註腳」是指六經的知識都只是個人心體成聖成賢「尊德性」的外顯之跡，所以，象山才會說「六經註我，我註六經」。[126]但後代使用「六經皆我註腳」時，乃一貶詞，意指憑個人主觀意願引用經文。

事實上，智者對待經文的態度，除了有個人成就宗教生命的意義外，更有一套謹愼的判教標準，而非如〈楊文〉所批評的「六經皆我註腳」。

筆者在此呼籲學者對術語的使用應採嚴謹態度，不可「術語皆我註腳」。

（二）對天台觀念之誤解

1. 因果、必然

〈楊文〉由於將「法性即無明」謬判成宇宙創生論，反過來又以此來解釋《摩訶止觀》「一念三千」，認爲一念心是「因」，「三千」是果。[127]以此機械因果關係來解釋一念三千，基本上是有問題的。在《摩訶止觀》論述一念三千時，即明顯地提出，不能將一念三千理解成「從一心生一切法」，如其云：

> 此三千在一念心，若無心而已，介爾有心，即具三千。亦

[126] 參韋政通編著：《中國哲學辭典》（臺北：大林，1978），頁209-210。

[127] 如〈楊文〉云：「在這段引文當中，智顗仍然以染有無明的『（法性）心』，做爲生起萬法的『依持』；但卻把『（法性）心所生起的『一切法』，稱爲『三千（法）』。而做爲『因』的『（法性）心』，和做爲『果』的『三千（法）』，二者間關係，智顗則以吊詭的……。」（頁120）

> 不言一心在前，一切法在後；亦不言一切法在前，一心在後。……若從一心生一切法者，此則是縱；若心一時含一切法者，此即是橫。縱亦不可，橫亦不可。祇心是一切法，一切法是心，故非縱非橫非一非異，玄妙深絕，非識所識，非言所言，所以稱為不可思議境，意在於此。[128]

引文中，不但強調不能以一心生一切法來理解一念三千，亦不能以心含具一切法來理解一念三千，亦不能以前後、一異等來理解之。然而，〈楊文〉卻將之解釋成心生三千法，此顯然違背《摩訶止觀》之意思。另〈楊文〉為掩飾其以因果關係解釋一念三千不符合《摩訶止觀》之意，將「非縱非橫」曲解成智者一念生三千之吊詭。[129]

〈楊文〉除了以機械因果關係來解釋智者的一念三千，亦喜於文中用「必然……」、「……必然……」，[130]此等在在顯示〈楊文〉之思惟模式乃是西方二元邏輯的機械性因果關係，此種邏輯強調的是，Ｐ與Ｑ之間的必要、充分或充要的關係，異於智者與《陳書》的關聯性思惟。[131]

---

[128] 《大正藏》冊 46，頁 54 上。

[129] 如〈楊文〉云：「在這裡，智顗避免了地論師只有『（正）因』（法性心）即能生起萬法的錯誤，也避免了攝論師只有『（助）緣』（「無沒無明」或「阿黎耶識」）即能生起萬法的缺陷。但是，智顗卻不得不採用『非縱非橫，非一非異』這種吊詭、難解的語詞，描述能生之『（法性）心』和所生之『三千（法）』之間的關係。」（頁 120）〈楊文〉之有此謬解，完全基於其對「法性法無明」之誤解而來。

[130] 如〈楊文〉云：「『性惡』成了天台『性具』思想的必然結論」（頁 111）、「一者必然受到……；二者必然……」（頁 112）、「『性惡』乃法性和無明二者相『即』這種思想的必然結論」（頁 143）。

[131] 參見拙稿〈對中村元《東洋人の思惟方法》中有關思惟模式和中國佛教之析

也因爲如此，致使〈楊文〉在解釋智者的「法性法無明」、「一念三千」時，以二元邏輯的機械性因果來詮釋之；而此等二元邏輯的思惟模式遇到智者的「法性即無明」、「非縱非橫」時，又不得不以吊詭來詮釋之。換言之，在〈楊文〉立論所產生的自相矛盾，就將之歸於智者的吊詭，由吊詭一詞來承擔。然而，實際上並非智者思想吊詭，而是〈楊文〉立論有問題（如前述第二部對〈楊文〉「法性即無明」之析判可知），加上其以西方二元邏輯的機械性因果關係之思惟模式來理解智者思想所致。

2. 五時八教

針對《陳書》對楊教授「從天台宗的『五時八教』的教判當中，明顯地可以看出《般若經》只是『漸教』之中不究竟的『通教』而已」[132]之批判，指出其對智者判教之誤解，智者並未視《般若經》只是「通教」而已。[133]因此，〈楊文〉有關智者判般若、三論爲通教，改口爲：

> 有關智顗把《般若經》和三論貶為「通教」這一事實，……另外，值得一提的是，把《般若經》和三論視為「通教」的代表，這是簡略的方便說。比較如實地說，《般若經》和三論當中，含著大部分的「通教」思想；但卻也「帶」有少分「別教」和「圓教」的教義。也就是說，《般若經》和三論大

判〉（《正觀》第 1 期，1997。此篇論文，已收入本書第十二篇）中所論述的中國佛教關聯性思惟，另參見劉紹楨〈大乘三系說與淨土三系說之研究〉（《諦觀》第 81 期，1995），頁 85-86。

[132] 《陳書》，頁 511。

[133] 參見《陳書》，頁 511-512。

體上偏談「空」，但也「帶」有「不空」的少分內容。[134]

〈楊文〉並認爲智者將《般若》和三論「貶」爲通教乃一事實。[135]

〈楊文〉的上述論述有以下問題：

（一）如果〈楊文〉認爲天台智者只把《般若》和三論視爲通教的「空」，那麼，智者的判教就如實的反映了空宗的特質。

（二）如果〈楊文〉認爲智者判《般若》和三論少帶「不空」，也不是一種「貶」，而是一種褒，也就是增加了別、圓二教的思想，只是這些，〈楊文〉將之唾棄爲眞常唯心。其實空宗也有不少「不空」的東西，只是印順法師以雙重標準來合理化。[136]

（三）〈楊文〉對「帶」之解釋，有待商榷。依〈楊文〉的看法，「帶」是指帶有少分「別教」、「圓教」，乃指帶有「不空」的少分內容。〈楊文〉以此來解釋「帶」字是有問題的。依智者的判教，判《般若》爲帶，是指「帶半論滿」[137]之意，亦即指帶小乘教，另或指帶通、別教之意，但在〈楊文〉的解釋卻成了帶少分不空思想之別、圓二教。〈楊文〉此之解釋，顯然不合智者之意。縱使從〈楊文〉所引用《四教義》爲證，也只是望文生義和

---

[134] 〈楊文〉，頁 114 之註 8。

[135] 參〈楊文〉，頁 114 及同頁之註 8。

[136] 參見劉紹楨〈大乘三系說與淨土三系說之研究〉（《諦觀》第 81 期，1995），頁 74-77。

[137] 如《法華玄義》云：「《般若》帶半論滿，是熟蘇教」（《大正藏》冊 33，頁 810 下），又云：「《華嚴》兼；《三藏》但；《方等》對；《般若》帶」（同上，頁 682 中），此中之「帶」是指「次教俱建立令小根寄融向不融，令大根從不融向於融」（同上）。此在在顯示「帶」是指帶小乘教之意。

斷章取義而已。[138]

3.「本無惡，元是善」

〈楊文〉在論述知禮之「即」意時，將知禮之批評禪宗（極頓者）之話（如云：「故極頓者，仍云本無惡，元是善……。」），[139]用來解釋知禮的「即」意之「當體全是」，此之解釋是不當的。如〈楊文〉云：

> 而佛界眾生（諸佛）之所以不斷惡法，依照前引知禮的說法，乃是由於「本無惡，元是善」，亦即「煩惱即菩薩（案：「薩」為「提」字之誤）」、「無明即法性」的相「即」道理使然。[140]

---

[138] 〈楊文〉於頁 114 之註 8 中，曾言參見《四教義》卷 1；《大正藏》冊 46，頁 721 下 -722 上。但智者在此部分只言：「二、釋通教名者，通者，同也。三乘同稟，故名爲通，此教明因緣即空無生四眞諦理，是摩訶衍之初門也，正爲菩薩，傍通二乘，故《大品經》云……故諸大乘《方等》及諸《般若》有二乘得道者，爲同稟此教也。」（《大正藏》冊 46，頁 721 下 -722 上）在此並不見智者有貶《般若》之意，若以列舉而言，除《般若》有論及通教之外，大乘方等諸經亦論及之，若依〈楊文〉來看，此豈又成了貶方等經了。再者，若以列舉而言，智者除了論通教引《般若》爲證，於論別教、圓教時，亦引《般若》爲證（參《大正藏》冊 46，頁 722 上 - 中），如此何來貶之，亦無〈楊文〉所言的「帶有不空的少分內容」。另智者論述《中論》時，云：「《中論》前（指前二十五品）申摩訶衍通、別、圓三教……，後二品申三藏生滅四諦……。」（同上，頁 727 中），亦可證明智者所言之「帶」非〈楊文〉所詮釋下的「帶」。由此也可以看出〈楊文〉之斷章取義和望文生義。

[139] 參見〈楊文〉（頁 123）對知禮《十不二門指要鈔》之引文，或參見《大正藏》冊 46，頁 707 中。

[140] 〈楊文〉，頁 125。

在此，〈楊文〉把「本無惡，元是善」用來解釋「即」，這不合知禮之意。以下吾人來看看知禮於《十不二門指要鈔》是怎麼講的，如其云：

> 應知！今家明「即」，永異諸師。非以二物相合，及非背面相翻，直須當體全是，方名為「即」。何者？煩惱生死既是修惡，全體即是性惡法門，故不須斷除及翻轉也。諸家不明性惡，遂須翻惡為善，斷惡證善，故極頓者，仍云本無惡，元是善，既不能全惡是惡，故皆「即」義不成。[141]

很顯然地，知禮在此批評極頓者（禪宗）之「本無惡，元是善」的主張，認爲「本無惡，元是善」乃不能「全惡是惡，故皆「即」義不成」。[142]但在〈楊文〉的解釋中，卻將此「本無惡，元

[141] 《大正藏》冊 46，頁 707 上 - 中。

[142] 如上引文所言：「故極頓者，仍云本無惡，元是善，既不能全惡是惡，故皆『即』義不成」（《大正藏》冊 46，頁 707 中）。此顯然是知禮在批評慧可的「本無煩惱，元是菩提」（亦即是「本無惡，元是善」），怎成了知禮「即」意？爲清楚起見，以下將知禮此段話做較完整引述，其云：「問：相傳云：達磨門下三人得法，而有淺深，尼總持云：『斷煩惱，證菩提。』師（達摩）云：『得吾皮。』道育云：『迷即煩惱，悟即菩提。』師云：『得吾肉。』慧可云：『本無煩惱，元是菩提。』師云：『得吾髓。』今煩惱即菩提等，稍同皮肉之見，那云圓頓無過？答：當宗學者，因此語故，迷名失旨，用彼（禪宗）格此，陷墜本宗，良由不窮『即』字之義故也。應知！今家明『即』，永異諸師。以非二物相合，及非背面相翻，直須當體全是，方名爲『即』。何者？煩惱生死是修惡，全體即是性惡法門，故不須斷除翻轉也。諸家不明性惡，遂須翻惡爲善，斷惡證善，故極頓者，仍云本無惡，元是善，既不能全惡是惡，故皆『即』義不成。」（《大正藏》冊 46，頁 707 上 - 中）。在此段的問題中，問者針對達摩門下三人得法的情形來質疑天台

是善」用來解釋「即」。

附記：

本文曾於 1996 年 11 月 27 日「中華佛學研究所專任研究員專題論文發表會」中提出發表討論。會中主要回應如下：

1. 楊惠南教授之回應

（1）楊教授認爲佛法不可說的部分如緣起中道實相，是佛教各經論各宗派及各大師們所共有的主張，這些乃是「言語道斷，心行處滅」的。既然不可說的部分是一樣，所以要從可說部分來辨其差異。而智者可說部分已論及「共生」等，那麼吾人就可從智者的可說部分之論述來判定智者的思想。

（2）〈楊文〉既然以唐、宋、明天台學諸師有關性具性惡之論述爲佐證，那麼本文就有義務加以回應，而不能以「無效」一語帶過，或不加理會。

（3）哲學術語不必以原創者之界說爲限，只須隨後代之解釋。

有關楊教授以上之回應，有以下諸問題：

（1）由智者有關實相之分判及其判教，可知其實佛教各經論各宗派各大師們之「不可說」之教義，並不是完全一樣的，而

所謂的「煩惱即菩提」只不過是「稍同皮肉之見」而已，知禮（即答者）針對此加以釐清反批，認爲當宗學者並沒有把握到自宗「即」意，所以，才把自宗的「即」比喻成達摩門下之「即」（如引文云：「當宗學者，因此語故，迷名失旨，用彼格此，陷墜本宗，良由不窮『即』字之義故也。應知！」；不僅如此，知禮進而反批慧可的「本無煩惱，元是菩提」，認爲「本無惡，元是善」的主張，基本上未臻「即」義，理由在於：未能「煩惱生死修惡全體即是性惡法門」之故。

且智者之「不可說」也不是如楊教授所言的「不用說」。至於可說的部分，更能看出佛教各經論各宗派各大師們的差異。吾人當然可從智者「隨因緣」之可說部分來論述智者思想，但〈楊文〉將之謬判具有眞常、自性義之創生論，這就違背了智者之原意。（但楊教授又說其所判智者創生論並非自性，此顯然與〈楊文〉不合）

（2）就思想的原創者而論，唐、宋、明之天台諸師對智者思想之詮釋，如違智者之原意，則不能當作佐證。本文曾提及於拙著《天台性具思想》中已詳論諸師之性具乃至性惡論已違智者之原意，只因本文篇幅所限，無法贅述。

（3）如果哲學術語不以原創者之原意爲論述之基礎，那麼會形成後代隨人使用。退而論之，如果〈楊文〉有自己之不同使用，就嚴謹的學術論著而言，也應將其界說清楚，而不能以後代使用本有差異來帶過。其實楊教授此種不嚴謹之態度，正是造成本文所提的「謬解」、「謬判」、「謬論」等之根源。

2. 黃國清同學之回應

（1）智者之緣起中道實相乃「立」，而異於龍樹之緣起中道實相之「破」。

（2）從智者的判教可知，智者仍主張有最高眞理。

（3）既然智者講一念三千，故性惡論可成立。

有關黃同學之回應有以下問題：

（1）學界有關龍樹「只破不立」或「以破爲立」之爭論，由《陳書》第九章第四節〈近代學者所理解中的龍樹和智者〉一文可知，並無定論。如以空之神祕體證、空（自）性等來看，龍樹並非只破不立。

（2）撇開本文對最高眞理與圓教之不同界說不論，單從圓形與垂直線之形象，由象詮意，便可看出圓不圓與高低之別，如《法華玄義》所說，圓乃是法法皆圓，門門可入；若不達四悉檀因緣，定執性實，則墮冥初生覺（外道法）中。

（3）從「一念三千」只能得到相對於善淨之惡染，而不能得到具有根源性及普遍性之絕對惡、自性惡。知禮之性具性惡論，正是指後者之義，故有違智者之原意。有關此論述，於本文、《陳書》、《天台性具思想》均已論及之。

3. 楊郁文老師之回應

楊老師認爲智者的「緣起」義異於龍樹之「緣起」，而龍樹之緣起與《阿含》之「此緣性」相通。

有關楊老師上述所言，並無法充分表達其意，故在此有必要花篇幅來分析楊老師發表過的兩篇論文。

首先，楊老師於〈緣起之「此緣性」〉（《中華佛學學報》第 9 期）中，針對「緣起」是相依性或次序性的爭論，是採後者之看法，也就是主張「緣起」是「此緣性」下具有前後時空次序的永恆的普遍的因果法則（頁 32），此便是種自性。

楊老師所持此看法，其主要論證是依據部派佛教阿毘曇之立論來解釋原始佛教的「此有故彼有，此生故彼生；此無故彼無，此滅故彼滅」（頁 21）及「若如來出世，若如來未出世，彼（法）界確立──法住性、法定性、此緣性……」（頁 19）。另舉母子前後因果關係（頁 13）、事實之因緣與結果（頁 23-25）、希臘哲學之動靜（頁 26）等爲例證。有關楊老師以上之論證及例證，存在著以下諸問題：

（1）事實上，有關緣起的爭議，從傅偉勳〈關於緣起思想形成與發展的詮釋學考察〉（《中華佛學學報》第 4 期）一文可知，持平客觀而論，原始佛教有關緣起的文獻中，實包含了兩種意涵（相依性、次序性）；另依《陳書》（頁 470）之解釋，原始佛教是將「此有故彼有」的緣起現象看成相依性的無常幻滅，而解釋此現象的法則（「此緣性」）視爲恆常的。換言之，學界主張緣起爲相依性者，忽略了「此緣性」的恆常法則；而主張緣起爲次序性者，忽略了緣起的幻滅現象。

（2）就母子關係而言：究竟母先或子先？此猶如雞生蛋或蛋生雞之哲學問題。一位女子於未受孕生子之前，是子而非是母。如此一來，是子先或母先，則無定論。楊老師視母定在前而子定在後的次序性因果關係，則有爭議。

（3）「事實」之因緣與結果：楊老師於文中常言「此緣性」才是事實，而相依性是理論的想像，並舉鐘錶爲例。果眞如此乎？首先吾人來看看「何謂事實」，就科學而言，現代科學所主張的相對論、測不準原理等，認爲時空乃是相對的，吾人所測知之粒子只是在某條件之存在而已；而古典科學如牛頓之絕對時空已被否證。此等證明了相對時空才合乎科學事實，而絕對時空觀乃是牛頓之想像而已。此也證明了緣起之相依性才合乎事實，而以緣起爲次序性（絕對時空）乃是想像的。

（4）希臘哲學之動靜主張：楊老師認爲 Parmenides 之主張有違佛法；而 Heraclitus 之主張與佛法相應。但吾人從「論證」與「結論」的一致性來看，緣起應是相依性的，而非如楊老師所說的次序性。如此一來，則發生論證與結論不一致。因爲：Parmenides 主張萬物恆靜不動，是由於萬物的關係乃時空上前後次序性之存在；而 Heraclitus 主張萬物恆動不靜，是由於萬物的關係乃相依性的存在。由此可知，楊老師認爲 Heraclitus 之主張與佛法相應，正好推翻楊老師緣起次序性之看法，也顯示了相依性才合乎緣起道理。

最後，由上分析可知，楊老師的論點及論證均存在著問題。不只如此，更有甚者，如果楊老師的主張成立的話，那麼，楊老師於〈初期佛教空之法說及義說〉(《中華佛學學報》第 4、5 期）中，有關「緣起性空」之說便不能成立，因爲楊老師認爲緣起是具有恆常普遍性的眞理法則（即自性），而非幻滅無常的苦空。可是楊老師在〈初期佛教空之法說及義說〉中，又將原始佛教與中觀的緣起、無我、性空結合等同起來。如此一來，楊老師的立論就前後相互矛盾了，也就是中觀的緣起性空之說不能成立，因爲中觀是主張無自性的。其實龍樹在《中論》等著作中已極力批判楊老師用以解釋「此緣性」之阿毘曇立論。楊老師可能太過於崇仰印順法師之中觀與阿含「相通」的說法，而忽略了印順法師與龍樹一樣均大力批判楊老師所用以依據的阿毘曇之立論。

4. 曹仕邦老師之回應

曹老師認爲在行文中使用「謬」一詞，將使讀者反感而不利於作者之駁辯，且使人唯有作者才對他人皆錯之感。

對「謬」一詞於此略做澄清，其實本文「謬」之意，如邏輯學中論證過程不合各種邏輯規則，即是「謬誤」。故〈楊文〉在理解《陳書》、判定智者思想、論述性惡等時，不合《陳書》及智者之原意，便是一種「謬解、謬判、謬論」。此與作者才對他人皆錯或他人荒謬等，可說是不相干，它只是一種學術論文之批判用語。

5. 李志夫老師之回應

李老師認爲〈楊文〉以創生論來判定智者思想並不妥當，因爲創生與佛教緣起是有別的。但楊教授回應，認爲其創生義就是指依緣起而生。筆者認爲楊教授此論若通的話，那麼《中論》所言：「以有空義故，一切法得成」也是一種創生論了？但須注意的！創生論在〈楊文〉界說下，乃屬眞常系之學說。

* 此篇登載於《佛學研究中心學報》第 2 期，頁 73-127（1997 年 7 月）。

第十二篇

對中村元《東洋人の思惟方法》中有關思惟模式和中國佛教之析判

摘要

本文主旨在於析判中村元《東洋人の思惟方法》的思惟模式及其對中國佛教之理解。基本上，中村元是以傳統語言文法的詞性做爲其思惟模式的基本預設，換言之，即以詞性的完備與否來分判東方人的思惟模式。但從近代語言哲學之研究可知，每一種語言本身皆有其完備之結構，由此得知中村元之基本預設是有問題的。再者，中村元在其基本預設之下，認爲中國的語言詞性不完備，進而依此論斷中國語言文字無法表達普遍性、抽象性之概念，甚至論斷中國人缺乏形上學，這些論斷皆根源於中村元的詞性論而來。因而也造成其無可避免地對中國佛教乃至中國文化等種種之曲解。本文因篇幅關係，有關中村元對中國文化等之種種曲解，只針對中國佛教這部分來處理。因此，本文主要分兩部分來處理：首先，論述中村元的基本預設所存在之問題。其次，探討中村元對中國佛教之種種曲解。

關鍵字：思惟模式、詞性論、雙重標準

一、前言

本文主要在於析判中村元《東洋人の思惟方法》的思惟模式及其對中國佛教之理解。基本上，中村元是以傳統語言文法的詞性做爲其基本預設，即以詞性的完備與否來分判東方人的思惟模式，但從近代語言哲學之研究可知，每一種語言本身皆有其完備性之結構，❶由此可知，中村元之基本預設是有問題的。且中村元在其基本預設下，認爲中國的語言詞性不完備，進而論斷中國語言文字無法表達普遍性、抽象性之概念，乃至論斷中國缺乏形上學，這些論斷皆根源於中村元的詞性論所致，然從近代語言哲學及科學之研究，可知中村元此等之論斷是謬誤的，

---

❶ 傳統語言哲學中的語法學受限於行爲經驗論，在理論上著重於從各種語言文字中歸納、分別、綜合出文法理論；在學習上強調學習行爲的反應刺激。於是乎產生了依文法完備性的與否來定語言文字系統之高下，甚至定各民族文化思維的高下之現象，其中最明顯凸出的就是印歐語言和中國語言的對比，中村元的詞性論只不過順此路線發展而已。此種詞性論不但是種語言決定論，也無法解釋各民族、各人，且只有人而非其他動物才都具備同樣完整的語言能力（參見鄭錦全：《語言學》〔臺北：學生書局，1973 年〕，頁 228-229）。Chomsky, N. 於 1957 年的《句法結構》中，首先提出所有語言的語法「包含著一系列據之可以重新造出詞組結構的規則，包含著一系列可以把語素符號鏈變成音位符號鏈的語素音位規則，還包含著把這兩系列規則連結起來的一系列轉換（這些轉換規則可以把詞組結構符號鏈變成語素音位規則能對其適用的新符號鏈）」。（臺北：結構群，1989 年，頁 137，謝石譯）Chomsky 的理論在 1965 年雖有所修正（參見 Greene, J. 著，方立、張景智譯：《瓊斯基》（臺北：桂冠，1992 年）第三章〈一九六五年的觀點〉），但從語言學界的研究和實驗可知「不能把學習過程看作是對刺激——反應聯繫的強化模仿」，而是人類天賦具有的語言學習機制，「這種學習機制使兒童從所接觸的具體語言中獲得語法規則」。（前揭書，頁 193）

因爲每一種語言皆有其完備性之結構，所以，中國的語言文字仍足以表達抽象概念。❷ 因此，本文首先解構中村元之思惟模式的基本預設，指出其本身所存在的問題。再者，中村元在其基本預設之前題，對中國的文化有諸多之曲解，如中國歷史、儒家、道家、中國佛教等之曲解，由於篇幅之限，本文主要針對中國佛教這部分來論之，以探討中村元如何曲解中國佛教。除此之外，中村元對東方人思惟模式所做的論述，可說是採用雙重價值標準，以印度和中國做一對比爲例，同樣是註解經疏，中村元則視印度人之註解典籍乃是對永恆眞理之宣示，而對中國人的註疏則貶之爲尙古保守，是種訓詁癖；再者，同樣是僞作的典籍，中村元則認爲這是印度人泯滅自我無視於個體的表現，然而視中國

❷ 傳統的語言學者將中國語言的語法特質定孤立性（即文法的不完備性和具體性）〔參見周法高：《中國語文研究》（臺北：中華文化，1995 年），頁 4 及頁 11〕，但周法高認爲語言決定論應保留，因爲語言型式不能限制人的感覺和思想，只能把二者指向某些習慣的方向，而且所有語言均有概括化，只是表現在不同方面，不能以原始語言缺乏概括的抽象名詞（實際上並不欠缺），用以判別語言的高下優劣（前揭書，頁 145），Lévi-Struass 於《野性的思惟》（臺北：聯經，1989 年，李幼蒸譯）第一章〈具體性科學〉）亦持此看法。此外，周氏在分析中國文字的起源和「六書」時，又認爲中國最早的圖書文字通常用以代表具體事物，但抽象觀念還是藉由指事、會意、形聲、假借、或轉注等來達到（前揭書，頁 115-118）。另外，李約瑟也指出由中國語言在主謂詞、存在與本體、是與有等的表達上不明確，這種特質表現在中國思想著重於關係，避免了實體的假設問題（參見 Needham, J., *Science & Civilizationin China*, Vol. II, Cambridge University, 1956, p.199-200）。但李氏並不認爲中國語言不能表達科學觀念，他說：「我們不曾懷疑過上古或中古時代，中國科技書作者所想表達的觀念，只要他們不亂寫，就能把想寫的寫的很完整。」（李約瑟著，范庭育譯：《大滴定》，臺北：帕米爾，1984 年，頁 39）他甚至認爲：「我們十分相信，如果中國的經濟與社會條件允許現代科學在那兒興起，那麼早在三百年前，中國語言便可以用來表達現代科學內容了。」（同上）

僞經是對經典的篡改。諸如此類之雙重價值，可說不勝枚舉，對此部分，本文並不另闢章節來處理，只有在處理中村元所理解中國佛教這部分略提及之。但有關「僞經」之論，備受爭議。「近年來學者所以對所謂疑僞經會有如此比較積極的修正觀點，是因爲他們從整個佛教史的眼光來看南傳、北傳，顯、密全部佛教經典的成立過程，從而強調佛說的是法，但法不一定被佛所說而講盡」。故「牧田諦亮建議用『中國人撰述經典』，……Tokuno 建議用『本土的經典』，Strickmann 則建議用『原始的中國經典』。」（參于君方〈「僞經」與觀音信仰〉，《中華佛學學報》，第 8 期，頁 105，1995 年 7 月）。至於《東洋人の思惟方法》之版本問題，從中村元最初成書至後來，有諸多之變動和修改，本文主要是以決定版❸爲主。

二、中村元的基本預設

中村元所論述的東方人思惟模式，基本上，是基於傳統語言文法的詞性而來，以詞性論做爲其基本預設及判準之所在。換言之，即是以語言文字之詞性完備與否，來論斷東方人的思惟模式。其認爲印度之梵語具備完整之詞性，適合表達抽象性、普遍性之形而上的觀念；而中國語言文字之詞性不完備，所以無法表達抽象性、普遍性之觀念，造成形而上學之不發達。因此，

---

❸ 決定版是指收集在《中村元選集》的版本，第 1 卷爲《インド人の思惟方法》（即《東洋人の思惟方法 I》，第 2 卷爲《シナ人の思惟方法》（即《東洋人の思惟方法 II》，東京：春秋社，1988 年 12 月 8 日第一刷發行。另有關中村元的其他版本著作，請參見《インド思想と佛教》一書中所列的〈中村元博士主要著作目錄〉（東京：春秋社，1973 年 11 月 28 日，頁 4-37）。

可得知中村元之基本預設在於詞性論。以下針對此詞性論來加以分析，且進而批判此詞性論所存在之謬誤。

（一）基本預設

中村元從印度梵語來加以分析，認爲印度人喜愛用抽象名詞來表達，梵語中的抽象名詞是語幹之後加上 -ta、-tva 接尾語而成（即陰性接 ta，中性接 tva），有關抽象名詞的使用，在梵文中是相當普遍的，而在日常一般性的文章中也常常使用之，且梵文對抽象名詞的運用也沒有什麼範圍之限制，比西洋語言對抽象名詞之運用來得更寬廣。中村元由此推斷出印度人的思惟模式是重視抽象的、普遍的，甚至將印度人慣於所用的巨大數目及日、月、星期等，皆視爲是抽象普遍概念。❹

中村元進而藉由印度語言（梵語）與西洋語言（英語）之對比，認爲梵文語詞具備相當完整之結構，❺適合用以表達普遍我，如常常使用一種特殊類型的使役形式，例如："Karoti"（做）的使役形式 "Kārayati"（使做），此種之表達方式，意謂著指示者與被指示者彼此之間仍是同一動作，並沒有什麼彼此之不同。❻且印度人爲了表明共同主語，一般都用第三人稱，此顯示印度人不認爲個別自我與彼個別自我是對立的。❼印度常使用求欲式的動詞，此只表示行爲主體的一種附隨行爲。❽此外在梵語中常使用大量的非人稱被動語態，而此非人稱被動語態所顯示

❹ 同註❸，第 1 卷，頁 39-53。

❺ 同註❸，第 1 卷，頁 329-331。

❻ 同註❸，第 1 卷，頁 152-154。

❼ 同註❸，第 1 卷，頁 157-158。

❽ 同註❸，第 1 卷，頁 158-159。

的是行爲本身不是歸因於一個特定主體，而是由種種因緣所引起的，行爲主體只是許多因緣之一。❾諸如此類，中村元用以說明印度語言所表現的是普遍性、普遍自我，而否定一固定的行爲主體，佛教的無我，亦不例外，中村元進而由此推論，印度人所重視的是普遍性，而缺乏個別性。由此可知，中村元之基本預設，決定於詞性論。若吾人進而看看不同於印歐語系的中國語言文字，中村元認爲中國語言沒有固定的詞性、語詞曖昧不明確、主語經常轉換等，❿且認爲中國文字是以象形文字爲基本，由此而推斷中國人之思惟模式是具象的、具體的、個別的、特殊的、知覺的，甚至更而論斷中國人缺乏抽象概念、欠缺形而上學，無法表達普遍性的概念，語言文字的表達及思惟模式皆是非邏輯性的。中村元依此進而論斷中國佛教對印度佛教的吸收，基本上已非印度佛教之原貌，且違背了印度佛教，而此種轉變，是根源於中國人的思惟模式，而此思惟模式受限於中國的語言文字。換言之，造成印度佛教傳入中國之變形，是中國語言文字使然。有關中村元此論斷，遍布於整部書中，如中村元認爲中國文字之構造，是以象形文字爲主，而此文字是用來表達事物而已，而非用以表意；是爲了滿足特殊化、個別性，不具備抽象普遍性。就以中國文字中最具普遍意義的「理」而言，中村元認爲其只是具象的而已，缺乏普遍性抽象性；再就「圓」而論，中村元也將之視爲是具象的球體，是靜止的、平面的，而認爲中國人是以具象球體（物體）來表達象徵著完全的、無缺的、絕對的等之抽象

---

❾ 同註❸，第 1 卷，頁 183-184。

❿ 同註❸，第 2 卷，頁 48-53。中村元認爲中國語言經常省略主語，造成主語的轉換非常頻繁，由此而推斷中國語言是非論理性的（同註❸，第 2 卷，頁 52-53）。

概念，基本上與印度人對絕對者的把握完全相反，依中村元的意思，印度人視絕對者是無限的，不能以有限的物體來表達之，由此中村元推斷中國佛教以「圓」來表達印度佛教之絕對眞理，是違背印度佛教之原意的。⓫

由上之種種論述可知，中村元對印度人、中國人思惟模式之論斷，基本上是立基於詞性論。

（二）基本預設之謬誤

中村元以詞性論做爲其基本預設，基本上是有問題的，由近代語言哲學之研究可知，每一種語言皆有其完備性之結構，所以，中國的語言文字仍足以表達抽象的、普遍的概念。並非如中村元所認爲的中國語言文字詞性不完備而無法用以表達抽象概念。此也顯示了中村元以詞性的完備與否做爲判準之謬誤。

再者，中國語言文字雖在「主謂詞」、「『是』與『有』」等的表達上不明確，但依李約瑟之研究，認爲這種特質表現了中國思想著重於關係，而避免了實體之假設問題。⓬換言之，中國語言文字之詞性的不固定性，形成了中國人的思惟方式著重於關聯性、整體性。若言佛教的教義在於緣起，緣起者，乃顯示諸法彼此間的相依相存之關係，那麼，吾人可以看出中國的語言文字與緣起之表達更具有親和性，亦即是中國語言詞性之不固定及中國人著重於關聯性思惟可能更適合用來表達佛教之緣起教義，此可從印度佛教傳入中國後得到證明，如天台智者的緣起中

⓫ 以上所述，遍布於中村元《シナの思惟方法》中，故無法一一標列其出處，另吾人從其書中之目次，對中村元此等論點亦可一目了然。而有關詳細地論述，從下文所析判中村元對中國佛教之了解可知。

⓬ 參見註❷。

道實相論所表現的緣起張力，⓭以及華嚴宗以無盡法界緣起論對緣起所做的淋漓盡致之詮釋，⓮皆是鮮明之例子，此也使得佛教在中國這塊土壤大放異彩，豈是如中村元所謂的中國佛教已背離了印度佛教？

相反地，從近代語言哲學之研究可知，詞性的固定性若愈強，可能愈違背緣起之精神，如主謂詞的對立與二元論間之關係。

因此，吾人可以知中村元用詞性之完備與否做爲思惟模式之判準，基本上是有問題的，因爲表達抽象的概念並不受詞性完備與否之限制，更何況每一種語言其本身皆具有完備性結構，皆足以用以表達普遍性抽象之概念。況且中國語詞之不固定性正顯示了其與緣起之親和性，此是不容抹殺的，豈容中村元任意曲解之！

然而，中村元依詞性論爲判準及其個人對中國文化之偏見，加上其雙重價值，卻有意無意地扭曲中國文化、中國佛教等。由於篇幅之關係，以下針對中村元對中國佛教之曲解、誤解等來論述之。

⓭ 參見拙著《天台緣起中道實相論》（臺北：東初，1995 年 3 月）之第一章至第三章。由本書的論證中，天台乃是透過即空、即假、即中三者的關係，所展現出的辯證張力來表達緣起道理，有著相當強之論理性。

⓮ 參見拙著《華嚴無盡法界緣起論》（臺北：華嚴蓮社，1996 年 9 月）之第一章，在本書的論述中，可得知華嚴宗藉由任舉一事法而開顯無盡緣起之關係，此即是「一即一切，一切即一」之道理，將緣起道理以無盡之關係做窮盡之發揮，此豈如中村元於〈《華嚴經》在思想史上的意義〉（收集於《華嚴思想》，臺北：法爾，1989 年）一文中所言，中國佛教違背緣起（頁 134-137）。

三、中村元所理解的中國佛教

（一）對天台之謬解

中村元試圖從中國對佛教的容受中，來了解中國人的思惟模式，其中對佛教經典的翻譯，尤其是詞性上的問題，是中村元慣用以批評中國佛教的，以此推斷中國語言的思惟模式使得中國佛教違背印度佛教，中村元甚至以此對中國佛教諸多之曲解，以下加以列舉論述之。

1. 有關悉檀之翻譯

依中村元的看法，認爲中國人往往把漢譯梵文的表音文字以表意來理解，其於《東洋人の思惟方法》中，就舉「悉檀」（Siddhānta）爲例，認爲南嶽慧思不了解「悉檀」Siddhānta 乃是梵語的音譯，而將「悉」以意譯來解釋，解釋「悉」爲完全、普遍的意思，⓯而視「檀」爲梵語音譯，以施的意思來解釋之。⓰因此，中村元認爲慧思不了解梵語與漢語的語言構造之不同，將純是表音文字的「悉檀」誤解爲表意文字，而賦予「悉檀」之深遠的哲學意義。

至於中國當時對「悉檀」的翻譯，是否如中村元所認爲的純是音譯而已，這是值的商榷的。依《法華玄義》有關此方面的記載，其云：

⓯ 同註❸，第 2 卷，頁 12。

⓰ 同前註。

> 釋名者，悉檀，天竺語，一云此無翻例，如脩多羅多含；一云翻為宗成墨印實成就竟等。莫知孰是，……彼明文了義釋優檀那，諸師何得用宗印？翻四悉檀如此既謬，餘翻亦叵信。⓱

接著又云：

> 南岳師例《大涅槃》梵、漢兼稱，「悉」是此言，「檀」是梵語。「悉」之言「遍」，「檀」翻為「施」。佛以四法遍施眾生，故言「悉檀」也。⓲

由上述第一段引文中，可得知在天台智者之前，有關「悉檀」一語，已明確知其是梵語（即所謂的天竺語），至於是否翻譯其義或不翻，引發了許多之爭議，令人莫知孰是。因此，天台智者引用慧思之看法，慧思認爲悉檀乃採梵、漢兼備的方式來翻譯的，此由上述第二段引文可知，即將「悉」採漢意兼梵音，「檀」採梵音，此即是中村元所批評的將「悉」視爲漢意解之爲「遍」，而非以漢音視之。然而吾人若進一步考察「悉檀」二字，可知此二字乃是具備了音意之特色，也許當初翻譯者在翻譯 Siddhānta 時，即採音意兼備之方法來翻譯，以此二字既能兼備梵音也能表達梵語之意思的漢語來翻譯；此二字也許因爲時代久遠，將之視爲只是梵語漢音而已，而引發出是否將之加以解釋的問題。在《法華玄義》中所言的慧思以梵、漢兼稱來解悉檀，此中的梵、漢兼稱應該是包括「悉檀」兩字兼備了梵、漢音

⓱ 《大正藏》冊 33，頁 683 下。

⓲ 《大正藏》冊 33，頁 683 下。

意，而在《法華玄義》所引用的「悉」是漢意，「檀」是梵語，可說並不完整（此由慧思對悉檀之解釋可知），但中村元據此非難慧思不懂梵語將表音以表意來解之。然從《法華玄義》所述來看，中村元此非難是有問題的，因爲從當時對「悉檀」翻譯或不翻譯所引發的問題來看，慧思不至於不知道「悉檀」兩字（所表之音譯詞）是梵語，因爲這是當時一般的共識；再者從慧思試圖由表音中找出表意，亦可證明慧思對「悉檀」梵音並非不知道；另從慧思對「悉檀」所做的解釋——遍施，可知「悉檀」兩字乃採音、意兼備的方式，慧思以「遍施」釋「悉檀」，更凸顯出「悉檀」兩字的翻譯兼備了梵音和漢意。中村元一味的以純表音看待中國對佛典之翻譯，未免太低估了中國文字具有表音和表意之特色。

另由拙著有關四悉檀之分析，[19]可知慧思及智者用「佛以四法施遍眾生」來詮釋「悉檀」是合乎《大智度論》原意的，由此也可推知，鳩摩羅什當時將 Siddhānta 譯成「悉檀」，而不譯宗義或宗印，可能是爲了更符合《大智度論》之內涵而採取的音、意兼譯的方式。此種翻譯方式滿足了原文的音、意兼備的要求，更能充分地表達《大智度論》的內容，可說是一佳譯。如若不然，而譯成「宗義」則只是種「字典式翻譯」。[20]另外，中村元自己亦提及鳩摩羅什於翻譯「實相」時，並沒有用固定之名詞，[21]此正顯示了鳩摩羅什在翻譯上著重其活潑性。[22]

---

[19] 《天台緣起中道實相論》，頁 113-124。

[20] 參《望月佛教大辭典》，卷 3，東京：世界聖典刊行學會，1984，頁 2415 上 -2416 上。

[21] 同註[14]，〈《華嚴經》在思想史上的意義〉，頁 104-140。

[22] 同註[13]，頁 5。

2. 梵（Brahamī）・佉婁（Kharoṣṭī）

關於翻譯上的問題，中村元又舉灌頂爲例子，其認爲灌頂將單純的古代印度文字形式之名的「梵・佉婁」音譯誤解成中國的禮、樂、醫方等學問，而謝靈運則誤解成人名。㉓對於此問題，首先吾人從原文來理解，灌頂在《大般涅槃經玄義》以「增數」方式來解釋教相，灌頂認爲「梵・佉婁」二字是世間法的代稱；「婆和」二字是出世間法的代稱。㉔有關出世間法的代稱暫且不論，而以「梵・佉婁」代稱世間法，乃是灌頂從《瑞應經》（即《太子瑞應本起經》）的「太子乘羊車，詣師學書，師教二字，謂梵・佉婁」而來，㉕認爲此二字應詮釋爲世間禮、樂、醫方等之法，也就是指所有世間法。㉖但中村元將灌頂的世間法扭曲爲中國的禮、樂、醫方等。因此，吾人從《大般涅槃經玄義》可知，灌頂是以「梵・佉婁」來統稱世間法，甚至謝靈運所指的人名，亦是以此略稱來代表世間法，㉗而非如中村元將之解爲只是人名或禮樂等。

㉓ 同註❸，第2卷，頁12。

㉔ 如《大般涅槃經玄義》云：「第五釋教相者，爲二：一增數；二經來緣起。增數者，謂：一乳；二字；三修；四教；五味也。所言乳者，……二字者，世亦二字，出世亦二字，上上出世亦二字，……世二字者，如《瑞應》云：『太子乘羊車，詣師學書。』師教二字，謂『梵・佉婁』，此二字應詮世間禮、樂、醫方、技藝、治政之法，故是世間二字也。又云：梵字應如《金光明》中說出欲論也；佉婁字應是無量勝論，明十善法歎釋天報，善能攻惡，故言勝論，總而言之，世間二字也，謝靈運云：『梵・佉婁是人名，其撮諸廣字爲略，如此間倉雅之類，從人立名，故言梵・佉婁。』雖復廣略，還是世間之二字。出世二字者，〈嬰兒行〉云：婆和二字。」（《大正藏》冊38，頁12中-下）

㉕ 《大正藏》冊38，頁12下。另參《大正藏》冊3，頁474中。

㉖ 參見註㉔。

㉗ 同註㉔。

「梵・佉婁」是一種字形，但亦是指佉婁書，㉘但爲何從《瑞應經》的「書缺二字」轉變成灌頂所說的「師教二字」，㉙這是頗耐人尋味的，此顯示了當時翻譯版本之不同或對佛陀生平的諸多解釋。㉚

㉘ 如《大毘婆娑論》云：「汝又頗聞佉盧瑟吒（Kharosiṭi）書字是誰所造？婆羅門曰：我聞古昔有大仙人名佉盧瑟吒，是彼所造。」（《大正藏》冊 27，頁 523 下）「佉盧瑟吒」又簡稱爲「佉婁」（參見《望月佛教大辭典》，冊 1，頁 554 中 - 下）從《大毘婆娑論》中，可知佉婁字、佉婁書與佉婁仙人有密切之關係，換言之，佉婁書字乃佉婁仙人所造。另在吉藏《百論疏》對佉婁書如是記載，其云：「昔有梵王，在世說七十二字，以教世間，名佉樓書。世間之敬情漸薄，梵王貪恪心起改取吞之，唯阿、漚兩字從口兩邊墮地，世人責（案：貴）之，以爲字王，故取漚字置四韋陀首，以阿字置廣主經初。」（《大正藏》冊 42，頁 251 上）此等說明了佉婁字有七十二字，而佉婁仙人以此七十二字來教化世間，此爲佉婁書，但流傳下來的，只有二字。而《瑞應經》記載：「（佛陀）及至七歲，而索學書，乘羊車詣師門，時去聖久，書缺二字，以問於師，師不能達，反啓其志。」若依此之記載，乃是指「書缺二字」，與灌頂於《大般涅槃經玄義》所說的「師教二字」，此存在著明顯之差距。而何以如此？此可能牽涉到翻譯所依版本之不同，亦可能牽涉到對佛陀生平事跡解釋之不同。此等之諸多不同顯示了解釋者的各取所需，從口兩邊墮二字，表示了印度梵文的神聖性；缺二字，表示了佛教自認佛陀自小即有異才；而灌頂的教二字，則表示了佛教說法的傳統——「增數」，而且灌頂以梵・佉婁表示世間法是非常符合佉婁書在佛教中的界說之換喻（以此二字比喻爲學問）及隱喻（以此二字將之貶喻爲世間法而已）。謝靈運將之視爲人名，亦凸顯了此書之作者。

㉙ 參見同前註。

㉚ 同註㉘。另參見《方廣大莊嚴經》，如其云：「佛告諸比丘，菩薩年始七歲，是時以備百千吉祥威儀之事，欲將菩薩往詣學堂。……爾時，菩薩將昇學堂，博士毘奢蜜多（Viśvāmitro nāma dārakācarya）見菩薩來威德無上，自願不任爲菩薩師，生大慚懼，迷悶躃地。……菩薩爾時，手執天書梅檀之簡，塗以天香摩尼明璣以爲嚴飾，而問師言，有：梵寐書（Brāhim）、佉盧虱底書（Kharoṣṭī）……。」（《大正藏》冊 3，頁 559 上 - 中）

3.《中論》「三是偈」

中村元對於中國語言的看法，認爲有關前置詞、接續詞、關係代名詞與西洋語言比較起來，顯得非常少，且中國語言的名詞和形容語沒有單、複數之分，動詞也沒有明確之規定，所以在漢語文章的意思是由概念和概念之關係來決定的，而不是由格與語之順序來決定。㉛因此，認爲中國語言所表達的是種曖昧性，缺乏精密性，也因此中國所翻譯的佛典，不能與原義相同，不能正確理解佛典。㉜爲進一步說明此道理，中村元舉了《中

㉛ 同註❸，第 2 卷，頁 48-49。

㉜ 此種以梵、漢語法結構相異來否定漢譯佛典，相對地，以梵、藏語法結構相似來肯定藏譯佛典，並處處時時以梵、藏、漢對校方式來指正漢譯佛典的學風，是近世紀以來國際佛學界的語言文獻校對派常用的手法。此種類似實證史學方法論的態度，雖在原典譯文的對校上多所成就，但亦有其誤。首先，忽略了本文註❶所言：「所有語言都有一套完整的語法結構」之論，亦即並非要二種語言在語法上近乎一對一（如梵、藏，因藏文乃造自梵文）才能互譯。相反地，只要譯者多加用心便能完整地譯出原意。還也可從古至今的漢譯實踐中得證。中國譯經理論條理化的首創者道安在其「五失本」一開始就說「胡語盡倒，而使從秦，一失本也」，意思是說，梵、漢語法不同，翻譯時要依中文語法，所以，譯本不可能一樣，王文顏在《佛典漢譯之研究》（臺北：天華，1984，頁 205-207）中，不但認同道安的看法，並且說：「那是任何兩種不同語言對譯時所必然遵守的法則。……它是古今公認的規則。」確實如此，香港中文大學教授翻譯學的孫述宇和金聖華在《英譯中 —— 英漢翻譯手冊》序言也說：「翻譯時製造一些新名詞，當然極有必要。可是隨隨便便就拋掉固有語法而去套用外國語法，卻大可不必。固有語法的優點，是流利自然，容易理解；祇要譯者多費一點心思，外文的意思都可以用中文固有語法表達出來的。譯者應當對讀者負責。」（臺北：聯經，1972，頁 2）再者，一味地強調翻譯的一對一，可能不利於文化傳播之創新，甚至錯失了重新詮釋原文化的核心義理之機會。可能正因爲中文的語法異於梵文，所以中文的關聯性思惟模式得以有機會重新詮釋佛教的核心教義「緣起」，而開創出天台、華嚴和禪宗。佛學界如能如此反思，當可明瞭同是印度佛教的接受者，爲何中國佛教在教理實踐上的開創性比西藏佛教和使

論》「三是偈」來說明天台以「空、假、中」三諦來理解此偈之

用巴利文的南傳佛教來得大？其因可能與後二者的語文和思惟模式太受限於印度佛教有關，亦即關聯性的中文和思惟模式，與佛教的「緣起」教義起了親和性的作用。但論者卻反批此乃中國佛教背離了印度佛教，而以佛教中國化貶之。（學界一般用「漢傳佛教」、「藏傳佛教」，但本文和中村元一樣以文化而非政治來稱呼二者〔參見註❸，第1卷，頁29〕。因中國自古以來各朝各代對於位居主體的文化和語言有不同稱呼，故以統稱的「中國文化、中國佛教、中文」來取代「漢族文化、漢傳佛教、漢文」，更佳，至於政治中國下的藏文和西藏佛教，就好比政治美國下的美語和基督教之外尚有其他語言及宗教一樣）。最後本文所謂的「所有語言均具一套完整的語法結構」與「中國語言文法詞性的不完備」、以及「翻譯間的一對一」與「絕對『等值』及『等效』翻譯的不可能」等二類近似對立的論述並不矛盾，理由如下：Chamsky所謂的「所有語言均具一完整的語法結構」是指人類語言的天賦本能，而「中國語言文法詞性的不完備」之特質並不會妨礙語言本有的理論、思辨、抽象等所有功能，不只如此，中文還很適合以關聯性思惟模式來表達佛教的緣起精神。語言文獻派有關藏傳、南傳及漢傳佛典「翻譯間的一對一」之論述、除了忽略了「即使在同一語系之間，同根源詞彙的轉換也不可能實現絕對的『等值』」之外（劉宓慶《當代翻譯理論》，臺北：書林，1995，頁27），由於語言本身的結構性差異，接受者的階層、文化、教育、才智、經歷等差異，時空差異，民族文化意識差異，及語言本身的模糊性等因素也造成了「『等效反應』即使對同語系或同語族的雙語轉換，也只是一個理想」（同上，頁29-30。相對地，二種在語言結構上差異甚大的語言〔如梵、漢語〕，只要譯者多在語法、語義、及語音上多下工夫，也能達到不錯的「等值」及等「等效」，甚至能詮釋出原文在本身主客觀條件限制之下無法充分發揮的「奧義」（如：緣起精神）。筆者以上有關佛學典範的種種反思，雖已有十年之久，但首次公開論述始於〈西中印空無觀之研究〉（《諦觀》第77期，1994年4月），尤其〈大乘三系說與淨土三系說之研究〉（《諦觀》第81期，1995年，4月）、《天台緣起中道實相論》（東初出版社，1995年3月）。之前雖對西方相關的反思略有了解，但遲至1997年9月才在《正觀》第2期的這篇論文上較為完整地了解相關的反思，尤其對當前臺灣佛學研究主要典範之一的「語言文獻派」之質疑（詳參林鎮國〈多音與介入：當代歐美佛學研究方法之考察〉、劉宇光〈對古典語文獻學在當代華人佛學研究中的角色問題之反思〉。

錯誤。以下就針對此來加以釐清，先就〈三是偈〉梵文以明之：

Yaḥ pratītyasamutapādaḥ śūnyatāṃ tāṃ pracakṣmahe, Śā prajñaptir upādāya pratipatsaiva madhyamā. ㉝

此頌偈分前半段與後半段，前半偈的 yaḥ 是相應關係詞，tāṃ 是指 śūnyatāṃ（空），前半偈的意思是「緣起的東西，我們說它是空」。後半偈，Śā 是主詞，代表前半偈的 śūnyatāṃ, upādāya 是「由……之故」，madhyamā 是「中」，pratipatsaiva 是「行跡或道」，所以後半偈意思是「由於空是假名的緣故，所以我們稱之爲中道」。從整偈看來，龍樹似乎認爲「緣起」、「空」、「假名」、「中道」是同一意義的不同解釋，但龍樹於《中論》亦論及佛依二諦說法，㉞且認爲佛雖依二諦說法，但不能將二諦加以分別視之爲二，否則是不知眞實義。㉟如此看來，此偈頌究竟是指一諦或二諦或三諦？仍有爭議。中村元將此偈頌譯爲：

㉝ 參見 Kenneth K. Inada, *Nāgārjuna-A translation of his Mūlamadhyamakakārikā with an Introductory Essay*, State University of New York at Buffalo, 1970，另參見《大正藏》冊 30，頁 33 下之校正欄。

㉞ 如《中論》云：「諸佛依二諦，爲眾生說法，一以世俗諦；二第一義諦，若人不能知，分別於二諦，則於深佛法，不知眞實義。」（《大正藏》冊 30，頁 32 下）又云：「若不依俗諦，不得第一義；不得第一義，則不得涅槃。」（前揭書，頁 32 上）青目對此解釋云：「世俗諦者，一切法性空，而世間顚倒故生虛妄法，於世間是實，諸賢聖眞知顚倒性，故知一切法皆空無生，於聖人是第一義諦名爲實，諸佛依是二諦而爲眾生說法，若人不能如實分別二諦，則於甚深佛法不知實義。若謂一切法不生是第一義諦，不須第二俗諦者，是亦不然。」（前揭書，頁 32 下 -33 上）又云：「第一義皆因言說，言說是世俗。是故若不依世俗，第一義則不可說，若不得第一義，云何得至涅槃。是故諸法皆無生，而有二諦。」（頁 33 上）

㉟ 同前註。

> 緣起的東西，我們說之為空，這是假名，這就是中道。[36]

而鳩摩羅什譯為：

> 眾因緣生法，我說即是無（空），亦為是假名，亦是中道義。[37]

中村元依此認爲中國語言缺乏前置詞、接續詞、關係代名詞，而斷言天台以空、假、中三諦來解釋此偈頌是錯誤的。中村元此論斷是有問題的，依據筆者〈從「三諦」論智者大師與龍樹菩薩之關係〉之研究，[38]得知天台智者對此偈頌之了解，並不固定爲三諦，有時亦以一諦視之，況且一諦、二諦、三諦彼此之關係，依智者的看法，只是隨因緣所示不同所致，而非定執哪一種代表眞理。如此而論，反而並非因爲詞性之關係限制了中國佛教之表達，而是中國關連性的思惟更適合用於表達緣起的道理，依龍樹的看法，佛雖依二諦說法，但不能定執二諦，況《中論》〈三是偈〉中，亦存在一諦之情形。

4. 圓教

中村元認爲天台以「圓融」表達事物相即；以「圓教」顯教理之圓滿，此「圓」只是一種視覺的、靜止的、平面的，缺乏抽象意

---

[36] 如其云：「緣起なるものを、われらわ空なりと說く。それは仮名にして、それはすなれち中道である。」（同註[3]，第 2 卷，頁 31-32）

[37] 《大正藏》冊 30，頁 33 中。

[38] 參見拙著《天台緣起中道實相論》，第九章，臺北：東初，1995 年。

味。[39]

中村元此之論斷是有問題的，其對天台之圓融、圓教之了解，只停留在物體上，所以認爲此「圓」是靜止的、平面的。然而，吾人若從天台教義來理解，將可得知天台所謂的「圓」，是指「中道不偏」之義，如《四教義》云：

> 所言「圓」者，義乃多途，略說有八：一、教圓；二、理圓；三、智圓；四、斷圓；五、行圓；六、位圓；七、因圓；八、果圓。[40]

接著，對此等圓加以解釋，其云：

> 「教圓」者，正說中道故，言不偏也。「理圓」者，中道即一切法，理不偏也。「智圓」者，一切種智圓也。「斷圓」者，不斷而斷無明惑也。「行圓」者，一行一切行也，大乘圓因、涅槃圓果，即因果而具足無缺，是為一行一切行。「位圓」者，從初地具足諸地功德也。「因圓」者，雙照二諦自然流入也。「果圓」者，妙覺不思議三德之果不縱不橫也。[41]

此是約略透過教、理、智、斷、行、位、因、果等八方面，來明圓義，整個對圓的運用是相當活潑的、立體的，表現出修行所依之教理，乃至所證之果，且圓義是配合著教、理、……果等而

---

[39] 同註[3]，第 2 卷，頁 31-32。
[40] 《大正藏》冊 46，頁 722 中。
[41] 同前註。

顯，如教圓，顯所說是中道，所以其所言不偏；如理圓，顯中道即一切法（指理與一切法相即），所以此理不偏，此不偏亦即指不偏空不偏有而言；乃至如果圓，是指法身、般若、解脫等之三德，彼此之關係是不縱不橫的。

因此，可知天台智者對圓的論述，以圓來表教圓、理圓、……，實乃著重於諸法的關係上來論述，以圓顯示諸法的不偏、不縱不橫，表現出法法之間的相即不可分割。由此亦可知，天台以圓來表達佛教中道不偏之道理，可說是相當貼切的，不僅表現了佛教緣起中道的活潑性，亦顯示「圓」之一字具備相當豐富內涵，且也避免了以二元對立的抽象概念所產生的自性問題。豈是如中村元所說的：天台的圓是靜止的、平面的或是種物體。

另外，在《摩訶止觀》中，以圓來表示諸法的相即，以掌握諸法相即不偏之中道，此即是「聞圓法，起圓信，立圓行，住圓位，以圓功德而自莊嚴，以圓力用建立眾生」[42]。若能掌握此「生死即法身，煩惱即般若，結業即解脫」[43]之相即不偏道理，即是圓頓止觀。[44]而此相即思想，中村元卻將之視爲扁平化的變形。[45]如此具有豐富內涵的「圓」字，中村元卻將之加以貶化，

---

[42] 《大正藏》冊 46，頁 2 上。

[43] 同前註。

[44] 如《摩訶止觀》云：「圓頓者，初緣實相，造境即中，無不眞實，繫緣法界，一念法界，一色一香無非中道，己界及佛界、眾生界亦然。陰、入皆如，無苦可捨；無明、塵勞即是菩提，無集可斷；邊、邪皆中正，無道可修；生死即涅槃，無滅可證。無苦無集，故無世間；無道無滅，故無出世間。純一實相，實相外，更無別法。法性寂然，名止；寂而常照，名觀，雖言初後，無二無別，是名圓頓止觀。」（《大正藏》冊 46，頁 1 下 -2 上）此顯示圓頓止觀與「相即」之密切關係。

[45] 同註[3]，第 2 卷，頁 309。

由此也可得知中村元對中國語言之了解是極淺薄的。

5. 隱棲山林

中村元認爲中國佛教與一般世俗社會隔離，此乃是受中國人固有的隱逸思想之影響所致，而將佛教的慈悲利他思想妥協於此。㊻在此吾人也可以看出中村元本身立論之自相矛盾，其一方面認爲中國佛教相即思想肯定現實的眞實性，另方面卻又說中國佛教與世俗社會隔離。

由此矛盾的立論中，中村元認爲智者隱棲天台山從事修養與學問，此乃是佛教慈悲利他思想妥協於中國隱逸思想之表現。㊼姑且不論智者不顧文武百官（甚至皇帝）眾人的力勸而毅然入山之動機是什麼，及其入山後的行爲是否只是妥協於隱逸思想。但吾人皆知「隱棲山林，獨樂寂靜」之現象，此乃印度佛教不論大乘或小乘，皆是極爲普遍的現象，中國佛教只不過承續此傳統而已，豈是如中村元所說的妥協於中國的隱逸思想。再者，吾人來看看智者入山後的行爲，若將智者的生平約分爲三期：早期的禪觀修行期、中期的弘法期、晚期的入山潛修期。由智者弟子灌頂所寫的《隋天台智者大師別傳》可知，即使在晚期，智者也非常關心慈悲利他的弘法事情，㊽更何況智者入山的動機，可說有非常強烈的意願想將他在弘法時期所面對的種種教內爭論，做一徹底的釐清之實踐工作，智者的此一實踐不論其對後代的影響是利或弊，但不可否認的，他的批判式實踐主導了爾後千餘年的中、日佛教的教理發展。這在口口聲聲以法施

㊻ 同註❸，第 2 卷，頁 205。

㊼ 同註❸，第 2 卷，頁 206。

㊽ 參見《大正藏》冊 50，頁 193 中 - 下。

爲第一的佛教，怎如中村元所說是妥協於中國的隱逸思想，顯然是中村元判準不一、自相矛盾所致。

6. 尚古保守性

中村元認爲智者所謂的「歸命龍樹師」，是中國尚古保守性重系譜的表現。[49]而此句話也常被近代學者引用來批評智者。爲釐清此問題，首先，吾人先來了解《摩訶止觀》如何說，其原文乃是置於《摩訶止觀》之首，此爲灌頂記錄《摩訶止觀》所寫的序言，所謂：「智者《觀心論》云：歸命龍樹師，驗知龍樹是高祖也。」[50]灌頂此轉述與《觀心論》是有差距的，如《觀心論》云：

> 稽首十方佛……。
> 稽首十方法……。
> 稽首十方僧……。
> 稽首龍樹師……。[51]

很顯然地，《觀心論》所言是「稽首龍樹師」，是對龍樹的一種禮敬，而非「歸命龍樹師」。灌頂將《觀心論》的敬語「稽首」改成信仰語的「歸命」，又將之推測爲智者視龍樹爲高祖，此很顯然地可以看出灌頂不是很了解一位大思想家的內心世界。智者在其判教中雖多處幫龍樹解釋，說明爲何龍樹比較偏重「空」來論述的原因，但不可否認由前述〈三是偈〉，吾人可以了解，

---

[49] 同註[3]，第 2 卷，頁 115。
[50] 《大正藏》冊 46，頁 1 中。
[51] 《大正藏》冊 46，頁 585 下。

智者當然自覺到其與龍樹之差別，後代因牽涉到派系之爭，紛紛立下延續不斷的系譜命脈，這不是思想的原創者所應負的責任，一般來說偉大的原創性思想家，尤其是批判型的思想家，均非常反對如此的行爲。然而中村元在未釐清此眞相之前，加上其偏見所致，就斷然依此宣判智者是尚古保守的。

7. 註疏經論

中村元認爲天台智者的《摩訶止觀》，大部分是對經論的註解。[52]這簡直可說是中村元不懂《摩訶止觀》所造成的謬判。《摩訶止觀》不僅有相當完整的體系，且有其獨創性，雖然引用了多達一百二十幾種的經論典籍，但絕非在註解經論，而是在智者的思想體系下來加以運用，透過對諸教諸經論的了解和分別，以襯托出圓頓止觀之義涵，以及如何實踐圓頓止觀，[53]是一部相當有原創性的論著，卻被中村元曲解成是部對經論的註解。中村元以此謬判，將之貶爲是對過去的崇尚，此亦是中村元雙重價值作祟所致。更何況《摩訶止觀》絕非是部註疏書，不知中村元是怎麼讀的，難道是受困於文獻所致，迷惑於天台對經論的旁徵博引，以至於無法了解《摩訶止觀》所要表達的義涵？

---

[52] 同註[3]，第 2 卷，頁 125。

[53] 《摩訶止觀》有相當完整的架構組織，主要是以五略（發大心、修大行、感大果、裂大網、歸大處）十廣（大意、釋名、體相、攝法、偏圓、方便、正觀、果報、起教、旨歸）來論述止觀（《大正藏》冊 46，頁 3 中 -14 下），其中又以「正修止觀」爲核心，所占篇幅約三分之二（頁 48 下 -140 下），若再加上「方便」部分（頁 35 下 -48 下），更凸顯了其重點在於如何實踐止觀，而其餘部分（如大意、釋名、體相、攝法、偏圓）皆是對止觀之闡述，由此讓吾人眞正掌握圓頓止觀之涵義，進而修習圓頓止觀。而整部《摩訶止觀》皆在凸顯圓頓止觀，由圓頓止觀所貫串著。

8. 念咒驅魔

中村元認爲即使中國佛教最具哲學體系思想之一的天台智者，也認爲病是由魔所爲，而教人此時須以念咒驅魔，並且認爲天台智者此種看法表現了中國佛教咒術性，改變了印度佛教傳統以來對咒術的排斥，[54]中村元且認爲這是中國佛教強烈偏好迷信的表現。另外，中村元又認爲隋、唐後的天台宗懺儀存有密教之色彩。[55]

姑且不論中村元於咒術對中、印佛教所採用的雙重價值，因爲在印度佛教亦存在咒術除病等。[56]吾人先來探討中村元如何曲解智者的意思，在《摩訶止觀》中，曾討論到一位修行者在修行過程可能碰到的各種病患。[57]智者雖然認爲有許多病是魔所成，但他更認爲一位修行者本不可亦不必且不須學咒術，如其云：

> 術事體多貢幻，非出家人所須，元不須學，學須急棄。[58]

而且智者認爲「一念病心本非眞非有，一念病心即是不思議境」，[59]應直就病境而起觀，縱使在不得已的情況下運用咒術，且應須急棄之，豈是如中村元所說的智者主張以咒術治病，而將智

[54] 同註[3]，第 2 卷，頁 172-173。

[55] 同前註，頁 173。

[56] 參見劉紹楨〈大乘三系說與淨土三系說之研究〉（《諦觀》第 81 期，1995 年 4 月，頁 42-43）。

[57] 《大正藏》冊 46，頁 106-111。

[58] 同前註，頁 109 上。

[59] 如《摩訶止觀》云：「不思議境者，一念病心非眞非有。」（《大正藏》冊 46，頁 110 下）

者上述之看法扭曲成妥協於中國咒術傳統。

9. 事理相即

天台宗透過「事理不二」、「事理相即」來掌握實相道理，顯示「一色一香，無非中道」，如此頗富關聯性互動性所表現緣起的精神，卻被中村元視爲缺乏形上原理，60只是經驗的、平面的而已，反而視眞諦與俗諦相對立之下的眞諦，才是具有形上學原理。

佛教的緣起可說是對絕對性的批判，天台藉由「事、理相即」來顯示理、事的關係是不相捨離的，進而以此批判將理、事分爲兩橛，此從天台四教（藏、通、別、圓）所分判的界內之即不即（藏教不即理，通教即理）與界外之即不即（別教不即，圓教即）可知，以此「相即」所表達的理事關係，基本上，可說是相當合乎緣起的，顯示理與事彼此之間是相互依存的關係。反而由二元對立（如眞、俗對立）下所顯示的眞諦，可說是違背緣起的，中村元不做此反省、不批判此思想，卻一口咬定印度佛教受限於中國的語言文字，且已變形和違背佛教緣起教義。殊不知中國語詞之不固定性及中國關聯性的思惟方法有助於佛教緣起教義之表達，「理、事相即」即是一明顯例子，不似印度佛教受限於印度語言（詞性之固定化），加上解脫輪迴等問題，使得眞俗二諦往往呈現出對立局面。中村元所謂的形上原理（眞諦）即是此種對立下之產物，此可說是種絕對預設，中村元不了解此，不批判此，反將合乎緣起的「事、理相即」扭曲爲只是經驗的、現實的、平面的。

---

60 同註3，第 2 卷，頁 190-191。

10. 十界互具

中村元進而由絕對之現實化，推演出一切存在的皆不可否認，而認爲中國人欠缺絕對惡此一想法，且認爲智者的十界互具，地獄眾生亦可成佛，就是中國此種傳統的表現，因而認爲此說法不合印度佛教五逆不能成佛的傳統，[61]中村元此看法亦是有問題的。

在《觀音玄義》中，之所以認爲一闡提可以成佛，乃是一闡提不達法性之故，所以仍有可能爲善法所染，由此而說一闡提可成佛。[62]

天台智者論十法界互具，主要用以說明一法與一切法之關係，是不可分割的，如《摩訶止觀》「一念三千」所明，[63]顯示「法法無非中道實相」之道理。至唐、宋天台學，則著重「十法界互具一念三千」以顯理具思想，依知禮的看法，就佛界而論，餘九界皆是惡，而佛界不能離九界，乃是即九界是佛界，由此十界互具顯示「界界相即」之關係。[64]

另外，值得注意的，同樣是就十法界互具而論，唐、宋以來的天台學及近代學者對天台學的論釋，普遍以十法界互具做爲性惡之依據，而認爲天台主張性惡說，然在中村元之理解下，卻認爲天台欠缺絕對惡之觀念，此顯示了學者們基於能見之不同，造成所見（即詮釋觀點）之不同。但中村元對此並沒有做進一步分析，只粗略論斷而已。

---

[61] 同前註，頁 324。

[62] 參見《觀音玄義》，《大正藏》冊 34，頁 882 下。

[63] 《大正藏》冊 46，頁 54 上。

[64] 參《大正藏》冊 34，頁 905 中。

11. 判教

由於中村元不明天台教義及不了解天台判教，將天台所立基於「法法皆是中道實相」之道理，視之爲折衷、妥協，妥協於中國政治社會。(65)

佛教的五戒、十善，乃是五乘所共遵守的。天台智者判儒家之五常爲世間善法，只言類似佛教之五戒，何來妥協之？如《摩訶止觀》云：

> 入假識藥者，病相無量，藥亦無量，略言為三：一、世間法藥；二、出世間法藥；三、出世間上上法藥。《大品》有三種法施：三皈、五戒、十善道、四禪、無量心等，名世間法施；二、出世間法施；三、出世間上上法施。可知云云。(66)

此則明菩薩證空而不住於空，故由空入假，觀照諸法因緣生以化度眾生，而重要的是在於識得眾生病及明辨種種藥方。智者在此仿《大品般若經》將藥方分爲世間法、出世間法、出世間上上法等三種藥。而世間法藥乃指三皈、五戒、十善等，至於何以要施世間善法，《摩訶止觀》引《大智度論》明之，其云：

> 《釋論》云：何惠（案：意）用世間法施？譬如王子從高墮下，父王愛念積以繒綿於地接之，令免苦痛，眾生亦爾，應墮三途，聖人愍念，以世善法權接引之，令免惡趣。(67)

(65) 同註❸，第 2 卷，頁 329、343-344。

(66) 《大正藏》冊 46，頁 77 上。

(67) 同前註。

此明施用世間善法接引眾生，乃是權巧方便。在此即已明判了世間法與出世間法之不同。而五戒與五常之關係如何？《摩訶止觀》進而明之，其云：

> 若深識世法即是佛法，何以故？束於十善即是五戒，深知五常五行義亦似五戒。仁慈矜養不害於他，即不殺戒；義讓推廉抽己惠彼，是不盜戒；禮制規矩結髮成親，即不邪婬戒；智鑒明利所為秉直中當道理，即不飲酒戒；信契實錄誠節不欺，是不妄語戒。周、孔立此五常，為世間法藥救治人病。[68]

在此明五常似五戒，從引文的解釋中，彼此有相類似之處。況且佛法不離世間法，若能深識此道理，世間法即是佛法。此豈是如中村元所言的妥協於現實社會政治？

另儒家的五常人倫道德，乃是世間法之綱紀，世間之善法，實談不上以異端視之。至於智者爲何視印度九十五種外道之邪知邪見爲惡法，[69] 此只不過是印度佛教的共同看法。而儒家

[68] 同前註，頁 77 中。

[69] 如《摩訶止觀》云：「六、攝一切教者，《毘婆娑》云：心能爲一切法作名字，若無心，則無一切名字。當知世、出世名字，應從心起。若觀心僻越，順無明流，則有一切諸惡教起，所謂僧法衛世九十五種邪見教生；亦有諸善教起，五行六甲、陰陽八卦、五經子史、世智無道名教，皆從心起。」（《大正藏》冊 46，頁 31 中）此乃在探討諸教與觀心關係，若吾人心起邪知邪見，則如同九十五種外道，換言之，九十五種外道教，乃因邪見所起。同樣地，心若順倫常綱紀護國愛民天下安定而行，此即是善教，換言之，經史子集、五行、八卦等皆是由善心而起，此乃舉邪見教、善教等來說明心所起諸教；至於惡教，《摩訶止觀》並沒有舉之，此在《法華玄義》有述之，是指世間妖幻道術，鬼神魅法，此法入心，迷醉狂亂，害己害人殃國害民之

五常等善法，實與正邪見不相干，只是世間善法而已，若從哲學的意義來看，智者在此所論儒家實未入哲學之門，談不上是正邪見，從此而論，反而印度外道比儒家高了。

12. 身分倫理

中村元有關印度與中國倫理的對比方面，有以下之謬：

中村元雖提到印度種姓問題，(70)但是他又把這種種姓的階級制度合理化成「大法」（普遍的法，Dharma）下的行爲規範，(71)並特別強調印度佛教的階級平等觀對中國身分階級論革命性衝擊，(72)進而認爲中國佛教諸大師（如智者、吉藏等）在推崇佛陀的王族或婆羅門身分時，將印度佛教的階級平等觀妥協於中國的身分階級。(73)

雖然，中村元也認識到中國的身分階級制度也不是很嚴格的，並認爲墨家的「兼愛」也並不足以改變中國傳統的身分階級。(74)但是中村元卻忽略了中國的道家反對階級論而主張齊物論；法家反對刑不上大夫而主張法律之下王族與庶民平等；即使儒家也是主張天人合一觀。

這些和墨家反對別愛而主張兼愛是一樣的，均不下於中村元用以合理化印度種姓制度的「大法」。更何況印度的種姓制度更甚於中國的身分階級。

不止如此，中村元不斷強調用來對比佛教中國化的原始佛

惡行（參《大正藏》冊 33，頁 780 中）。

(70) 同註❸，第 1 卷，頁 222-226。

(71) 同前註，頁 194-195。

(72) 同註❸，第 2 卷，頁 259。

(73) 同前註，頁 259-261。

(74) 同前註，頁 263。

教，在佛陀時代，其所定之戒律就已明顯的兩性不平等，[75]且有僧團科層化之現象，形成僧團優先、比丘優越的傾向。[76]

由此可得知，中村元如何的對印度佛教之身分階級、僧團優先、比丘優越等之美化，認為印度佛教是強調平等、重視平等的，且以此來批評中國佛教是屈服於傳統的身分階級，甚至以此來曲解中國佛教，任意加以曲解之，尤其是對天台智者曲解。

以下吾人再來看看中村元如何曲解天台智者之意思，將智者在釐清佛、老（「老」指「莊子、老子」而言）混同之問題，曲解成是對中國傳統身分階級之屈服。

天台智者在《摩訶止觀》將釋迦與老莊做一對比，其云：

> 今世多有惡魔比丘，退戒還家，懼畏驅策，更越濟道士，復邀名利，誇談莊老，以佛法義偷安邪典，押高就下，推尊入卑，概令平等，以「道可道，非常道；名可名，非常名」，均齊佛法不可說示，如蟲食木，偶得成字，檢校道理，邪正懸殊。愚者所信，智者所蚩，何者？如前所說諸生、諸不生諸四句不可說，汝（案：指老、莊）尚非單四句外不可說，何況複（四句）外？何況具足外？何況犢子耶？尚非犢子，何況三藏、通、別、圓耶？諸法理本往望常名常道，云何得齊？教相往望已不得齊，況以苦、集往檢，過患彰露，云何得齊？況將道品往望，云何得齊？正法之要，本既不齊，迹亦不齊，佛迹世世是正天竺金輪剎利，莊、老是真丹邊地小國柱下書史宋國漆園吏，此云何齊？佛以三十二相、八十種好纏絡其身，莊、老身如凡

[75] 參見註[56]，頁 63-64。

[76] 同前註，頁 43。

流，凡流之形，痤小、醜篾，……云何齊佛？(77)

顯然地此段文字是在釐清將佛法混同於莊、老，故天台智者透過一層一層的剖析，來明辨佛法與莊老之差異。首先，就彼此之教理來分辨，智者認爲莊、老只不過屬於單四見（有、無、亦有亦無、非有非無）之「無」見而已，還達不到單四句之外的不可說見，更別論複四見、具足四見外之不可說見了，以及更不用說是與犢子部相比，更遑論是佛法中的藏、通、別、圓四教呢？這是就教相來看，已可以顯示佛法與莊、老教義相差十萬八千里，另外還有苦、集、滅、道等更不用說了。「本」上既然無可比，就退而從「迹」的示現來看，智者舉出許多方面佛殊勝於老、莊之處，以釐清佛法與莊、老之混同，此豈如中村元一貫所批評的中國佛教無原則的折衷妥協？又豈如中村元將此道理曲解成屈服於身分倫理？(78)

13. 五時教判

中村元認爲天台智者的「五時教判」，乃是把各經典與釋迦一生中之各時期所做的連結，所排比出來的東西，並沒有什麼意義，(79)或將之視爲種形式化。(80)

---

(77) 《大正藏》冊 46，頁 68 中 - 下。

(78) 同註❸，第 2 卷，頁 259-260。

(79) 同前註，頁 98。

(80) 中村元認爲中國佛教之「五時」教，乃是一種對人物個別之重視，將佛教經論視爲釋迦成道後至入滅所說的法，將其分之爲五個時期，其創唱者爲劉宋時期的慧觀，天台智者將之略改之。此五時，乃指：華嚴時（佛成道時於菩提樹下所說的法）、鹿苑時（爲十二年所說之小乘法）、方等時（往後八年所說之大乘法）、般若時（二十二年所說之法）、法華涅槃時（最後八年說中村元此看法，乃是人云亦云之產物，且不合乎智者的意思，智者在《法華玄義》中即在批判當時人以時間性來劃分諸經典，[81]認爲此有違背佛陀之教法，也不合乎歷史。更何況天台的五時教判，根本不是從時間上來考量。中村元此看法，可說不求甚解所致。而天台所使用的五時教只是承用當時所使用之名稱，但所賦予之內涵卻有別於當時對五時的看法。[82]

再者，若就是否有意義來看，顯然地，中村元是立基於錯誤的見解所做的謬判，認爲一切經典皆是後世所作，[83]所以，認爲智者對五時教判所做的努力是無意義的。此乃是中村元斷章取義之結果。智者的「五時教」亦稱爲「五味教」，其除了顯示漸根性修行者的修學歷程之外，更是對諸經論所做的分類，此分類須與四教法（藏、通、別、圓）結合來看，才能顯示諸經論所蘊藏的涵義，而使得一部經典義理一目了然，其意義相當重大，但中村元不明此道理，卻任意將之割斷，且以其錯誤的見解（歷史上之五時）來論斷。就智者而言，採五味教之次第說，只

《法華》，臨終說《涅槃》）。中村元認爲經典乃釋迦圓寂後才成立的經典，而以五時來劃分經典是不合歷史事實的，且此之劃分是種形式化（同註❸，第 2 卷，頁 145-147）。另外，中村元雖提及嘉祥吉藏於《三論玄義》非難五時說（前揭書，頁 151 之註 2），但其忽略了智者於《法華玄義》已對五時說提出非難。

[81] 參《大正藏》冊 33，頁 801 下 -813 上。另參註⓭，頁 511-512。

[82] 對於「五時八教」一詞，在日本近代學者有諸多之討論，尤其關口眞大與佐藤哲英更是針鋒相對。本文並不是在處理「五時」（或五時八教）一詞問題，但從《法華玄義》所賦予的內涵來看，著重於五味半滿相承來論述，或言是五味教，以顯示漸根性行者之修學歷程著重於次第方便上而說，且智者所論五時教（五味教），乃是就「通」、「別」來加以論述之——「通五時」以明諸經並不受限於時間上；「別五時」則顯示諸經彼此之差異。參《大正藏》冊 33，頁 809-810 上。

[83] 同註❸，第 2 卷，頁 98。

是一種方便而已。

14. 念佛

同樣地，中村元亦斷章取義地認爲天台智者所主張的念佛，是觀圓滿的阿彌陀佛之相，[84]而引《摩訶止觀》說明之，如其云：

> 意論「止觀」者，「念西方阿彌陀佛去此十萬億佛剎，在寶地、寶池、寶樹、寶堂、眾菩薩中央坐說經」。三月常念佛。云何念？念三十二相，從足下千輻輪相，一一逆緣念諸相，乃至無見頂；亦應從頂相順緣，乃至千輻輪，令我亦逮是相。[85]

中村元引用此文來說明智者的念佛法門是緣相而觀，以說明不同於禪宗及淨土宗的唯心淨土。中村元此引用仍是種斷章取義，在《摩訶止觀》對於念佛，緊接著於下文有段精采之論述，其云：

> 又念「我當從心得佛？從身得佛？佛不用心得，不用身得，不用心得佛色，不用色得佛心。何以故？心者，佛無心；色者，佛無色，故不用色、心得三菩提。佛色已盡，乃至識已盡，佛所說盡者，癡人不知，智者曉了。不用身、口得佛，不用智慧得佛。何以故？智慧索不可得；自索我了不可得，亦無所見，一切法本無所有，壞本絕本。如夢見七寶，親屬歡樂，覺已追念，不知在何處，如是念

---

[84] 同前註，頁 208。

[85] 《大正藏》冊 46，頁 12 中。

> 佛。」……自念「一切所有法皆如夢」，當如是念佛，數數念，莫得休息。用是念，當生阿彌陀佛國。是名「如相念」。[86]

又云：

> 如鏡中像，不外來，不中生，以鏡淨故，自見其形；行人色清淨，所有者清淨，欲見佛即見佛，見即問，問即報，聞經大歡喜。[87]

又云：

> 自念：佛從何所來，我亦無所至，我所念即見。心作佛，心自見，心見（案：是）佛。心是佛，心是我，心見佛。心不自知心，心不自見心，心有想為癡，心無想是泥洹。是法無可示者，皆念所為，設有念，亦了無所有空耳。偈云：「心者不知心，有心不見心。心起想即癡，無想即泥洹。」諸佛從心得解脫。心者，無垢名清淨。[88]

上述引文將《摩訶止觀》之念佛分成三段來看，在第一段引文中雖然明緣佛身而觀，然須進一步了解「佛色、佛心皆不可得」，若能如此念佛，則心淨，必當生阿彌陀佛國。在第二段的引文中，以「鏡中像」來說明了一切法不可得，此時行人色淨，

---

[86] 同上，頁 12 中 - 下。
[87] 同上，頁 12 下。
[88] 同上。

所見一切亦淨，若欲見佛，即見佛，如鏡所現像，不外來、不中生。第三段明雖見佛，佛亦無所來，我亦無所至，而「我所念即見，心作佛，心自見，心是佛」，由此顯示「心念佛，即見佛，心作佛，心是佛」的道理。

因此，吾人可知智者的念佛方法，是由觀佛身→空無所有→心淨欲見佛則見佛→心作佛心是佛。而這一切的呈現，皆得自於「心不自知心，心不自見心」，換言之，即是「於心無所著」，所以言「諸佛從心得解脫」，心無垢即清淨、即解脫，故「心作佛，心是佛」。此即是天台智者所說的念佛方法。爲清楚起見，《摩訶止觀》引《十住毘婆娑論》進一步說明此道理，如其云：

> 《婆娑》明新發意菩薩，先念佛色相、相體、相業、相果、相用，得下勢力；次念佛四十不共法，心得中勢力；次念實佛得佛上勢力，而不著色、法二身。[89]

此中顯示了念佛層層轉深之道理，先念佛色身，進而念佛功德法身，最後念佛實相。亦即以念實相佛爲究竟，若能念實相佛，則不著色身、法身。簡言之，智者所主張的念佛，乃是實相念佛，而緣繫佛之色身及法身，乃是爲新發意菩薩修行之方便，而中村元對智者的念佛所論及色身念佛部分，不僅不能充分表達智者念佛法門，且恐有誤導之嫌。

---

[89] 《大正藏》冊 46，頁 13 上。另亦可參見《十住毘婆娑論》〈助念佛三昧品〉，如其云：「新發意菩薩應以三十二相、八十種好念佛，如先說。轉深入得中勢力，應以法身念佛。心轉深入得上勢力，應以實相念佛而不貪著。」（《大正藏》冊 26，頁 86 上）

15. 窮子喻

中村元認爲天台智者將《法華經》〈信解品〉「窮子喻」中的諸人物配以修行諸階位來加以說明之，是種對文獻的曲解、牽強附會、毫無道理可言，且對《法華經》之理解毫無幫助等。[90]

很明顯地，這是中村元個人偏見所致。《法華經》是以譬喻說法，既然是譬喻而其中蘊藏著豐富之內涵。況且窮子譬喻爲一位初修行者（凡人），而長者譬喻爲佛，圍繞在長者（佛）周遭的人物，不外乎諸二乘、菩薩等諸修行者，亦即藏、通、別、圓等諸修行人，智者將其融貫於其教義中，將童僕、民、吏、佐、臣，分配爲：

童僕——二乘、通教菩薩及別教三十心菩薩；
民——十住；
吏——十行；
佐——十向；
臣——別教和圓教之十地菩薩。[91]

如此使得看似只是點綴性的人物，頓時之間變得生動活潑，呈現出其立體性，也融貫於藏、通、別、圓等修行之階位，如此頗具創意、豐富的內涵，中村元卻將之視爲只求形式之統一毫無意義可言，且認爲中國人不懂這一段只是譬喻而已。至此，吾人可以看出，是中村元自己不懂譬喻，而反而指責人家曲解文獻。若就是否有意義而言，天台智者對《法華經》的詮釋，至目前可說仍是空前，這是大家有目共睹的，其影響所及遍至鄰國日

[90] 同註[3]，第 2 卷，頁 153-155。
[91] 參見《法華文句》，《大正藏》冊 34，頁 81 中。

本，而智者之所以如此來解釋，這是從整體教義上融通而來的，豈如中村元所言只是求形式化而已。

16. 十如是

中村元舉《法華經》〈方便品〉「十如是」來說明天台宗依此發展成一念三千之觀法，是種愛好形式之表現。[92]

吾人首先來看看此是否只是形式化而已，《法華經》闡述諸法實相時，舉了十個「如是」(所謂如是相、如是性、如是體、如是力、如是作、如是因、如是緣、如是果、如是報、如是本末究竟等)。[93]南嶽慧思以「十如」稱之，[94]此有何不可？天台智者配合「即空即假即中」之義理，以「三轉讀」方式來詮釋之，[95]就全體而言，皆在論述諸法實相之道理，乃至依此所發展出的「一念三千」，亦不離開實相道理。[96]中村元不就此來理解，而老是從表面上來作文章，將十如是、一念三千等都將之扁平化，然後說中國人缺乏形上思想，缺乏論理性。

（二）對華嚴之謬解

1. 理

中村元認爲中國最具抽象概念的「理」字，也只不過是種具象的表現而已，「理」字是從玉傍的字，而由玉的紋理轉變爲

---

[92] 同註[3]，第 2 卷，頁 148。

[93] 對「十如是」，在《法華經》有十個。究竟有幾個，此牽涉版本問題，也引發了一些爭論。參見《大正藏》冊 9，頁 5 下。

[94] 參見《大正藏》冊 33，頁 693 中。

[95] 同前註。

[96] 詳參見拙著《天台緣起中道實相論》第一章～第六章。

條理，再轉成爲事實之所以能成爲事實的理由。[97]中村元由此推斷「理」字是種具象，中國民族的傳統思惟仍無法達到其抽象觀念，而須藉由佛教學者才能達到，如華嚴宗的學者。中村元此論斷是種因果顚倒，其認爲中國的文字詞性、思惟模式造成對印度佛教吸收之變形，已違背了佛教原意，而成爲中國化的佛教（如天台、華嚴、禪、淨、律宗），[98]就此而論，是中國文化影響在先，華嚴宗的「理」應來自於中國文化，然對「理」所富有的抽象義涵，中村元又認爲這是由佛教啓發的，中村元會有如此謬解，基本上，乃是由於他認爲中國人的思惟模式是具象的、知覺的，且認爲具象無法達於抽象概念所致。所以在面對華嚴宗具備抽象之「理」時，而轉向認爲是拜佛教之賜，而才使得「理」富有抽象概念。

然問題又不止於此，中村元認爲華嚴宗之圓教的「圓」，是知覺的、靜止的、平面的，而不具有立體性、抽象性。且認爲中國佛教以此有形有相的東西來表達無限的絕對者，此基本上不合印度佛教所要表達的具有抽象意思的「完全的」、「無缺的」概念。[99]中村元此論斷基本上來自於其基本預設之謬。

另外，中村元又認爲像華嚴宗具有抽象思惟的哲學體系，卻又處處不離開具象來表達教義，其舉賢首法藏以鏡燈來作譬喻令人悟入法界無盡之道理爲例，[100]另又舉金師子爲例明華嚴教理。[101]以譬喻做爲教理之說明，不單中國佛教如此，在印度佛教

---

[97] 同註[3]，第 2 卷，頁 25。

[98] 同前註，頁 15。

[99] 同前註，頁 31。

[100] 同前註，頁 32-33。

[101] 同前註，頁 33，另外，中村元亦舉圖示來說明上爲中國文化之特徵，如宗密《禪源諸詮集都序》所用以表示眞心、妄心的圖形（參《東洋人の思惟方

經論中也司空見慣之事（如《法華經》），中村元卻看不到印度佛教這部分，縱使見之，也大加美化一番。而對中國佛教華嚴宗所舉的譬喻卻將之視爲知覺的、具象的、平面的。

2. 註疏

中村元認爲法藏的著作代表，首推《華嚴五教章》，其中又只有第 4 卷能代表之，其餘和法藏其它著作一樣絕大部分是屬經論的註解。[102]中村元進而由此推論，中國佛教是屬註疏的佛教。

中村元對法藏著作之了解，可說是相當膚淺的，法藏的著作有許多是義理方面的闡述（如《遊心法界記》、《發菩提心章》、《華嚴經義海百門》、《金師子章》、《妄盡還源觀》等），縱使是對經論方面的註疏，也有其相當嚴密的理論架構，將法藏的整個義理貫串於其中，豈只是單純的訓詁解字而已，如《探玄記》，是部闡述《華嚴經》義理的著作，其內容主要分爲兩部分：第一部分是整體論述華嚴教理；第二部分則是隨文釋經，縱使是隨經品內容而釋，也皆有法藏整體一貫之思想，豈只是如中村元所言只是註疏而已，其它如：《入楞伽心玄義》、《十二門論宗致義記》、《大乘起信論義記》等莫不皆是如此。[103]

法》，頁 34-35）。

[102] 同註[3]，第 2 卷，頁 125。

[103] 《探玄記》整個的分科是由十個部分來切入，如《探玄記》云：「將釋此經，略開十門：一明教起所由；二約藏部明所攝；三顯立教差別；四簡教所被機；五辯能詮教體；六明所詮宗趣；七具釋經題目；八明部類傳譯；九辨文義分齊；十隨文解釋。」（《大正藏》冊 35，頁 107 中）前九門皆是對華嚴整個教理之闡述和分判，此豈是單純註解能概括之。

3. 訓詁癖

由於中村元不懂中國佛教對經論義理的闡述，因而將中國佛教看成「文獻宗教」。[104]進而批評中國佛教注重裝飾文辭，墮落於形式中，缺乏簡潔的論述。[105]會有此看法，乃是中村元無法掌握錯綜複雜的論理方式，由此得知其所要表達的理念是極爲簡潔有力的，如天台智者、吉藏等人的論著，皆是極明顯的例子，[106]而非如中村元所言的只是經論資料的堆排並不知其所云。此不但中村元本人如此，也代表著近代學者對中國佛教的無知（其中亦包含中國學者），把中國佛教對經論的闡述，看成只是一堆資料，而無法從其錯綜複雜博徵旁引中了解其所要表達之思想是相當一致明顯的。

中村元由於無法掌握中國佛教論理的表達方式，而把法藏看成註釋家，認爲其耽溺於訓詁中，是種訓詁癖（事實上不僅

---

[104] 此雖然是引用馬克斯・韋伯（Max Weber）的《印度教與佛教》（*Hinkuismus und Buddhismus*）一書的觀點，但同樣也代表著中村元本人的觀點（同註[3]，第 2 卷，頁 135）。

[105] 同註[3]，第 2 卷，頁 135-142。

[106] 在此舉天台宗三大部爲例，對中村元而言，將《摩訶止觀》、《法華玄義》、《法華文句》三大部，皆看成只是經論資料之堆排，然經筆者之研究，《摩訶止觀》、《法華玄義》不但有極強的義理組織，且所要表達的中心理念也是極爲明顯的，簡言之，即是緣起中道實相的精神，但此理念不是只有一句空洞口號而已，而是透過諸宗派諸經論的對比來彰顯出來，若能把握此緣起中道實相之道理，則能掌握圓頓止觀，進而修圓頓止觀，悟入起心動念莫不皆是中道實相，一花一草無非中道，而《法華玄義》即是開顯此道理，開示眾生此道理，即是《法華經》所言的「開、示、悟、入」佛之知見，所以認爲《法華經》扮演著「開權顯實」之角色，而判《法華》爲圓教之所在，即是開示任一法任一教莫不皆是中道實相，只是眾生情迷而不知（詳參見拙著《天台緣起中道實相論》，臺北：東初，1995 年）。縱使頗富註疏色彩的《法華文句》，也都以此義理而貫串文脈。

法藏，像天台智者、吉藏等人都被中村元視爲是註釋家），其中舉法藏對《大方廣佛經》之經題的解釋來做說明，[107]認爲法藏不懂此經題是由幾個概念所組成的，而將之視爲由字所組成，並對每一個字分別加以解釋。[108]中村元此論斷基本是有問題的，法藏闡述《大方廣佛華嚴經》之經題，乃是對此經題所呈現的義理來詮釋，與法藏懂不懂經題由幾個概念組合而成可說是不相干的事，況且法藏本人並非不懂梵文（其曾參與譯場之翻譯，即是一例子），[109]再者，從梵文經題 "*Mahā-vaipulya-buddha-gaṇḍavyūha-sūtra*"（大－方廣－佛－華嚴－經）來看，其所要顯示的義涵也是極爲深廣的（此由經題攝整部《華嚴經》之內容可知），而以「大方廣」表其深廣，至於其深廣如何？故法藏將之加以解釋，其云：

> 第七「釋經題目」者，略釋十名：一、數名；二、法名；三、喻名；四、義名；五、德名；六、事名；七、具名；九、合名；十、品名。[110]

此乃透過十個角度來探討《華嚴經》之經名，說明經名有諸

---

[107] 同註[3]，第 2 卷，頁 139-140。

[108] 同前註，頁 139。

[109] 另從《探玄記》釋經題可得知，如其云：「六、『事名』者，華嚴之稱，梵語名爲健拏驃訶（gaṇḍavyuha），健拏（gaṇḍa）是雜華，驃訶（vyūha）名嚴飾。日照三藏說云：『西國別有一供養具，名爲驃訶，其狀六重，下闊上狹，飾以華寶，一一重內皆安佛像。』良以此經六位重疊，位位成佛，正類彼事，故立此名，人、天八會似彼。」（《大正藏》冊 35，頁 121 上）另於第八「具名」釋經題，將「大」、「方廣」各以十義釋之，而將「方廣」合在一起，亦可得知。（同上，頁 121 上 - 下）

[110] 《大正藏》冊 35，頁 120 下。

多，從數、法、喻等而立名，引用了諸經論來證明之。其中又以第八「具名」最具特色，探討「大」、「方廣」、「佛」、「華嚴」、「經」所存在之內涵，法藏透過十義來一一詳明之，如其云：

> 八「具名」者，「大」有十義：一、境大，謂大蓮華藏及十佛三業無邊依、正為所信境，如初會等說；二、心大，謂依前大境起大心故，如〈賢首品〉及〈發心品〉說；三、行大，謂依大心起大行故，如〈離世間品〉等說；四位大，謂積大行成大位故，即五位圓通等，如第二會至第六會說；五、因大，謂行位普圓生了究竟，如〈普賢品〉等說；六、果大，謂隨緣自體果德圓明，如〈不思議品〉等說；七、體大，謂大用平等皆同真性，如〈性起品〉等說；八、用大，謂念念益生，頓成行位，如〈小相品〉等說；九、教大，謂一一名句皆遍一切，如下結通等說；十、義大，謂所詮皆盡無邊法界，如一塵含十方，一念包九世，八會等說。此上十義，一一統收一切法盡，莫不稱「大」。……次釋「方廣」，亦有十義：一、周遍義，謂言教廣遍諸塵方故；二、普說義，謂普宣說一切法故；三、深說義，謂說甚深法界海故；四、備攝義，謂普遍無盡眾生界故；五、廣益義，謂要令眾生得佛菩提大利樂故；六、蕩除義，謂遍除二障及習氣故；七、具德義，謂具攝無邊諸勝德故；八、超勝義，謂獨絕超餘無比類故；九、含攝義，謂通攝眾多異類法故；十、廣出義，謂能出生佛大果故。……次釋「佛義」……。[111]

[111] 《大正藏》冊 35，頁 121 上 - 下。

由於文長，在此只引「大」、「方廣」之各十義來說明，從引文中對「大」解釋來看，基本上是配合著《華嚴經》諸會諸品來解釋「大」之涵義，若非已能融會整部《華嚴經》，如何能開顯出此「大」所具之深廣義？又如何能與各會各經品結合得如此密切？使「大」之涵義能藉由諸會諸品開顯出來，此豈不是整部《華嚴經》本身所要表達的義涵嗎？經題本身就擔任著此功能此角色，將整部經的內涵濃縮成幾個概念幾個字甚至只是一個字，就能將之表達出來，如此精簡之經題，所蘊含之意義是極爲豐富的，法藏配合《華嚴經》諸品內容及諸會要義將之開顯出來，讓吾人能透過一個字（「大」）看到整部經內涵；也能讓吾人了解到將整部經內涵濃縮成一個字攝盡之。如此深刻對經題的掌握以及對《華嚴經》的融會通達，卻被中村元貶之爲訓詁癖者，[112]此道理又豈是中村元一句訓詁癖所能解之？尤其是更難能可貴的，在此十義（境、心、行、位、因、果、體、用、教、義大）對「大」的解釋中，乃是一脈相承環環相扣的，點出了修行之自行、化他途徑，由所依「境」無邊廣大（如十蓮華藏及十佛），以此爲所信境；由此廣大境而生起廣大「心」；由大心起大「行」；由大行成大「位」，如此乃次第方便行。然就普賢圓因而論，諸法本平等，法法皆圓滿究竟，此即是「因」大；因大乃感得「果」大；以此圓滿平等因果，施化眾生，即是「體」大、「用」大；而所施化演說之教，一一名、一一句，無不遍攝一切法，此即是「教」大；而一一名、一一句所詮之教理，無不皆盡無邊法界，此即是「義」大。此即是就《華嚴經》來詮釋「大」，以此十義貫串了整部經，如下圖所示：

---

[112] 同註[3]，第 2 卷，頁 139。

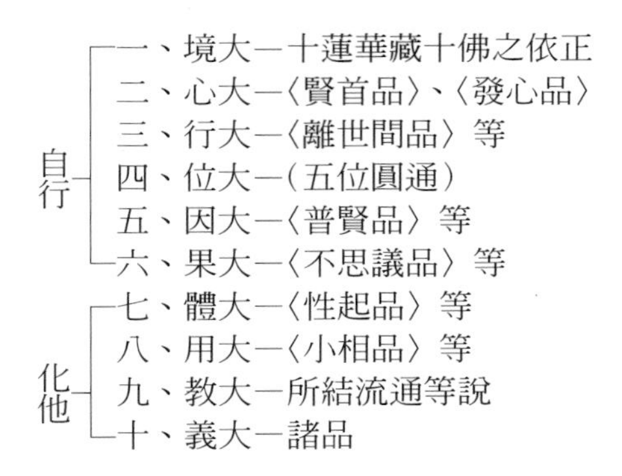

由上圖表所示，顯示了《華嚴經》初會至六會之自行差別因，而果位亦不離此差別因行（即：十信、十住、十行、十迴向、十地)，此五位，位位圓通，即所顯示的是差別因果之關係(二會至六會)，進而開顯第六會中的〈普賢品〉、〈性起品〉爲平等因果，至此即顯因果圓滿究竟。〈性起品〉、〈小相品〉等顯化他。於釋「大」後，接著釋「方廣」，其十義則著重教義深廣攝一切法遍一切法化一切眾生等明之。

4. 形式化

中村元認爲華嚴宗努力讓《華嚴經》系統化，如八十卷、六十卷《華嚴經》，其內容相當龐大，且其義理思想往往超出人間之思惟，因此，想把握和領會《華嚴經》思想是件相當困難的事。所以，中村元認爲杜順的《十玄門》、智儼的「六相說」、法藏的「十玄六相」，皆是華嚴宗大師們透過仔細研讀《華嚴經》和通過他們自己的體驗，使之成爲系統化。[113]

然而，中村元卻將此有體系來表達華嚴思想的論著，視爲

[113] 同註[3]，第 2 卷，頁 149。

是一種愛好形式的表現，缺乏推論性（或言不喜歡推理），[114]中村元此說法是自相矛盾的，將《華嚴經》分類、歸納、整理、體系化，本身即是思想一致性之要求，此即是理性之推論，富哲學之思辨。豈如中村元所言是種形式統一而已？又豈如中村元所謂的欠缺哲學推論。

中村元的自相矛盾又不止此，其一方面認為法藏透過自己的體證（如前所述），將《華嚴經》義理做有系統的表達；另方面又說法藏此教學缺乏實踐。[115]另外，又批評此宗教性格是現實主義。中村元如此反反覆覆，眞不知其所云為何。

另外，中村元將華嚴擅用「十」來表達教義，卻視之為形式化，[116]忽略「十」於華嚴教義所代表無盡深廣之義涵。

5. 事事無礙

中村元的自相矛盾不止於上述。其一方面認為華嚴宗的哲學思想體系，是中國思想中最具備的，且越過了印度傳統；但另方面又莫名奇妙地認為華嚴宗「一即一切，一切即一」、「事事無礙圓融」的思想，完全將「理」拋棄，缺乏形而上學，僅重視事與事的關係而已。[117]

中村元此論斷，又顯示了其對華嚴教義之不了解，亦顯示了其對理和形而上學的無知（或云不合乎中村元自性形上學模式之下的形上學，皆非形上學和非論理，有關形上學、佛教與形上間的爭議，參見劉紹楨〈西中印空無觀之研究〉（《諦觀》

[114] 同前註，頁 155-165。
[115] 同前註，頁 166。
[116] 同前註，頁 155-156。
[117] 同前註，頁 190-191。

第 77 期，頁 137-141）。吾人皆知華嚴教義所論述的「一即一切，一切即一」，其對「一」與「一切」之關係的探討，是極富論理性的，且將緣起的道理，做了相當徹底極致之發揮，稱之爲無盡法界緣起，[118]顯示任舉一事法，皆是重重無盡之關係。所以，一法遍攝一切，而一切法亦不離此一法，故言「一即一切，一切即一」，在《十玄門》中，即藉由譬喻和十門來論述此道理。[119]於法法的相即相入遍容中，顯示了事事彼此之間的圓融無礙，因而稱之爲事事無礙法界。中村元只看到「事事」兩字，就無知地將之視爲是現象的、個別的，而非哲學的非形上論理的。

6. 個人主義

中村元認爲古來的中國傳統並沒有察覺到自、他對立問題，而是以透過實踐將自、他統一。又認爲隋、唐之佛教，已自覺到自、他之不同，能透過理論對利他行爲之所以可能做一根源性之說明，其舉湛然的「自他不二」和華嚴的「一即一切，一切即一」爲證。雖然如此，中村元仍然認爲中國佛教欠缺對自、他存在之論證。[120]

在此値得吾人思考的，由於近代西洋有強烈的自、他對立問題，所以特別強調個人主義。而中國本身就是萬物合一，所以較不存在自、他對立之問題。但中村元反視此是個人主義之表現，缺乏利他慈悲行爲。這是中村元之偏見，故做如此論斷。

另外，華嚴的「一即一切，一切即一」之理論，雖然也可

---

[118] 參見拙著《華嚴無盡法界緣起論》（臺北：華嚴蓮社，1996 年），本書即是以「無盡法界緣起」來代表華嚴教義。

[119] 參見《大正藏》冊 45，頁 514-518 下。

[120] 同註[3]，第 2 卷，頁 204-205。

以做爲利他行爲之理論依據，但除此外，實亦包含了自他存在之證明，亦即是「自」(「一」）與「他」(「一切」）的存在，是彼此相互依存的，有自，即有他；有他，即有自。反之，若無自，即無他；無他，即無自。顯示自、他（或言一與一切）之存在不是孤立的，雖然彼此相互依存，但並不抹殺自、他，因爲若無自、他，亦無從論相互依存。中村元不明此理，所以不識「一即一切，一切即一」亦是顯示著自與他之存在。

（三）對禪宗之謬解

從前述的論述中，已得知中村元從其基本預設，認爲中國語言詞性不完備，中國人的思惟模式是具象的、知覺的、缺抽象概念等，由此而論斷中國在吸收印度佛教時，已使印度佛教變形，已和印度佛教原意不同，純屬中國化之下的佛教，中村元認爲此情形於禪宗更爲顯著。換言之，禪宗是最典型中國化之佛教，中村元所持之理由，認爲禪宗只運用具象、知覺來表達抽象概念。有關中村元此所批評之謬誤，於前面已反批之，具象的、知覺的並非無法表達抽象形上概念。且吾人若從另一個角度來思考，佛教的基本在於批判絕對論，那麼禪宗充分地運用具象，不但可以避免陷入絕對論中，且是對絕對論之批判。由此看來，禪宗對具象之運用，反而並不違背佛教緣起，且更能藉由日常生活實踐中，徹徹底底地實踐緣起，且徹徹底底破斥吾人自性之執著。以下則分項舉出中村元對禪宗之謬判。

1. 具象

中村元認爲借用具象的字句來表達抽象概念，此在禪宗尤爲明顯，如以「山河大地」爲宇宙本身；以「曹源一滴水」代表人的根源（主體）；以「本來面目」、「本地風光」表眞實等。[121]因此，中村元由此進而推論，之所以如此，乃是因爲中國人的思惟模式所致，其認爲中國的思惟模式很難表達由印度所翻譯過來的「本覺」或「眞如」等抽象概念，[122]所以只能用具體的這些字句來表達之。

在此，中村元並不懂禪宗運用這些具象的字句，是一種對自性的破除。換言之，禪宗所運用的這些具象字句，除了一方面表達眞如、本覺之外；另方面在於破除對眞如、本覺等之執著，更何況眞如、本覺等概念本身亦是種自性，禪宗不採用它，反而可以避免陷於自性中，況且運用具象的字句，亦是對此等之破斥。

再者，具象的運用，並非如中村元所言不能表達形上的普遍之眞理。從胡塞爾的「現象學是一般的本質學」來論，[123]透過本質直觀所得之現象、具象或意象等，皆足以表達形上的普遍之眞理。所以，劉若愚於《中國詩學》一書中，以現象學方法研究得出中國詩因爲中國語言沒有單複數造成中國詩的普遍性；沒有時態造成永恆的現在感；沒有主格造成中國詩的無我感。這一切使人在閱讀或創作中國詩時集中於自然現象的本質直觀。[124]

---

[121] 同註[3]，第 2 卷，頁 25-26。

[122] 同前註。

[123] 參見 E．胡塞爾著、倪梁康譯：《現象學觀念》，臺北：南方，1989 年 2 月再版，頁 23。

[124] 參劉若愚著、杜國清譯：《中國詩學》（臺北：幼獅，1977 年 6 月），頁 60-64，如其云：「這種主語的省略，容許詩人不致於讓自己的個性侵擾詩景，因爲沒有表明的主語能夠很容易地被認爲就是任何人，不論是讀者或是想像中的某個人物，結果，中國詩常具有一種非個人的普通的性質，與之相較之下，西洋詩顯得自我中心和入世得多。」（頁 63）又云：「有時候甚至動詞在中國詩中也被省略掉，而詩句可以由一連串名詞所構成，散文文法所

2. 非論理

中村元認爲早期的禪宗是具備有論理性的，如菩提達摩的「二入四行」、大珠慧海的《頓悟要門》皆有之。[125]中村元進而認爲此等論理性格，爲四祖道信、五祖弘忍、六祖惠能極端的現實性所取而代之。[126]因而使禪宗思惟模式只有譬喻之象徵性，而無法成立論理的哲學。中村元甚至認爲將譬喻與形而上混淆，其舉黃檗《傳心法要》爲例，如《傳心法要》云：

> 學道人若欲得知要訣，但莫於心上著一物。言「佛真法身猶若虛空」，此是喻「法身即虛空，虛空即法身」。常人謂「法身遍虛空處，虛空中含容法身」，不知「法身即虛空，虛空即法身」也。若定言有虛空，虛空不是法身；若定言有法身，法身不是虛空。但莫作虛空解，虛空即法身；莫作法身解，法身即虛空——虛空與法身無異相。[127]

中村元依此段文，認爲這是把自然界的「虛空」和形而上學概念的佛性（法身）混而不分，是不合乎印度佛教對此等明顯之區分。中村元對此段話之了解，可說是一知半解斷章取義。在此段文中，吾人可看出黃檗在破斥吾人的分別心、取著心，故言「學

要求的連接詞、動詞和助詞之類的連環也都脫落。……這兒，詩人展開的詩景就像中國畫的手卷，而我們的注意力從一個景物移到另一個，可是動詞的缺如創出動作靜止的感覺，好像這些景物在時間中被停住而以永恒的姿勢凍結在那兒。」（頁 64）又云：「這種無時間性與普遍性的感覺，因中文詩中動詞主語的經常省略而更爲加強。」（頁 61）等。

[125] 同註[3]，第 2 卷，頁 72-74。

[126] 同前註，頁 74。

[127] 《大正藏》冊 48，頁 381 上。

道人若欲得知要訣，但莫於心上著一物」；而一般人「言虛空則定著虛空，言法身則定著法身」，故此「定著之心」往往與道不相應，黃檗舉虛空法身為喻，則在於破除此執著。若無此等分別執著心，則法身即虛空，虛空即法身，以明虛空與法身二者相即相依之關係，此豈如中村元所說的喪失此二者之區別及喪失了譬喻意義。換言之，中村元之理解，就禪宗而言，乃拾其糟粕而已，且此等之理解方式也是禪宗所要破斥的。

中村元由其所認為的失去譬喻意義的思惟模式，進而推論禪宗無法建立論理的哲學。中村元以其二元式的思惟模式判準，因此認為禪宗為非論理性格，無法建立形上哲學。就禪宗而言，其本身就在批判此二元式之思惟模式，故禪師們所用的許多具象之答非所問，即是此明顯例子，如禪宗屢以「如何是祖師西來意」為問，禪師們的回答則各有不同，如：

「坐久成勞」（香林遠禪師）
「今日明日」（演教大師）
「磚頭瓦片」（廣法源禪師）
「風吹日炙」（寶應念禪師）……。[128]

諸如此類，可說不勝枚舉，中村元不了解此等乃對自性之破斥，硬將之解釋成是以具象、直觀、情緒來解決哲學問題，[129] 或一味的以中國人不喜歡論理來解釋之，或一方面說禪宗本身極力排斥神祕主義，而另方面說禪的體驗被視為神祕的，而這

[128] 同註[3]，第 2 卷，頁 77-78。
[129] 同前註，頁 79。

些皆與非論理性格有關。[130]因此，中村元認為禪宗的思惟方式，與印度佛教徒的正好是相反的。禪宗對於普遍的宗教的道德的眞理，只從個人的體驗來把捉，而不採用判斷方式來理解[131]，其舉永嘉玄覺明之，如《證道歌》云：

> 吾早年來積學問，亦曾討疏尋經論，分別名相不知休，入海算沙徒自困，卻被如來苦訶責，數他珍寶有何益？[132]

中村元將此解釋為不遵從「學問」，只隨著個人之體驗。由玄覺此段文之自述，吾人可知此顯示了其對外求法之反省及批判，但不能代表其不遵從學問或不重視學問，但可肯定的，若只一味的往外求法，此為玄覺所破斥的。對此，中村元一概以不喜歡論理性解釋之，而偏好具象之象徵性，捨棄對普遍眞理的把握，墮於非論理性，中村元以《從容庵錄》第二則「達磨廓然」為例，認為萬松老人之著語只有具象性而喪失了論理性。[133]

---

[130] 同前註。

[131] 同前註。

[132] 《大正藏》冊 48，頁 396 下。

[133] 如《從容庵錄》云：「舉梁武帝問達磨大師（清旦起來不曾利市）：『如何是聖諦第一義？』（且向第二頭問）磨云：『廓然無聖。』（劈腹剜心）帝云：『對朕者誰？』（鼻孔裏認牙）磨云：『不識。』（腦後見腮）帝不契（方木不入圓竅），遂渡江至少林，面壁九年（家無滯，貨不富）。」（《大正藏》冊 48，頁 228 中）引文中的括弧句子為萬松老人之著語，中村元認為「達磨廓然」這段問答是具備論理性的，而萬松老人之著語皆只是具象性，認為這是代表後來禪宗好具象不喜論理性之證明。從引文中，吾人仍可看出萬松老人對自性之破斥。

3. 個別性

中村元一再地批評中國佛教思惟模式是知覺的、具象的，重視個別性優於普遍性，尤其是禪宗，對眞理的表達，是以具體的來表達之，認爲此不同於印度以普遍命題表達眞理。中村元以洞山「麻三斤」和龍樹《中論》來做對比，認爲其所要表達眞理是一致的。[134]

若吾人對以上二者對佛法之表達方式來加以分析，將發現洞山的表達方式，更合乎緣起的精神，而非如中村元所認爲的中國佛教已違背印度佛教。如《碧巖錄》第十二則所載：

> 有僧問洞山：「如何是佛？」
> 山曰：「麻三斤。」[135]

如《中論》云：

> 如來過戲論，而人生戲論；
> 戲論破慧眼，是皆不見佛。[136]

又云：

> 如來所有性，即是世間性；
> 如來無有性，世間亦無性。[137]

---

[134] 同註[3]，第 2 卷，頁 86-88。

[135] 《大正藏》冊 48，頁 152 下。

[136] 《大正藏》冊 30，頁 30 下 -31 上。

[137] 同前註，頁 31 上。

中村元認爲洞山之表達方式是具體的、可見的，顯示禪宗喜好簡潔；而龍樹的表達方式是普遍性的、論理的，此顯示了印度人思惟方式與中國人之不同。[138]從上述的引文中，吾人可以看出洞山以「麻三斤」直截了當地遮除吾人對自性的執著，當下呈現如如之實相；而龍樹是以言論破戲論，如此仍難免陷於戲論中，同樣地，龍樹以「如來所有性，即是世間性；如來無有性，世間亦無性」想表達如來性即世間性，但仍然受限於「有、無」的二元對立中，且陷於空自性化的困思中。[139]

4. 神通妙用

中村元一方面認爲禪宗是種神祕經驗，另方面又認爲禪宗視神通妙用不過是日常生活上的搬柴、運水等事，不含有任何神祕經驗。[140]此顯示了中村元之立論彼此是相互矛盾的。

另外，中村元將禪宗這種搬柴、運水等之「日常作息皆是道」視爲是種現實主義。這也顯示中村元前後立論之不一致，一方面認爲禪宗的具象性、知覺性含有眞理，另方面又認爲是現實主義。另也顯示了中村元之雙重價値，龍樹的如來性即是世間性，此代表了眞理之普遍性，禪宗的投手舉足皆是道則是一種現實主義。

5. 坐禪

中村元認爲禪宗非常重視坐禪，爲達明心見性不得不坐

[138] 同註[3]，第 2 卷，頁 88。
[139] 參見拙作《天台緣起中道實相論》，第十章第二節。
[140] 同註[3]，第 2 卷，頁 79。

禪，且禪宗視坐禪爲「本源」，[141]中村元此看法，顯然是有問題的，不合乎禪宗之精神。

禪宗分爲南、北禪，而一般所謂的禪宗，是指南宗禪，主張坐禪觀心，乃是北宗禪之看法，基本上南宗禪並不強調此，甚至可以說破斥對此種之執著，執著佛法在於坐禪，故往往加以斥之，更非如中村元所言的，爲了明心見性不得不坐禪。

四、結語

若要一一指出中村元對中國佛教乃至中國文化歷史思想等之曲解，非一本書來論述也寫不完，有關中國佛教部分，本文只處理了天台，華嚴、禪宗，就已占了相當多篇幅（尤其天台部分，華嚴、禪宗也只是略舉而已），至於淨土、三論、律宗等諸宗派，因篇幅關係，也無法加以澄清之。

但從本文的論述中，可知中村元對中國佛教之曲解，基本上根源於詞性論之基本預設，由於中村元之基本預設有問題，導致於其對中國佛教乃至中國思想文化有諸多之曲解。

有關中村元基本預設所存在的問題，在三十年前張曼濤所撰寫的〈中國佛教的思惟發展〉一文中，[142]似乎已察覺到中村元所論述的中國人思惟方法與中國佛教（如天台、華嚴等）所表現出來的事實不合，如認爲中國語言的思惟模式無法表達抽象的普遍之概念，缺乏形而上學等，然天台、華嚴等龐大而有體系的思想，卻充分地表達了具抽象性普遍性之形上學，且已不亞於印度

---

[141] 同前註，頁 177。

[142] 張曼濤：〈中國佛教的思惟發展〉，《華岡佛學學報》，臺北：中華學術院佛學研究所，1968，頁 133-195。

佛教或西方哲學大師的思想。[143]對於中國佛教所表現出來的此事實，張曼濤只從外來的刺激所致來加以解釋，其認爲中國語言有詞性不完備等之缺陷，如有外來之刺激（如印度佛教），那麼仍可以表達抽象形上學。[144]張曼濤何以做如此解釋呢？基本上由於他接受了中村元中國語言的思惟模式之典範說，縱使有察覺到中村元的基本預設與事實不合，也只能從一些周邊來自圓其說，而無法從中村元基本預設來加以做反省，因而錯失了典範論中，天台與華嚴的「異例」對中村元的思惟模式和佛教中國化之典範論述析判之機會，後繼者又紛紛以中村元之典範來論佛教之中國化。

同樣地，吾人若能從中村元的基本預設來直接切入，吾人會發現此基本預設本身所存在的問題，中村元以此有問題的基本預設來解釋中國佛教，也就無法避免地促使其對中國佛教種種之曲解。天台、華嚴宗等所開展出來的龐大思想體系，並非如張曼濤所言須待於外來之刺激所致，而是中國語言之不固定性，以及中國人重視整體性、關聯性之思惟，此與緣起所產生的親和性，所以能將佛教緣起道理做淋漓盡致之開發，且以龐大有系統的理論架構來論證此道理、闡發此思想，由此也可以印證現代語言學所主張的所有語言的語法都包含一套完整的詞組結構及其轉換規則。不僅如此，也因爲中國語言之不固定性，使得倡導教外別傳不立文字的禪宗，能充分地運用語言掌握語言，而將語言運用得相當靈活，此可說拜中國語言之不固定性所賜。

---

[143] 同前註，頁 161。

[144] 同前註，頁 162。

附記：

本文得以公諸於世之過程實爲曲折，今稍做敘述。首先，本文原是應 1994 年「佛教與中國文化國際學術會議」之邀而撰，但承辦單位之前遲遲未有正式通知交稿情形，至截稿止後，已過多日，才突然邀稿，因爲過於倉促，故無法發表（雖然本文草稿早已於 1990 年完稿）。之後數度修改，但皆因主客觀環境使然，而積存於案旁。1997 年 3 月，致中法師來電爲《正觀》創刊號邀稿，心想本文似乎可爲之一試，僥倖獲得採用，並定稿特刊，筆者也於大約同時發刊的其他論文上談及本文將在《正觀》第 1 期發表。不料接到《正觀》後，發現本文並未被列入其中，詢問結果是《正觀》第 1 期即將出刊時，電腦磁片中毒，導致本文不及於第 1 期發表，只好延至本期刊出。

* 本文由陳英善、劉紹楨合撰，登載於《正觀》雜誌第 2 期，頁 7-61（1997 年 9 月）。

中華佛學研究所漢傳佛教論叢 7

天台與諸宗之對論

Argument between Tiantai School and Others in Buddhism

著者	陳英善
論叢主編	釋果鏡
編輯	漢傳論叢編輯委員會
出版	法鼓文化
封面設計	化外設計
內頁美編	胡琡珮
地址	臺北市北投區公館路186號5樓
電話	(02)2893-4646
傳真	(02)2896-0731
網址	http://www.ddc.com.tw
E-mail	market@ddc.com.tw
讀者服務專線	(02)2896-1600
初版一刷	2023年3月
建議售價	新臺幣560元
郵撥帳號	50013371
戶名	財團法人法鼓山文教基金會─法鼓文化
北美經銷處	紐約東初禪寺 Chan Meditation Center (New York, USA) Tel: (718)592-6593 E-mail: chancenter@gmail.com

法鼓文化

國家圖書館出版品預行編目資料

天台與諸宗之對論 / 陳英善著. -- 初版. -- 臺北市 : 法鼓文化, 2023. 03

面； 公分

ISBN 978-957-598-982-8（平裝）

1.CST: 天臺宗 2.CST: 佛教教理 3.CST: 文集

226.41　　111021516

附錄：天台五味（五時）簡表

<table>
<tr><th colspan="6">天台之評述</th><th colspan="3">天台之補充</th><th>天台之判教</th><th>備註</th></tr>
<tr><td colspan="4">南師之判教</td><td>得</td><td>失</td><td colspan="3">應具備之法門</td><td>頓漸五味教</td><td></td></tr>
<tr><td>頓</td><td colspan="3">《華嚴經》</td><td></td><td></td><td colspan="3"></td><td>第一時
（乳味）</td><td></td></tr>
<tr><td rowspan="4">漸五時</td><td>第一時（十二年前）</td><td colspan="2">有相教</td><td>1</td><td>3</td><td>四門</td><td colspan="2">1. 有門
2. 空門
3. 亦有亦空門
4. 非有非空門</td><td>第二時
（酪味）</td><td rowspan="3">1.以漸次鈍根性修行之次第（漸五味）將諸經分類組成漸五味教之形式，視華嚴教為第一時乳味教，阿含教為第二時酪味教，方等教為第三時生蘇味教，般若教為第四時熟蘇味教，法華教為第五時醍醐味教。</td></tr>
<tr><td rowspan="2">第二時（十二年後）</td><td colspan="2" rowspan="2">無相教</td><td rowspan="2">1</td><td rowspan="2">7</td><td rowspan="2">八門</td><td>共般若四門</td><td>1. 有門
2. 空門
3. 亦有亦空門
4. 非有非空門</td><td rowspan="2">第四時
（熟蘇味）</td></tr>
<tr><td>不共般若四門</td><td>1. 有門
2. 空門
3. 亦有亦空門
4. 非有非空門</td></tr>
<tr><td>第三時</td><td>褒貶抑</td><td>抑挫聲</td><td>1</td><td>7</td><td>二十四</td><td>藏</td><td>1. 有門
2. 空門
二乘四 抑挫聲 抑挫偏 抑挫聲</td><td>第三時
（生蘇味）</td><td>2.天台對於頓、漸、不定等教</td></tr>
</table>